やわらかアカデミズム
〈わかる〉シリーズ

よくわかる
中 国 法

王 雲海/周 剣龍/周 作彩

[編著]

ミネルヴァ書房

はしがき

　振り返ってみれば，来日してからもう数十年となる。この間，もっとも感心したことの一つは日本人の勤勉さとまじめさである。学習，研究，仕事など，取り組むことのすべてに対して，決して大袈裟にせずに地味ながらも確実に高水準でやり遂げる。日本における中国法の研究，教育，実務の分野でも同じである。近年だけでも，中国法を扱う研究書や解説書がすでに数冊出版されているが，いずれも上質なものであり，中には中国本土のそれにはるかに勝る体系的で明瞭なものが少なくない。このような盛況の中であえて本書を記すことには以下の3つの理由がある。

　第一に，本書は，ミネルヴァ書房の好評シリーズである「やわらかアカデミズム・〈わかる〉シリーズ」の一冊として，内容の確実さを担保した上でわかりやすさを極力，追求して書かれた解説書である。読者として想定されるのは，中国・中国法の研究者，教員，企業ビジネス・企業法務関係者のほかに，学生，会社員，公務員，メディア関係者，一般の方々も含む。中国・中国法に対して少しでも関心のある方なら，誰でも読みたくなる，気軽に読める，読んですぐに分かるものを目指した。

　第二に，本書は何よりその執筆者に大きな特徴がある。つまり，執筆者たちは，ほとんどが中国出身で，まず中国で一般教育または法学教育を受け，後に日本に来て日本の法律を学んだ，いわば日中両方の知識を有する者ばかりである。このような背景を生かすべく，本書は，事実上，日本法との対比のなかで，日本法の概念，用語，思考様式をベースにしながら書かれた中国法の解説書である。読者は，従来にはない新鮮味を得ながら，日中両方の視点から中国法を見ることができるよう意図した。

　第三に，本書は，中国法の全体像と各法分野の実態を論理立てて示すべく，構成上・内容上，次のように工夫した。まず，中国法全体への視点を簡略的に提示し，中国が国家権力を中心とする「権力社会」であって，中国法の特徴，変化のプロセス，その将来のいずれもがそこに強く影響されることを示す。次に，中国法の基本分野のほかに，現在，中国，日本，日中間で大きな関心事となっているいくつかの法分野も扱う。例えば，食品安全管理法，知的財産権法，行刑法，「智慧法院」新設などのインターネット時代の司法改革，法の近代化と国際法などである。最後に，中国法の基本分野についてその主な内容のほかにそれぞれの最新動向も解説する。例えば，憲法保障，国家賠償と行政補償，

2020年に制定されたばかりの民法典の全容と特徴，会社法と国有企業，刑事法と死刑多用などである。

　いまの世界は波乱万丈の時代である。激動の一翼は中国である。約14億の巨大人口を抱えて，社会主義政治体制を維持しながらも世界第二の経済大国にまで発展してきた一方，かつてないほど世界から厳しい目を向けられ，これから世界とどのように付き合うかが問われている。このような中国に対して，隣国日本は，好きであろうと嫌いであろうと，その動向に常に関心をもたずにはいられないであろう。このような意味でも，本書の企画，出版は，大変時宜を得た意義の大きなものであり，必ずや中国・中国法への理解の一助となるに違いない。

　本書の出版に際しては，執筆者一同を代表して，ミネルヴァ書房，そして，編集を担当して下さった岡崎麻優子氏に心より敬意と感謝を申し上げる次第である。また，執筆，編集について多くの助言をして下さった一橋大学元学長の山内進先生にも謝意を表したい。何より，本書は読者がよくわかるように書いたつもりであるが，その目的が達成できたか否かは読者のご判断をぜひ仰ぎたいところである。

　　2021年6月

　　　　　　　　　　　　　　　　　　　編者を代表して　　王　　雲　海

もくじ

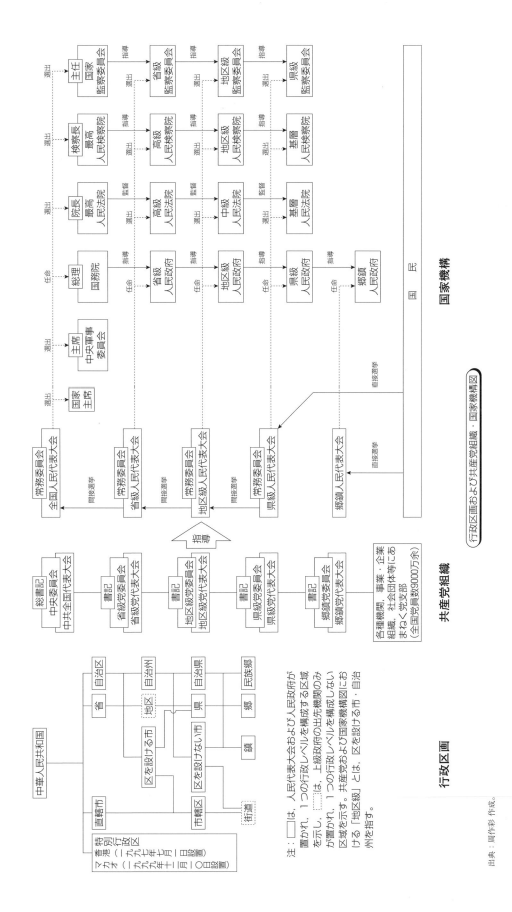

行政区画および共産党組織・国家機構図

国家機構

共産党組織

行政区画

注：□は、人民代表大会および人民政府が
置かれ、1つの行政レベルを構成する区域
を示し、┈┈は、上級政府の出先機関のみ
が置かれ、1つの行政レベルを構成しない
区域を示す。共産党および国家機構図にお
ける「地区級」とは、区を設ける市・自治
州を指す。

出典：周作彩 作成。

vii

凡　　例

本書においては，次のように略称等を使用する。

1. 中華人民共和国の国名については，中国と略称するが，法令名からは原則として省略する（例：中華人民共和国民法典→民法典）。
2. 人民代表大会については，次のように略称する。
    ① 全国人民代表大会を全人大と略称する。
    ② 全国人民代表大会常務委員会を全人大常務委と略称する。
    ③ 地方人民代表大会を地方人大と略称する。
3. 中国共産党に関連して，おおよそ次のように略称する。
    ① 中国共産党中央委員会を中共中央と略称する。
    ② 中国共産党第11期中央委員会第3回総会を中共11期3中全会と略称する。
4. 引用される法令条文については，単に条項（例：1条1項）とする。
5. 若干の用語については，〔　〕を用いて原文を指示する。

序章

中国法への基本視点

guidance

　中国法をよく理解するためには，まず中国法に対する基本視点が必要である。序章では，「形式 vs. 実質」，「歴史 vs. 現代」，「世界普遍 vs. 中国特色」といった枠組みを想定して，その中から中国法の基本視点を描いて，読者に提示していく。

　第1節では，まず，近代以後，普遍的概念としての「法」とは何かを，形式と実質の両面から，通信などの技術のいちじるしい発達により大きく変容するいまの情報化社会をも意識しながら述べる。これを中国法を見るための出発点とする。

　第2節では，第1節で述べた「法」の概念を念頭において，中国がどんな社会か，中国でいう「法」とは何か，どのような特徴があるのかを，これまでの歴史と現代の両方から明らかにする。

　第3節では，第1節と第2節で示した普遍的法と中国的法との関係から，中国法の過去，現在を概観し，その将来を予測する。

　この序章は，いわば本書の総論的部分・全体的視点である。読者の皆さんには，まず序章を読んだうえで，そのあとの各章を見ていただければ，中国法の全体と個別との両方（全容）をよく理解していただけるものと期待する。（王雲海）

清代の書道家で，楊州太守を務めていた伊秉綬氏が書いた中国古代の「灋」という文字で，いまの「法」の前身である。「氵」は「水」の意味で，「法」は水の如く公平であることを，「廌」は是非を曲げずに判断する伝説の神獣で，「法」は公正に裁判をすることを，それぞれ表しているそうである。

法とは何か

① 公的強制力のある社会的ルール・規範としての法

　法とは何かを聞かれると，法とは人々がやってよいこととやってはいけないことを定めるルール・規範であると答える人が多いであろう。確かに，法は「ルール・規範」である。しかし，例えば，厳格な父親が子供に対して夜11時前に帰宅しなさいと門限を設けたら，これも法であろうか。父親の門限は法ではない。法とは必ず国家全体に及ぶ「社会的ルール・規範」でなければならない。門限はその家・その家族の間だけのルール・規範であるから，法とは言えない。では，社会的ルール・規範ならばすべて法となるのであろうか。それも違う。例えば，電車のなかで大声でしゃべってはいけない，というようなマナーが世の中にはある。しかし，マナーは法とは言えない。なぜなら，マナーに違反したとしてもその制裁がせいぜい周りの評判の低下や良心の呵責ぐらいで，それ以上の罰はない。これに対して，法律に違反した場合は，その違反の程度や性質により，警察などの国家官憲までが出てきて，強制的に責任を追及される。もっとも極端な場合は，死刑が存置している国では，違反者の命を国家の手で強制的に絶つこともできる。このように，法とは「国家」という「公的強制力」を有する社会的ルール・規範である。

② 人権保障・人間の尊厳を理念・原理とする法

　法とは，上記のように，公的強制力のある社会的ルール・規範であると定義することができるが，しかしこれは，いわば，外見的な視点での「法」にすぎない。「法とは何か」を理解するためには，外見的視点よりむしろ実質的視点から法の理念・原理を見ることがいっそう重要である。

　「悪法も法か」という問いかけがあるように，我々人類は，古くから実質的視点から法を議論してきている。また，「法」と「正義」とがいつも一緒に語られるように，法のあるべき理念・原理を昔から追求し続けている。今日に至っては，世界のどこの国でも皆が賛同するような法理念・原理がすべて確立されているわけではないが，いくつかの重要な共通認識がすでに広く受け入れられて，普遍価値として提唱されている。その一つは，つまり，法が究極的に人間の人権を保障し，人間の尊厳を守るもので，人権保障・人間の尊厳こそが法の究極的理念・原理である，ということである。

③ 人権的民主主義を擁護し，非人権的民主主義を抑止する法

　従来，法治主義（立憲主義）と民主主義は同じ近代国家の基本原則であると
して，その違いはあまり意識されてこなかった。しかし，その両者は実は異な
る。民主主義の基本原理は「国民主権」と「多数決」である。民意で決めるの
にふさわしい事柄ならば，国民に投票させて，投票で多数の票を得たほうが勝
利する。民主主義は，本質的に見れば，一種の「多数支配」・「力の支配」であ
る。これに対して，法治主義の場合，人権についていえば，多数か少数かとは
関係なく，保障しなければならない。法治主義の本質は「合理的かつ理性的支
配」である。例えば，ある殺人事件が発生したとする。犯人が誰かに関して，
もとより国民投票で決めさせてはいけないし，たとえ投票させて，「イケメン
の真犯人」より「醜い顔の無実者」のほうが犯人であるという投票結果が出た
としても，それを決して認めないのが法である。大統領や議員は選挙で選ぶの
がよいが，犯人は絶対に選挙で決めてはならない。法の領域では，多数・民
意・世論より証拠・真実・理性がものをいう。現代の社会は，SNSなどの普
及により情報化社会となり，多数・民意・世論が迅速に形成されてしまう。し
かし，民意・世論はその形成が速ければ速いほど歪みを生じやすく，多数・大
衆による全体主義的独裁の危険性が高くなる。いまこそ法治主義の出番であっ
て，民主主義を「法治的民主主義」にする必要のある時代である。人権保障・
人間の尊厳に合致した民意・世論を積極的に擁護し，それに反する民意・世論
と断固として戦うことは，法治主義のいまの重要な役目となっている。

④ 社会のなかで生きている法

　しかし，法が人権保障・人間の尊厳を基本理念・根本原理とすることは，既
存の事実というよりもむしろ一種の理想であって，期待される法のあるべき姿
である。これは，現実には，どこの社会，どの時代においてもその法がすでに
そうなっていることを決して意味しない。

　また，法が公的強制力のある社会的ルール・規範であるということは，法の
具体的実態よりもむしろその抽象的外見であって，法を定義するための普遍的
な型である。これは，現実には，どこの社会もどの時代においてもその法が皆
同じであることを決して意味しない。

　法は社会のなかで「生きているもの」である。ある社会において法が公的強
制力のある社会的ルール・規範としてどのような状態にあるのか，それがどこ
まで人権保障的・人間尊厳的になっているのかはその社会のなかで見る必要が
ある。「社会」を抜きにしては「法」は語れない。「法」を学問上のものだけで
はなく，現実のものとして理解するためには，「法と社会」という視点が不可
欠である。

（王　雲海）

中国法とは何か

 「権力社会」と法

　中国法とは何かを理解するために，まず中国はどんな社会かを見よう。

　中国はどんな社会かと聞かれると，「社会主義国家」と答える人が多いであろう。確かに，1949年に誕生した今の中華人民共和国は社会主義であって，「社会主義」でいまの中国を見ることができる。しかし，この場合，1949年以前の中国はどんな社会か，中国のすべてが社会主義で説明できるのかなどの疑問が残る。「社会主義」や「資本主義」というのは，マルクス主義の「社会体制論」に基づく概念であって，財産の所有制などから社会を見るものである。これは，ある社会の外見的制度の変化・歴史の非連続を析出することはできるが，その内面的特質・歴史の連続を視野に入れることができない。

　これに対して，マックス・ウェーバー流の精神文化論に依拠して，文化から社会を見るという文化論もある。文化論は一応，社会の内面的特質・歴史の連続を視野に入れることができるものの，その前提が間違っている。つまり，文化論の前提は，どこの社会にも文化があって，文化がどこでも重要な役割を果たす，ということである。しかし，文化があって，重要な役割を果たす社会もあれば，逆の社会もある。文化論はこれを見落としている。中国は長い間「儒教の国」と言われてきたが，実際，儒教は政治理論の色彩が強く，本当の「文化」とはいえず，「文化の空白」が中国歴史の常である。思想家の理論と民衆の意識を区別せずにひたすら「中華思想」を文化とし，それをもって中国を見るのは間違いである。

　このように，「社会体制論」も「精神文化論」も限界をもつ。そのために，筆者は，以前から，社会を見るための新たな方法論として「社会特質論」を提唱している。具体的にいえば，ある社会の社会制度や社会文化を見る前に，まず，その社会の原点・中心・至上的力が何かを，社会の歴史的過程と現実的構造から析出する。それを「社会特質」と呼び，「社会特質」をもってそれぞれの社会現象を見る。このような「社会特質論」に基づき，中国を「**権力社会**」[1]と定義する。つまり，中国社会の原点・中心・至上的力は国家権力である。「中国」とは本質的に一種の国家権力的範疇・概念・領域といえる。このような「権力社会」である中国社会では，「法」を含むあらゆる社会現象が何よりもまず国家権力によって決定され，特徴づけられているのである。

▷1　権力社会
中国は「権力社会」であるのに対して，米国は「法律社会」（「法治社会」とは同意語ではない），日本は「文化社会」とそれぞれ定義することができる。中国社会の原点は国家権力であるのに対して，米国社会のそれは市場競争のルール・規則としての法律である。また，日本社会のそれは民間の道徳，習慣，常識である。王雲海『「権力社会」中国と「文化社会」日本』集英社新書，2006年を参照。
▷2　商鞅（紀元前395〜338年）
「法家」の代表的人物。「法家」は，法律を道具にして

2 政治と未分離の状態にある法

　中国社会は「法」との付き合いの歴史が実は長い。約3000年前の「西周」時代にはすでに「法」の文字が生まれ，「春秋戦国」時代には「法家」と呼ばれる思想が **商 鞅**(しょうおう◀2)により広められた。法家は，**孔子**(こうし◀3)の「儒家」と並んで，中国の歴史上もっとも影響力のあった思想であった。歴代の王朝は，表面上儒家と法家のどちらを重視するかで違いを見せるものの，実際上，「飴」と「鞭」のように両者を使いわけて，法家を信じる王朝のみならず，儒家を崇拝する王朝も法を重視していた（「外儒内法」）。ルール・規範という外見的意味での「法」では，中国社会は同時代の他の社会にもまったく劣らなかった。

　しかし，実質的意味での「法」では，中国は他の社会とは大きく異なった。つまり，国家権力は，立法，司法，行政のように分化することなく，すべて一元的政治権力として存続するに伴って，「法」も政治権力の一部として政治的に操られる側面が強い。特に，法の理念・原理は，独自に形成，発展することが少なく，時の国家権力の政治理念・原理から派生してくるものが多い。中国法の最大の特徴は，「政治」と「法」とは終始未分離の状態にあって，「法治」が「政治」に従属し，法が「政治としての法」にとどまる，ということである。

3 道具性が依然残る法

　国家権力が一元的政治権力として存続し，政治と法とは終始未分離な状態にあることの最大の結果として，いわゆる「法律道具論」が登場し，長く続いていることがある。つまり，国家権力は常に，法を自らの統治・支配の道具の一つとして見ており，統治・支配にとって都合が良ければ法を使うが，邪魔であればすぐ捨てる。その結果，法は「法」としての絶対性・一貫性・規範性を持てず，その存在や機能が国家権力の政治の都合によって変わっていく。古くは，「法家」が法を強調したのはまさに道具としてであったが，今日に至っても，そのような意識は完全に消えたとは到底いえない。

4 縦的関係法

　法はその形式と中身から「横的関係法」と「縦的関係法」とに分類することができる。民衆の権利を多く明示し，民間関係を主な内容とし，手続を大事にする法を「横的関係法」と呼び，逆に，民衆の義務を多く規定し，国家権力の統治，特に犯罪と刑罰を主な内容とし，手続を二次的に扱う法を「縦的関係法」と呼ぶならば，中国法のもう一つの特徴は「縦的関係法」というべきであろう。伝統中国法が「重義務軽権利」，「重刑軽民」，「重実体軽程序」（「権利より義務，民事法より刑事法，手続きより実体を重視する」という意味）であると，一部の学者がよく指摘するのはこの故であろう。　　　　　（王　雲海）

統治や変革を行うこと，法律を明白にして民衆に守ってもらうこと，貴族にも庶民にも同じ法を適用すること（「一断於法」），法を厳しいものにして厳格的に適用すること（厳刑峻法）などがその主な主張である。

図1　商 鞅

▷3　**孔子**（紀元前551～479年）

「儒家」の創立者で，中国歴史上の最も偉大な思想家。「孔聖人」とも呼ばれている。「儒家」の最初の主な主張は次のようなことである。つまり，「礼」（人間の上下左右の関係に関する伝統的道徳的規範）をもって，為政者の権威と人格を頼りに統治を行うこと（「礼治」，「徳 政」），道 徳・教 化を「主」に，法律・刑罰を「補」にして，刑罰より予防を優先して，社会秩序を図ること（「徳主刑輔」），社会身分により「礼」か「刑」を使い分けること（「刑不上代夫，礼不下庶人」）などである。

図2　孔子

3 中国法の過去・現在・将来

▷ 1　XII-1 264頁参照。

▷ 2　XII-6 274頁参照。

1 「十字路」にさしかかる中国法

　上述した中国法の諸特徴は，どちらかというと，主に伝統中国法のものである。実は，このような伝統中国法は，これまで何度も外国法との「出逢い」によって変化する機会があった。これに着目して，これまでの中国法は次のように分けることができる。つまり，1911年「辛亥革命」により清王朝が崩壊するまでの「伝統中国法」（封建中国法）時代，清末，特に1911年中華民国が誕生してから国民党政権が台湾に向かうまでの「民国中国法」時代，1949年中華人民共和国の誕生から1980年代の「改革開放」までの「ソ連的中国法」時代，「改革開放」から今日までの「現代中国法」時代である。

　このように揺れに揺れた中国法は，今日また新しい局面に入っている。2019年末からの新型コロナウイルスの世界的大流行や2020年からの米中関係の急速な悪化が示すように，いまの世界が根本から変わろうとしている。そのなかで，中国も中国法もこれからどのような方向へ進むかという歴史的課題に直面しており，まさに「十字路」にさしかかっているといえる。

2 中国法の歴史的連続性と非連続性

▷ 3　XII-4 参照。

▷ 4　**階級闘争論**
もともと西洋の理論であるマルクス主義の概念を，毛沢東をはじめとする中国共産党は主に以下の３つの内容にまとめ，中国社会に適用した。①我々人類社会は生産手段などの財産所有状況により搾取階級と非搾取階級に分けられる。②搾取階級と非搾取階級は闘争関係・食うか食われるかの関係にある。③国家や法律というものは，政権を得て支配地位に就いた支配階級が相手の階級や社会を支配，弾圧するための道具である（「法家」から始まった中国伝統上の「法律道具論」が

　伝統中国法に対して，新しい法を中国へ持ち込もうと最初に試みたのは民国中国法時代である。清末の「変法」，特に民国政府により，西洋近代法が日本を経由して大量にもたらされ，「六法全書」までもが作られた。しかし，外国による侵略，内戦内乱，統一的国家権力の不在などにより，輸入された西洋近代法は，法条文レベルで伝統中国法を一応否定できたが，法機能レベルでは伝統中国法を変えられなかったばかりか，逆に延命させる場合すらあった。

　ソ連的中国法時代では，共産党政権が法意識から法制度までソ連のものを取り入れることに成功した。しかし，この「成功」は，伝統中国法がソ連法によって変えられたという意味では決してなく，むしろその逆である。正真正銘の西洋理論であるマルクス主義がなぜ遠い東洋の中国で信奉されるようになったのかというと，それは，マルクス主義が「権力社会」という伝統中国を変えることができたからではなく，むしろそれを新たに正当化することができたからであろう。同様に，ソ連法が中国で「成功」したのは，それが伝統中国法を変えたからではなく，むしろ新たな形でそれを再生させたからである。

現代中国法は，ある意味では民国中国法の再現であって，同じく西洋近代法の導入を目指す側面が強い。しかし，異なるところもある。外国による侵略，内戦内乱，統一的国家権力の不在という民国期とは違って，いまの中国は，共産党という統一的国家権力のある，独立的で安定的社会である。これにより，現代中国法はもはや民国中国法の二の舞にならず，今度こそ成功するのか，それとも「権力社会」の伝統に束縛されて，別の形で民国中国法のように条文レベルでの完備だけにとどまってしまうのかは，いまのところ定かではない。

③ 現代中国法の多重性質

現代中国は一貫して「社会主義国」というが，その中身は指導者により異なり，それぞれの「法」も違う。建国から1970年代末までは，毛沢東が「**階級闘争論**」をもって政治を中心に統治していた「政治中国」であった。そこでは，歴史上の「法家」のいう「法」はソ連法によって再生されて，完全に政治道具と化した。「改革開放」から1995年までの中国は，鄧小平が「いかに経済を発展させるか」を理念にして経済を中心に統治していた「経済中国」であった。そこでは，「法」は経済発展にとって必要であればその存在を認められ，規範レベルでの法整備が大いに行われた。1995年に「社会主義法治国家の建設」が提出されたことにより，江沢民，胡錦濤，習近平の「法治中国」に入った。そこでは，「法」が政治にも経済にも属さない一定程度の独立性を確立され，人権保障に関する西洋近代法の理念・原理の一部が導入されるようになった。

このように，時間的に見れば，現代中国法は，「政治性」，「経済性」，「法治性」という3つの性質を帯びた時期を経て成り立ったものであるが，これらの性質は，互いに排除，断絶したものではなく，どれかがより突出するかの違いにすぎない。つまり空間的に見れば，現代中国法は，性質の異なる3つの側面を同時に兼ね備えており，今後は指導者の如何によりどちらの方向へ傾くこともありうる。

④ 「法治中国」という唯一の道

しかし，中国の歴史から見ても今の世界の情勢から見ても，残される道は中国を本当の法治中国にすることしかない。本書で示すように，今の中国は，立法を積極的に行っており，法規範という外見的レベルでは法治主義へ大きく前進しているといえる。しかし，人権保障・人間の尊厳という実質的レベルにおいては，まだそうとはいえない。実質的レベルでも法治中国になるためには，法治主義の内容である「**留保原則**」，「**法律主義**」，「**比例原則**」，「**司法審査**」をすべて貫くことが必要である。その中で要となるのは司法審査である。政治からも民意からも独立する司法こそが法治主義の最終担保である。法の脱政治化・司法の独立が法治中国への第一歩となるのである。　　　　（王　雲海）

これで新たに正当化された）。

▷5　毛沢東の好きな言葉は，「天と戦うにも，地と戦うにも，人と戦うにも，その楽しみは極まりがない」である。ここでいう「戦う」とは主に政治闘争のことを意味する。それに対して，鄧小平の好きな言葉は，「白い猫であろうと，黒い猫であろうと，ネズミを摑める猫ならばよい猫である」である。つまり，資本主義であろうと，社会主義であろうと，経済発展ができれば良い制度である，との意である。

▷6　留保原則
国民は生まれながらすべての人権・権利を手元にもっており，誰かから事後に賦与される必要がないとするものである。

▷7　法律主義
国家が統治するために国民の人権・権利を制限する必要がある場合，事前に立法機関を通じて法律を作って，制限することの必要性，根拠，手続，代価などを明示しなければならないことを指す。

▷8　比例原則
必要最小限原則ともいう。つまり，国家が統治するにあたって国民の人権・権利に対する制限は統治の目的などと比例し，必要最小限度にとどめるべきであるという。

▷9　司法審査
司法救済ともいう。つまり，国家が統治のために行う国民の人権・権利への制限に対して，国民は不服がある場合，裁判所に訴訟を起こし，司法が審査して，制限が不当なときには救済をしてもらえることをいう。

第 I 章

憲 法

guidance

　憲法とは，実質的な意味においては，国家の統治，国家と国民の関係の基本を定めた法のことをいう。この意味の憲法には，時代により，また国によって内容の異なるさまざまな種類のものが存在する。そのうち，もっとも重要なものの一つに，近代西洋の市民革命を経て成立した「立憲的意味の憲法」がある。これは，専断的な権力を制限してひろく国民の権利を保障するという立憲主義思想に基づく憲法であり，日本国憲法もこの流れを汲むものである。

　これに対して，19世紀後半から20世紀初頭にかけて社会主義運動が起こり，1917年のロシア革命によってはじめて社会主義国家とともに，社会主義憲法が誕生した。中国の憲法はこの流れに属する。さらに，中国は，自らを中国の特色ある社会主義国家と称しており，その憲法にも，中国独自のさまざまな特色をもたせている。本章では，中国憲法の基本事項をおさえつつ，その特色について学ぶ。

　まず第 1 節では，中華人民共和国成立以降の憲法の変遷について概観する。建国以降の短くも波乱に満ちた歴史を垣間見るとともに，各憲法の主な内容と特色について振り返る。第 2 節では，中国憲法の基本原則であり，もっとも本質的な特徴である共産党の指導について説明している。第 3 節では，法治主義の原則について説明し，その問題点を指摘している。第 4，5 節では，国民の基本的権利を紹介するとともに，その基本的性格について分析を試みる。第 6，7，8 節では，統治機構を扱う。三権分立制と対立する民主集中制の原則およびそれに基づく人民代表大会制度，その他の国家機関，地方制度について解説している。第 9 節では，中国では選挙がどのように行われているか，そのからくりを解明する。第10節では，法規範の種類について説明している。最後に，第11節では，憲法保障を扱い，中国ではいまだ違憲審査制度が存在しないことが明らかにされる。（周　作彩）

① 1つの共同綱領，4つの憲法

① 中国人民政治協商会議共同綱領

　1949年9月21日，**国共内戦**の勝利をほぼ確実に収めた中国共産党は，国民党以外の幅広い政治勢力を結集し，新しい政権を作り上げるため，各民主党派，無党派知識人，各団体・各界の代表に呼びかけ，中国人民政治協商会議を開催した。同会議は，中華人民共和国の樹立を決定し，臨時憲法となる中国人民政治協商会議共同綱領（以下，「共同綱領」という）を採択した。

　共同綱領は，序言のほか，総則，政権機関，軍事制度，経済政策，文化教育政策，民族政策，外交政策の7章60条からなっている。新しい国家を「労働者階級が指導し，労農同盟を基礎とし，民主諸階級および国内諸民族を結集した」**新民主主義**すなわち人民民主主義国家であると性格づけている（1条）。また，人民の基本的権利として，選挙権・被選挙権（4条）のほか，思想・言論・出版・結社・行進・示威の自由，人身の自由，居住地選択の自由，宗教信仰の自由を保障している（5条）。

　統治機構については，政権は人民に属するとした上で，人民が国家権力を行使する機関は各級人民代表大会（各級人大）および各級人民政府であること，人民代表は普通選挙によって選ばれることが規定されている（12条）。人民政治協商会議は，人民民主統一戦線の組織形態であり，人民代表が選ばれるまでの間，人民代表大会の職権を代行するとされている（13条）。

　経済面では，一気に国有化を進めるのではなく，国有経済を主導としつつも，国民生活に資する資本主義経済（私営企業）の存在を認め，その発展を助けると謳っている（30条など）。また，農村では，地主から土地を没収する土地改革を行うことが規定されているが，土地の所有権は農民に与えられ，農民の私的所有を認めることが明記されている（27条）。

　建国直後の中国において，何よりも政治の安定と経済の復興が最重要課題であった。そのためには，幅広い政治・経済勢力の協力が不可欠であった。このような配慮から，共同綱領では**社会主義**的要素や共産党の指導などの内容が意識的に薄められたことが窺える。

② 54年憲法

　しかし，成立まもない中国はさまざまな困難に直面した。中でも，朝鮮戦争

▷1　**国共内戦**
1945年，抗日戦争勝利後，一緒に抗日戦争を戦った国民党と共産党は，戦後の政権のあり方について話し合い，いったんは「双十協定」を締結し，統一した政権の樹立に合意。しかし，1946年3月に開かれた国民党大会において，国民党は共産党が提唱する「民主連合政府」の拒否と国民党の指導権の強化を決議したことから，両党の対立が全面的な内戦に発展した。

▷2　1949年10月1日，北京天安門上において，毛沢東（1893〜1976年）が高らかに新中国の成立を宣言した。

図1　天安門上における毛沢東ら

▷3　**新民主主義**
毛沢東が従来の民主主義に対して提唱したもの。半封建・半植民地の中国では，社会主義革命の前に，第一段階として民主主義革命が必要であり，これによって実現される社会は，社会主義社会ではなく，従来の資

への参戦が大きな負担であった。朝鮮戦争で大きな人的犠牲を払ったほか，戦争に伴う財政負担，国連決議による禁輸措置などにより，経済の復興にも大きな困難が生じていた。そこで，戦時体制の強化とともに，**三反五反運動**などの民衆運動を通じて民間経済にも締め付けを強めていった。そして，1953年後半から，ついに新民主主義路線を放棄し，社会主義化の強行を内容とする**過渡期の総路線**が毛沢東によって提起され，農村では農業の集団化，都市部では私有経済に対する社会主義的改造が推し進められることになった。このような歴史的背景の下で，54年9月20日，中華人民共和国はじめての憲法が制定公布された（54年憲法）。

　この憲法は，序言のほか，総則，国家機構，国民〔公民〕の基本的権利および義務，国旗・国徽・首都の4章106条から構成されている。まず，序言において，中華人民共和国の成立から社会主義社会を築き上げるまでは一つの過渡期であり，この期間における国家の総合目標〔総任務〕は，一歩一歩社会主義工業化を実現し，農業・手工業・資本主義的商工業に対する社会主義的改造を完成することであると宣言している。また，序言の中で共産党の指導に2回も言及していることが，共同綱領にはなかった新憲法の特筆すべき点である。

　国家の性質については，まだ社会主義化が完成していないので，共同綱領と同様に，労働者階級が指導し，労農同盟を基礎とする人民民主主義国家である（1条）としている。

　国家機構については，すべての権力は人民に属し，全人大および各級人大を通して行使され，各級国家機関は民主集中制を実行する（2条）とした上で，全人大，同常務委員会，国家主席，国務院，地方各級人大，民族自治地方の自治機関，人民法院および人民検察院について規定している（2章）。

　経済の基本的制度については，国家所有制すなわち全人民所有制，協同組合所有制すなわち勤労集団所有制，勤労者個人所有制，資本家所有制の4種類を認める一方，国営経済を優先的に発展させるとし，個人所有制や資本家所有制は社会主義的改造を通して徐々に協同組合所有制や全人民所有制に移行していくことを示している（4〜10条）。

　国民の基本的権利および義務については，平等権，選挙権および被選挙権（いずれも満18歳以上の者），言論・出版・集会・結社・行進・示威の自由，宗教信仰の自由，人身の自由，住居の不可侵および通信の秘密，居住地選択の自由，勤労の権利および休息の権利，物質的扶助を受ける権利，教育を受ける権利などを定めた長い権利カタログとともに，憲法および法律の遵守義務，納税義務，兵役の義務等の義務についても規定している。

❸　54年憲法の破綻と75年憲法

　過渡期の総合目標の一つである社会主義的改造はわずか3年で完成した。そ

本主義社会とも異なる新民主主義社会であるとした。

▷4　社会主義
社会主義とは，19世紀前半の西ヨーロッパの資本主義社会が生み出す諸矛盾を解消し，労働者を中心としたより平等・公正な社会を実現しようとする思想，運動，体制をいう。社会主義は多義的に使われるが，狭義ではマルクス主義の主張するそれを指す。その中心的な要素として，生産手段の共有制，計画経済，プロレタリア独裁および共産党の指導を挙げることができよう。

▷5　三反五反運動
三反とは反汚職，反浪費，反官僚主義をいい，五反とは反贈賄，反脱税，反スパイ行為，反手抜き工事，反公共財産窃盗をいう。

▷6　過渡期の総路線
1953年から1967年までの15年間を資本主義から社会主義への過渡期と規定し，その間における社会主義建設のための全般的方針を定めたもの。

▷7　反右派闘争
1957年に毛沢東が発動した
反体制知識人に対する弾圧
運動。

▷8　大躍進運動
1958年から毛沢東が行った
強引な農工業大増産政策と
キャンペーン。

▷9　3年困難期
1959～61年の間に発生した
全国的な大飢饉。日本の歴
史教科書では，約2000～
4500万人の餓死者が出たと
推計されるとされている
（「大躍進」『世界史用語集』
山川出版社，2014年）。中
国の公式文献でも，1960年
だけで総人口が1000万人減
少したとされる（中共中央
党史研究室編『中国共産党
歴史（第2巻）下』中共党
史出版社，2010年，563頁）。

▷10　Ⅸ-2 側注4参照。

れを受けて，1956年に開かれた共産党第8回全国大会において民主法制の強化と体系的な法律の整備が決議され，刑法や民法などの基本的な法律の制定に着手するかと思われた。しかし，その直後に，57年の**反右派闘争**[7]，58年からの**大躍進運動**[8]が行われ，これらの急進的政策による人災に自然災害が加わり，大勢の人が餓死したとされるいわゆる**3年困難期**[9]を経て，いよいよ66年には文化大革命（文革）[10]に突入することになる。基本法典の整備どころか，もはや憲法自体がまったく機能しない事態が続き，54年憲法は事実上死んだ。

　文革は，名目上は文化の改革運動であったが，実際には大躍進政策の失敗によって実権を奪われた毛沢東が実権奪取のために紅衛兵と呼ばれた学生や大衆運動を利用して発動した権力闘争および社会・文化闘争であった。実権派と見なされた幹部のほか，知識人や旧地主など反革命分子とされた人々は熱狂的な紅衛兵の攻撃の対象となり，国家主席であった劉少奇も何ら法的手続によらずして逮捕監禁され，獄中で非業の死を遂げた。あらゆる国家機関が機能不全に陥り，多くの貴重な文化財も破壊し尽くされ，政治から経済，社会，文化に至るまで混乱と停滞のどん底に陥れられた。全人大も1965年の第3期第1回会議閉会から75年の第4期第1回会議までの10年間まったく開催されなかった。

　再開された全人大において，75年憲法が採択された。この憲法は，わずか4章30条からなり，その主たる目的は文革を正当化することであった。文革の偉大な勝利を確認しつつ，階級闘争が長期にわたって存在することを強調し，プロレタリア階級独裁下の継続革命を堅持することを謳っている（序言）。また，文革によって機能不全に陥っていた国家機構については，国家主席および各級検察院が廃止され，検察の権限は警察たる公安機関が行使するとされた。全人大，同常務委員会，国務院の職権に関する規定も簡略化され，裁判所たる人民法院は裁判権を行使するとされているが，事件の審理は大衆路線を実行し，重大な反革命刑事事件は大衆を動員して討論と批判を行わなければならない（2章）。文革中に地方各級人民政府に代わって設置された革命委員会はそのまま存置され，地方各級人大の常設機関であると同時に地方各級人民政府であるとされた。

　他方，共産党の指導については，序言だけでなく，条文の中にも，共産党は全中国人民の指導的中核であり，労働者階級は共産党を通して国家に対する指導を実現し（2条），人民解放軍と民兵は共産党が指導する武装力であり，共産党中央委員会主席が全国の武装力を統率し（15条），全人大は共産党が指導する最高国家権力機関である（16条），などと随所に登場してくる。

　国民の基本的権利および義務については，条文数が大幅に削減され，平等権が削除されるなど権利自由の範囲が縮小されたほか，その配列も義務（共産党の指導への擁護義務，憲法および法律への服従義務，兵役の義務），社会権（労働の権利，休息の権利，教育を受ける権利，物質的扶助を受ける権利など），自由権（言論・

通信・出版・集会・結社・行進・示威・ストライキの自由，宗教信仰の自由，無神論宣伝の自由など）の順になっていることも特徴的である。

４　78年憲法から現行82年憲法へ

　75年憲法制定後間もなく，毛沢東の死と「**四人組**」[411]の逮捕によって，文革は1976年10月に終結した。これを受けて，78年3月に第5期全人大第1回会議が開かれ，78年憲法が採択された。

　この憲法は，序言のほか，4章60条からなり，その内容は54年憲法の原則や基本的制度を復活させた部分，75年憲法を継承した部分と新しい時代に向けたメッセージの部分をあわせもったものである。75年憲法の継承という点では，文革によって社会主義革命および社会主義建設の偉大な勝利を収めたと文革を高く評価し，農業・工業・国防・科学技術の4つの現代化という新しい目標を掲げる一方，プロレタリア階級独裁下の継続革命を堅持するとし（序言），中共中央委員会主席は依然として武力の統率権を有し（19条），文革時の各級革命委員会もそのまま存置された（34条）。

　78年憲法の文革的色彩は，1978年12月に開催された中共11期3中全会において決定された**改革開放路線**[412]とは相矛盾し，早急に改正する必要があった。改正作業は80年9月に着手され，何回かの修正を経た草案が82年4月，全国民の討論に付され，82年12月に開催された第5期全人大第5回会議で審議・採決の結果，82年憲法が成立することになった。

　82年憲法は，制定当時は4章138条からなる。改革開放の深化および情勢の変化に伴い，1988年，93年，99年，2004年および18年の5回の改正が行われた。1988年改正は，主に計画経済から商品経済への転換に伴い，それまで認められていなかった土地使用権の譲渡（10条4項）と私営経済（11条1項）を容認する趣旨のものであった。93年改正では，さらに市場経済への移行に伴い，序言の一部改正に加え，15条に「社会主義市場経済を実行する」と謳われ，16条に企業の経営自主権が明記された。99年改正では，序言に鄧小平理論に関する記述が追加されたほか，「法治国家」の規定が5条1項に追加され，非公有制経済については「社会主義市場経済の補充」から「社会主義市場経済の重要な構成要素」に改められた（11条）。2004年改正では，序言に「**3つの代表**」[413]思想が追記されたほか，合法的財産の所有権について保護すると規定していた13条1項を「合法的な私有財産は侵されない」に改めるとともに，公共の利益のために収用される場合の補償についても規定された。18年改正では，習近平の「新時代の中国の特色ある社会主義思想」を序言に追加したほか，国家主席の連続就任制限の撤廃，国家監察委員会の新設に関する規定が盛り込まれた。そのため，条文数は当初の138条から143条に増加した。　　　　　　　　　（周　作彩）

▷11　四人組
毛沢東の下で，文化大革命を主導した江青，張春橋，姚文元，王洪文の4人のこと。1980年に最高人民法院に設置された特別法廷で政権転覆や幹部および大衆の迫害などの罪状によって裁かれ，執行猶予付き死刑や終身刑などを受けた。

▷12　改革開放路線
鄧小平（1904～97年，毛沢東亡き後の事実上の最高指導者）の指導の下に，経済発展のためにとられた，農地の請負責任制，私営企業の承認，国営企業の改革，外資の積極的な導入に象徴される各種の経済改革および対外開放政策。この改革開放路線の理論的基礎となったのが鄧小平理論。

▷13　3つの代表
中国共産党は，先進的な社会生産力の発展の要求，先進的文化の前進の方向，最も広範な人民の根本的利益の3つを代表するべきとする理論。2002年11月の中共16回大会において，江沢民が提起し，その後，マルクス・レーニン主義，毛沢東思想，鄧小平理論とともに党の重要思想と位置づけられ，党規約に明記された。社会主義市場経済の発達に伴い，私有経済が国民経済に占める役割はもはや否定することができず，企業家を広範な人民の中に取り込んでその財産権を保護しなければならない。そこで，序言に「3つの代表」思想を加えるとともに，13条も私有財産は不可侵である旨の改正がなされた。

共産党の指導

① 憲法と政党

　現代国家において政党は，政治と国民をつなぐ重要な役割を果たしており，政党を無視して政治を語ることはできない。しかし，近代立憲主義憲法をとる多くの国では，憲法において政党に関する規定を置くものは少ない。これに対して，中国の憲法は，政党の存在を認めているのみならず，諸政党の中でも特に共産党に対して指導的地位を与え，共産党の指導を憲法の基本原則の一つとしている。

② 各憲法における共産党の指導に関する規定

　共同綱領では，序言の中で人民民主統一戦線を構成する政党や各種団体の一つとして共産党に言及があり，共産党の指導に関する文言は存在しない。

　共産党の指導に関する文言が登場するのは54年憲法からである。54年憲法の序言の中で共産党の指導の下に中華人民共和国を建国したこと，共産党の指導の下における人民民主統一戦線が築き上げられた旨の記述が見出される。

　75年憲法では，共産党の指導という文言は序言および本文中をあわせて 8 回も登場する。とりわけ，本文の 2 条 1 項において，「中国共産党は，全中国人民の指導的中核である。労働者階級は，自己の前衛である中国共産党を通して，国家に対する指導を実現する」と定めて，指導の対象が人民だけでなく国家にまで及ぶことが明らかにされた。

　78年憲法でも，75年憲法に比べ登場回数こそ 8 回から 6 回に減ったものの，2 条 1 項はそのまま維持されている。

　82年憲法制定当時は，登場回数は 4 回であるが，すべて序言においてである。ただし，54年憲法と異なり，82年憲法は，単に歴史的事実として共産党の指導に言及しているにとどまらず，将来に向けても共産党の指導を堅持しなければならない旨を述べている（序言 7 段落）ことに注意されたい。本文に明記しなかったのは，文革中に共産党が憲法を超越した存在となり，自ら憲法を破壊する結果をもたらしたことに対する反省に基づくものである。本文中には，逆に「すべての国家機関，武装力，各政党，各社会団体，各企業・事業組織は，憲法および法律を遵守しなければならない」（現 5 条 4 項），「いかなる組織または個人も，憲法および法律を超越する特権を有してはならない」（同 5 項）と規定

▷ 1　憲法35条は結社の自由を保障しているが，建国以前から存在し，統一戦線の構成員として共産党に認められた民主党派を除き，新規の政党結成が厳しく規制され，公式には存在しない。民主党派とは，国民党革命委員会，民主同盟，民主建国会，民主促進会，農工民主党，致公党，九三学社と台湾民主自治同盟の 8 つの政党を指し，いずれもそれぞれの党規約で共産党の指導を受け入れており，政権を目指すことが許されない。例えば，国民党革命委員会は，党規約の総則で，「中国国民党革命委員会は，政治同盟の性質をもち，中国の特色ある社会主義および祖国の統一事業に尽力する政党であり，中国共産党の指導する多党協力および政治協商制度における参政党である」と述べている。

し，共産党も憲法および法律の範囲内で活動しなければならないことを暗に示している。

　しかし，共産党の指導の強化を掲げて登場した習近平政権（2012年～）の下で，2018年に第5回憲法改正が行われ，国家主席の任期撤廃，国家監察委員会の新設などとともに，本文である1条2項中に「中国共産党の指導は，中国の特色ある社会主義の最も本質的特徴である」との一文が挿入された。これは，75・78年憲法への一種の回帰現象と見ることができる。

③　共産党指導の対象および方法

　共産党の指導といっても，憲法上，それが具体的に何を対象としてどのように行われるのかについて明らかにされてはいない。

○指導対象

　共産党の指導はもともとレーニンの前衛党理論に由来し，プロレタリア階級の前衛として，人民大衆を指導して社会主義革命ないし社会主義社会の建設に参加させるものであり，その指導対象は人民大衆のはずであった。ところが，中国の75・78年憲法は国家をもその指導対象とするようになった。82年憲法制定当時は，指導対象が曖昧であり，一時期「党政分離」の改革を推し進めようとしたこともあった。しかし，前述のように2018年改正により，共産党の指導が強化され，その対象も国家，社会の隅々にまで及ぶものとされるようになった。「党・政・軍・民・学，東・西・南・北・中を問わず，党はすべてを指導する」とか，「人大，政府，政協，監察機関，裁判機関，検察機関，武装力，人民団体，企業・事業組織，基層民衆自治組織，社会組織等」に対して指導を改善強化しなければならない，などと強調されている。

○指導方法

　近代立憲主義憲法の国々では，政党は選挙を通して政治力を発揮する。これに対し，中国における共産党の指導的地位は選挙によるものではなく，歴史的既成事実に基づくものである。その指導力は主として次の方法によって確保される。①直接指導。名実ともに党が直接指揮命令する。例えば，軍，国家安全，規律検査・監察，メディア等に対して直接または国家機関と合同で指導を行っている。②人事の掌握。公務員法4条，中共中央「党および政府幹部選抜任用条例」2条1項によれば，党および政府の幹部の任用は「党が幹部を管理する〔党管幹部〕との原則」を堅持すると規定されている。③組織の浸透。共産党は，あらゆる国家機関，組織，最近では私営企業にまで党組・党委員会を細胞のようにめぐらし，それらの細胞を通して指導を貫徹させている。例えば，会社法には，「中国共産党規約の規定に基づき，会社内に中国共産党の組織を設立し，党の活動を行うものとする。会社は党組織の活動のために必要な条件を提供しなければならない」（19条）との規定が設けられている。　　　　（周　作彩）

▷2　「中国共産党規約」総則31段落。

▷3　2019年10月31日中共19期4中全会「中国の特色ある社会主義制度を堅持および健全化し，国家統治システムおよび統治能力の現代化を推進することに関する若干の重大問題についての決定」。

▷4　軍に対しては，とりわけ「絶対的指導」を堅持するとまで謳われている（「中国共産党規約」総則21段落）。国家安全については，国家安全法は，「国家安全活動に対する中国共産党の指導を堅持し，集中統一，高効率かつ権威的な国家安全指導体制を確立する」（4条）と規定し，その指導を具体的に行う機関は中共中央国家安全委員会である。監察については，2018年憲法改正により国家監察委員会が設置されたが，中共中央規律検査委員会と合同で職務を遂行することとされている。また，メディアに関しては，2018年3月，新聞・世論に対する集中統一的指導および出版活動に対する管理を強化するため，国家新聞・出版・ラジオ・テレビ総局の職権を中共中央宣伝部に編入することになった（中共19期3中全会「党および国家機構改革方案」）。

3 法治主義

1 法治主義とは

　1999年の憲法改正において，「法に基づいて国を治め〔依法治国〕，社会主義的法治国家を建設する」とする5条1項が追加され，法治国家は憲法の理念の一つとされた。しかし，そこでいう「法治」とは何か，について憲法は明らかにしてはいない。

　試しに『広辞苑（第7版）』で「法治主義」を引いてみると，「①人の本性を悪と考え，徳治主義を排斥して，法律の強制による人民統治の重要性を強調する立場。韓非子がその代表者。ホッブズもこれと同様。②王の統治権の絶対性を否定し，法に準拠する政治を主張する近代国家の政治原理。」との説明に出くわす。韓非子（？〜前233年）は中国春秋戦国時代の法家思想の大成者であるから，ここで問われているのは，当然のことながら，①の意味ではなく，②の意味の法治主義すなわち国家権力も法に服するのだということになる。

2 法治主義の条件

　しかし，②の意味の法治主義についても，『広辞苑』レベルでは異論がないかもしれないが，それを超えてそこでいう「法」とは何か，「人」ではなく「法」がどのように国を「治める」のかを突き詰めていくと，たちまち見解が分かれ，国により時代によってさまざまなバージョンが存在する。ここでは，まず中国における法治主義のありようを考える際の参照枠組みとして比較可能な条件を提示しておくこととしよう。

　法治主義といえるためには，当然のことながら，まず第一に，とにかく従うべき法が存在し，そして法が存在する以上は，誰もがこれに従わなければならない（法の存在・法の優越）。

　そして，それらの法がただ単に国民あるいは末端の役人や官僚をコントロールするためのものではなく，国家権力が法の下にあるといえるためには，第二に，個々の法律や条文がばらばらに存在しているのではなく，それらが全体として一つの自律的な体系をなして存在していなければならない（法の体系性）。行政や裁判官が法体系全体に適合するように個々の法律を解釈適用しなければならないだけでなく，時の政権が新しい法律を創出するときも，まっさらな砂漠の中で建物を建てるかのようにどんなに奇抜なものを建ててもよいのではな

▷1　序-3 7頁参照。

▷2　序-2 5頁参照。

▷3　ここで詳論することはできないが，②の意味の法治主義は，少なくとも英米法系のRule of Law（法の支配）とドイツを源流とするRechtsstaat（法治国）に大別し，その上でさらにそれぞれについて形式的と実質的概念に区別することができる。法の支配については，とりあえず周作彩「法の支配と行政訴訟制度改革」原田尚彦先生古稀記念『法治国家と行政訴訟』有斐閣，2004年，91頁以下，ドイツを源流とする日本の法治主義の意義およびその現状については，塩野宏「法治主義の諸相」同『法治主義の諸相』有斐閣，2001年，112頁を参照。

く，街全体の景観や雰囲気に溶け込めるように設計し建築しなければならない。既存の法から離れてまったく自由に法律を作ることができるのではない。[4]

第三に，国家権力が法に準拠して行動しているかをチェックする何がしかの制度や仕組みが必要不可欠である（違法違憲審査制）。制度や仕組みの具体的なあり方は国によって種々違いがありうる[5]としても，実効性ある違法違憲審査制度を欠いては法治主義を語ることができないであろう。

③　中国における法治主義の問題点

従うべき法の有無については，1978年12月の中共11期3中全会で改革開放路線とともに，「民主と法制」の強化の方針が打ち出されて40有余年の間，大小さまざまな法律・下位法規が制定され，2020年5月には長年の懸案であった民法典がついに成立した。これで，憲，民，刑，民訴，刑訴については法典が存在し，商法や行政法については統一法典はないが，会社法や行政許可法，行政処罰法，行政強制法，行政訴訟法，国家賠償法などの一般法が制定されており，基本的な法整備は一つの区切りを迎えたといえよう。

また，法が存在する以上は，必ずこれに従わなければならず〔有法必依〕，これに違反すれば必ず追及されなければならない〔違法必究〕ということも，少なくとも規範意識の上では認識されているものといわなければならない。

しかし，実態に目を転じると，例えば，さまざまな改革を，法律による授権や既存の法との調整もなしに，既存の法を公然と打ち破って推進していく改革のスタイルそれ自体が，中国における法の遵守状況を物語る一つの例証といえよう。さらにこれよりも，共産党の指導とどう折り合いをつけるか，という本質的で困難な問題が法治主義の前に立ちはだかる。「党が上か，それとも法が上か〔党大還是法大？〕」との論争が絶えないのもこのためである。

法の体系性という点についても，多元かつ多層的立法体制をとっているために，深刻な問題を抱えている。立法技術の未熟さに加え，立法機関による権限の囲い込みのため，ほとんど関係法令との整合性に配慮することなく，立法が行われている。[6]

違法違憲審査制度については，立法法は法形式間の優先順位を定め，行政法規以下の下位規範が上位規範に抵触する場合の審査手続も規定しているが，法定国家機関の請求に基づく審査またはその他の国家機関，組織もしくは個人の建議に基づく審査（同法99条1，2項）が行われた様子はない。法律の違憲審査については，具体的な制度設計すらまだ存在しない。[7]

他方，具体的な行政活動の違法性審査については，行政不服審査制度，行政訴訟制度[9]，国家賠償制度[10]が存在し，一定程度実効的に機能している。[8]行政訴訟に関しては，訴えを提起できる事項〔受理範囲〕が限定列挙されている等の問題があり，今後の改善が期待される。　　　　　　　　　　　　　　（周　作彩）

▷4　ロン・フラーが「法の内在的徳性」として挙げた諸条件（一般性，公布，遡及法の禁止，明確性，整合性，実行可能性，安定性など）はまさに法が全体的に一つの自律的な体系として存立・機能するための必要条件といえる。これらの条件はいずれも一義的なものではなく一定の幅または例外をもつものであるが，どれか一つでも完全に欠けたならば，単に法システムの機能が害されるだけでなく，厳密にはそもそも法システムとは呼べないとされている。Lon L. Fuller, *The Morality of Law* 46-91, 39 (revised ed., 1969).

▷5　例えば，アメリカでは，行政と立法のいずれに対しても，通常の裁判所による司法審査制がとられているが，ヨーロッパ大陸諸国では，通常の裁判所とは別に行政裁判所による行政裁判や憲法裁判所による違憲立法審査制度が採用されている。

▷6　Ⅰ-10 30頁参照。

▷7　Ⅰ-11 32頁参照。
▷8　Ⅱ-7 48頁参照。
▷9　Ⅱ-8 50頁参照。
▷10　Ⅱ-9 52頁参照。

4 基本的権利および義務

1 法律の前の平等

　国民は，法律の前に一律に平等である（33条2項）。「自由，平等，友愛」というフランス革命時のスローガンにあったように，平等は自由と並んで重要な基本的人権とされてきた。さらに，社会主義国家では，資本主義社会に拡大した貧富の格差に対する批判から平等原則は自由よりも重要な理念とされた。

　ところで，法の前の平等には，一般に法の内容の平等と法の適用の平等との2つの意味が含まれる。中国憲法にいう法律の前の平等は，法適用の平等のみを意味し，法の内容の平等までは含まれない。例えば，選挙法における人民代表定数の配分について，都市部と農村部での一票の格差が同法によって公然と認められていた。過去に長期間，都市部に比べ農村部の一票の価値が全人大で8分の1，省人大で5分の1，県人大で4分の1しかなかった（1995年改正前）。その後，定数配分の不平等が徐々に是正され，現在では，人口数に比例して配分することになっている。しかし，それは，政策的判断に基づくものであって，法律の前の平等に反するという理由からではない。

2 政治的権利および自由

　(1)選挙・被選挙権（34条）：年齢満18歳以上の国民はすべて選挙権および被選挙権を有する。ただし，法律によって政治的権利を剥奪された者は除く。

　(2)批判・提案・請願・求償権（41条）：国家機関に対して批判および提案を行う権利，国家機関による違法行為および職務怠慢に対して訴願，告訴または告発する権利，国家機関によって権利を侵害された者の賠償請求権を規定している。本条に基づいて，行政不服審査法〔行政復議法〕，行政訴訟法，国家賠償法が制定されている。

　(3)言論・出版・集会・結社・行進・示威の自由（35条）：これらの表現の自由は憲法上保障されることになってはいるが，現実には厳しく規制されていることは後ほど述べるとおりである。[1]

3 人身の自由

　(1)人身の自由の不可侵（37条）：いかなる国民も，人民検察院の承認もしくは決定または人民法院の決定を経て，公安機関が執行するのでなければ逮捕さ

▷1 Ⅰ-5 参照。

れない。不法な拘禁その他の方法による人身の自由に対する不法な剝奪または制限を禁止し，身体に対する不法な捜索を禁止する。しかし，胡錦濤政権（2002〜12年）以降，安定の維持〔維穏〕の一環として，例えば北京へ陳情〔上訪〕に行く人々を阻止するため，地方の官僚や警察が拉致まがいのことを行ったり，さらに習近平政権（2012年〜）に入ってから反テロリスト法や国家安全法の下で反体制派の人々に対する恣意的な逮捕監禁が多発するようになった。

(2)人格の尊厳（38条）：人格の尊厳は侵されない。いかなる方法であれ，人を侮辱，誹謗すること，および誣告して罪に陥れることを禁止する。これは，過去のいずれの憲法にもなかった規定であり，文革に発生した多くの人格侵害に対する反省に基づいて設けられたものである。

(3)住居の不可侵（39条）：住居に対する不法な捜索や侵入を禁止する。

(4)通信の自由・通信の秘密（40条）。

なお，54年憲法にあった有名無実の居住地選択〔遷徙〕の自由は削除され，農村部から都市部への人口流入が厳しく制限された。現在では，都市化の進展に伴い，地方の中小都市への転入は緩和されている。

④　精神活動の自由

(1)宗教信仰の自由（36条）：宗教信仰の自由を有する。他方，何人も，宗教を利用して社会秩序を破壊したり，人の身体・健康に害を与え，または国家の教育制度を妨害する活動をしてはならず，宗教団体および宗教事務は外国勢力の支配を受けないとも規定している。

(2)科学研究・文化活動の自由（47条）：これには，科学研究，文学・芸術創作その他の文化活動が含まれる。

⑤　経済的・社会的権利

(1)私有財産の不可侵（13条）：国民の合法的私有財産は侵されない。これは2004年改正によって総則の13条1項として挿入されたもので，「3つの代表」思想を反映したものである。

(2)勤労の権利および義務，休息の権利（42条，43条）。

(3)物質的扶助を受ける権利（45条）。

(4)教育を受ける権利および義務（46条）。

⑥　国民の義務

前述の勤労の義務，教育を受ける義務のほか，国家の統一を維持する義務（52条），憲法および法律の遵守義務（53条），祖国の安全・名誉・利益を守る義務（54条），兵役の義務（55条），納税の義務（56条）などが規定されている。

（周　作彩）

▷2　維　穏
高度経済成長による，貧富の格差拡大，官僚の腐敗，再開発に伴う土地収用，環境汚染，民族問題等の問題を背景として大衆による時には暴力を伴った抗議行動などを予防，鎮圧するために，政府が莫大な予算と人員を投入して行う一連の行動ないしその体制。

5　基本的権利の性格：表現の自由を中心として

❶　近代立憲主義憲法における自由権の性格

　自由権は，国家による権力的介入を排除して，個人の自由な意思と行動を保障する権利である。「国家からの自由」とも言われ，基本的人権体系の中心をなす重要な権利である。自由権には次の 3 つの特徴を有する。①不可侵性。いかなる権力（立法権，憲法制定権力でさえも）をもってしても侵すことができない。もっとも，他人の人権を侵してはならないという意味での内在的制約は認められる。②前国家性。国家によって与えられたものではなく，国家の存在に先立って享有すべきものとされている。③裁判による保障。自由が侵害された場合，裁判所に対して直接憲法に基づいて救済を求めることが可能である。自由権に対する制限は，裁判所による厳格な審査が行われる。

❷　35条に対する憲法および法律上の諸制約

　35条は，「言論・出版・集会・結社・行進・示威の自由を有する」とのみ規定し，あたかも表現の自由には何ら制約が存在しないかのようである。しかし，実際には，憲法自身および法律によってさまざまな制約が設けられているのである。

　(1)共産党の指導など一般原則による制約：例えば，「共産党反対！」と叫んで示威行進することが許されるのであろうか。共産党の指導が一般原則とされており，また国民も憲法への遵守義務がある以上，許されないと解されることになろう。このことは次の(3)を見ても明らかである。

　(2)憲法51条による制約：権利自由の行使は，国家，社会，集団の利益および他の国民の権利自由を損ねてはならない（51条）。他人の権利自由を損ねてはならないことはいうまでもないが，問題は，国家，社会，集団の利益とは何かがきわめて曖昧であり，表現の自由が安易に制限されてしまうおそれがある。

　(3)集会行進示威法による制約：この法律は，集会，行進，示威を許可制とし，①憲法の基本原則に反対するもの，②国家の統一，主権および領土の保全に危害を与えるもの，③民族の分裂を煽動するもの，④公共の安全に直接危害を及ぼし，または社会秩序を激しく乱すと認めるに十分な根拠があるものは，許可しないとしている（12条）。

　(4)**国家安全法**による制約：この法律にいう国家安全とは，「国家政権，主権，

▷ 1　**国家安全法**
国内の政治・経済の安定および対外的な安全保障に関わる各分野について定めた法律。施行直後の2015年 7 月 9 日以降，人権派弁護士や民主活動家ら数百人が国家政権転覆容疑などで拘束されたり，取り調べを受けたりしたいわゆる709事件が起きた。2020年 6 月30日，香港に適用される香港特別行政区国家安全維持法が制定公布されたことにより，あらためて内外の注目と批判を集めた。

▷ 2　Ⅰ-10 3 項参照。

統一および領土の保全，人民福祉，経済社会の持続的発展ならびに国家のその他の重大利益が相対的に危険でなく，または内外の脅威を受けていない状態，および安全状態の持続を保障する能力」のことを指し，非常に広範かつ曖昧な概念である。13条2項は，「いかなる個人および組織も，本法または関係法律に反して国家安全維持義務を履行せず，もしくは国家安全に危害を加える活動に従事したときは，法により法的責任を追及する」と規定している。ある種の表現活動がこれに該当するとされる蓋然性はきわめて高いといわざるをえない。

③ 35条に対する法律の根拠なき諸制約

表現活動のうち，出版に目を転じると，これに関する法律すら存在せず，その規制は，行政法規以下の下位規範に委ねられている。その中心をなすのが出版管理条例（国務院2011年12月25日）である。

同条例は，出版は出版社などの出版組織〔単位〕が行うものとしている（9条）。出版組織を設立するには，国務院の出版行政主管部門が認定する主管組織〔単位〕または主管部門を有しなければならず，その主管組織の所在地の省級人民政府の出版行政主管部門の審査同意を経た後，国務院の出版行政主管部門の審査承認を受けなければならない（11条）。

年度出版計画および国家安全，社会安全などに関する**重大主題**については，省級出版行政主管部門の審査を経た後，国務院出版行政主管部門に届け出てその承認を受けなければ，出版してはならない（20条）。また，いかなる出版物も次の内容のものを掲載してはならない。これに違反した場合には，刑事責任を追及し，もしくは期間を定めて営業停止を命じ，出版物，違法所得を没収し，情状が重い場合は，出版社の許可証を取り消す（56条）。すなわち，①憲法の基本原則に反対するもの，②国家の統一，主権および領土の保全を害するもの，③国家の秘密を漏洩し，国家安全を害し，国家の名誉，利益を害するもの，④民族間の恨み，民族差別を扇動し，民族間の団結を破壊し，または民族の風習，習慣を侵害するもの，⑤邪教，迷信を宣伝するもの，⑥社会秩序を乱し，社会の安定を破壊するもの，⑦わいせつ，賭博，暴力を宣伝し，または犯罪を教唆するもの，⑧他人を侮辱・誹謗し，他人の権利利益を侵害するもの，⑨社会良俗または民族の優れた文化伝統を害するもの，⑩法律・行政法規が禁止するその他のもの（25条）。

④ 表現の自由の性格

以上のことから，35条は立法権力どころか，行政権力にも対抗することができない。その内容，範囲は，法律や行政法規等の規定があってはじめて具体化され，法律以下の下位規範次第で如何ようにもなる。それでも，憲法上の基本的権利といえるか，疑問であるといわなければならない。　　（周　作彩）

▷3　重大主題

「図書，定期刊行物，録音録画製品，電子出版物における重大主題にかかる届け出の方法」（新聞出版署，2019年10月25日）3条によれば，重大主題とは，以下のものを指す。⑴党および国家の重要な文書，文献に関するもの，⑵現職，元職の党および国家の指導者の講話，著作，文章およびその仕事もしくは生活状況に関するもの，⑶中国共産党の歴史，中華人民共和国の歴史上の重大事件，重要な意思決定過程，重要活動，重要人物に関するもの，⑷国防および軍隊建設ならびにわが軍の各歴史的時期における重大な意思決定，重要な戦闘・戦役，重要な活動，重要人物に関するもの，⑸党・政府機構の構成および指導的幹部の状況を集中的に紹介するもの，⑹「文化大革命」等の歴史および重要事件，重要人物をもっぱらもしくは集中的に紹介もしくは評価するもの，⑺もっぱら国民党の重要人物および統一戦線の対象たるその上層部を紹介するもの，⑻民族宗教問題に関するもの，⑼中国国境地図に関するもの，⑽香港特別行政区，マカオ特別行政区および台湾地区の経済，政治，歴史，文化，重要な社会事務等を紹介するもの，⑾ソビエト，東欧等の社会主義時期の重大事件および主要指導者に関するもの，⑿外交に関わる重要な活動に関するもの。これらの主題については，事前に届け出をし，承認を経なければ出版発行してはならない。明文で検閲を認めているということにほかならない。

6 民主集中制と全国人民代表大会

1 民主集中制

近代立憲主義憲法は，権力を分離分立させることによって基本的人権を保障しようとする。これに対し，中国憲法は三権分立を否定し，民主集中制の原則を実行すると規定する（3条1項）。民主集中制は，民主的中央集権主義の略で，もともとレーニンによって提唱された党の組織原理であり，その後，社会主義諸国によって国家機構の構成原理として採用されてきたものである。

中国憲法において民主集中制は次の4つの関係に反映されている。

(1)人民と人大の関係：すべての権力は人民に属し，人民は人大を通して国家権力を行使する（2条）。人大は民主的選挙によって組織され，人民に対して責任を負い，人民による監督を受ける（3条2項）。

(2)人大と他の国家機関の関係：人大は人民を代表して権力を行使する機関として行政機関，監察機関，裁判機関，検察機関を組織し，これらの機関は人大に対して責任を負い，その監督を受ける（3条3項）。人大はすべての権力の源泉であり，国家機関間の分業はあっても，権力の分離分立はありえない。

(3)国家機関内部の関係：上下関係においては，下級機関が上級機関に従う。内部においては，首長責任制がとられる（86条2項）が，重大問題については全体会議もしくは常務会議を経て決定する（例えば90条）。

(4)中央と地方の関係：中央の統一的指導の下，地方の能動性，積極性を発揮するとの原則がとられる（3条4項）。中国は統一的多民族国家であり，国家権力は中央に固有のものであるとされ，地方の権力はあくまで中央の授権に基づくものである（いわゆる**単一国家**）。地方の政府機関も国家機関の一部にすぎない。

2 全国人民代表大会およびその常務委員会

全国人民代表大会（全人大）は最高国家権力機関であり，立法権を行使する。省，自治区，直轄市，軍隊および特別行政区から選出される代表より構成され，代表定数は3000名を超えないものとされる（選挙法15条）。任期は5年である。全人大の全体会は通常毎年1回開催され，会期は2週間程度である。そのため，その常設機関として常務委員会が設置され（57条），全人大閉会中に経常的・補充的に国家権力および立法権を行使する。常務委員会は，全人大によってそ

▷1　単一国家
単一の主権で構成される国家。地方に政府機関が置かれることがあっても，それは国家機関の一部にすぎない。連邦制国家に対比される。

▷2　全人大全体会議の様子。

図1　全人大全体会議

の代表の中から選出され，全人大の監督を受ける。委員長，副委員長若干名，秘書長，委員若干名から構成され，その人数は第10期（2003年）以降160人前後に落ち着いている。

全人大の職権は次のとおりである。①憲法の改正，憲法実施の監督，②刑事・民事，国家機構その他の基本的法律の制定・改正，③国家主席，副主席，中央軍事委員会主席の選挙・罷免，国家監察委員会主任の選挙・罷免，最高人民法院院長および最高検察院検察長の選挙・罷免，国家主席の指名に基づく国務院総理の決定・罷免，国務院総理の指名に基づく副総理・国務委員・各部部長・各委員会主任・会計検査長・秘書長の決定・罷免，④国民経済・社会発展計画および同執行情況報告の審査・承認，国家予算および同執行情況報告の審査・承認，⑤戦争と和平の問題の決定などである（62条，63条）。

全人大は常務委員会が招集し，開会の前に予備会議を行い，主席団および秘書長を選出し，会議議事日程その他の準備事項を決定する。主席団は，全人大の会議を主催する。3000名もの全体会では実質的な審議ができないため，会議日程に編入された議案は，選挙母体ごとに組織される各代表団に交付して審議させる。審議の後，全体会により採決が行われ，代表全体の過半数の賛成で議案は可決される。

常務委員会の職権は次のとおりである。①憲法の解釈および実施の監督，②全人大が制定すべき法律以外のその他の法律の制定・改正，全人大閉会中における全人大制定の法律に対する部分的補充・改正，法律の解釈，③全人大閉会中における国民経済・社会発展計画および国家予算案の部分的調整方案の審査・承認，④国務院・中央軍事委員会・最高人民法院・最高人民検察院の監督，国務院が制定した憲法・法律に抵触する行政法規・決定・命令の取消し，省・自治区・直轄市の国家権力機関が制定した憲法・法律・行政法規に抵触する地方性法規・決議の取消し，⑤全人大閉会中における人事の決定，などである（67条）。

常務委員会は通常２カ月に１回開催される。常務委員会の会議は，委員長が招集，主催する。構成員全体の過半数の出席により会議は成立し，議案も構成員全体の過半数の賛成により可決される。

全人大代表は，日本などの国会議員のようにプロの政治家ではなく，本職をもっていて，全人大への出席は年に１回，２週間程度であり，名誉職的な色彩が強い。閉会期間中，代表は選挙母体の意見や要望等を聴取するなどの活動を行うものとされ，本職の職場は，その活動に対して正常の出勤として扱い，給与その他の待遇を保障しなければならない（代表法20条，34条）。活動経費は，財政予算に編入し，他の目的に使用してはならない（同35条）。常務委員会委員も，原則として兼職であるが，中央の行政機関，裁判機関および検察機関の職務を兼任することは禁止されている（65条）。　　　　　　　　（周　作彩）

7　その他の国家機関

▷ 1　歴代国家主席（（　）内は在任期間）：毛沢東（1949〜59年），劉少奇（1959〜68年），李先念（1983〜88年），楊尚昆（1988〜93年），江沢民（1993〜2003年），胡錦濤（2003〜13年），習近平（2013年〜）。

1　国家主席

　国家主席は全人大によって選出される。その職権は，全人大および常務委員会の決定に基づいて，法律の公布，各種人事の任免，外国使節の接受を行うなどである（80条，81条）。これらの対内対外的権限から，国家主席は中国の国家元首であると解される。任期は同期全人大と同じであり，連続就任は2期までとされていたが，2018年改正により再任の制限が撤廃された。

2　国務院

　国務院は，中央人民政府として最高国家権力機関の執行機関であるとともに，最高国家行政機関である（85条）。国務院は，総理，副総理（若干名），国務委員（若干名），各部部長，各委員会主任，会計検査長および秘書長によって構成される（86条）。任期は同期の全人大と同じであり，総理・副総理・国務委員の連続就任は2期を越えてはならない（87条）。

　国務院の職権は，①憲法・法律に基づく行政措置の規定，行政法規の制定，決定および命令の発布をはじめ，②各部・各委員会の任務および職責の規定，活動の統一的指導，③地方各級国家行政機関の活動の統一的指導，④国民経済・社会発展計画および国家予算の編成，など18項目にわたって列挙されている（89条）。

▷ 2　Ⅰ-5 21頁参照。

　このうち，行政法規は，国務院の管轄事項の範囲内であれば，法律の授権がなくても制定することができると解されており，実際にもそのようなケースが多数存在している（前述の出版管理条例など）ことが，全人大およびその常務委員会が立法権を行使する旨を定めた58条と矛盾抵触しないかが問題である。

3　中央軍事委員会

　中央軍事委員会は全国の武装力の指導機関であり，主席，副主席（若干名），委員（若干名）から構成される（93条）。任期は同期の全人大任期と同じであるが，主席の連続就任の制限は国家主席と同様，2018年改正により撤廃された。

　82年憲法に国家機関として中央軍事委員会が設けられたのは，75・78年憲法で「共産党中央委員会主席が全国の武装力を統率する」と規定されていたものを改めて，解放軍を国家軍隊化する趣旨によるものであった。しかし，共産党

の指導は憲法の基本原則であり，当然，軍にも及ぶだけでなく，むしろ軍こそ党の「絶対的指導」に服さなければならない。そのため，共産党内にも中央軍事委員会が設けられており，メンバー構成は国家軍事委員会とまったく同じである。党が軍を直接指導することにいささかの変化もなかった。

④ 国家監察委員会

　国家監察委員会^{▼3}は，2018年憲法改正により，国務院監察部を格上げして新たに設置された監察機関である（124条）。国務院，中央軍事委員会，最高人民法院，最高人民検察院と並ぶ国家機関とされ，共産党の規律検査委員会と合同で職務を遂行する〔合署弁公〕。これにより，旧監察部では監察が及ばなかった指導者層や行政機関以外の者，また共産党規律検査委員会では検査できなかった党員以外のすべての公職人員の腐敗行為などをカバーすることができるようになった。他方，警察や検察との権限競合やその捜査に刑事訴訟法が適用除外されているなど重大な問題を孕んでいることも事実であり，憲法を改正してまで設置すべきものであったかどうか，中国国内でも疑問の声が多い。

　監察委員会は，法律の定めるところにより独立して監察権を行使し，行政機関，社会団体および個人の干渉を受けない（127条）。その職責は，①公職人員の，法に基づく職務の履行，公平な権力行使，清廉な政治・業務への従事，および道徳品行の状況に対して監督・検査を行うこと，②汚職・贈収賄，職権濫用，職務怠慢，優越的地位の濫用〔権力尋租〕，便宜供与，私情のための不正および国家資材の浪費などの職務違法・職務犯罪に対して調査を行うこと，③法に違反した公職人員に対する法に基づく懲戒処分を決定し，職責の履行のために力を尽くさず職責を果たさない指導者に対して問責を行い，職務犯罪容疑者を人民検察院に移送して，法に基づく審査の上で公訴を提起してもらうこと，などである（監察法11条）。

⑤ 人民法院および人民検察院

　人民法院は国家の裁判機関であり，最高人民法院，地方各級人民法院および軍事法院等の専門法院に分かれる（128条，129条）。人民法院は，法律の定めるところにより独立して裁判権を行使し，行政機関，社会団体および個人の干渉を受けない（131条）。地方各級人民法院は，基層人民法院，中級人民法院および高級人民法院に分かれ，最高人民法院を含めると，4級になっている。一方，事件の審理は原則として2審終審制をとっている。近時は2審終審制を補うため，最高人民法院への再審申立てを活用する傾向にある。

　人民検察院^{▼4}は国家の法律監督機関であり，最高人民検察院，地方各級人民検察院および軍事検察院等の専門検察院に分かれる（134条，135条）。

（周　作彩）

▷3　Ⅸ-7 208頁参照。

▷4　Ⅺ-2，Ⅺ-4 参照。

8 地方制度

① 行政区画：4層制

　行政区画の種類は，まず大きく普通行政区と特別行政区に分けられる。普通行政区の従来の基本的な形態は，省・直轄市・自治区―県・市轄区・自治県―郷・鎮・民族郷の3層構造であったが，都市化の進展に伴い，現在では，かつて省と県の間に存在した**地区**▷1がほとんど市（一般に**地級市**▷2と呼ばれ，そのほとんどが法令上の「**区を設ける市**」に相当する）に改編され，省・自治区―区を設ける市・自治州―**区を設けない市**▷4・県・自治県―郷・鎮・民族郷の4層構造となっている（30，31条参照）。これらの行政区域は，国家権力機関（人大）および人民政府が置かれる区域であり，1つの行政レベルを構成する。これに対し，上級政府の出先機関のみが置かれ，1つの行政レベルを構成しない区域もある。この種のものとしては，省と県の間に設けられる地区と市轄区に設けられている街道がある。

② 地方各級人民代表大会および人民政府

　各レベルの行政区域には，それぞれ人大と人民政府が設置されている。県級以上の人大には常務委員会が設けられる。各級人大およびその常務委員会は地方における国家権力機関であり，人民政府，人民法院，人民検察院等はそれによって組織され，それに対して責任を負う。

　省・直轄市・自治区人大およびその常務委員会は，憲法・法律・行政法規に抵触しないことを前提に，地方性法規▷5を制定することができ，全人大常務委員会に届け出て記録にとどめることになっている（100条1項，立法法72条1項）。また，区を設ける市の人大およびその常務委員会も，憲法・法律・行政法規および当該省・自治区の地方性法規に抵触しないことを前提に，地方性法規を制定し，当該省・自治区人大常務委員会の承認を経た後，施行することができる（100条2項，立法法72条2項）。これら以外の市や県および郷・鎮の人大および政府は地方性法規を制定することができない。しかし，実際には，決議，決定，命令，公告，通知，意見などと呼ばれる，国民の権利義務に事実上重大な影響を及ぼすさまざまな規範性文書を制定しているのが実情である。

　地方人民政府は，同レベルの人大によって選出され，これに責任を負うとともに，一地方の国家行政機関として一級上の政府の指導にも服し，二重の従属

▷1　地　区
省政府の出先機関のみが置かれる行政区域で，現在は7つしか存在しない。

▷2　地級市
かつての「地区」にちなんで，地区レベルの市の意。

▷3　区を設ける市
比較的大きな市で，名前のとおり，市の下に行政区が設けられている市のこと。東莞市など4市を除いてほぼすべての「地級市」が区を設ける市に改編されている。

▷4　区を設けない市
最近まで県レベルの市という意味で「県級市」とも呼ばれ，現在は名前のとおり，市の下に行政区が設けられていない市のこと。

▷5　Ⅰ-10 31頁参照。

関係に置かれている。また，地方政府の組織構成は，国務院の部・委員会に対応して，省レベルでは庁が，県レベルでは局が，郷レベルでは科が設けられ，それぞれ縦割りの指導にも服することになっている。ただし，憲法は，中央と地方，地方上下間の関係について，中央の統一的指導の下，地方の能動性，積極性を発揮するとの原則を定めている（3条4項）だけで，法律も事務・権限配分の詳細について何も規定していない。中央・地方関係においては，その時々の情勢によって，中央による締め付けで地方が身動きがとれないこともあれば，地方が独立王国であるかのように振る舞うこともないではない。司法にまで侵食している**地方保護主義**は後者の顕著な例といえよう。

③ 民族自治地方

民族自治地方の自治機関は自治区・自治州・自治県の人大および人民政府であり，地方国家機関の職権を行使すると同時に，憲法，民族区域自治法およびその他の法律が規定する自治権を行使し，当該地方の実際の情況に基づいて国家の法律・政策を執行する（112条，115条）。ここでいう自治権とは，国から独立した公共団体としての自治権ではなく，憲法および法律の原則に抵触しない範囲で特殊な政策および弾力的な措置をとる権限を意味し，上級国家機関の決議・決定・命令および指示が当該民族自治地方の実際の状況に合わない場合に，上級機関の承認を得ることで弾力的な執行〔変通執行〕または執行の停止をすることができるという趣旨である（民族区域自治法20条）。それを保障するため，民族自治地方の人大は当該地方の民族の政治・経済および文化の特徴に従って自治条例および単行条例を制定する権限を有するとされている（116条）。

④ 特別行政区

国家は，必要があるときは，特別行政区を設立することができる（31条）。これは，香港・マカオの返還に備えて，または台湾問題の解決を視野に入れて考案された「一国二制度」の装置であり，現在，香港特別行政区とマカオ特別行政区が設置されている。特別行政区の具体的な制度は別に法律で定めるとされており，香港特別行政区基本法およびマカオ特別行政区基本法がこれに当たる。香港特別行政区基本法は，行政管理権，立法権，独立した司法権および終審権といった連邦制並みもしくはそれ以上の高度の自治権を認めている。

他方，基本法の解釈権は全人大常務委員会に留保されており，習近平政権の下における**香港国家安全維持法**の制定施行に象徴されるように，特別行政区の高度の自治権が脅かされる事態が懸念される。　　　　　　　　（周　作彩）

▷6　**地方保護主義**
地方政府がさまざまな政策手段，場合によっては裁判所を動員して個別事件にまで介入して，当地の経済的利益を保護することをいう。例えば，世界貿易機関（WTO）加入後，国際的な圧力もあり，中央政府が，知的財産権保護に関するさまざまな法整備を行い，模倣品などの撲滅キャンペーンを展開しているにもかかわらず，知的財産権の侵害がなかなか後を絶たないのは，地元企業に配慮して各地方政府が取り締まりをサボタージュしていることが大きな要因の一つとなっている。

▷7　**民族自治地方**
漢民族以外の一つまたは複数の少数民族が集中して居住する区域を基礎として設けられる自治地方。民族自治地方は，自治区，自治州，自治県の3種類に分けられる。

▷8　Ⅰ-10 31頁参照。

▷9　**香港国家安全維持法**
香港において，国家安全を維持し，国家の分裂，国家権力の転覆，テロ活動の組織・外国または境外勢力と結託して国家安全を脅かすことを防止，取り締まり，処罰するための法律。正式名称は「中華人民共和国香港特別行政区維護国家安全法」であり，日本では「香港国家安全維持法」などと呼ばれている。2020年6月30日13期全人大常務委員会20回会議において全会一致で可決成立し，同日，香港特別行政区基本法の付属文書3として香港特別行政区において公布施行された。

選挙制度

普通選挙

満18歳の年齢に達した国民は，民族，種族，性別，職業，家庭の出自，宗教信仰，教育程度，財産状況および居住期間を問わず，すべて選挙権および被選挙権を有する。ただし，法律の定めるところにより政治的権利を剝奪された者は除く（34条，選挙法 3 条）。しかし，普通選挙が実施されているのは，次に述べる直接選挙が行われる県級以下の選挙においてであることに注意されたい。

② 直接選挙と多層的間接選挙

▷ 1　Ⅰ-8 側注 4 参照。

▷ 2　Ⅰ-8 側注 3 参照。

中国では，区を設けない市・市轄区・県・自治県および郷・鎮・民族郷の人大代表は選挙民が直接選挙する（選挙法 2 条 2 項）ほかは，全人大をはじめ，省・自治区および区を設ける市・自治州の人大代表はすべて間接選挙によって一級下の人大が選挙することになっている（選挙法 2 条 1 項）。しかも，その間接選挙も，一級ずつ上の人大代表を間接的に選出していく多層的間接選挙である。直接選挙の場合は，選挙区を選挙民の居住状況に基づいて決定するか，または生産組織〔生産単位〕，事業組織〔事業単位〕，勤務組織〔工作単位〕に基づいて決定することもできる（選挙法24条）。

③ いわゆる「差額選挙」と候補者の決定方法

各級人大代表の定数は次のように決められる。全人大の定数は3000名を超えない範囲内で決定される（選挙法15条 2 項）。省，自治区，直轄市の人大の定数は，基礎的定数350名に，省，自治区では15万人ごとに，直轄市では 2 万5000人ごとに 1 名の代表を加えた人数とする。ただし，代表総数は1000名を超えてはならない。区を設ける市，自治州の人大代表の基礎的定数240名，区を設けない市，市轄区，県，自治県の人大代表の基礎的定数120名，郷，民族郷，鎮の基礎的定数40名に，人口数に応じた一定の定数を加えた人数がそれぞれの定数とされ，人口数の少ない地域でも基礎的定数より少なくてはならないことが定められている（選挙法11条）。なお，人民解放軍は，選挙区とは別に独立した選挙母体として定数が割り当てられる。

▷ 3　Ⅰ-4 1 項参照。
▷ 4　**差額選挙**
定数と候補者が同数で行われる「等額選挙」に対比される。1979年以前は「等額選挙」が行われてきたこと

人民代表定数の配分について，かつて，都市部と農村部での一票の格差が公然と認められていたことはすでに述べたが，実はここにもう一つの不平等が公

然と残っていることに気づくだろうか。基礎的定数の上に行われる省・自治区と直轄市の定数配分が省・自治区では15万分の１であるのに対し，直轄市では2.5万分の１と，６倍の格差が存在しているのである。

選挙は，選出されるべき代表よりも候補者が多いいわゆる「差額選挙[44]」で行われる。定数と候補者の比率も法律によって決まっている。直接選挙の候補者の人数は選出されるべき代表の定数より３分の１ないし１倍ほど多い範囲内で，一級上の人大を選挙する間接選挙の候補者の人数は選出されるべき代表の定数の５分の１から２分の１ほど多い範囲内で決定されなければならない（選挙法30条）。つまり，差額といっても，法律の定める比率より多くてもいけない。満18歳に達した中国国民は誰でも被選挙権を有すると憲法が定めている（34条）が，実際には誰でも自由に立候補することができるわけではない。

では，候補者はどのように確定されるのであろうか。まず，選挙区（間接選挙の場合は選挙母体）ごとに，①各政党・人民団体による共同推薦，②各政党・人民団体による単独推薦，③10人以上の有権者（間接選挙の場合は人民代表）による連名推薦，という３つの方式により推薦され（選挙法29条），これを受けて，選挙委員会（間接選挙の場合は人大議長団）が中心となって，推薦団体や有権者の間で話し合いを行うなど，各方面の協議を経て正式な候補者名簿を確定しなければならない（選挙法31条）。このような調整を経て，共産党の候補が多数（通常65％程度）となるよう共産党の指導が選挙を通じて確保されるだけでなく，各民主党派，人民団体および各方面の代表の比率が最適となるようコントロールすることができるようになっている。したがって，中国で「差額選挙」といっても，近代立憲主義憲法の下での自由競争的な選挙が行われるというわけではない。候補者調整の仕組みは中国における選挙制度の最大の特徴といえる。

④ 地域代表制と戴帽候補

中国では原則として地域代表制[45]をとっているのであるが，選挙区（間接選挙の場合は選挙母体）ごとに一定の資格・身分をもった候補者を選挙委員会（間接選挙の場合は人大議長団）が指名して割り当ててくる仕組みが存在する。このような候補者のことを俗に戴帽候補[46]という。上から降ってくるという意味では日本でいう落下傘候補に似ている。戴帽候補は，当該選挙区（間接選挙の場合は当該選挙母体）の被選挙人である必要はなく，必ず当選させなければならない幹部や民主党派，帰国華僑など特殊な身分をもった人々であることが基本である。例えば，2018年13期全人大の選挙において，習近平は，党中央からの指名により縁もゆかりもない内モンゴル人大の候補者として全人大の代表に選出されたことがその一例である。これは，習近平に限ったことではなく，他の指導者もほとんどこのような落下傘候補として各地方に割り当てられるのである。

（周 作彩）

から，「差額選挙」の導入はより民主的な選挙への前進と評価する向きもあるが，本文で述べたように，候補者調整の段階で実質的に当選者がすでに決まっており，落選者は単なるお飾りにすぎない。

▷5 地域代表制
地域を単位とする選挙区から代表者を選出して議会に送る制度であり，職業別団体から代表者を議会に送る職能代表制に対比される。本来は，選挙人も被選挙人も当該選挙区に居住していることを条件とするのが基本である。中国は，地域代表制を基本としながら，戴帽候補のように居住を条件としない変則的な制度をとっていることになる。

▷6 戴帽候補
帽子を戴った候補者，すなわち特定の資格や身分をもった候補者の意。

▷7 これに関する習近平へのインタビューにおいて，本人は，次のように答えたという。「13期全人大代表の選挙にあたって，党中央は，中央の指導的同士が革命老区・少数民族自治地域・辺境地域・貧困地域〔老少辺窮〕を選んで選挙に参加しなければならないと指摘した。私が内モンゴル自治区を選んで選挙に参加したのは，党中央が民族辺境地域を重視していることを表しており，未発達地域の発展を加速させ，脱貧困の厳しい戦いに打ち勝つための党中央の決意の現れである。」新華網「習近平はなぜ内モンゴルで人大代表選に参加したのか」〈http://www.xinhuanet.com/politics/2018lh/2018-03/06/c_1122493442.htm〉。

法規範の種類

 多元多層的立法体制

　ここで立法体制とは，立法権の配分制度のことをいう。中国の立法体制は，一言でいえば，多元かつ多層的なシステムとして特徴づけられる。54年憲法では全人大は国家の立法権を行使する「唯一」の機関（22条）とされていたが，現行82年憲法は「唯一」を削除し，「全国人民代表大会およびその常務委員会は国家の立法権を行使する」とだけ規定している（58条）。その結果，現在では国務院が行政法規を制定することができるほか，区を設ける市以上の地方各級人大およびその常務委員会が地方性法規を，国務院各部・各委員会が部門規則〔部門規章〕を，区を設ける市以上の各級人民政府が地方規則〔地方規章〕を制定することができるようになった。効力の優劣関係でいえばピラミッドの多層構造になっているが，各立法主体の立法権は必ずしも法律の委任に由来するものとは限らず，日本法にいう独立命令も認められていることから，多元的構造でもあるといえる。

２　法　律

　全人大およびその常務委員会は法律を制定する（58条）。全人大は刑事，民事，国家機構などの基本的法律の制定および改正を行い（62条3号），常務委員会はそれ以外の法律の制定および改正を行うほか，全人大閉会中に全人大制定の法律の基本原則に抵触しない限りにおいてそれについて部分的な補充または改正を行う（67条2号，3号）。

　立法法では，以下の事項は，法律によってのみ定めることができるとする法律の留保とでもいうべき原則が定められている（同法8条）。①国家主権に関する事項，②国家機構の設置，組織および職権，③犯罪および刑罰，④国民の政治的権利を剥奪し，人身の自由を制限する強制措置および処罰，⑤租税の賦課徴収に関する基本的制度，など11項目にわたっている。

３　行政法規

　国務院は憲法および法律に基づき行政法規を制定する。行政法規は，法律を執行するために必要な事項のほか，憲法89条に規定する国務院の権限事項について制定することができる（立法法65条2項）。つまり，法律の委任によること

なく，また法律を執行するためでもない独立命令を定めることができるということを意味する。国務院の権限事項が広範囲にわたるため，このような独立命令も前述の法律の留保事項を除くほぼあらゆる領域に及ぶことになる。前述の出版管理条例はほんの一例にすぎない。

▷ 1 Ⅰ-5 21頁参照。

④ 地方性法規，自治条例・単行条例

中国は広い国土をもつ多民族国家であり，単一国家でありながら地方の独自性を無視するわけにもいかない。地方性法規を制定する権限が段階的に拡大され，省・自治区・直轄市の人大およびその常務委員会はもちろんのこと，1986年には省・自治区人民政府所在地の市，国務院の指定する比較的大きな市および経済特区の市にも地方性法規の制定権が下ろされ，さらに2015年の立法法改正では，これらの市を含むすべての区を設ける市にまで地方性法規の制定権が付与された。

自治条例とは，民族自治地方で実施する区域自治の組織と活動原則，自治機関の構成，職権等の内容に関する総合的な規範をいい，単行条例とは民族自治地方の民族の政治，経済，文化の特徴に基づき制定される具体的事項に関する規範をいう。自治区の自治条例および単行条例は全人大常務委員会に届け出て承認された後に効力を発生する。自治州および自治県の自治条例および単行条例は，省・自治区の人大常務委員会に届け出て承認された後に効力を発生し，併せて全人大常務委員会にも届け出て記録にとどめなければならない。

▷ 2 ただし，区を設ける市の人大およびその常務委員会が制定できるのは，憲法，法律，行政法規および所属の省，自治区の地方性法規に抵触しないことを前提に，都市農村建設および管理，環境保護，歴史文化の保護等に関わる事項に限定され，かつ，省，自治区の人大常務委員会の承認を得た後に施行されることになっている（立法法72条2項）。

⑤ 部門規則・地方規則

部門規則とは，国務院各部・各委員会等が制定する法規範である。部門規則は，法律または行政法規の根拠がなければ，国民の権利を制限したり，新たに義務を課したり，または当該部門の権限を増やし，もしくは法定の職責を減らしたりしてはならない（立法法80条2項）。

また，区を設ける市以上の地方各級人民政府は地方規則を制定することができる（立法法82条）。

▷ 3 立法解釈
各法規範の制定機関が，各自の制定した法規に対して行う解釈である。なお，全人大が制定する憲法および法律の解釈は，全人大ではなく，その常務委員会が行うことになっている。

⑥ 司法解釈

中国における法令の解釈は**立法解釈**，**司法解釈**および**行政解釈**の3種に分類される。中でもとりわけ最高人民法院が制定する司法解釈は膨大な量に上り，また，下級人民法院に対して法的拘束力を有し，裁判実務において重要な役割を果たしている。解釈といっても，具体的な事件の判決理由中に示されるものではなく，立法と全く同じように一般的抽象的な条文の形で制定されるのが通例であり，個別事件の処理について下級人民法院からの問い合わせに対する回答の形で示されることもある。

（周 作彩）

▷ 4 司法解釈
最高人民法院が裁判活動における法令の具体的適用の問題について行う解釈，ならびに最高人民検察院が検察活動における法令の具体的適用の問題について行う解釈をいう。
▷ 5 行政解釈
行政機関が，他の国家機関が制定した法令に対し，その具体的適用の問題について行う解釈をいう。

11　憲法保障

① 憲法保障の必要性

　A・V・ダイシー[1]がその名著『憲法序説[2]』の中で，イギリスは成文憲法をもたないが，立派な成文憲法をもつ他のどの国よりも確実に人権を保障していると誇らしげにイギリスの不文憲法の優越性を語った。どんな立派な権利を定めていても，その権利を実現するための救済手段が確保されていなければ，無意味なことなのだという趣旨のことを彼は述べている。

　前述のとおり，中国憲法にも立派な権利章典が存在する[3]。また，5条3項では，「すべての国家機関，武装力，各政党，各社会団体，各企業・事業組織は，憲法および法律を遵守しなければならない。憲法および法律に違反するすべての行為は追及されなければならない」と規定され，憲法自身が憲法の実施（実効性）を保障することを求めている。しかし，例えば，憲法35条は出版の自由を定めているが，国務院の出版管理条例では，出版するには，許可を受けた出版組織がなければならないと規定されている。出版管理条例のこのような規定は果たして憲法に違反しないのだろうか。違反するとしたら，誰が，どのような手続によって，これを是正することになるのであろうか。

② 裁判所は直接憲法を適用することができない？

　そこで，まず思いつく一つの方法は，出版組織の設立許可を拒否された人がその不許可処分は憲法違反だとしてその取消しを求めて人民法院に訴えを提起することであろう。このような訴訟は行政訴訟の一つであり，行政訴訟でこのような訴えの提起がそもそも許されるのかということも問題だが，かりに許されるとして，この訴えを受けた人民法院は，出版管理条例が憲法35条に違反するかどうかを審査して，判決を出すことができるのであろうか。どうやらそれはできないらしい。人民法院は，法律や行政立法が憲法に違反するかどうかを審査することができないどころか，通常の裁判において，憲法の条文を判決の根拠として直接援用して裁判を行うことすら許されていないのである。

　人の名前を詐称して替え玉入学したといういわゆる**斉玉苓事件**[4]について，最高人民法院は，2001年に，替え玉入学は「憲法の定めるところにより有する教育を受ける基本的権利を侵害し，かつ，具体的な損害結果をもたらしたのであり，相応の民事責任を負うべきである」旨の通達を出し，人民法院は直接憲法

▷1　A・V・ダイシー
（Albert Venn Dicey, 1835～1922年）
イギリスの憲法学者。イギリス憲法における法の支配の原理を明らかにしたことで知られる。
▷2　『憲法序説』（Introduction of the Study of the Law of the Constitution）

INTRODUCTION
TO THE STUDY OF THE
LAW OF THE CONSTITUTION

図1　ダイシー存命中に公刊された最後の版（第8版）

▷3　Ⅰ-3参照。
▷4　斉玉苓事件
1990年，斉玉苓は専門学校の入学試験に合格したが，合格通知が届くことはなかった。同級生の陳暁琪が斉玉苓の名前を詐称し，斉玉苓の替え玉として入学したからであった。1999年に至り，斉玉苓がその事実を知ることになり，そこで陳暁琪らを相手取って，自らの氏名権および教育を受ける

を適用して判決をすることができることをいったんは認めたのであった。しかし，その後，いつの間にかこの通達は適用を停止され，2008年には正式に廃止された。思うに，人民法院が憲法を直接適用することができるということは，全人大またはその常務委員会の制定した法律が憲法に抵触する場合には，当然法律ではなく憲法を適用しなければならないことになり，人民法院が実質的に法律の違憲審査権を手に入れるという結果になる。しかし，このような結果は，全人大が最高の国家権力機関であり，人民法院を含めたその他の国家機関がすべて全人大によって選出され，全人大に対して責任を負うものとされていることと論理矛盾する。最高人民法院「裁判文書における法律，法規等の規範的法律文書の引用に関する規定」（2009年10月26日）においても，人民法院が判決等においてその根拠として引用できる法形式は，法律，**法律解釈**，司法解釈，行政法規，地方性法規または自治条例および単行条例，行政法規解釈または行政規則であり，憲法をその中に含めていない。

③ 全人大およびその常務委員会による憲法監督

　次に考えられる方法は，最高国家権力機関であり憲法制定機関でもある全人大に違憲な法律その他の国家行為の是正を申し立てることである。中国憲法も憲法監督権限を全人大およびその常務委員会に与えている。全人大の職権として，憲法の実施の監督，常務委員会の不適当な決定の変更または取消しを規定し（62条1項2，11号），さらに常務委員会の職権として，憲法の解釈・憲法の実施の監督，国務院が制定した行政法規・決定・命令のうちの，憲法法律に抵触するものの取消しを挙げている（67条1項1号，7号）。しかし，両者の権限規定には，憲法違反の法律の無効宣告または取消しが定められていないのは何とも不思議なことである。

　違憲審査が機能するためには，誰が，どのような手続にしたがって，どこに申し立てればよいか，などに関する具体的な制度設計をしなければならない。しかし，そのような規定は憲法には存在しない。法律レベルでは，立法法が，行政法規等が憲法または法律に抵触すると認める場合の審査手続を定めているが，法律の違憲審査については規定していない。また，実際に行政法規等の違憲違法の有無の審査が行われた実績もまだ存在しない。さらに厄介なのは，全人大が憲法の監督機関とされているが，全人大自身ないしその制定する法律を誰が監督するのかについて憲法はそもそも想定していないのではないか，ということである。全人大およびその常務委員会の職権に関する規定の中に憲法違反の法律の無効宣告または取消しが定められていないのは，このためではないのだろうか。現在，学説の間では，具体的な制度設計についてさまざまな提案がなされているが，この原理的な矛盾を解決しない限り，違憲審査制度とりわけ法律の違憲審査制度の実現は難しいであろう。　　　　　　　（周　作彩）

権利を侵害されたとして，損害賠償訴訟を提起した。山東省高級人民法院は，最高人民法院に伺いをした上で，憲法46条に基づいて斉玉苓勝訴の判決をした。この事件および最高人民法院の通達は，いわゆる「憲法の司法化」（憲法を司法の場で直接適用できること）を象徴するものとして学界および実務界において大きな波紋を広げた。

▷5　アメリカの連邦最高裁判所判事ジョン・マーシャル（John Marshall, 1755～1835年）は，かの有名なマーベリ対マディソン事件（Marbury v. Madison, 5 U.S. 137 (1803)）において，まさにこの論理を使って裁判所の違憲立法審査権を確立したのであった。

▷6　**法律解釈**
ここでは，法律について全人大常務委員会が行う解釈を指す。

第**II**章

行政法

guidance

　2017年に開かれた中共第19回全国代表大会においては，2012年の十八大以来，経済・民生・改革等の分野における発展について，全体報告が行われた。そのうち，「民主・法治建設」については，「大きな一歩を踏み出した」と唱えられている。報告によれば，中国では2012年から2017年の間，立法，法執行，司法による救済，国民による法律の遵守など，「中国の特色ある社会主義法治体系」が諸分野にわたって整備できていると宣言された。特に行政法の分野においては，近年，立法上の改正が多く行われたことが注目に値する。その中で，行政機関の諸活動を一般に規律する行政訴訟法，行政強制法のほか，個別の分野に関する食品安全法，環境保護法などの改正もみられる。

　本章は，以上の背景を踏まえ，中国における行政法学の全体像を描こうとするものである。その際には，可能な限り立法上の改正点や学説上の新たな議論を踏まえながら，中国の行政法の仕組みを客観的に紹介しようとする。したがって，以下のように内容を展開していく。

　本章では，行政法の仕組みを「組織法」，「作用法」，「救済法」の３つに区分している。まずは，行政の諸活動を法的権限に基づき行い，その活動について法的責任を持つ行政主体と，活動の担い手となる公務員のことを最初に取り扱う。次に，行政作用法に移り，総論的な紹介に次いで，従来，学説および立法上における典型的な「具体的行政行為」にあたる行政許可，行政処罰，行政強制の三行為と，行政立法，行政指導，行政契約の概要を説明する。最後に，行政の活動による損害・損失に関する救済の仕組みを，行政不服審査〔行政復議〕，行政訴訟，国家賠償の順に概観していく。

　本章の紹介を通じて，中国の行政法に関心を持っている読者に，中国行政法の全体像を掴み，日本法との共通点，相違点をイメージしてもらうことが主な目的である。

（周　蕎）

行政は誰が行うか

1　日本法における公務員・行政機関・行政主体

　行政は誰が行っているか，と聞けば，多くの場合，公務員という答えが帰ってきそうである。間違いではないが，正確には「公務員と呼ばれる人たちが行政機関として行政活動を行っている」というのが正しい。例えば，X市の市長Aは，X市から給料をもらって自分のために働く公務員であるとともに，X市のために行政活動を行う行政機関でもある。行政機関としてのAは自分のためではなく，X市のためにX市に代わって行政活動を行っているのであるから，その行政活動の結果生じた権利義務はA個人にではなく，X市という団体（法人）に帰属する。この場合のX市は行政主体と呼ばれる。

　このように，日本では，行政主体とは行政活動の結果生じた行政上の権利義務を担うことができる団体（法人）であり，国・地方公共団体が代表的な行政主体とされる。行政機関は，行政主体のためにその手足となって実際に行政活動を行う人ないしその組織体をいう。行政機関は，行政活動を行うための権限を有するが，それによって生じた行政上の権利義務を負うことができず，権利義務の帰属先は，あくまでも行政主体であると説かれる。

2　中国における行政主体の概念

　これに対し，中国では，**国家法人説**が採用されていないことに加え，1980年代から90年代にかけて行政主体の概念が諸外国から中国に伝わったときにさまざまな誤解もあって，その意味は日本におけるそれとはだいぶ違うようである。

　中国において行政主体とは，一般に，自己の名義において行政権を行使し，かつ，独立してそれによって生じた法的責任を負うことができる組織と定義される。これは，あたかも日本法でいう行政機関のうちの**行政庁**の概念と行政主体の概念を合体させたもののようである。

3　行政主体の種類

　行政主体は，行政機関，法律・法規により授権された組織と非政府公共組織の３種に大別される。

○行政機関

　行政機関は憲法や組織法により，その設置の時から一定の行政権を付与され，

▷1　国家法人説
国家は法律関係の主体になる法人であるとする説。この説を代表するG・イェリネックは，国家は法人格を有するとし，国家機関を通じて団体意思を形成し統治活動を行うとした。統治権は法人たる国家にあり，天皇はあくまで法人たる国家の最高機関としてその統治権を行使するにすぎないとする美濃部達吉の天皇機関説は国家法人説の日本版である。

▷2　行政庁
行政主体のために自己の名

原始的に行政主体の資格をもつ組織である。行政機関はもっとも重要な行政主体である。しかし，行政機関の中でも，その内部組織は行政主体の資格を有しない。行政主体たる行政機関は法人格を有する。民法典（2020年）によれば，法人とは，民事上の権利能力および行為能力を有し，独立して民事上の権利を享有し，義務を負うことができる組織をいう（57条）。営利法人，非営利法人のほか，特別法人の3種に大別され，特別法人の一つとして機関法人が定められている。独立の経費を有する国家機関および行政職能を有する法定機構は，設置の日から機関法人の資格を有する（97条）とされている。

において行政処分などの行政活動を対外的に行う権限を有する行政機関。

　行政主体の資格を有する行政機関には，次のようなものがある。①国務院，②国務院の各部・各委員会，③国務院直属機構，④国務院各部・各委員会の所轄する局，⑤地方各級人民政府，⑥地方各級人民政府の職能部門，⑦県級以上の地方各級人民政府の出先機関などである。

○法律・法規により授権された組織

　ここでいう法律・法規とは，憲法や組織法以外の個別の法律・法規のことである。これらの組織は，法律・法規により授権された時から，授権された範囲において行政主体の資格を取得する。これには，次のようなものがある。①法律・法規により授権された内部機構，臨時機構，②法律・法規により授権された行政機関の出先機関，③法律・法規により授権された企業・事業体〔企事業単位〕，社会団体，基層大衆自治組織などである。

○非政府公共組織

　法律に基づき設置される行政機関，法律・法規により授権される組織と異なり，この種の行政主体は，組織自体の規約や決議等の規定によりその組織の範囲内において自律的な管理を行い，一定の行政権能を行使するものである。このような自律的な管理は，国家行政ではないが，一種の社会公行政と解される。この類のものとして，①コミュニティ〔社区〕組織および基層大衆自治組織（都市部における住民委員会，農村における村民委員会など），②業界団体（弁護士協会，医師協会など），③公共事業組織（国立学校，国立病院など）などがある。

❹　行政主体概念の機能

　行政主体の概念は主として行政訴訟における被告適格を論ずる上で意味をもつ。つまり，行政主体でなければ，被告適格がないというわけである。しかしこれは，被告適格の明確化には役立つけれども，他方で行政主体の資格がない組織（例えば党の機関）が事実上行政行為と同様の効果を有する行為をしてもこれを訴えることができないという不合理な結果をもたらす。行政訴訟法75条が，行政行為の実施者が行政主体の資格を有しない場合，当該行為は無効である旨を規定しているにもかかわらず，ほとんどの場合，適格を有する被告がいないため，訴えることができないのが実情である。　　　　　（周　作彩）

▷3　中国の行政訴訟法には，日本の争点訴訟（行政処分の無効を争点とする民事訴訟。行政事件訴訟法45条参照）に関する規定がないため，民事訴訟を提起することもできない。

2　公務員

▷ 1　工　勤

中国における公務員・事業単位職員の雇用システムの中で独特な雇用関係に当たる身分。正式の法的根拠が見つからなかったが、一般的に各「行政機関」に所属する者と、各「事業単位」に所属する者に分かれると思われる。勤務条件や定員数等については、各地方政府が独自に定め、必要な経費を財政予算にあらかじめ算入する。また、実際の雇用時には「工勤」を明示することが通常である。「行政機関」に勤務する者は、待遇上、公務員に準ずることが多く、犯罪・処分に当たる事項がなければ身分の安定性も保証されている。ただし、昇進ができず、公務員としての雇用も予定されていない。また、「事業単位」に勤務する者は、試験に合格する場合、昇進等も可能である。勤務内容については、一般的に車の運転、施設の修繕、食堂勤務等があげられる。なお、現時点では、新規採用が予定されず、欠員の発生時にも補欠採用をしないのが今後の流れとなる。

▷ 2　2005年公務員法の可決および施行によって、1993年の暫行条例が廃止された。また、公務員法は2017年および2018年に2回改正された。

1　公務員制度：地方政府に勤務しても国家公務員？

　行政サービス等は、国や省・市などに設置されている行政機関が自ら所掌する事務の範囲内において提供するものであるが、行政機関自身が抽象的であるため、実際に行政サービスを受ける側たる行政の相手方〔相対人〕と接するのが、当該行政機関に配属される公務員である。

　中国においては、公務員という概念を最初に掲げたのは、1993年に国務院が公布した「国家公務員暫行条例」（国務院令第125号）である。同条例3条によれば、公務員とは、「各級国家行政機関に勤務し、**工勤**従業員を除く職員」のことである。その後、2005年に全人代常務委が可決した「**公務員法**」2条は、「法に基づき公的職務を行い、国の行政人事制度に組み込まれ、国家の財政により給与等を支給される職員」を公務員として定めた。同条によれば、中国の公務員は、国の行政機関のみならず、各省・自治区・直轄市等の行政機関に勤務する者もこれに含まれるものとし、身分上は一律して公務員と法的に位置づけられるため、日本のように、国家公務員や地方公務員のような区分がない。ただし、人事管理の便宜上、中央公務員所管部門が全国の公務員、県レベル以上の地方各級公務員所管部門が各自の管轄区域内の公務員について、管理の権限を法的に委ねられている（公務員法12条）。前者は、通常、**中央組織部**および国務院人力資源および社会保障部を意味し、後者は各地の労働および社会保障部門（局）等を指す。

　なお、上記公務員法のほかには、例えば「裁判官法」や「検察官法」が別途定められており、裁判官や検察官等の採用などに関する規定が置かれている。中国においては、これらの法律も広義上の公務員法として位置づけられている。

2　公務員の採用や昇任・昇進、権利義務等に関する規定

　公務員法は、公務員の採用や昇任・昇進、権利義務等に関する諸規定を設けている。

　まず、公務員の採用や人事評価については、①基本条件である国籍、年齢（満18歳）等（13条）、②採用に関する諸規定、例えば試験による採用、試験時に競争主義や平等主義の確保、成績による評価、採用時の流れに関する手続等（23～34条）が定められている。

次に，公務員の昇進・昇給等にあたっては，職務と職級（日本法上の等級に類似する）の併行考量が行われており，業務内容や責務等に基づき幹部職〔領導〕と一般職に分かれる。幹部職に当たる職務（省部級・庁局級等）については選任制，委任制および雇用制，一般職公務員の職級（庁局級以下の総合管理職）については委任制および雇用制がそれぞれ採用時に実施されている（18条，19条，40条）。

第三に，公務員の権利については，①給与等に関わる勤務条件，②法定事由・手続によらない処分等の排除，③研修の参加，④申立てや告訴，⑤辞職の申出（15条）などが挙げられており，詳細内容としては，法第10章の研修の参加（66～68条）や第12章の給与およびその他の福利厚生（79～84条）などを参照されたい。

第四に，公務員の義務については，①忠実義務（憲法，国家，人民等），②共産党の指導に従うこと，③守秘義務，④命令等に対する服従義務等が挙げられている（14条）。また，公務員としての身分を保持する場合，一部の行為が法的に禁止されている。具体的には，①憲法，共産党の指導および国家に反する集会，抗議活動等への参加，②法に違反する組織の設立または参加，ストライキの計画または参加，③民族の分裂，民族の団結および社会の安定性を破壊する活動等の参加，④業務の懈怠，不作為，⑤収賄・私利を図る行為，⑥国家秘密や業務上の秘密漏洩，⑦職権の濫用等が法的に列挙されている（59条）。

最後に，公務員の懲戒処分については，懲戒にあたる事項があった場合，その程度によって，①警告，②過誤の記載，③重大な過誤の記載，④降級・降任，⑤免職，⑥除名・解雇の処分が行われる（62条）。なお，懲戒処分は，公務員法の規定に基づき，監察機関が行うものと，当該公務員の所属行政機関が行うものに分かれ，同一行為についてすでに前者を受けた場合，後者による処分が行われない（61条2項）。

③ 人民解放軍および武装警察

公務員法上の公務員ではないが，以下，独自の人事管理を実施する人民解放軍および武装警察の法的身分の仕組みを概観する。

人民解放軍および武装警察は，まず「兵役法」が適用され，年齢や身分，勤務期間などが定められる。人民解放軍は「現役軍官法」も適用され，「軍位」（階級）を授与される者に関する採用，任免，昇進等の詳細規定が同法によって定められている。

一方，武装警察は，兵役法のほか，武装警察法が適用され，業務権限や任務執行のほか，義務規定や禁止行為等も同法に定められる。 （周 蒨）

▷3 中央組織部
正式名称は，中国共産党中央委員会組織部である。本来なら，共産党の幹部人事を所管する部署であるが，管理層以上の公務員については人事制度上，共通している部分もあるため，管理の権限を有すると思われる。

▷4 公務員法上は，一般的に満18歳を基本条件としているが，特殊職にあたる公務員の場合，例えば裁判官，検察官の年齢については，「裁判官法」や「検察官法」に基づき満23歳とされる。

▷5 例えば，職務については通常，幹部職がこれに関連するが，「国，省部，庁局，県処，郷科」に分別され，各級に「正」と「副」の二種が設けられる。また，一般職は，庁局以下に設置され，総合管理に当たる等級とそれ以外に該当する等級が予定されている。18条，19条参照。

▷6 2018年3月に監察法が可決され，各級監察委員会は「公権力を行使する」すべての公職者に対して職務上の違法及び職務犯罪の有無を調査すると定めた（3条）。監察委員会は，国家監察職能を有する独立性の高い部署であって，人民代表大会によって選出され，公職者に対し「政務処分」を下すことができる。なお，公職者は，一般的に公務員と理解され得るが，「公権力の行使」に該当する者を意味するため，その範囲に注意が必要である。なお，監察機関については，Ⅰ-7 4項，Ⅸ-7 1項参照。

行政行為

 行政行為の概念

　行政行為という概念は，もともと実定法上の用語ではなく，フランスやドイツなど大陸法系の国々において発達した学問上の概念である。そのため，時代により，またそれぞれの国の行政制度の違いによってその意味するところが必ずしも一様ではない。例えば，日本では，行政行為という語は，行政のすべての行為を意味するのではなく，行政庁により，公権力の行使として具体的事実についてなされる直接の法的効果（権利義務の変動）を生じる行為という意味において用いられる。

　これに対し，中国では，行政行為は，行政訴訟法（1989年公布，90年施行，2014年改正，17年改正）上の用語でありながら，同法はその意味を明らかにしてはいない。学説上は，大きく分けて，①行政行為とは行政機関のすべての行為を指すとする最広義説，②行政機関による私法上の行為を除いた公行政としてのすべての行為を指すとする広義説，および③日本法にいう行政行為と同様とする狭義説の3つの見解に分けることができる。本書では，法律の定め，実務および学説を総合して捉えるならば，②の広義説が妥当であると考える。ここで，私法上の行為を除外したのは，民法典において行政機関が機関法人として扱われ，その民事上の行為については民法の適用が予定されているからである（同法97条）。また，制定当初の行政訴訟法が訴えの対象行為を「具体的行政行為」（日本法でいう行政行為，行政処分に近い概念）に限定したのは，「抽象的行政行為」を含めた広義の行政行為概念の存在を前提としてのことであると解される。さらに，後述のように，2014年改正により，訴えの対象行為が行政行為に改められ，かつ，その行政行為の中に日本法にいう行政行為でないもの（例えば行政協定）が含まれていることから，行政訴訟法にいう行政行為は，②の広義説に相当するものと考えられる。

 行政行為の種類

　行政行為は，法的効果を生じるものかどうかによって法的行為と事実行為とに分けられる。法的行為とは行政機関が特定または不特定多数の相手方に対し権利義務を設定，変更または消滅させる行為であり，事実行為とは権利義務の変動を意図せず，単に事実として行われる行為である。事実行為には，行政調

査や行政指導などが含まれる。これに対し，法的行為はさらに，命令強制したり，一方的に権利義務を決定したりする一方的行為と，相手方との合意に基づいて行われる双方的行為に分けられる。双方的行為には，行政契約や行政協定が含まれる。一方的行為はさらに，抽象的行政行為と具体的行政行為に分けられる。抽象的行政行為には，行政立法（行政法規，行政規則）とその他の規範的文書の制定行為が含まれる。具体的行政行為とは，ほぼ日本法でいう行政行為に相当するもので，行政収用，公用使用〔行政徴用〕，給付決定，裁決，許可，行政処罰，行政強制などが含まれる[▷1]。

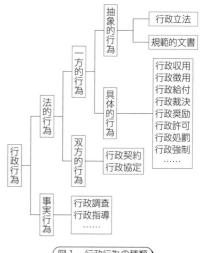

③ 行政行為と行政訴訟における訴えの対象

　行政訴訟法制定当初は，訴えの対象となる行為を具体的行政行為とした（2条）上で，人民法院の具体的な受理範囲を限定列挙する（11条）とともに，さらに不受理事項を列挙する（12条）というように，国民の提訴可能な範囲を執念深く限定していた。国民からの受理範囲の拡大の声を受け，また11条および12条ですでに受理と不受理の範囲が明確に列挙されており，もはや屋上屋を重ねてさらに具体的行政行為で限定する必要はないことから，2014年改正では，2条の「具体的行政行為」に代えて「行政行為」の概念を用いることになった。それと同時に，受理範囲に関する旧11条が12条となり，対象事項が旧法の8項目から12項目に拡大された。

　拡大された対象事項の中に，**政府特許経営**[▷2]に関する協定，土地建物収用補償に関する協定等の協定を履行せず，もしくは約定どおり履行しない，または違法に変更し，解除した場合が含まれていることから，2条のいう「行政行為」は，必ずしも日本法にいう行政行為に相当するものとはいえない。また，13条の不受理事項に行政機関の勤務要員に対する奨励・懲戒，任免等の決定，法律・法規により行政機関の終局的裁決に委ねられた行政行為が含まれていることから，必ずしも日本法にいう非行政行為ばかりが不受理事項になっているというわけでもない。

　以上のことから，行政訴訟法の定める受理範囲は，広義説の行政行為を最大限の境界として，その範囲内で限定列挙された事項に限られると解するのが相当であろう。ただ，同法12条1項12号に「その他人身権，財産権等の合法的権利利益を侵害したと認めるとき」との概括的規定があり，今後に広大な解釈の空間が残されている。行政行為の概念が法の解釈適用を通じてさらに豊かなものに発展していくことが期待される。　　　　　　　　　　　（周　作彩）

▷1　ただし，日本では，即時強制または強制執行として行われる人の収容，物の留置等の行政強制措置は行政行為ではなく，権力的事実行為に分類される。また，行政処罰の中にも，警告，行政拘留などの事実行為が含まれている。

▷2　**政府特許経営**
本来政府が行うべき公共サービス，公共事業，または公共資産を利用して行う事業について，特定の企業が政府の特許を受けて経営を営むこと。政府特許は，さらに法律・法規に基づくもの（法定特許）と，契約に基づくものとに分かれ，政府特許経営に関する協定は後者に属する。

4 行政許可

類似する用語の混在

　中国においては，長年にわたって実施されていた計画経済の中，行政許可が重要な手法として用いられている。当初，許可の濫用等が目立っており，それを改善するために，法的整備が議論されていた。その結果，2003年に「行政許可法」が可決され，翌年7月1日より施行された。

　行政許可については，学説上または実務上の用語が統一されておらず，「審批」，「核準」，「証明」，「確認」等，意味の近い表現がよくみられる。立法作業の際には，法的用語として整理することが必要であるから，既存の諸用語の意味が再確認された。例えば，①「審批」は上級から下級に対する指揮監督権の行使を意味することから行政組織内，または直属機構等に対して多く使用されていること，②「核準」は通常，何らかの法定基準等を満たすか否かを判断するものであって，基準を満たす場合，特定の行為が可能となる効果を生ずるため，許可の一形態として考えられること，③「証明」や「確認」については，両者がいずれも相手方の活動を制限し，または特定の権限を与える効果がないものであることなど，各用語の相違点が再確認された。また，学説上は，用語の意味を踏まえて許可の性格についても議論があり，多数の見解がある中，権利への配慮が重要であるという考え方を取り入れた「検証説（確認説）」というのが現在，通説とされている。すなわち，許可は，権利の付与等ではなく，申請者に対して，法による所定の手続を踏まえ，資格および条件等に関する審査の結果，権利の行使を適法に認めるものである。

行政許可を設定できる事項

　行政許可法は，行政許可に関する基本原則（4～7条），許可設定に関わる事項（12条，13条）および設定の権限（14～17条），許可設定等に関する手続（29条以下）などによって構成されている。

　同法は，行政許可について，以下のように定めている。まず，行政許可とは，「行政機関が，公民，法人またはその他の組織の申請に応じ，法に基づく審査の上，特定の活動を認める行為」である（2条）。次に，行政許可を設定できる対象事項，すなわち上記「特定の活動」については，①国家安全，経済等に関わる事項（12条1号）について法定手続に従い許諾または拒否行為，②自然

▷1　ただし，例えば自然資源や鉱山の開発利用等については，国家所有という意味から「検証説」の観点には若干説明しきれない部分があり，代わって「特権説」や「解禁説」の理論がこの点について説明しやすいと評価される。

資源の開発利用，公共利益に関わる特定分野の参入に対する特定の権利の付与行為（12条2号），③公共サービスの提供等に関わる資格等の確認行為（12条3号），④公共安全，人身の生命・健康等に関わる技術的基準を満たすか否かの確認行為（12条4号）および⑤企業またはその他の組織の設立等に関わる資格の確定行為（12条5号）を列挙している。

　これらの行為類型は，学説上，それぞれ①「許可」，②「特許」，③「認可」，④「核準」，⑤「登記」に対応するものとして議論している。なお，学説上は，許可を一連の行為として称する場合と，法的に定められる具体的な行為として称する場合があり，その区別には留意が必要であろう。

③ 行政許可の根拠規定および手続

　まず，許可設定時にその権限に関する根拠規定として，法律が基本もしくは一般的であるが，法律が存在しない場合には，国務院の行政法規も根拠規定としての適用が可能である（許可法14条1項）。法律および行政法規が共に存在しない場合には，地方法規の規定に基づく許可も可能であるが，その対象事項の範囲が限られている。例えば，地域保護の目的から市場参入に関する制限を行政許可の形で設けることは許可法上，禁止されている（15条2項）。なお，従来，実務上において「**紅頭文件**」と呼ばれる規範的文書による許可の設定は，同法によって禁止され（17条），権限の濫用や不要な許可の抑止等については今後，一定の効果が期待できると評価されている。

　次に，同法は，許可の実施について，申請人による申請および受理，行政機関による審査および決定，許可の処理期間，許可の変更および更新の諸規定を定めている。行政手続法の不在を受け，許可に関する詳細かつ具体的な手続的規定を許可法の中で設けることは，「公民，法人またはその他の組織の合法的権益を保護し……行政機関が行政管理を有効に実施することを保障および監督する」という立法目的（1条）にも適合する。

　なお，行政許可法は，2019年4月23日に法改正が行われており，差別禁止原則（5条1項）や，技術譲渡を条件に行政許可を与えることの禁止条項（31条2項）およびそれに関連する懲戒処分等の罰則規定（73条）が追加された。特に技術譲渡を条件とする規定は，公私協働が進んでいる現在，興味深いものである。また，近年，行政改革の一環として，不要または過度な許可・審批を見直し，前者については必要最小限に抑え，後者については地方政府への権限付与や経済の発展を阻害するものの撤廃等が提唱されている。改革の詳細事項は，国務院が決定等でリストを作成し，公表することとなる。　　　　　（周　薇）

▷2　**紅頭文件**
通常，行政組織内部において上級機関が下級機関に対して発出するものや，一般的に行政上の管理権限等を有する行政機関が拘束力をもつものとして発出するものであり，その文書に赤い文字で発出機関名などが記載され，公印が押されることが多いため，このように呼ばれるようになった。中国の行政法上においては，行政法規や部門規則のほかに，規範的文書として取り扱われている。

▷3　中共中央「改革の全面推進に関する若干重要問題の決定」（2013年）中国政府公式サイト参照。

▷4　例えば，2015年に国務院が「非許可類審批にあたる事項の撤廃に関する国務院決定」（国発〔2015〕27号）を発出し，一部を撤廃し，一部を内部的審批事項へ変更することを公表した。なお，同決定によれば，今後，「非許可類審批」という類別自体を保留しない旨も示されている。

5 行政処罰・行政強制

1　行政処罰

　中国においては，行政訴訟法（1990年）に次いで，1996年10月に「行政処罰法」が可決された。行政許可法よりも優先的に立法作業が進んでいた背景には，当時，行政側による処罰措置の濫用が目立っており，立法による改善が迫られていたことがあった。したがって，行政処罰法の可決・施行は，相手方に対して行われる制裁的行為を法的統制に置くものとして高く評価された。また，行政手続法が存在しない中，処罰行為に関する手続的規定を取り入れることには一定の意味があると評された。

　行政処罰の定義は，法的に定められていないが，「公民，法人またはその他の組織が行政管理の秩序に違反し，行政処罰を与えるべき場合」には，同法の適用が予定されており（3条），具体的に①警告，②過料〔罰款〕，③違法所得や違法に取得した財物の没収，④生産や営業の停止命令，⑤許可，ライセンスの留保または取消し，⑥行政的拘留〔拘留〕，⑦法律や行政法規に基づくその他の措置が挙げられている（8条）。

　同法は，行政処罰について，法律，行政法規，地方性法規など法的根拠の種別および対象事項に関する処罰の設定権限を定める（9〜14条）ほか，権限を有する実施主体としては，ⓐ行政機関（15条，16条），ⓑ法律，法規に授権された特定の組織（17条），ⓒ法に基づき権限を委託される法定の組織（18条）が挙げられている。また，手続的規定として，処罰行為の程度に応じ，簡易手続（33〜35条）および一般手続（36〜41条）が定められている。なお，一部の処罰決定（例えば上記の④，⑤など）については，事前に聴聞および陳述の手続（32条，42〜43条）が置かれている。

　行政処罰に当たる具体的な措置は，各分野に置かれる個別の法律に定めることも一般的であって，例えば食品衛生法上の過料，許可の取消し（39条）が例として挙げられる。また，行政処罰法上，人身自由の制限に関する処罰の規定は法律によらなければならず（処罰法9条2項），処罰の行使権限が公安機関のみに与えられる（同16条）ことから，例えば道路交通安全法上の飲酒運転に対する拘留（道路交通安全法91条），治安管理処罰法上の公共秩序に混乱をもたらす行為に対する拘留等が例として挙げられる。

　訴訟法上では，行政処罰，すなわち前述①〜⑦の行為に対する不服がある場

▷1　中国の場合，「行政処罰」とされる行為は，日本法上の行政刑罰に当たるものと，行政罰に当たるものを含む。その中で，特に⑥行政的拘留は，日本法上の行政刑罰とは異なり，同行政処罰法のほか，治安管理処罰法等個別の法律によって規律されることとなる。

合，人民法院に訴えを提起することが可能とされており，典型的な具体的行政行為に当たるものとされている（訴訟法12条1号）。

② 行政強制

行政処罰法のほかに，直接的な強制的効果を伴う行政機関の行為を規律する行政強制法が2011年6月に可決され，翌年2012年より施行された。同法は，行政許可法や行政処罰法に類似し，手続的側面から行政行為の適法性を担保することが重要視されている。

同法は，行政強制を，①必要な場合において人身自由に対する臨時的制限または財産等に対する臨時的留置・差押え等の行為（即時強制〔強制措置〕），②行政決定の不履行につき強制的に義務を履行させる行為〔強制執行〕，との2つに分けている（2条）。一般的に，①の強制措置に当たるものは，1990年行政訴訟法11条2号に定められる訴えの受理範囲に由来するものと思われ，「違法行為の阻止，証拠毀滅の防止，危害発生の防止，危険拡大の抑制等」（強制法2条）の場合にのみ権限の発動が認められる。また，相手方に対しては権利または利益の侵害等の発生が予想されるため，発動の可否を判断するにあたっては，行政機関の慎重な対応が必要であり，他の非強制的な方法によって目的達成が可能な場合には，その権限の発動ができない，という原則も定められている（5条）。なお，緊急事態や自然災害への対応については，別途，突発事件応対法（2007年）が適用されることとなる。一方，②の強制執行は，相手方に対する法的効果の性格によって，直接的なものとしては強制執行，金銭給付義務の執行，間接的なものとしては，代執行が挙げられる。

行政強制法は，①および②の行為発動によって相手方の人身・財産が侵害されるおそれがあることに鑑み，発動時に必要とされる法的根拠（10，13条）を法律，行政法規のみに限定し，詳細な手続的規定を設けている。

また，中国においては，執行の必要性があるものの，行政機関には強制執行の権限が法的に与えられていない場合，同行政機関が，司法上の強制執行，すなわち人民法院に対して執行を申し出ることができる規定が置かれている（同法53条）。その際に関連する申出期間，人民法院の受理，執行等に関する手続の規定が定められている（54〜60条）。

行政強制の実施は，相手方等が権利・利益を侵害され，または損害を被った場合には，法に基づき救済を求めることができる。行政強制法上は，「公民，法人またはその他の組織」が陳述権，弁明権を有するほか，法的要件を満たす場合，行政不服審査または行政訴訟を提起することができるとともに，賠償請求もできるとされている（強制法8条）。 （周　蒨）

▷2　①の事例として，例えば人身自由の制限については，治安管理処罰法15条に定められている「本人または他人の人身，財産もしくは公共安全に危険をもたらす恐れのある場合，酩酊状態にある者を保護する」行為がこれに該当し，また，財物に対する差押えの例としては，食品安全法110条に「……証拠または違法な製造・販売に関わる食品，食品添加物，食品関連製品の差押え」（同条4号），「製造・販売に提供された場所の差押え」（同5号）があげられる。②の事例としては，例えば道路交通安全法106条上は，道路の両側に植木，植物等があり，信号等を遮断するおそれがある場合，交通管理機関が設置者に対して妨害排除を命じ，それに従わない場合強制的に排除することができる，とされている。

▷3　強制措置については，同法16条から33条，強制執行については同法34条から52条，関連規定が法的に定められている。

▷4　当事者が所定の期間内に行政不服審査もしくは行政訴訟を提起せず，また行政決定にも従わない場合を意味する（同法53条）。

6　行政立法・指導・契約

1　行政立法

　初期の中国行政法学上は，行政立法につき，制定主体を問わず，その内容が行政法としての性格を有するものであれば行政立法に該当するとの見解があった。しかしながら，現在の通説は，行政機関が法的権限に基づき，法定の手続に従って制定し，公布する①行政法規および②行政規則〔行政規章〕が行政立法である，としている。

　まず，①行政法規は，国務院が制定し，国務院令として発出するものであって，全国範囲内に適用するものである。国務院の立法権限について学説上諸見解があるが，一般的に憲法や立法法上に掲げられる国務院の職務・権限等に鑑み，国務院が職権をもって行政法規を制定するとの見解が通説とされている。次に，②行政規則は，制定主体によって部門規則と地方性規則に分かれるが，いずれも上位の法規範に抵触しないかぎりにおいて，人民法院が判決で参照することができる。また，行政立法の制定権限については，組織法および立法法上に詳細な規定が置かれている（立法法65条，80条，82条）。

　なお，行政立法の範疇から除外されているが，行政機関が制定・公布し，対外的に一般的な拘束力を有する命令，決定等も，実務上に多数存在しており，従来，「その他の規範的文書」として区分されてきたが，近年，それらを統一して学説上，「行政規定」と呼ぶことが多い。通常，行政機関による諸規定の制定にも法律による授権が必要であると考えられるから，行政規定が広義の法の一部分として理解されうる。ただし，司法審査の際に，行為の適法性を判断する法的根拠となり得るかが，人民法院の判断に委ねられていること，行政規定自体の違法性については，付帯的審査として，訴訟等の際に請求することができる（行政訴訟法53条，行政不服審査法26条）ことに鑑みると，行政規定が行政法規等と異なることも明確である。

2　行政指導

　中国では，計画経済から市場経済へ移行している時期に，行政管理における柔軟な手法の採用が提唱された結果，90年代後半から「行政指導」という行為形式が登場した。

　前述の行政許可，行政処罰および行政強制とは異なり，中国では行政指導に

▷1　ちなみに，中国においては，立法法という法律があり，法律の制定手続のほか，行政立法の対象に当たる行政法規，規則等の制定手続等が定められている。

▷2　ただ，立法上においては，例えば行政処罰法，行政許可法，行政強制法の場合，「その他の規範的文書」という用語が使用されており，行政不服審査法は，「規定」という用語を用いている。

関する法的根拠[43]は，個別の法律または行政法規，規則に定められる場合が多い。法的用語としての行政指導は，「湖南行政手続規定[44]」（2008年10月）が最初にその意味について「行政機関が特定の目的を実現するため，法定の職権範囲内または法律，法規，規則，政策に基づき，指導，勧告，注意，アドバイスなど非強制的な方法で公民，法人またはその他の組織を，ある行為の作為または不作為を誘導する行為」である，と掲げた（99条）。

行政指導は，一般的に，強制的な拘束力を伴わないものであって，それに従うか否かが相手方の意思および協力によるものである，と認識されている。ただし，①拘束力がないことによって，指導を行う際には法的根拠が必要か否か，②指導の結果として，相手方に利益等の侵害が実際に発生した場合，救済が可能か否かが問題となる。①については，個別法等に関連規定を置くことによって適法性や正当性が担保されるものもあれば，根拠がないものも存在する。一方②については，従来，直接的な拘束力が伴わないことから，訴訟の受理対象から除外されるのが慣例であったが，指導の濫用等に対する救済の可能性が最近，議論されている。

今後，行政改革の方向性[45]として，行政指導が行政計画および行政契約と並列してその活用が提唱されている。

③ 行政契約〔協議，合同〕

中国においては，民営化の進展に伴い，公私協働が求められることが多く，その際には契約の手法が提唱され，実務上も多用されるようになった。

前述の湖南行政手続規定は，行政契約を「行政機関が行政管理の目的を達成するために，公民，法人またはその他の組織との間に，双方の意思の一致に基づき締結する協議」（93条）と定めている。その適用については，①特許経営，②国有土地使用権の譲渡，③国有資産の請負，売却または賃借，④政府調達，⑤政策的貸付，⑥行政機関から委託される研究，諮問および⑦法律，法規，規則に認められるその他の事項に適用され得る（93条）。実務上，契約の適用について個別の法律や法規等に関連規定を置くのが一般的であって，近年，特許経営や土地使用権の譲渡の分野に多くみられる。

行政契約は，従来，具体的行政行為に該当しないものとして，行政訴訟の受理範囲[46]から除外され，紛争の際には，基本的に民法や民事訴訟法の適用によってその解決が図られてきた。ただし，2014年行政訴訟法の改正時に，「特許経営協議，土地家屋収用補償協議等の協議」については，「行政機関が法に基づく履行をしない，約束に従う履行をしないまたは違法に変更，解除する場合」に，訴えの受理対象とし，訴訟の提起[47]が認められた。 （周 蕾）

▷3 例えば，2010年に国家工商行政管理総局が制定・公布した「契約違法行為監督処理弁法」（国家工商行政管理総局令51号）5条には，「検査・処分と誘導・指導を併用し，処罰と教育を併用し，行政指導を推進する一方，当事者が法に基づき契約を締結・履行することを督促する」との内容が定められている。

▷4 中国においては，行政手続法がまだ制定されていないなか，手続法の性格を有するものとして先行的に定められたのは，同規定である。同規定の制定は，その後，各地方の立法に大きな影響を与えた。

▷5 国務院が制定・公布した「全面に法に基づく行政の実施綱要を推進する」（国発〔2004〕10号），国務院公報2004年16号を参照。

▷6 例えば，土地使用権については，「中華人民共和国城鎮国有土地使用権譲渡暫行条例」が国務院によって1990年に制定・公布された。8条に「契約」の適用が定められている。

▷7 例えば農業請負契約については，行政復議法上，その申請の提起が認められている（6条6号）。

7　行政不服審査

1　行政不服審査の登場

　中国における行政不服審査〔行政復議〕の制度は，1950年に当時の財政部が公布した「財政部設立財政検査機構弁法」の再確認の申請〔復核〕がその端緒であった。

　1990年行政訴訟法の制定時には，公民，法人またはその他の組織が，人民法院の受理範囲に属する事項もしくは対象行為につき，①出訴前に行政不服審査を申請すること，②行政不服審査の結果に不服がある場合には行政訴訟を提起すること，③直接に行政訴訟を提起すること，の3つの選択肢を与えられていた（旧訴訟法37条）。法律，行政法規に行政不服審査の前置が求められる場合，それに従うこととなるが，原則として，行政不服審査か行政訴訟の提起かは原告側の判断にゆだねられている（37条2項）。

　同法の実施に応じ，1990年12月に国務院が行政不服審査条例（国務院令70号）を公布し，同条例は翌年1月より施行された。同条例によれば，不服審査の対象は，基本的に1990年行政訴訟法の受理範囲（後述）と同様であって，具体的行政行為に該当するものが列挙されている（条例9条，10条）。なお，同条例がその後，1999年10月1日より行政不服審査法の施行をもって，失効となった（法43条）。

　1999年，行政不服審査法は，制定当初，不服審査としての独自性が強調されている。不服審査申請の対象範囲が1990年行政訴訟法上の受理範囲よりも若干拡大されていることが，立法当時，訴訟法から一定の独自性を確保しながら国民に対する救済の道を広げたという意味で，高く評価されている。なお，同法は2009年および2017年に改正を加えられたが，用語の修正等が中心となり，内容上に大きな変更はなかった。

　現行法上，行政不服審査については，1999年行政不服審査法のほかに，2007年に国務院が公布した「行政不服審査法実施条例」もある。さらに，個別の法律等に不服審査の規定を置くことも考えられる。

2　行政不服審査と行政訴訟の適用選択

　行政不服審査および行政訴訟の提起については，すでに述べたように，原則として訴訟の原告か不服審査の申請人が自らの判断で選択することとなっている。ただし，1990年行政訴訟法および1999年行政不服審査法の諸規定に鑑み，

▷1　行政不服審査は，日本法上の行政不服申立てと類似し，一般的に行政機関の決定等に不服がある場合，行為の相手が法定の手続に基づき不服を申し立てることを指す。ただし，申立ての要件等については日本法上の不服申立てとの相違が多く見られる。

法律等の規定によって不服審査前置が求められ，また現実的に不服審査か訴訟の一方のみを予定されることがある。例えば，①行政不服審査法14条は，国務院の下に設置される各部門（省庁等に該当する）または省レベルの政府（省，自治区，直轄市）による具体的行政行為に対して不服がある場合，当該機関に行政不服審査を提起することとなるが，不服審査の決定に不服のある場合には，行政訴訟の提起か国務院の裁決申請が可能である。実際に，国務院の裁決を申請する場合，同裁決が終局的な判断となるので，申請人が救済方法の選択時に一定の配慮をするかもしれない。続いて，②行政不服審査の前置は，一般的に訴訟法37条2項に定められているように，法律，法規の規定によるものとされている。例えば行政不服審査法30条1項は，土地，鉱山，森林等自然資源に関わる所有権または使用権が行政機関の具体的行政行為によって侵害されると思われる場合，行政不服審査の前置が法的に予定されている。さらに，③中国の場合，特定の事項については，行政不服審査が終局的判断とされる場合もあり，例えば，集会やデモ行進の不許可については行政不服審査の提起が可能となるが，その不服審査の結果に不服がある場合，行政訴訟の提起が可能かどうかについて，「集会デモ行進法」は特に定めていない。もっとも，行政訴訟法11条2項には，人身権および財産権以外の権利利益が行政行為によって侵害される場合，訴訟提起の可否について個別の法律，法規上の定めが求められるため，政治的権利である集会等については，おそらく行政不服審査が終局的な救済方法であろう。

③ 行政不服審査の流れ

　行政不服審査の一般的な流れは，図1のとおりである。申請の提起後には，行政不服審査法の規定に適合しないと認められるものについて，申請が不受理とされる一方，受理される場合，受理日から60日以内に決定を下すことが法的に求められる。

（周　蒨）

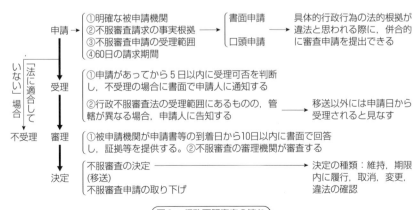

図1　行政不服審査の流れ

出典：1999年行政不服審査法等に基づき，筆者作成。

　行政訴訟

　「民告官」が可能に：行政訴訟法の成立

　中国の行政訴訟の仕組みは，建国から約半世紀が経った1989年に行政訴訟法の可決，翌年1990年に同法の施行をもって確立した。これによって，中国における「**民告官**」の制度が法的に可能となった。また，行政訴訟法の実施に伴って，司法上の運用につき，最高人民法院が司法解釈を制定・公布し，これらの司法解釈も行政訴訟に関する法的根拠となっている。なお，行政訴訟法の実施後，2014年および2017年に法改正が行われ，訴えの受理範囲を拡大したほか，管轄の変更等もみられる。

　同法1条は，「人民法院が公正かつ即時に行政事件を審理し，行政的争議を解決することを保証し，公民，法人またはその他の組織の合法的権益を保護し，行政機関が法に基づき職権を行使することを監督する」ことを立法目的としている。これについては，従来から学説上において訴訟法の性格をめぐる論争があり，近年，検察院による公益訴訟の提起が可能となったことによって，再度，行政訴訟の法的性格をめぐる議論が現れた。なお，それについて，権限行使の適法性を監督する客観的な秩序維持の側面も有する一方，権利利益の救済が根本的な目的であるという意見は多く唱えられている。

② 　訴えの受理範囲

　訴訟法が施行された初期の段階においては，具体的行政行為に限定し，その範囲を列挙することが，受理範囲を制約し，権利救済に大きな支障をもたらすと批判されていた。

　2014年訴訟法の改正時には，立法上の文言が行政行為に修正され，訴えの受理範囲も一部拡大し，変更された。なお，改正後の法11条12号は，同法1号から11号までに列挙された諸行為に加え，「人身権，財産権等合法的権益が侵害されたと思われる行為」についても受理の対象と認められ，さらに，その他法律，法規に訴訟提起ができると定められている事件についても，受理できる旨の規定が置かれている。

　一方，訴訟法上は，受理範囲から除外されているのは，13条に掲げられている4つの事項であり，例えば従来，抽象的行政行為とされてきた行政立法の行為（2号），懲戒や任免等内部的人事管理行為（3号）等がこれに該当する。

なお，行政訴訟の受理範囲については，学説上でも依然として批判が続いているが，今後，司法解釈や法改正によって範囲の拡大等，さらなる改善が期待される。

3 原告の確定

行政訴訟の提起は，「公民，法人またはその他の組織が，行政機関および行政機関の職員の行政行為によって，合法的権益を侵害されたと思われる場合」にできるものとされている（訴訟法2条）。「公民，法人またはその他の組織」については，同法25条にいう「行政行為の相手方またはその他行政行為に利害関係をもつ公民，法人またはその他の組織」を意味すると理解されうる。

原告の適格については，学説上の見解が統一されておらず，例えば訴訟法2条の規定に由来する「相手方説」，何らかの利害関係を有する「利害関係説」，合法的な権益を有することが前提となる「合法権益説」，日本法の見解を参考にした「保護規範説」等が現れている。なお，行政行為の対象，すなわち相手方については，原告としての資格を有することにほぼ異議がないが，「利害関係人」の原告としての資格を判断するにあたっては，「合法的権益」の有無，具体的な「侵害」の有無等が考量されるべきであって，個別の事案に応じて判断することが必要である。

なお，2017年に行われた行政訴訟法の第2次改正は，公益訴訟の導入が話題となった。新設の25条4項には，特定事項たる「生態環境及び資源の保護，食品薬品の安全，国有財産の保護，国有土地使用権譲渡等の分野」において，行政機関の違法な権限行使または不作為によって「国家利益または社会の公共的利益」が侵害された場合，人民検察院が行政機関に対して権限行使を促すことができるとともに，それを怠った場合にはさらに人民法院へ訴訟を提起することができる，との規定が置かれている。

4 その他の主な訴訟要件

まず，被告の確定については，一般的に行政主体の資格をもつ行政機関が訴訟の被告となりうるが，法的に両者の区別が曖昧であるため，行政行為の発動の可否に着目するならば，法的に権限が与えられることが被告確定の重要な要素であって，それは行政主体の議論にも一定の関連性がみられる。したがって，法律，行政法規等に授権される組織も，被告の対象となりうる。また，出訴期間については，行政不服審査の有無によって異なるが，行政不服審査の結果に不服のある場合には，決定書が届いた日から15日以内に訴訟提起ができる（45条）。直接に訴訟を提起する場合，原則として行政行為があったことを知った日から6カ月以内に訴えを提起することができる（46条1項）。　　　　（周　莇）

または違法にその他の義務履行を求める場合，⑩法的に弔慰金，最低の生活保障または社会保険を支給しない場合，⑪特許経営の契約，土地家屋収用補償協議等を法的に履行しない，または違法に変更，解除する場合，が同法に掲げられている。

▷3　このように「相対人」，すなわち行為の相手方（場合によって利害関係者を含む）という用語の意味については，立法上および学説上の認識に差異点があることから，個別の事案ごとに判断する必要がある。

▷4　公益訴訟の導入は，従来，訴訟の受理範囲，原告としての資格の有無等，伝統的な議論へ大きな影響を与えている。同訴訟類型の導入によっては，行政訴訟法の性格，すなわち主観訴訟と客観訴訟の位置づけが再度，議論されるようになった。

国家賠償と行政補償

1 政治的「是正」から法的「賠償」へ

　中国においては，国家賠償法という法律が1994年に可決され，翌年1995年1月1日より施行された。その前に，最初に国家の賠償責任に触れたのは，82年憲法41条3項の規定であり，すなわち「国家機関および国家の職員による公民権利の侵害によって損失を被った者は，法律の規定に基づき賠償を求める権利を有する」である。1990年行政訴訟法は，賠償請求権を認める（法67条1項）ほか，請求の手続，義務の主体等についても簡単に定めた。従来，例えば政治運動の影響で職を失った者に対して，現実に行われた給与の追加支給など，政治的手段として行われた名誉の是正もしくは財産的補塡措置に代わって，同法の施行によって賠償責任を法的に明確にし，賠償請求権を認めることができるようになった。

2 賠償の請求範囲と法的性格：国家責任，機関義務

　国家賠償法上，賠償責任は，職権行使の性格に基づき，行政賠償と刑事賠償に分かれている。前者は，行政機関およびその職員が職権行使の際に，人身権または財産権を侵害した場合，被害者に賠償請求の権利を法的に認めることであり，侵害をもたらす行為の類型として，①人身に対する拘置または財産に対する差押え等行政強制の行為，②許可の取消しや営業停止命令等行政処罰の行為，③暴力の行使によって傷害もしくは死亡させた行為，④財産の収用，費用の徴収などが列挙されている（3〜4条）。他方，後者の刑事賠償は，特定の職権（捜査，検察，審判，監獄管理）の行使に際して人身権または財産権が侵害された場合に賠償請求権を認めることであり，誤った行政的拘留や逮捕，暴力の使用等が挙げられている（15〜16条）。なお，賠償請求の行使には，行為の違法性が法的手続によって確認されることが求められるため，別途行政不服審査または行政訴訟の提起が必要と考えられる。なお，人民法院が違法な財産保全措置や執行等によって損害を与えた場合，賠償請求人が国家賠償法上の刑事賠償の手続に基づき，請求することができる，と別途規定されている（31条）。

　中国の国家賠償は，日本と同様に，行為を行った公務員に代わって国が責任を負うという「代位責任」（14条，24条）のように見えるが，実際に，賠償義務の履行が国家賠償法に定められた行政機関によって行われる一方，賠償の責任

▷1　同法67条は，「公民，法人またはその他の組織が，行政機関または行政機関の職員に行われた具体的行政行為によって，合法的な権益を侵害され，損害を受けた場合，賠償を請求する権利を有する」と定めている。また，68条には賠償義務機関および追償規定を置いている。

▷2　ただし，賠償義務機関が行為の違法性を自ら認め，賠償請求に応じた場合には，行政不服審査または行政訴訟の提起が不要とも考えられる。

が国に帰属すること，すなわち国の「自己責任」が規定上に示されている（2条2項）。

3　国家賠償の手続的規定：一本化へ

国家賠償法は，国家賠償の手続を行政賠償と刑事賠償に分けてそれぞれ設けている。行政賠償の場合，①賠償請求人が賠償義務機関に請求し（法9条2項），賠償義務機関が申請の届いた日から2カ月以内に賠償すべきであるが，賠償を拒否する場合または金額に異議がある場合には，請求人が受理期間満了の3カ月以内に訴訟を提起することができる（13条）。また，②請求人が行政不服審査の申出または行政訴訟の提起時にも併せて賠償を請求することができる（同9条2項）。一方，刑事賠償については，賠償義務機関が賠償を拒否する場合または金額に異議がある場合には，訴訟提起の前に，まず，受理期間満了の30日以内に，上級機関に不服審査を申請することが求められる（21条1項）。

4　賠償金額の計算基準

国家賠償法では，賠償金の計算基準が定められている。人身の自由が侵害された場合には「前年度の職員一日の平均給与」，生命や健康が侵害された場合，「前年度の年間平均給与」が計算の基準となっている。後者の場合，損害の程度によって計算基準の5倍（傷害，27条1号），基準の10倍（労働能力が部分的に喪失した場合，同上2号）または20倍まで（労働能力が全部に喪失した場合），それぞれに計上する。なお，賠償金の計算基準等については従来から学説上の批判が絶えず，基準設定の合理性にも批判的意見がある。

5　行政補償

憲法13条は，公共利益のために私有財産の収用について補償を行うことが定められており，行政補償に対する根本的な法的根拠として考えられる。ただし，実務上においては，行政補償が個別の法律等によって行われるのが一般的である。

例えば，都市の発展に伴って行われる土地の収用については，「土地管理法」が原則的な規定を定めるほか，各省，自治区，直轄市の地方法規等に基づき具体的な規定が制定，適用されることとなる。土地収用に類似するものとして，「水法」や「草原法」等もある。また，市街地再開発事業の際に問題が多発した家屋の取り壊しも，2011年の「国有土地における家屋移転及び補償に関する条例」が適用され，補償に関する諸規定が定められている。　　　　　（周　蒨）

▷3　賠償金の基準については以下の通りである。2020年5月に最高人民法院が人身自由の侵害による賠償金の金額を毎日346.75元（約5400円）と各級人民法院へ通知した。また，2020年5月の国家統計局による公表データによれば，前年度（2019年）全国都市部非私営企業職員の年間平均給与が9万501元（約140万円）となる。

▷4　家屋の取り壊しや移転等については，2011年に「国有土地における家屋移転及び補償に関する条例」の適用によって，今まで適用してきた1991年，2001年の国務院の「都市部家屋移転管理条例」が廃止となった。

第Ⅲ章 食品安全管理法

guidance

　食品安全は，人々の生命，健康に直接関わる事柄で，常に民衆の関心事である。各国の政府は国民の健康と安全な食生活を守るべく，さまざまな法制度を設けて，食品の安全管理に努めている。中国も例外ではなく，とりわけ近年では食品安全に関する法律法規の策定に積極的で，さまざまな制度を模索し，健全な食品安全管理法体系を確立しようとしている。

　本章では，中国の食品安全管理法制と管理システムについて解説する。まず，第1節から第3節までは，中国における食品安全管理の歴史的歩みとその時代ごとの特徴，主な法律，法規を紹介する。次に，第4節から第10節までは，刑事規制，民事規制，行政規制，社会規制という複数の視点から，中国における食品安全管理に関わる刑事法，民事法，行政法などの具体的規定と制度を概観，説明する。具体的には，刑事罰を重視する食品安全管理体制，食品安全管理の中の懲罰的損害賠償請求制度，メディアによる監督と報償金制度，信用管理制度，新開発食品，輸出入食品，オンライン食品ビジネスと法についてである。なお，本章における食品安全管理法は，食品の安全にかかる法規全般を指すものである。（朴　銀珠）

法によらない食品衛生管理の時代

1　対症療法型の食品衛生管理（1949〜78年）

　中国政府による食品衛生管理は，建国直後の1949年11月1日，衛生部の立ち上げに始まる。当時の衛生管理は，食中毒および腸感染症の予防を基本方針に，穀物，油脂，食肉，卵，酒，乳などの必需食品について衛生基準を策定し，管理がなされた。実際は，1953年1月以降全国に設置された衛生防疫所が，管理監督を担った。

　しかし，当時の食品衛生管理は，個別の品目をターゲットにした対症療法型が主流であった。中国初の食品衛生関連法規は，1953年に衛生部が公布した「清涼飲食物管理暫行弁法（清涼飲食物管理暫定規則）」で，清涼飲料水が対象とされ，つづく1957年には醤油に含まれるヒ素の含有量の上限を1mg/kg以下とする旨の規則が，1960年には「食用合成染料管理弁法（食用合成染料管理規則）」が制定されるという具合であった。

　かかる管理手法は，当時の中国の食料事情に起因する。建国当初，中国政府にとって喫緊の課題は，充分な食料の確保であった。供給が需要に追いつかず，配給制を実施していた当時，食品産業は自ずと軽工業として捉えられ，政府の直接のコントロールのもとで，供給量の保障という政権課題が最優先され，衛生管理は後回しにならざるを得なかった。

2　産業振興優位の時代

　食品産業の成長に伴い，衛生管理も次第に細分化された。1956年の第二次政府機構改革により，軽工業・商業・国内貿易・化学工業などの産業関連部門に，それぞれ食品衛生検査および管理システムが導入された。衛生部と産業関連部門による共同衛生管理体制は，1978年まで続く。

　この時期の衛生管理体制の最大の特徴は，「産業振興優位」と表すことができる。1965年8月に国務院が承認した「食品衛生管理試行条例（食品衛生管理試行令）」によると，食品衛生基準の遵守および事業者に対する管理監督の主体は産業振興関連部門で，衛生部は指揮命令系統においては，従属的立場におかれた。実際，衛生部の役割は技術指導に限られ，違反企業を処分する権限はなかった。

　幸いなことに，計画経済時代の企業には個別の経済的なインセンティブがな

▷　1　配給制

1950年代以降，中国政府が食料の供給不足に対処するべく，穀物および一部の非主食食品につき，長期間にわたってその供給を制限した政策をいう。対象商品を購入するために，通貨に加えて必要とされた配給票は，「第二の通貨」ともいわれ，一部においては人民元よりも重んじられた。北京では，1983年に買物票と布票，1984年に牛乳票，1987年に海外送金票，1991年に砂糖票，1992年に肉票（豚・牛・羊），卵票と石鹸票などが段階的に廃止された。1993年5月10日，北京市は穀物と食用油の価格を自由化し，数十年にわたって流通した配給票が市場から姿を消した。

く，利益追求のための不正は非常にまれであった。食品衛生に関する事故等は，もっぱら技術，設備，企業組織の管理ミスなど，競争原理とは無縁な問題によるものがほとんどであった。

③　試行法による食品衛生管理時代（1979～94年）

中共11期3中全会において，経済振興が政権課題に据えられたことをうけ，少額の投資で素早く利益が得られ，参入障壁が低く，かつ需要の増大が見込まれた食品・外食産業は，急激な成長を遂げた。同時に，配給制度のもと，国家が生産，流通等を厳しく管理していた添加物や包装資材等も，規格基準さえ満たせばあらゆる企業が生産できるようになり，市場競争が生まれた。

しかし，当時の「食品衛生管理令」は，国有企業および集団所有企業のみを管理対象にしたため，その他の企業は監督から漏れ，経済的利益を追求するための不正が横行し，食品衛生が危機的状況に追い込まれた。そこで，1982年11月19日，第5期全人大常務委25回会議にて「中華人民共和国食品衛生法（試行）」（以下「試行法」とする）が可決され，翌年の7月1日から施行された。

④　試行法の理念と特徴

試行法は，食品衛生を確保し，食品の汚染や有害な物質が人体に害を及ぼすのを防ぎ，人々の健康を保護，増進することを目的にして制定されたものである（1条）。ここでいう「食品」とは，無毒，無害かつ栄養基準を満たし，本来の色，香り，味などが備わっているものと定義された（4条）。

同法は，国が食品衛生管理監督システムを運営する旨を初めて明文化し（2条），衛生基準，衛生管理の実施および検査手順については，国務院の衛生部が策定，承認する（14条）とした。具体的には，計画経済と市場経済の共存状態に鑑み，従来の産業関連部門による企業内の生産，規格の管理を維持しつつ（18条），食品の検査および市場で取引される食品の衛生管理は工商行政管理部門が，家畜衛生は農牧漁業部門が（27条），輸入食品は衛生部傘下の国境食品衛生監督検査機構が（28条），輸出食品は国家輸出入商品検査部門が（29条），それぞれ管理する。一方，食品の衛生監督は，衛生部が主導し（30条），各地方の衛生防疫所，衛生監督検査所が実施する。さらに，同法違反に対しては，20元以上3万元以下の罰金，営業停止，衛生許可証の取消しなどの行政罰が用意された（37条）。

計画経済から市場経済への過渡期にあたるこの時期は，市場のインセンティブを利用した管理手法も部分的に取り入れられた。しかし，産業振興と衛生管理が分離されておらず，政治が企業経営に深く介入する計画経済的管理手法は，その後の食品市場の変化に適応できるものではなかった。　　　　（朴　銀珠）

食品衛生法の成果と課題

① 食品衛生法の誕生

　1992年10月に開催された中共14期全国大会は，「政治と経営の分離」を基本方針に定め，企業の自主的経営権の拡充を図った。1993年には軽工業部が廃止され，50年近く続いた食品業界への政治関与に終止符を打った。これを機に，食品業界には市場原理が急速に浸透し，国有企業以外の食品企業の数および規模が，かつてないほど増えた。しかし，急激な民間経営への転換は，競争激化による人為的な食品衛生リスクを増大させ，食品衛生管理システム全体が危機的状況に陥った。

　この状況を打破すべく，1995年10月30日，8期全人大常務委16回会議にて「食品衛生法」が可決，施行された。法による食品衛生管理の時代の幕開けとなった同法は，国務院衛生部が全国の食品衛生の監督，管理を統括する基本方針を打ち出し（3条），産業振興と衛生管理の分離，および消費者保護を理念に据えた。

② 食品衛生法の特徴

　食品衛生法は，食品の概念などで1982年の試行法を多く踏襲する一方，新たに各地方政府の衛生管理部門に，食品衛生監督員（34〜35条）を配置し，管轄区域内の食品衛生監督を実施する（32条）とした。また，食品の汚染を防ぐべき事業者の責任を保存段階にも広げ（8条6号），特定保健機能表示食品（22〜23条）や輸入食品（30条）に関する規定を新設，強化した。栽培，養殖段階には及んでいないものの，フード・チェーンに着目した衛生管理への転換がなされた。

　そして，違反行為に対する処罰が大幅に強化された。衛生基準を満たさない食品が食中毒等を引き起こした場合，原因食品の破棄と違法収入の没収のほかに，当該収入の2倍以上5倍以下の罰金を，違法収入がなかった場合は1000元以上5万元以下の罰金を，深刻な健康被害が生じた場合には刑事責任も問われる（39条）とされた。このほかにも，計14カ条（40〜49条，51〜53条）の処罰規定が置かれ，37条の行政処罰と41条の刑事責任規定のみであった（手続規定を除く）試行法に比べると，抜本的な改正といえる。

❸　食品衛生法のもとでの管理システム

　この時期，中国の食品衛生行政は，組織再編が繰り返され，行政改革で大幅な人員削減を余儀なくされたほかの部局とは対照的に，権限が強化された。

　1998年，国家輸出入検査検疫局（国家輸出入商品検査局，農業部動植物検疫局，衛生部衛生検疫局を統合）が設立され，全国の輸出入食品の管理業務を担った。2001年4月には，国家工商行政管理局が国家工商行政管理総局（以下「工商局」）に格上げされ，従来の市場で取引される食品の衛生管理業務のほか，流通段階の食品衛生管理も担当した。そして，改組されてまもない国家品質技術監督局と国家輸出入検査検疫局が合併，昇格し，国家品質監督検査検疫総局（以下「品質局」）が誕生した。さらに，2003年には，国家薬品監督管理局が国家食品薬品監督管理局（以下「食品局」）に再編され，食品安全関連部局間の総合調整と重大な食品事故の処理を統括した。

　2004年9月，国務院は，フード・チェーンに基づく管理監督体制をさらに強化する旨の決定を出した（国発〔2004〕23号）。すなわち，農業部が農産品の生産段階を，品質局が食品の加工段階を，工商局が食品の流通段階を，衛生部が外食等の消費段階をそれぞれ管理し，食品局が総合的に監督するとともに，地方政府が当該行政区域内の食品安全の全責任を負うとする基本方針を示した。

❹　食品衛生法の成果と課題

　中国衛生統計年鑑によれば，この時期の食中毒発生件数，患者数は，ともに減少している。一連の改革の成果ともいえるが，2001年に中国の世界貿易機関（WTO）の加入が承認されると，国内外の市場環境は激変した。一方では，輸入食品の大量流入が国内の市場再編を加速させ，他方では輸出食品の安全性が貿易問題にとどまらず，政治，外交問題に発展するようになった。

　内外におけるリスク要因の増加は，大規模な食品事故の頻発を招き，管理体制の問題点——**縦割行政**[41]の弊害を露わにした。具体的には，管理権限が重複する案件の管轄権，指揮権に関する部局間の争いや，管轄が不明な隙間問題，さらには部局ごとの方針，政策が矛盾し，現場では身動きが取れないなど，法の執行側と遵守側それぞれに多大なコストを強いる結果となった。

　実際，栄養成分がほとんど含まれていない粉ミルクを飲んだ乳幼児が，相次いで死亡ないし重軽度の栄養失調を患った「**安徽阜陽粉ミルク事件**」[42]では，10以上の部局が粉ミルクの管理を分担し，責任と権限が不明確なまま放置したことで事態がさらに悪化した。これをうけ，政府は食品の管理，監督につき，「衛生」管理にとどまらず，国民の健康と生命の「安全」を守ることの必要性，重要性に目を向けるようになった。

（朴　銀珠）

▷1　縦割行政
行政機関における不合理な役割分担や各省庁の過剰な管轄意識によって行政サービスが非効率に陥る現象を指す。日本でも2001年にBSE（狂牛病）問題が発覚した際，「BSE 問題調査検討委員会」から，農林水産省と厚生労働省の連携不足による縦割行政を指摘された。

▷2　安徽阜陽粉ミルク事件（の縦割構造）
本件粉ミルクの管轄は，国務院の決定によれば，流通段階の管理責任者である工商局に帰属する。他方，「食品衛生法」は，食品衛生の管理・監督は衛生部が統括すると定める。しかし，栄養成分の不足は食品衛生の問題というより，品質局が取り締まるべき案件と，衛生部は主張する。ところが，品質局が事件として受理するためには，工商局からの移管が必要なため，責任は再び工商局に戻る。さらに工商局は，法院が違法性を認定するような類の事件でなければ，警察・検察が受理しないため，移管しようがなかったとする。こうして，責任転嫁の負の連鎖が続き，本件の悲惨な結果を招いた。

食品安全のグローバルスタンダードへ

① 食品安全法と食品安全委員会の誕生

　2008年，国務院は縦割行政の弊害を克服し，衛生部による食品安全の総合的な調整，監督の権限を強化すべく，食品局を国務院から衛生部の傘下に移管した。その矢先，世界を震撼させた「**三鹿集団メラミン粉ミルク事件**」が勃発し，「食品の安全，安心」が，はじめて政権の存続さえ左右しうる国民的関心事となった。中国政府は，迅速な事故対応とともに，2009年2月28日に「食品安全法」を制定した（第11期全人大常務委7回会議）。食品衛生法は同日をもって廃止され，翌2010年2月6日には，15の主要部局のメンバーからなる「食品安全委員会」が設立された（国発〔2010〕202号）。そして，12月には同委員会の事務局が設置され，部局を超えた食品安全管理の司令塔が誕生した。

　同法は，食品の安全を確保し，公衆の健康と生命の安全を保護することを目的として，**食品安全リスクのモニタリングと評価制度**の導入，事業者に対する適正製造基準（Good Manufacturing Practices），危害要因分析重要点管理（Hazard Analysis and Critical Control Point）認証システムの導入など，グローバルスタンダードに照準を合わせた改革となった。

② 食品安全法の改正

　管理体制の強化，革新と罰則水準の引き上げに代表される抜本的な改革にもかかわらず，その後も大きな食品事故は後を絶たなかった。2011年には加工肉食品大手である河南双匯集団のグループ企業——済源双匯食品有限公司が，禁制品であるグレンブテロール（$C_{12}H_{18}Cl_2N_2O$）で飼育した豚肉を原材料にした事件，2012年には浙江，安徽，上海，江蘇，重慶，山東の6省の公安機関が，13カ所の生産拠点から3200トンあまりの**地溝油**を没収するなど，食用油関連の事件が相次いだ。

　そのような情勢をうけ，2015年4月24日に第12期全人大常務委14回会議は，改正食品安全法を可決し，同年10月1日に施行した。同改正は，旧法の条文の70％にも及び，内容もかなり充実し，史上もっとも厳しい食品安全管理法制と称されるようなものとなった。そして，2018年12月29日の第13期全人大常務委7回会議における「関於修改〈中華人民共和国産品質量法〉等五部法律的決定（中華人民共和国の製品品質法を含む5つの法律の改正に関する決定）」によって，部

▷1　三鹿集団メラミン粉ミルク事件
中国全土でメラミンが混入した粉ミルクを飲み，計27万6000人以上の乳幼児が泌尿器系の疾患を患い，6人の死亡が確認された事件である。「安徽阜陽粉ミルク事件」以降，粉ミルクの原材料である乳汁の納入には，タンパク質など，栄養成分のチェックが義務づけられた。しかし，乳汁の納入価格が下落する一方，飼料価格の高騰が続き，栄養を保つことが難しくなった酪農業者は，タンパク質量の検査をごまかす魔法——メラミン（$C_3H_6N_6$）に頼った。かかる乳汁価格の低下は，当時の大手牛乳メーカーの経営戦略が片棒を担いだ。すなわち，各地方に出向き，まず地元の競合社が倒産するまで高い値段で乳汁を買い取り，その後独占状態に乗じて買い叩くというものだった。さらに追い討ちをかけたのが，「猪年生まれの子供は幸せになる」という中国の言い伝えである。2007年中国全土では例年の約1.5倍の新生児が誕生し（2200万人），粉ミルクの需要が急増した。

▷2　食品安全リスクのモニタリングと評価制度
食品安全管理システムの一種で，日本でも2003年から

分的に改正され，現行法に至っている。

3　改正食品安全法の全体像

現行の食品安全法は，全10章からなる。

第1章は，総則として，当該法の目的について旧法を引き継ぎながら，予防原則，リスク管理，農場から食卓までのフード・チェーン全体の管理，社会的ガバナンスを基本理念に据え，科学的かつ厳格な監督管理体制の構築を目指した。そして，事業者を食品安全の第一の責任者として位置づけ，事業者および関係者の責務について定めた。

第2章は，食品安全リスクのモニタリングについて詳細を規定し，国務院の衛生管理部門が設置する食品安全リスク評価専門委員会が，リスク評価を実施し，その結果が食品安全基準を策定する際の科学的根拠となる旨を明記した。

第3章は，食品安全の基準を定め，リスク評価を実施すべき要件を明確にし，関係者間でリスクコミュニケーションを実施すべき旨を定める。ちなみに，食品安全基準は，国務院の食品安全監督管理部門と連携して国務院の衛生管理部門が策定，公布する。

第4章は，食品事業者の責務を定めている。具体的には，フード・チェーン全体の衛生管理一般と禁止事項，食品経営許可，トレーサビリティ，生産工程管理とリコール制度，表示，広告に関する規制と特別用途食品などの規定を置いている。

第5章は食品の検査システム，第6章は輸出入食品の管理監督，第7章は食品安全事故の処理，第8章は監督管理体制の整備，第9章は法律責任についてそれぞれ規定し，第10章が附則となっている。

4　食品安全管理体制の強化

2018年，13期全人大初回会議で「国務院機構改革方案」が示され，工商局，品質局，食品局等を統合し，国務院直属の市場監督管理総局（以下「市場総局」）が設立された。市場総局は，市場参加者に対する登記，開示制度の一本化，製品の品質および食品の安全性，計量基準，検査実験と認証許可手続の標準化など，市場全体の統括管理責任を担う。また，中央と地方の権限を合理的に配分し，各種施策の効果的な実施を保障した。

今回の政府機構に対する大改革は，真の意味で「安全」を見据え，部門を超えたガバナンス体制を構築することで，食品安全管理のパラダイムシフトを目指すものであった。この改革に伴って，中国の食品安全のレベルはいっそう向上することが期待される。

（朴　銀珠）

類似する制度を導入している。つまり，「リスク分析」の考え方のもと，食品安全委員会がリスク評価を（「食品安全基本法」平成15年法律48号），厚生労働省・農林水産省等がリスク管理を（「食品衛生法」など），消費者庁等がリスクコミュニケーションを（「消費者安全法」平成21年法律50号），それぞれ担当する。「ゼロリスク」はないことを前提に，事故等に先立って，許容できるリスクを科学的見地から分析・評価し，それに基づく管理システムの構築と，関係機関および消費者間でリスクについての正確な情報交流をする管理手法である。

▷3　地溝油
廃棄された油脂を集め，発癌性物質を含む添加物を加えて加熱精製し，食用油として販売する油脂の総称である。中国食糧と油標準化委員会油料油脂チーム長を務める武漢工業大学の何東平教授の報告によると，2010年の中国全土の動物油と植物油の年間使用量は2250万トンで，食用植物油の生産量は2000万トンだったとする。つまり，市場の不足分にあたる200万から300万トンが，地溝油で賄われている計算になる。地溝油産業は，中国では20年以上の歴史をもつとされるが，地溝油の生産が後を絶たない理由の一つが，その高い利益率にある。事件当時，一般の食用油1トンの価格は約1万4000元，精製後の地溝油が7000〜8000元／トンで取引され，作る側・買う側双方にとって大幅なコスト削減と暴利につながる。

刑事規制偏重の食品安全管理

 「厳而不厲」から「厲而不厳」へ

　一部の学者は，中国の食品安全管理の実態を，「厳而不厲」という中国語の四字熟語で表現する。ここでの「厳」は，偶然発見され，かつ社会の関心を引き起こした個別，少数の食品安全違反事件への当局の対応を示す。これらの事件には，想像を超える厳罰が科せられ，死刑の適用も辞さない。反面，「不厲」は，緻密さに欠ける安全管理ゆえ，大量，多数の食品安全違反事件が発見されないまま放置される状況を指す。これらの多数の違反行為，犯罪者に対して，法は決して厳格とはいえない。結局，運の悪い違反行為や違反者だけが必要以上に罰せられ，多くは事実上不問にされる。かかる状況に対する反省として，近年一部の学者は，「厲而不厳」という従来と真逆のやり方を提唱するようになった。つまり，個別，少数の「運の悪い」違反行為，違反者に対して必要以上の厳罰を偶然に適用するより，軽い罰則でも法の適用を厳密にし，少しでも違反行為があれば，すぐ発見し，すぐ対処するようにすべきという[1]。

▷ 1　Ⅸ-3 201頁参照。

② 刑法にある食品安全犯罪の規定

　中国の刑法上，食品安全違反行為を直接犯罪行為として罰し，刑事規制の対象としている主な条文，罪名は，3つある。

　刑法第143条の「安全基準を満たさない食品の生産販売罪」は，安全基準を満たさない食品を生産，販売し，重大な食中毒事故またはその他の食品による疾病を引き起こした場合，最高無期徒刑（徒刑は日本の懲役にあたる。以下，「懲役」とする）に処せられる。

　刑法第144条の「有毒有害食品生産販売罪」は，生産，販売する食品に有毒，有害な非食品原材料を混ぜ，または有毒有害な非食品原材料の混入を知りながら食品を販売した場合，最高刑は死刑となる。

　刑法第408条の2の「食品監督涜職罪」は，食品安全の監督管理責任を負う国家機関の工作人員（公務員）が，その職権を濫用し，または職務の怠慢により，重大な食品安全事故ないしその他重大な結果を引き起こした場合，最大10年以下の懲役に処される。

　このほかにも食品安全違反行為を対象とする刑法の条文は複数あり，時折適用される。

③　食品安全事件への刑罰適用状況

「最高人民法院工作報告」（最高裁年次報告）によると，刑事事件として処理された食品医薬品安全違反事件は，2011年は278件，2012年は約14,000件，2013年は2082件，2014年は約11,000件，2015年は10,349件，2017年は約42,000件，2018年は7092件，2019年は7092件であった（なお，2020年の報告では具体的な件数の言及なし）。中には，死刑をはじめとする重い刑罰を言い渡されたケースも少なくない。

例えば，前述の「三鹿集団メラミン粉ミルク事件」では，メラミンを製造，販売した３人に刑法第115条の「以危険方法危害公共安全罪（危険な方法による公共安全危害罪）」が適用され，２人には死刑（2009.1.21判決，3.26確定，11.24執行），１人に２年執行猶予付き死刑，１人に無期懲役，その他被告人も有期懲役が言い渡された。また，「グレンブテロール事件」の場合は，当該成分を製造販売した５人に対して，同じく115条が適用され，１人は２年執行猶予付き死刑，１人には無期懲役，残りの３人は有期懲役を言い渡された。さらに，「地溝油事件」の場合は，約6000万元の利益を得た江蘇省の事件の主犯に対して，刑法第144条の「生産，銷售有毒，有害食品罪（有毒有害食品生産販売罪）」を適用し，無期懲役と財産の没収を，その他被告人には有期懲役と罰金および財産の没収を言い渡した。一方，約5000万元の利益を上げた山東省の事件では，同じく144条を適用して主犯に２年執行猶予付き死刑を，他の被告人にも15年以上の刑が言い渡された。

▷ 2　Ⅲ-3 側注１参照。

④　食品安全管理における刑事規制の限界性

2012年以降，中国政府は食品安全事犯に対し，刑事規制の強化を中心とする「ゼロ容認」政策を採用するようになった。しかし，かかる厳罰が食品安全違反行為の減少や食品安全の確保につながったとは言いがたい状態にある。

刑事規制，罰則は非常に強力ではあるが，行為主義，罪刑法定主義と責任主義の３つの基本原則に基づいてのみ発動される。かかる制約は，民衆の生命権と自由権を保護するための装置であるため，犯罪行為に対する応報も予防も，「過去の行為」の責任の限度内でしか追及できない。もとより，食品安全は，生産現場に生きる熟練のノウハウと事業者の高いモラル，科学的な見地で作られる規格，基準，そしてその遵守を管理，監督する行政システム，これら一連の予防措置が正常に機能して，はじめて保障される。将来発現しうるリスクに対し，予防的かつ科学的に対処すべき食品安全のフィールドでは，事後の制裁を主とする刑事規制は不向きである。　　　　　　　　　　（朴　銀珠）

▷ 3　王雲海「食品安全違反行為に対する刑事規制の可能性と限界性」高橋滋編『食品安全法制と市民の安全安心』第一法規，2019年，247頁参照。

5 消費者による懲罰的損害賠償請求制度

▷1　Ⅳ-3 83頁参照。

1 消費者による懲罰的損害賠償請求制度の導入

　民衆の力を動員し，民事規制と民事制裁を通して食品安全を確保すべく導入されたのが，消費者による懲罰的損害賠償請求制度である。食品安全法の基本理念の一つである「社会的ガバナンス」を実現する制度装置の一環である。

　制度のスタートは，1993年に公布された「消費者権益保護法」第49条に遡る。当初は，販売者が詐欺的に商品，サービスを提供した場合，損失の補償および購入金額の2倍の賠償を定めるものであった。伝統的な損害賠償は，被害者に対する補償を目的とする民事救済と解されるが，懲罰的損害賠償は制裁，抑止という公的な目的が組み込まれていることから，中国では不足しがちな行政資源（2020年時点で約9200万人の共産党員が約14億人の国民を管理）を補う実用的な制度として急速に普及，拡大している。

　食品安全管理法も懲罰的損害賠償制度を設けている。すなわち，食品安全基準に適合しない食品を生産，販売した場合，消費者は損失の補償に加えて，価格の10倍または損失の3倍の補償を求めることができ，補償額が1000元に満たない場合は，1000元とする。ただし，表示や説明書など，食品の安全性に影響を与えず，かつ消費者の誤解を招かない軽微な瑕疵は除外する（第148条2項）。

2 消費者による懲罰的損害賠償請求制度をめぐる論争

　消費者による私的な監督に対する当局の期待とは裏腹に，当初から一般の消費者が訴訟を提起することは稀であった。むしろ，偽物であることを知りながらあえて購入し，裁判に持ち込んで，多額の賠償を狙ういわゆる「職業損害賠償請求人」（中国では，「打假専業戸」または「職業打假人」という）が出現し，大きな社会問題となった。

　発端は，1980年代後半から個人で規格，基準を満たさない製品や偽物の摘発に励んでいた「王海」という人物の出現であった。王は，1993年の消費者保護法の制定，施行をうけ，専門の会社を立ち上げ，会社ぐるみで問題商品を見つけては製造者，販売者を相手取って懲罰的損害賠償を請求することを業とした。彼の会社とビジネスモデルは，1995年頃からメディアによって大きく報道され，かかる問題が中国社会で表面化するようになった。

　消費者による高額な損害賠償を許容ないし動機づける当該制度の是非をめぐ

っては，法学界をはじめ，多くの議論が起こった。賛成派は，この制度が民衆の力を動員するもので，「乱用」されても食品の安全確保に役立つとして，その存続と拡大を提唱した。これに対し反対派は，制度が本来の目的と裏腹に「悪用」されており，恐喝まがいの行為を助長しているとして，廃止を求めた。

③　消費者による懲罰的損害賠償請求制度への司法対応

消費者による懲罰的損害賠償請求制度について，最高人民法院は当初明確な態度を示さなかった。2013年末になりようやく，「関於審理食品薬品糾紛案件適用法律若干問題的規定（食品医薬品紛争事件の裁判における法律の適用に関する若干の問題に関する規定）」を公布し，その第3条で，購入者の「悪意（品質問題を知りながら購入した）」は製造者や販売者の免責抗弁事由にならないとし，正式に制度への是認を表明した。

さらに，2020年12月9日，「最高人民法院関於審理食品安全民事糾紛案件適用法律若干問題的解釈（一）（最高人民法院による食品安全民事紛争事件の法律適用に関する若干問題の解釈（一））」を公布し，「悪意」は免責事由としない従来の判断を再確認するとともに，懲罰的損害賠償請求の範囲を拡大した。

④　消費者による懲罰的損害賠償制度の実態と課題

2013年に最高人民法院が司法解釈を示して以来，「打假専業戸」の数は激増した。同時に，損害賠償請求の手続も共通のプロセスを踏むようになった。すなわち，①問題の商品を見つけて当局に通報する，②通報を受けた当局は調査義務を負うため，当該商品の生産販売事業者を調べ，その結果となる行政処分決定書を通報者に交付する，③決定書を安全でない食品の証拠として，懲罰的損害賠償請求に持ち込む，というものである。

一部の法学者は，かかる行為が業界全体の混乱を招くと警告する。実際，スーパーなどの陳列棚の死角に商品をこっそり隠しておき，賞味期限が切れるのを待って購入したり，当局やメディアへの通報を脅迫のネタに法外な示談金を請求したりと，悪質な事例が頻発している。事業者側も，防犯カメラを設置したり，領収書に「賞味期限切れでない」というスタンプを押したりと防御策を強いられ，不必要な事業運営コストが嵩む。しかも，かかる費用は結果的に消費者に転嫁されることになる。

他方，「当該制度は食品安全への製造者，販売者の意識を向上させる」，「個々の状況に応じて評価すべきであって，一概に良し悪しを判断すべきではない」，などと好意的意見も依然根強い。　　　　　　　　　　　（朴　銀珠）

▷2　熊丙万「以“知假買假”案為分析范例（Formalism and Functionalism in Legal Reasoning）」『中外法学』2017年2号，300-326頁参照。

メディアによる監督と報償金制度

① メディアによる食品安全の監督

　中国では，食品安全に対するメディアの監督が重視されている。早くも1995年の「食品衛生法」において，国家は各種団体，個人による食品衛生監督を奨励，保護し，何人も通報，告発の権利を有する旨の規定が置かれていた。2009年の「食品安全法」も，各種民間組織およびメディアによる食品安全管理法規の普及，食育と健全な消費者意識の啓発および監督を奨励した。さらに，改正「食品安全法」は，真実，公正な広報を義務づけ，著しい貢献をした団体および個人を表彰する制度も取り入れた。これは，食品安全事案に対するメディアの報道の権利を保障するもので，社会的ガバナンスの一要素を構成する。

　2017年の国家新聞出版広電総局（現国家ラジオテレビ総局）の報告によると，中国全土の地方政府および人民解放軍が発行する新聞は1911紙（大学新聞とラジオとテレビ地方紙を除く），定期刊行物は１万93誌存在する。また，中国互連網絡信息中心（CNNIC）が作成した第41回「中国互連網絡状況報告（中国インターネット普及状況に関する統計報告）」によると，2017年12月時点で，中国のインターネットユーザー数は７億7200万人に達する。伝統的なメディアのみならず，インターネットメディアおよびセルフメディアも著しい成長を見せている。

② メディアによる監督の実態

　「食薬安全新聞報道服務手冊2016（2016年食品医薬品新聞報道手帳）」によると，2012年の１年間でメディアが暴露した食品安全事故は1942件に上る。「三鹿集団メラミン粉ミルク事件」は，「東方早報（オリエンタルモーニングポスト）」の簡光州記者が，2008年９月11日に掲載した記事「甘粛省で14人の乳児が「三鹿」の粉ミルクを飲み腎臓疾患を患った疑い」がきっかけとなって表面化した。「グレンブテロール事件」も，2011年にCCTVが「3.15消費者権利の日」の特別番組として放送した「ボディービル豚の真実」が発端となった。

　他方，2008年以降，ケンタッキー・フライド・チキン（以下「KFC」）の商品に対し，遺伝子操作を連想させる「六つ手羽チキン」や「蜘蛛チキン」に関する記事が全国に広まった。2015年４月末時点で，WeChat の公式アカウントに4000以上のコンテンツが存在し，130以上のアカウントで10万を超える投稿が読まれた。2015年５月26日，KFC はもっとも注目を集めた10のアカウントの

▷1　蒋紅瑜「媒体監督（メディアの監督）」華傑鴻（Jérôme Lepeintre），孫娟娟編『建立中国食品安全治理体系（中国食品安全管理システムの構築）』2018年，欧盟盧森堡出版弁公室（EU ルクセンブルク出版局）91頁参照。

▷2　側注１参照。

持ち主を相手に，損害賠償請求を提起し，2016年2月上旬，3人の被告はメインストリームポータル紙1面の目立つ箇所での謝罪と約60万元の賠償金の支払いを命じられた。

❸　通報者報償制度

　2011年7月，国務院の食品安全委員会は，食品安全報償制度の確立に関する指導意見のなかで，中国初の報償金制度の概要を明示し，各地方政府に具体的な実施方法を定めるよう求めた。同委員会が発表した公式データによると，2014年3月現在，31の地方政府に食品安全報償制度が導入されており，陝西省と吉林省は500万元，湖南省は300万元，広州市と石家荘市には600万元と300万元の報償金基金が設立された。2011年，遼寧省は合計3189件の通報を受け，うち146件に報償金を支払った。吉林省では，2012年に合計163件に計157万元の報償金が，翌2014年には221万元が支払われた。

　2016年3月，食品局は「食品薬品投訴挙報管理弁法（食品医薬品苦情通報管理弁法）」を施行し，手続の一元化を進めるとともに，翌年8月には内部者通報制度を整備し，匿名通報と報償倍額制度を取り入れ，一件あたりの報償上限額も30万元から50万元に引き上げた。2017年時点で，28の省，300以上の市，1500の町村に食品薬物苦情通報機構が設立された。[3] 2017年には，上海，山東，北京，広東，江蘇省の合計が国内の上位5位にランクし，全国の46.4%を占めた。同じ時期に，湖南省，湖北省，河北省などの内陸部は，約4～5万件，吉林省，内モンゴル，甘粛，寧夏では約1万件にとどまった。

❹　公益と私利の飽くなき戦い

　食品安全法の立法趣旨に照らすと，メディアによる監督も，報償金制度も，「食品安全」という公益目的を実現する一手段として位置づけられる。法文上，セルフメディアをはじめとする個々の消費者の監督を排除するものではないが，広告収益目当ての投稿や報償金に動機づけられた通報は，本来の理念といささか合致しない。業界団体，公益法人などに期待を寄せたいところであるが，実際食品の安全性に係る公益訴訟は，2016年11月1日に「吉林省消費者協会」が提起したものがはじめてで，きわめて稀である。

　また，内部者通報制度に至っては，内部告発者を保護する法律の整備が追いついていない。私利を優先した企業の報復もさることながら，通報内容が順次上級の行政庁に報告，集計されていく目下の制度設計では，機密性の保持も難しい。さらに，零細，家族経営が大半を占める食品産業の現状を鑑みると，制度自体の有効性もいま一度検証する必要があろう。　　　　　　　　（朴　銀珠）

▷3　趙忠学「投訴挙報（苦情通報）」華傑鴻（Jérôme Lepeintre），孫娟娟編『建立中国食品安全治理体系（中国食品安全管理システムの構築）』2018年，欧盟盧森堡出版弁公室（EU ルクセンブルク出版局）101頁参照。

信用管理制度

① 信用管理制度の誕生

　中国の食品市場における信用管理制度は，当局が管理する事業者の情報およ
び事業者に対する消費者の評価情報を一元的に収集，管理，発信し，食品の安
全性を向上させるとともに，食品に対する消費者の信頼を獲得することを目的
とする制度である。政府による管理監督と社会的ガバナンスを融合させた，新
たな試みといえる。

　この制度が導入された背景には，国境を超えたフードチェーンの伸長や科学
技術の進歩に伴う食品市場の複雑さ，難解さなど，世界各国が共通して抱える
問題のほかに，中国特有の事情も影響している。法制日報に掲載された2013年
5月13日の報告によると，「食品の安全性を信頼しているか」という問いに対
し，96％以上のインタビュイーが信頼できないと回答している。

　これらの状況をうけ，食に対する国民の「安心」を回復すべく，2015年11月，
食品局は「関於推進食品薬品安全信用体系建設的指導意見（食品医薬品安全信用
制度の確立を推進するための指導意見）」を公表し，3段階に分けて実行する旨を
定めた。まず，2016年末までに，企業および関係者の信用情報を収集し，これ
に基づくデータベースの構築と，事業者の品目別信用管理基準のアウトライン
を策定する。次に，2017年から2018年にかけて，食品医薬品安全信用情報デー
タベースを完成させ，信用管理基準を整備する。次いで，2019年から2020年に
かけて，中央および地方の食品医薬品安全信用情報データベースを連結させ，
管理システムを稼働させる。

② 信用管理制度の運用

　信用管理制度は，国が策定した基本的な枠組みに則って，各地方政府が独自
に運用している。例えば，「北京食品薬品安全監管信用体系建設管理弁法（試
行）（北京食品医薬品安全監督管理システム構築施行規則（試行））」は，次のような
特徴を持つ。まず，情報利用につき，収集された食品事業者の情報を，基本情
報，届出情報，ポジティブ情報，ネガティブ情報に分類し，食品医薬品安全信
用情報プラットフォームを通じて更新，共有，評価できるシステムを構築した。
次に，信用情報の評価につき，事業者を「信頼できる（レベルA），基本的に信
頼できる（レベルB），信頼できない（レベルC），きわめて信頼できない（レベ

▷ 1　廉穎婷「96.22％受
訪者対食品安全存信任危機
（96.22％のインタビュイー
が食品安全の信用危機に賛
同）」『法制日報』2013年5
月13日参照。

▷ 2　孫娟娟「信用管理」，
華　傑　鴻（Jérôme Lepein-
tre），孫娟娟編『建立中国
食品安全治理体系（中国食
品安全管理システムの構
築）』2018年，欧盟盧森堡
出版弁公室（EUルクセン
ブルク出版局）111-113頁
参照。

ルD）」に分類する国家基準（食薬監稽［2015］258号，2015年11月19日）とは別に，独自のポイント制を導入し，タイムリーな信用評価と更新を可能にした。さらに，ブラックリストを作成し，賞罰を連動させた分別管理が可能なシステムを用意した。このほかにも，他の地方政府との信用情報の共有や信用回復等について規定している。

また，「江西省食品薬品安全信用信息及"黒名単"管理弁法（試行）（江西省食品医薬品安全信用情報および"ブラックリスト"管理弁法（試行））」によると，「ブラックリスト」に載せられた事業者は，重点的に管理され，検査頻度の増加や加重処罰の対象となる。

③　農林畜水産物への応用

目下，中国における農林畜水産物（一部の加工食品を含む）の品質表示は，「無公害農産品」，「緑色食品」，「有機農産品」と「農産品地理標志」の4種があり，一般的な食用一次産品については，明確な原産地証明などは存在しない。そこで，2017年5月1日，農業部，林業部，漁業部は合同で，浙江省を農林水産物産地別管理のパイロット地域に選定し，大規模生産者に産地証明の取得を義務づける運用を試験的に始めた。中国政府は，かかる証明書を市場参入の条件にし，現在構築中の信用管理制度に組み込むことで，一次産品の品質向上を目指す。

④　信用管理制度の課題

中国政府は，このような信用情報に基づく管理手法を，将来的に地域，部門，業界を超えて浸透させていく方針であるが，いくつか課題も指摘される。

第一に，情報管理のリスクが挙げられる。食品業界は参入障壁が低く，事業者のセキュリティレベルの確保は難しい反面，情報が窃取，悪用された場合，信用パニックを招きかねない。また，根本的な問題として，国が膨大な個人情報を保有，管理することへの懸念も拭えない。

第二に，格差の問題が挙げられる。信用情報の蓄積は事業規模に正比例するため，小規模事業者が信用レベルを保持するのは難しく，地域や世代による事業者，消費者の情報リテラシーにも相当の格差が存在する。つまり，信用評価システムが領域横断的に運用されれば，格差の拡大を助長しかねない。

食品の「安全」は，科学的見地から，一定の客観的基準を設定することができるが，一人ひとりの消費者を「安心」させられる明確な基準は存在しない。際限なく信用評価にさらされる事業者の疲弊を防ぐには，ほかの制度との有機的な連携が求められる。

（朴　銀珠）

▷3　「三品一標」と略され，三品は①無公害：安全性の確保を目的とする。②緑色：化学物質の投入を極力減らすことを目的とする。③有機：農業の自然サイクルの実現を目的とする。一標は，原産地の歴史的・文化的概念を含む地域ブランドの構築を目的とする。

農薬，化学肥料，成長ホルモン，組み換えDNA技術の使用を厳禁（民間認証）

化学肥料，成長ホルモンの使用を制限（民間運営・行政支援）

残留農薬，重金属と有害微生物が基準値以内（政府認証）

図1　農林畜水産物の品質区分

8　新開発食品

① 新開発食品とは

▷ 1　王永芳「我国新資源食品管理現状与分析（我が国の新開発食品管理の現状と分析）」『中国衛生監督雑誌』2011年第 1 期，21頁参照。

　従来，中国における新開発食品は，「新食品資源」，「新資源食品[41]」などと呼ばれ，食品そのものだけでなく，食品に使用される食品添加物や容器，梱包材など，食品と接触する関連製品も含む概念とされた。

　現行法のもとでは，「新食品原料」と呼ばれ，以下のように定義される。中国で飲食に供する伝統や習慣のない食品で，①動物，植物および微生物，②動物，植物および微生物から分離された成分，③元の構造が変更された食品成分，④その他新しく開発された食品成分が含まれる。そして，飲食に供する伝統とは，特定の食品が一定地域で固定または非固定の包装食品として30年以上生産販売された歴史を持ち，「**中華人民共和国薬典**[42]」に収載されているものを指す。なお，新開発食品には，いわゆる遺伝子組換食品（組み換え DNA 技術による食品を指す）や健康食品は含まれない。

② 新開発食品に対する法的規制

▷ 2　**中華人民共和国薬典**　国家医薬品管理監督部門が制定する医薬品に関する品質規格公定書である。医薬品や生薬が収載されているほか，試験法や純度の基準，剤型などが記されており，日本の薬局方に該当する。日本では，独立行政法人医薬品医療機器総合機構（PMDA; Pharmaceuticals and Medical Devices Agency）が同様の業務を担っている。

　中国における新開発食品の法的規制は，1983年の試行法に始まる。同法22条は，新しい資源を利用して生産する食品，新種の食品添加物，新しい原材料を使用して製造される新種の食品容器，包装材料，食品用具および機器の製造業者を規制の対象とした。

　その後，数度の改正を経て，現行の食品安全法44条は，次のように規定する。「新しい食品原料を使用した食品の生産，または新種の食品添加物もしくは食品関連製品の製造を申請する企業，個人は，国務院の衛生管理部門に当該製品の安全性評価資料を提出するものとする。国務院の衛生管理部門は，申請を受けた日から60日以内に，提出資料を審査し，食品安全基準を満たす場合，申請を許可して当該決定を交付する。食品安全基準を満たさないものについては，許可しない旨の決定およびその理由を記した書面を交付する。また，同法の施行を担保すべく，2013年 2 月 5 日に「新食品原料安全性審査管理弁法（新食品原料の安全性審査管理規則）」を公布し，2013年10月 1 日より施行した。

③ 新開発食品管理の特徴

　中国における新開発食品の承認は，従来最終製品が対象とされてきたが，健

康食品の普及と規格，基準が整備されるにつれ，「原料承認」方式に移行し，承認リストを公表することで承認の重複を回避している。つまり，新しい原料が一度承認されると，再度認可を取得する必要はなく，それ以後生産する食品も新開発食品とは見なされない。ただし，製品としての承認に比べ，新しい原料の承認はその使用量等に厳しい要件が課されており，安全性を保障するための後続の管理監督が必要となる。さらに，食品安全管理部門は，科学の進歩に伴い，新開発食品やその原料の安全性について疑義が生じた場合，過去の許可を見直し，その安全性を確保する責務を負う。[3]

　他方，新開発食品の範囲は狭められる傾向にある。当初は，食品のみならず食品に接触する関連製品も含まれていたが，2007年には「遺伝子組換食品」が，2013年には健康食品が監督の範疇から除外された。ちなみに，遺伝子組換食品については，2002年に「転基因食品衛生管理弁法（GMO 食品衛生管理規則）」が廃止されて以降，個別の法規は制定されておらず，改正食品安全法の中で遺伝子組換食品の表示の重要性が強調されるにとどまっている。

④ 日本の食品衛生法との比較

　日本における新開発食品[4]は，高度の先端技術（ゲノム編集技術，組み換え DNA 技術，細胞融合技術，組織培養技術，バイオリアクター技術など）で製造された食品で，既存の食品と「同一」または「同一とみなしうる」もの，あるいは飲食経験等のないものを指す。

　縮小傾向にある中国の新開発食品とは対照的に，日本では近年頻繁に法改正がなされ，新たな制度が取り入れられている。例えば，2019年 9 月，最新のバイオテクノロジーを利用した新開発食品であるゲノム編集食品につき，厚生労働省は，任意の届出とホームページ等による任意の食品表示（消費者庁管轄）を前提に，流通を認めた。また，2020年 6 月には「新たに特別の注意を必要とする成分等を含む食品による健康被害情報収集制度」が創設され（8 条），健康食品における新開発成分等の管理が強化された。現時点では，①コレウス・フォルスコリー，②ドオウレン，③プエラリア・ミリフィカ，④ブラックコホシュの 4 種が同制度の指定成分とされ，食品事業者等はこれらを含む食品について健康被害があった場合，都道府県等に届け出るよう定めている。なお，2003年の「アマメシバを含む粉末剤，錠剤等の剤型の加工食品」の販売禁止（7 条）も，飲食経験のない食品もしくは方法等が根拠となっており，当時の新開発食品に対する措置は今なお続いている。

　新開発食品に係る最先端技術に限っていえば，日中が置かれている技術環境はさほど変わらない。今後も両国の制度の行方を注視していきたい。

（朴　銀珠）

▷ 3　新開発食品管理の特徴については孫娟娟「新食品原料」華傑鴻（Jérôme Lepeintre），孫娟娟編『建立中国食品安全治理体系（中国食品安全管理システムの構築）』2018年，欧盟盧森堡出版弁公室（EU ルクセンブルク出版局）151-158頁参照。

▷ 4　日本における新開発食品の定義については斎藤行生「新開発食品の安全性評価」『油科学』40巻10号，1991年，810頁参照。

輸出入食品

① 日中食品輸出入市場の規模

中国は，日本の最大の交易国の一つである。中国商務部対外貿易司が発表する2019年12月の「中国進出口月度統計報告（農産品）（中国輸出入月次報告（農産品））」によると，同年中国から日本に輸出した農水産物総額は１兆1611億円（前年比−3.7％）で，日本に輸入された額は1444億円（前年比＋10.5％）であった[1]。また，日本の農林水産省の「2019年農林水産物，食品の輸出実績（国，地域別）」データによると，中国向けの農林水産物，食品の輸出額は2013年の508億円から毎年増加し，2017年には1000億円を突破，2019年には前年比14.9％増の1537億円であった[2]。一方，農林水産省の品目別貿易実績によると，2010年以降の農林水産物の輸入額は１兆2000億円を前後し，2019年には１兆1910億円であった[3]。

② 輸入食品に関する管理規定

食品安全法91条は，出入国検査検疫部門が輸出入食品の安全管理を実施する旨定めている。また，「進出口食品安全管理弁法（輸出入食品安全管理規則）」[4]（2018年11月改定）によると，税関総署が輸出入食品等の安全管理を管轄する（2条）。

輸入食品については，同署は相手先国または地域の食品安全管理システムと食品安全状況を評価し，必要に応じて遡及調査を行う（7条）。輸入食品を生産する海外企業については登録管理を実施し，中国向けの輸出業者または代理店は届出が義務づけられる。登録，届出リストは税関総署のホームページで公表される（9条）。動植物検疫の承認が必要な場合，「中華人民共和国進境動植物検疫許可証（動植物検疫証明書）」の取得が（10条），疫病ないし有害物質を含むリスクが高いものについては，指定港からの入港が求められる（11条）。

輸入者またはその代理人による検疫の申請は，①契約書，領収証，梱包リスト，船荷証券などの証明書類，②各種許可書類，③法規，二国間協定，議定書等に基づき提出すべき輸出国，地域の公検疫，衛生証明書，④はじめてパッケージ化された食品を輸入する場合，そのラベルのサンプルと翻訳書類が必要となる（12条）。検査，検疫を通過した場合，税関は合格証明を発行し，販売，使用が許可される。証明書には，品名，ブランド，原産国（地域），仕様，数

▷1　中国商務部ホームページ参照（2020年9月3日最終閲覧）。
http://wms.mofcom.gov.cn/article/zt_ncp/table/2019_12.pdf
▷2　日本農林水産省ホームページ参照（2020年9月3日最終閲覧）。
https://www.maff.go.jp/j/shokusan/export/e_info/attach/pdf/zisseki-217.pdf
▷3　日本農林水産省ホームページ参照（2020年9月3日最終閲覧）。
https://www.maff.go.jp/j/kokusai/kokusei/kaigai_nogyo/k_boeki_tokei/sina_betu.html
▷4　本章では，現行の「進出口食品安全管理弁法（輸出入食品安全管理規則）」（2018年11月改定）を基準に，内容を整理している。ただ，2020年6月12日〜7月11日の期間中，税関総署輸出入食品安全局は，輸出入食品安全管理規則改定案に対するパブリックコメントを募集しており，近いうち本規則の改正が予定されている。

量／重量，製造日（バッチ番号）が明記され，これらの情報は販売記録等とともに２年間保管しなければならない。なお，検疫を通過できなかった場合は，不合格証明が発行され，さらに安全，健康，環境保護に影響がある場合，税関は当事者に商品の破棄を命じるか，返品処理通知を発行して輸入者が返品処理を行う。その他の不合格品については，税関の監督のもとで技術的な処理を行い，再検査を経て販売，使用に供することができる（18条）。

③ 輸出食品に関する管理規定

一方，輸出食品については，海外向けの輸出食品生産企業および農畜水産品の生産者に対し届出管理を実施し（28条），監督と抜き打ち検査を行う。輸出食品生産事業者は，健全な品質および安全管理システムを確立し，主原料，副原料，食品添加物，包装材容器の入荷検査記録，全生産工程における安全管理記録，検査および出荷記録を正確に作成しなければならない（25条）。農畜水産物の生産者も，原材料の生産記録システムを確立し，記録はいずれも２年間保存するものとする。生産者は，相手国，地域の食品安全基準および中国の農薬使用規制を遵守し，伝染病監視システムを確立するとともに，生産品については，バッチごとに「輸出用食品加工原料供給証明文書」を発行しなければならない（30条）。

輸出者またはその代理人は，契約書，領収証，梱包リスト，工場検査合格証明などの証明書類と関連許可文書類などを，輸出食品事業者の住所地の税関に提出するものとする。検査を申請する時は，輸出食品の品名，仕様，数量／重量，製造日等の情報を逐一申告しなければならない（32条）。はじめて輸入される食品で国の食品安全基準がない場合，税関は国務院の衛生管理部門によって決定された暫定基準に従って検査を実施する（8条）。

④ 将来の展望

多くの国内規定や国際条約にもかかわらず，国境を越えた食品安全をめぐる事故は後を絶たない。WTO-SPS協定[5]以来，日中ともにはCODEX[6]が採択している規格等に準拠した食品安全基準を策定しているが，西側先進国が主体となっている規格では，東アジアの食文化に対応できない部分も多い。また，規格の策定に関与できない場合は，規格自体が貿易上の不利益となることもある。

近い将来，東アジアの食品安全基準の統合が実現できれば，広範囲での予防中心の食品安全管理と食文化に根ざした消費者の保護が可能となる。同時に，貿易の活性化による食品産業の振興，ひいてはアジアの食品安全基準の国際化や国際信用度の向上も期待できる。

(朴　銀珠)

▷5　WTO-SPS協定
WTO（World Trade Organization）協定は，「世界貿易機関を設立するマラケシュ協定」およびその附属書に含まれている協定の集合体で構成されている。SPS（Sanitary and Phytosanitary Measures，「衛生植物検疫措置適用に関する協定」）も附属協定の一つで，WTO加盟国は一括受諾する必要がある。
▷6　CODEX
Codex Alimentarius の略で，1962年国連食糧農業機関（FAO）と WTO が合同で作った国際的な食品規格である。

オンライン食品ビジネスと法

① ビジネスの急成長と法整備

　Statista 社の推計によると，2020年世界の電子商取引市場（Electronic Commerce）の売上高は，270兆5042億円に達し，うち食品，飲料事業は26兆5305億円を占める見込みである。中でも中国の成長は著しく，2023年にはオンライン食品ビジネスの規模が，10兆6376億円に達すると予測される。ちなみに，同時期の日本は7189億円にとどまり，中国の市場規模の大きさが窺い知れる。

　インターネット経済時代のもっとも大きな特徴の一つが，プラットフォーマーの登場といえよう。非可視なサイバー空間におけるユーザー間の媒介を担うプラットフォームは，食の世界の伝統的な主体である食品事業者，消費者に次ぐ，第三の主役となりつつある。中国では，2015年の改正食品安全法が，はじめて第三者プラットフォーマーの法的責任に言及した。その後，2016年10月1日には，「網絡食品安全違法行為査処弁法（オンライン食品安全違反行為取締令）」が，2018年1月1日には「網絡餐飲服務食品安全監督管理弁法（オンラインデリバリーの食品安全監督管理令）」が施行された。これを機に，各地方政府も管理条例の策定に乗り出した。

② 第三者プラットフォーマーの法的責任

　改正食品安全法は，第三者プラットフォーマーの法的性質を，サービスプロバイダーとして定義している。具体的には，「オンライン食品ビジネスにおいて，取引の両当事者または複数の当事者に，ウェブページ，サイバー店舗，取引ルール，マッチング，情報発信など，独立した取引活動に必要な情報ネットワークシステムを提供する者」とする（「上海市網絡餐飲服務食品安全監督管理弁法」による）。

　改正食品安全法62条は，第三者プラットフォーマーに対し，4つの法的義務を規定した。すなわち，①オンライン食品事業者の実名登録，②食品経営許可証の審査，③食品安全違反行為に対する差し止めおよび報告，④重大な違反者に対するプラットフォームサービスの利用停止である。また，131条は上記4つの義務違反に対し，行政責任として違法収益の没収と罰金（5～20万元），当該行為により深刻な結果が生じた場合の営業停止と営業許可の取消しなどの罰則を用意した。また，民事責任として，かかる義務違反が原因となって与えた

▷1　Statista 社のオンラインデータベース参照（2020年9月2日最終閲覧，1ドル＝112.166148円換算）。
https://www.statista.com/outlook/243/100/ecommerce/worldwide

消費者の損害は，ユーザーとプラットフォーマーの連帯責任とした。さらに，訴訟等においてプラットフォーマーがオンライン食品事業者の氏名，住所および有効な連絡先情報を提供できない場合，プラットフォーム側が賠償責任を負うとした。ただし，先に賠償義務を履行したプラットフォーマーによるオンライン食品事業者への求償は，当然認められる。

　このほかにも，上記2つの命令により，プラットフォーム側は，「電信増値業務経営許可証（電子商取引営業許可証）」の取得ならびに食品規制当局への届出，専用の消費者苦情受付システム，安全管理部門と管理員の配備，オンライン食品事業者に対する定期的な調査と監視を義務づけられている。総じて，プラットフォームに対する責任を加重する傾向が見て取れる。

③　中国が先進国，日本は後進国？

　このような重い法的責任に対し，中国のプラットフォーマーは技術革新で活路を見出し，進んで「社会的ガバナンス」を担っている。

　例えば，大手のプラットフォーム事業者が運営する「美団点評（MEITUAN評価）」[2]は，利用者に対するデータ管理システムを開発し，課せられた法的義務に呼応している。すなわち，利用登録を希望する事業者は，独自に開発したOCR画像認識システムに食品経営許可証をアップロードし，記載された情報を自動的に認識，記録することで，初期審査を行う。その後，政府のシステムを利用し，許可証の真偽を確かめる。次に，無事審査が通れば，オンラインの登録手続に進む。その後は，事業者に対するオンライン管理が行われ，許可証の有効期限切れや，許可範囲を超えた操業などに対し，早期に警告を発する。同時に，デリバリースタッフが事業者の住所を確認し，消費者の否定的なコメントや苦情もシステムに記録される。このシステムは，すでに北京，上海，厦門，深セン，金華，寧波などの食品管理当局とデータ共有が完了しており，「登録」と「認証」のワンステップ操作を実現している。また，配達過程の安全性を確保するべく，リアルタイムで配送状況を把握できるシステムを開発し，早い段階で独立系の消費者レビューサイトを立ち上げた。さらに，食品事業者へのコンプライアンス教育を実施できるシステムも提供している。

　日本は，食品領域に限らず，オンライン取引，決済ともに，中国をはじめとする諸外国に遅れをとっている。ミクロ的には，成熟した国内システムの利便性ゆえに，大きな支障はないように思えるが，マクロ的な視点に立ち，世界市場における日本のビジネス環境を冷静に見つめ直すと，魅力の欠如に気がつく。今後は，持続的な努力によって改善していくことが望まれる。　　　（朴　銀珠）

▷2　美団点評については丁冬「網絡食品：以網絡餐飲為例（オンライン食品：オンラインデリバリーを例に）」華傑鴻（Jérôme Lepeintre），孫娟娟編『建立中国食品安全治理体系（中国食品安全管理システムの構築）』2018年，欧盟盧森堡出版弁公室（EU ルクセンブルク出版局）166-167頁参照。

第 IV 章

民　法

---　*guidance* ---

　　民法は，一国の経済秩序に甚大な影響を及ぼす法律であり，人々の日常生活と密接に関わっている基本法である。民法で頻用する条文を比較法の視点から検証し，関連する諸事案について条文を踏まえながら精査することは，その社会の特質を浮き彫りにすることができる。

　　本章では，まず民法典の歴史を踏まえつつ，中国における民法典の整備経緯を概観し（第１節），その誕生に至る流れおよび全体的な特色を確認する（第２節）。次に，やや変則的なパンデクテン体系を採用している中国民法典の総則編（第３節），物権編（第４〜５節），契約編（第６〜７節），人格権編（第８節），婚姻家庭編（第９節），相続編（第10節）および権利侵害責任（不法行為）編（第11〜12節）の各編について，日本法の制度と比較しつつその主な特徴について学ぶ。なお，本章の最後に中国民法典の編成を掲載しており，その全体の構造についても鳥瞰していただきたい。（朱　曄）

東アジアにおける民法典の歴史

▷1　六　法
憲法，民法，商法，刑法，
民事訴訟法および刑事訴訟
法を指す。

1 民法と経済活動との関係

　書店の法律コーナーに行くと，必ず〇〇六法[1]が目に入り，これらの法律条文集は毎年改定され，重要な法律が網羅されている。民法は，その条文数がもっとも多く，人々の日常活動における羅針盤となっている。

　しかし，アジアにおいて国民の生活に甚大な影響を及ぼす民法典の歴史は決して長くなく，アジア民法典の元祖である日本民法でさえ，その歴史が120年余りしかない。その歴史を振り返ると，日本民法は，不平等条約の改正または富国強兵という明治新政府の方針に即して，諸外国の法律，とりわけフランス法，ドイツ民法草案などを参考に制定されたものであり，日本固有の法規範に依拠した法典ではない。日本民法の例からわかるように，一国の経済の活性化に役立つ民法の誕生は，その国の置かれている社会状況，経済システムなどに大きく左右されていることを窺うことができる。

　もっとも，時代を遡ると，19世紀以降フランスをはじめとするヨーロッパ諸国は近代民法典の整備に取りかかり，その際に古代ローマで活用されていたローマ法が大いに参照された。それは，広大な領土を持つローマ帝国においてさまざまな取引が頻繁に行われ，また，国境を跨ぐ貿易も栄えており，その民事紛争解決のルールなどが近代社会でも大いに参考になるからである。

2 中国における民法典の整備

　長い歴史を持つ中国は，古くから農耕社会の社会形態を継承し，他国との交易を盛んに行うという土壌が欠如していた。紀元前221年，秦の始皇帝は中国の統一を成し遂げ，中央集権国家を作り上げた。広大な国土を有する中国を統制するには強行的な法律規定が必要とされ，国家の管理に資する刑法は急ピッチで整備されていく。こうした社会背景の中，中国では近代に至るまで膨大な条文を有する刑法が発達していくのに対し，取引や庶民の生活に深く関わる民法典の誕生には至らなかった。

▷2　Ⅻ-2 側注5参照。

　19世紀の半ば，列強の侵食を契機に，いわゆる洋務運動が推進されていった[2]が，政治体制に関する抜本的な改革は行われなかった。そして，日清戦争の敗北を経て，1902年，清王朝はその転覆を免れるために西洋法の積極的な継受を試み，一連の法案制定は近代における民法整備の嚆矢となった。その後，総則，

債権，物権，親族，相続の編が設けられた「大清民律草案」（1911年）が整備され，この草案を参照しつつ制定された中華民国民法典（1929〜31年）という中国初の近代民法典が誕生した。この法典は内戦後台湾で活用され，共産党の執政下にある中国大陸は独自の法整備の道を歩み始めた。

③ 共産党執政下における社会体制の変動と民事法制の整備

1949年に誕生した共産党政権は，社会主義体制を導入しており，この社会システムにおいては，計画経済がその中核を成しているため，所有権の絶対性，意思自治および過失責任を原則としている近代民法典の必要性は乏しかった。つまり，計画経済の下では，生産材の国家所有制が軸とされており，政府部門は製品生産に関わる計画をきめ細かく制定し，各工場はこれらの計画にしたがってそれぞれの製品の製造に従事するのみである。そのため，意思の自治に基づく契約の必要性は必然的に後退するようになる。また，本システムでは，人々の創意工夫を引き出し，社会全体の活性化の促進に役立つ過失責任の原則をも排除することになる。

以上のように，近代民法典は，市場経済原理との親和性が非常に高く，経済の牽引役として奏功しているのに対し，計画経済を土台とする国家では，そもそも民法典を整備する緊急性はそれほど高くなかったといえよう。

1970年代後半頃から中国は社会の転換期を迎え，いわゆる改革開放政策を導入するとともに，従来の計画経済から市場経済へと舵を切る試みを始めた。経済システムの変更に伴い，民事法制度の完備も喫緊の課題として浮上し，単行法立法の幕を引く時代を迎えた。もっとも，1949年以降，中国において4回にわたって民法典編纂の試み（50年代，60年代，80年代，90年代）があったものの，いずれも実現することはなかった。

④ 民法典誕生前夜の社会的背景

21世紀以降，体制転換に起因する問題が社会のさらなる発展の阻害要因となった。経済面では，独占的な立場にある巨大な国有企業が多数現れ，いわゆる「国進民退」の現象が顕著化してきた。これにより，国有企業と比較すると民間企業が著しく差別され，民間社会の活性化が抑止されていた。

また，司法制度については，かつて，ある最高人民法院の裁判官[43]が，構造上司法権が弱く，地方においては，「県の党書記は，県法院の院長に対し，街頭での法律の宣伝，強制収用，外資の誘致などを命じることができる」と指摘している。こうした制度上の不備が地方保護主義の氾濫をもたらし，公正な裁判の実現を阻害し，自由経済の促進を阻む足かせともなっている。そのため，中国社会のさらなる繁栄を図るには，抜本的な制度改革が必要不可欠となったのである。

（朱 曄）

▷3 何帆（朱曄・訳）「中国法院（裁判所）改革のアプローチ，重点および未来」『静岡法務雑誌』7号，2015年，123頁以下は，司法改革の経緯と現状を検討しつつ，司法改革にあたっては，司法人員の分類管理，司法の責任制，司法人員の職業保障，省レベル以下の地方法院・検察院の人・財・物の統一管理という4つの改革が試験的に行われていると紹介している。

Ⅳ　民　法

2　民法典の誕生と概観

① 民法典の誕生

　前節で述べた諸問題を克服するために，中国では，中央レベルでもさまざまな改革が行われ，その中で，特に注目すべきは司法改革であり，その一環である民法典制定をめぐっては，2014年10月に開催された中国共産党第18期中央委員会第4回全体会議の決議において，民法典の編纂の必要性が明確化されるようになった。すなわち，「市場法律制度の整備を強化し，民法典を編纂し，……商品と要素に関わる自由な流動，公平な取引および平等の使用を促進する」と明言された。この共産党の決議を受けて，全国人民代表大会（全国人大）常務委は，2015年3月に報告を行い，その中では民法典編纂作業を早急にスタートさせるという説明が行われた。

　この動きを受け，第一段階として「民法総則」の制定作業が着々と進められ，2017年3月の全国人大において採択されるに至った。そして，当時の民法典編纂の計画によれば，2020年に開催の全国人大において，その他の各編が採択される予定であった。その後，関連する法整備が円滑に進められ，新型コロナウイルス感染症拡大の影響により2カ月ほど遅れたものの，中国民法典は，2020年5月28日に，第13期全国人大第3次会議において採択された。

② 全体的な特徴

○変形したパンデクテン体系

　さまざまな紆余曲折を経て誕生した共産党執政下における初めての民法典は，西欧法的な発想を全面的に採用しながら，中国社会の実情に対応した内容および従来の単行法の規定をも多く取り込んでいる。また，全体的に言えば，この法典は，総則，物権，契約，人格権，婚姻家庭，相続，権利侵害責任（不法行為）という7編から成り立っており，その独自性を強調しつつ，おおむね日本民法典も採用したパンデクテンの枠組みを維持しているといえよう。清末以降の歴史を振り返ると，西欧法を継承した日本民法は，間接的ではあるが，中国民法典の誕生にも寄与していると考えられる。

○丁寧な規定方法

　中国民法典における条文規定の仕方は，大変丁寧なものとなっている。例えば，第1章の基本規定の諸規定を見ると，本来なら数カ条に集約できる内容を

▷1　中国民法典の邦訳は，下記URLにて閲覧することができる。
「中華人民共和国民法典⑴」
（http://www.ritsumei.ac.jp/acd/cg/law/lex/20-2/010odaandzhu.pdf）
「中華人民共和国民法典（2・完）」
（http://www.ritsumei.ac.jp/acd/cg/law/lex/20-3/013odaandzhu.pdf）

▷2　ドイツを発祥地とするパンデクテン体系の特色は，「総則」，「総論」のような一般的な内容が先に，「各論」のような個別的な内容が後にくる論理性を重んじることにある。オーソドックスなパンデクテン体系を採用している日本民法は，総則，物権，債権，親族，相続という5つの編によって構成される。

分散して規定している。

　確かに，民法典は，国民の生活を直接規律するものであるため，国民にとってわかりやすいものでなければならず，また，十数億人の人口を抱えている中国では，人々の法文を理解する能力は千差万別であるといえる。そのため，中国においては，より多くの人に法典の内容を理解してもらうために，規範内容の詳細化，具体化をすることが不可欠である。

　しかし，法典の透明性を確保するために，単純に規定を羅列するのではなく，共通項の抽出，規定の準用などさまざまな工夫を行った上で法典を編纂する姿勢も欠かせないであろう。民法典の諸規定を見ると，立法者はわかりやすい法典の制定を念頭に，規範の詳細化，具体化に傾斜したと考えられる。

○行為規範の頻出

　本来，法典は裁判の根拠であるため裁判規範であるべきことは原則であるが，民法典では，裁判規範の域を超え，行為規範の役割をも果たしている規定も複数見られる。例えば，社会主義の価値観をアピールする文言（1条），資源の節約，生態環境の保護を強調する規定（9条）などは，その現れであろう。注意すべきは，このような立法手法は，本法のみならず，中国における他の立法にもしばしば見られるということである。この現象は，中国の法伝統との間に一定の関連性があるといえる。すなわち，従来の中国社会は，道徳，倫理的な要素を紛争処理に盛り込んでいく傾向があるため，現在の立法においても多少その法伝統の影響を受けていると考えられる。

　しかし，民法典は実際の紛争処理にとって重要なツールであるため，法的効果が明記されていない規定が大量に取り入れられることは，法的安定性を害するだけではなく，法律の解釈にも困難をもたらすであろう。また，この穴埋めを緻密な法解釈により解消しなければ，規範が形骸化してしまう恐れがあろう。

○多用される「法に従う」

　民法典全体では，「法に従う」という文言が多用されているという特徴が見られる。もともと民法典編纂は，司法改革の一環として行われ，そのため，法律の重要性が強調されており，立法者は，「法に従う」という文言を法典に多く取り入れ，法律の役割を強調した側面がある。人々の権利意識が高まってきている中で，立法において法の重要性を認識させるような文言をアピールすることは，法治国家へ向かって邁進する上では無益なことではない。

　しかし，法文化の面に着眼すると，中国は古くから「法制」社会の特徴が鮮明であり，法規定そのものの整備がかなり発達していた。また，中国では伝統的に法律は法律を凌駕する統治者の道具として機能し，「法に従う」の言葉には統治者の意思が含まれているというニュアンスが潜在している。以上を踏まえると，法典における法律の重要性の強調もさることながら，中国の法制度運用の実態こそが法治の円熟度を図る重要なメルクマールになろう。（朱　曄）

▷3 「法制」文化の形成は，鳥瞰的に見れば，秦の始皇帝が法家思想に依拠しつつ，中央集権体制を創出した歴史的経緯が寄与したと考えられる。そして，今日，紙媒体では，「法制日報」や「民主与法制」などの「法制（rule by law）」という語彙の付くものが散在しており，人々の法意識を変えるには相当の歳月が必要だと考えられる。

総則編

1　パンデクテン体系採用の象徴

　パンデクテン体系を採用する民法典は，規定の透明性が重要視されている。そして，各規定の重複を避けるために共通項を抽出してルールを定める立法手法が多用されており，一般性を有する規範を規定の最初に置くことがその特徴の一つである。そのため，条文がやや抽象的となっており，民法典各編では集約度がもっとも高いのが総則の部分である。また，法典の冒頭にある総則は，諸概念が高度に抽象化され，その具体的なイメージを描きにくいため，民法学習の初心者にとって法典全体像の理解を妨げる難関となっている。

　中国民法典もおおむねパンデクテン体系を維持しており，総則の内容は日本法と類似する部分が多く存在する。この総則編は，民法典各編に先駆けて制定され（2017年），内容をほぼ変更せず，編入する形で民法典に取り込まれた。

2　主な特徴

○経済体制の転換への対応

　経済体制が転換しつつある中国において，従来の公有制の下では，私有財産が国有財産より劣る傾向が見られ，財産権を保護する上で重要な法律である物権法（2007年）においても，国，集団，個人の物権の平等保護が条文により明言されていなかった。これに対し，本編においては，民事主体の財産権の平等保護が明確化された上（113条），法的地位（4条），権利能力（14条）の平等性も明記された。市場経済原理を認めた中国では，経済発展とともに個人の財産が構築されつつあり，また経済活動を活性化させるために，その主体の平等な保護のニーズが高まっていた。こうした現状に対処するため，平等性の確保を正面から認めることとなった。そのため，「民法総則」が採択された際に，これが私権保障の強化に資する「民事権利の宣言書」と高く評価された。

○法人に関する規定の特色

　総則編において，法人の章（第3章）は，非常に大きな比重を占めており，条文数からすると全体の5分の1を超えている。とりわけ，本章は，社団法人，財団法人の概念を採用せず，営利性の有無を基準に法人の種類を分けている。

　こうした規定方法の採用は，中国における社会体制の変更およびこれに関連する「単位」制度の改革がその重要な原因の一つであるといえよう。つまり，

公有制を軸とする社会主義国家の中国が誕生して以降，計画経済体制の確立とともに各種の「単位」が創設されたが，その中には「企業単位」と「事業単位」が含まれる。従来の体制では，両者はともに国家の一機構であり，その統制の対象となっていた。こうした体制のもとでは，社団法人，財団法人の概念は必要とされなかったため，現在においても人々にとって馴染みのないものである。以上の経緯から，総則では，社団法人，財団法人の概念は採用されず，営利性を基準に法人が分類されている。しかし，日本の経験を踏まえると，こうした分類を採用しても，営利性有無の認定は決して容易ではなかろう。

○懲罰的損害賠償

民法における懲罰的損害賠償制度の導入をめぐっては，各国の態度が一致していない。アメリカと異なり，日本の通説では，民事・刑事裁判の峻別が図られ，両者の目的が全く異なるものとして理解されており，不法行為法の損害賠償の目的が「損害の塡補」という認識のもとで制度が運用されている。

他方，中国では，2008年頃世間の注目を集めた三鹿集団メラミン粉ミルク事件が発生し，本制度は，不法行為法（2009年）において条文化（47条）され，民法典制定時に民事責任を負う原則の一つとして総則で明言された（179条）。その適用場面をめぐって，民法典では知的財産権侵害（1185条），製造物責任（1207条）および環境汚染・生態破壊（1232条）が明文化された。

しかし，中国の今までの運用実態についての検証を踏まえると，本制度は，必ずしも従来の「懲罰的損害賠償制度（punitive damages, exemplary damages）」と同じものであるとはいえず，むしろより多くの私人に民事訴訟を提起させるための呼び水といわれている，アメリカの2倍賠償制度（double damages）や，3倍賠償制度（treble damages）に近いといえよう。

つまり，民事法において高額の懲罰的損害賠償を認め，実質上不法行為の予防，制裁を庶民の手に委ねることを意味し，これを一般化すれば，刑事法の権威を損なう可能性が生じる。したがって，懲罰的損害賠償制度の普及は，刑事法などの公法の役割が重要視される中国では避ける必要があろう。

○成年後見制度

第2次産業革命以降，核家族化が進むとともに少子高齢化が進み，それに加えて，中国独自の「一人っ子」政策実施の結果，中国における後見問題の難しさが増幅している。さらに，不慮の事故や病気によって子を失った場合，「一人っ子」政策のため育児適齢期を過ぎた父母は「失独家庭」になって，後見する担い手がいなくなる問題が生じている。

以上の背景を踏まえて，総則は成年後見制度を設け（第2章第2節），日本法と比較すると簡素なものでありながら，公的後見制度（32条）を設け，民政部門および被後見人の住所地の居民委員会，村民委員会による後見人の務めを可能にし，中国社会システムの独自性を強めている。　　　　（朱　曄）

▷1 「企業単位」は，計画に基づいて生産に従事する組織であり，「事業単位」は，教育，科学，文化，衛生医療，マスメディア，社会福祉などの領域において社会サービスを提供する組織である。

▷2 Ⅲ-5 64頁参照。

▷3 最判平成9年7月11日民集51巻6号，2573頁。
▷4 Ⅲ-3 側注1参照。

▷5 朱曄「中国における懲罰的損害賠償制度の概観——光と影が交錯する社会での運用」『民事研修』677号，2013年，8頁以下。

▷6 人口の増加を防ぐために，中国では一組の夫婦につき子供は一人までとする計画出産政策が1970年代の末頃から2010年代の中頃まで実施された。そして，唯一の子が不慮の事故や病気などで亡くなった家庭，いわゆる「失独家庭」の増加が社会問題として注目されている。

4 物権編(1)：概観および不動産登記重視の特徴

 概 観

　パンデクテン体系の特徴の一つは物権と債権とを対置させることである。しかし，物権の概念は，公有制を軸とする計画経済の時代において利用されなかった。従来，中国民法は旧ソ連法の影響を受けており，イデオロギーの問題に関する制限が存在している。このような背景の中で，そもそも物権自体が社会主義体制と相容れないため，物権法をめぐる議論は空白に等しい状態であった。

　また，1980年代半ばに制定された民法通則では，「財産所有権」，「財産権」という表現が使われており，所有権を3種類化（国家，集団，私人）とする社会主義民法の性質が鮮明であった。この分け方は，物権法を経由し，民法典物権編にも継承されている（第5章）。

　もっとも，物権編の前身である物権法を制定する際，社会主義イデオロギー上の理由から制定作業は一時的に頓挫した。つまり，2005年7月に物権法審議草案が正式に公布され，草案の内容に対する意見が公開募集されるようになったが，ある学者の猛烈な批判を契機に，草案は最終的な審議に至らず，その採択の一時中断が余儀なくされた[▷1]。

　総じていえば，物権編は総則，所有権，用益物権，担保物権，占有という5つの部分に分けられ，パンデクテンの構造を採用している。しかし，現在，社会主義がなお堅持されているため，物権編ではその色彩を帯びる内容が多く見受けられる（206条，第5章および第11章など）。また，時代のニーズに適応して居住権（第14章）の新設も注目すべきポイントの一つである。

 不動産登記重視の特徴

　不動産の売買を行う際に，権利移転後に所有権の所在を対外的に周知させる必要があり，これを公示するための制度は登記である。日本民法177条で採用されている対抗要件主義とは異なり，中国民法典では，登記効力発生要件主義を不動産物権変動の基本原則としている。つまり，登記を不動産物権変動の効力発生要件とされており，その物権を変動させるには，原則として登記が欠かせない[▷2]。

　これに対し，①相続などの法律行為によらない物権変動，②農村部における土地請負経営権の交換・譲渡，③農民の宅地使用権の取得，④地役権の設定に

▷1　物権法草案が公布された翌月，北京大学法学院の鞏献田教授は，個人のブログにおいて「憲法および社会主義基本原則に反する物権法草案」をテーマとする公開状を掲載した。中国では，改革開放制度導入後，さまざまな要因により汚職問題が氾濫し，経済格差の拡大という社会問題が顕著化しつつある。これに対し，民衆の中で一定の不満が蓄積されるようになった。このような背景のもとで，汚職の防止および経済格差の是正を理念とする本公開状は，一気に支持を獲得した。後に，この公開状は法律界のみならず，広範にわたって大きな論争を引き起こしたため，2006年当初に予定されていた物権法草案の審議が中止された。

▷2　209条（不動産の登記原則）「不動産物権の設定，変更，移転および消滅は，法に従い登記をするこ

関しては例外規定が設けられている。

①については，登記を物権変動の要件としておらず，物権変動原因自体によって物権変動の効力が生じるが，登記を経由しなければ取得した不動産の物権的効力は生じないと定められている（229～232条）。②および④については，登記を善意の第三者に対する対抗要件としている（335条，374条）。

③に関しては，物権編の第13章により規定され，土地管理法の適用対象となっている。そして，農村部の土地は集団所有の範疇に属し，国土資源部という行政機関により集団土地使用権の登記が行われている。宅地使用制度は農民の安住を図るために設けられたものであり，行政機関の審査により宅地使用権が認可される。農民の住居用地として割り当てられた宅地の使用権に基づいて建てられた家屋は，近年，都市部の住宅価格高騰のため，都市部に住む人々への売買，賃貸が行われ，これに起因するいわゆる「小産権」住宅[43]をめぐり権利者保護の問題が浮上するようになっており，その登記の効力が判然としていない。これらの取引は国が定める土地の使用目的に反しており，また，都市部の住宅の購入金額と比較すると，「小産権」住宅の価格が著しく低額のため，宅地使用権上の家屋を購入した都市部住民の権利を保護するか否かは政策的な判断に委ねられることになろう。

このように，物権編において，基本的に登記効力発生要件主義と登記対抗要件主義を併存させるような制度を採用しており，都市部における国家所有土地と農村部における集団所有土地の利用にそれぞれ対応しようとしている。こうした制度構造は，中国の現状に適応した柔軟性に富む制度設計だと考えられているが，制度の根源を探ると，この立法方策は都市と農村という二元的社会構造を支える中国の「戸口」制度と深く関わっていることがわかる。つまり，1950年代から中国の工業化が進み，農業に従事する人口を保持しつつ安定した工業化を促進させるという考えのもとで，農民の都市への流入を防ぐために人口の移動を制限する「戸口」制度が設けられた。そして，土地の所有形態もこの社会背景に連動する形で規定され，土地所有権の二元的構造が誕生したのである。

また，善意取得の規定も登記を重視する典型例である（311条[44]）。311条の文言上の解釈として次のように考えられる。動産の善意取得規定に不動産が取り込まれた経緯に着目すれば，動産と不動産とを区別してそれぞれ要件を明白にする必要性があろう。そうすると，動産の善意取得要件は善意，引渡し，合理的な価格となり，これに対し，不動産の場合は善意，登記，合理的な価格が必要であると一般的に理解することができよう。これに対し，日本法では，取引の安全を保障するために，第三者が現れた際にその保護の要件として必ずしも登記を要求しない場合もある。

（朱　曄）

とにより，効力を生ずる。登記をしなければ，効力は生じない。ただし，法律に別段の定めがある場合を除く。法に従い国家の所有に属する自然資源について，所有権は登記をしなくてもよい。」，214条（不動産登記の効力発生時期）「不動産物権の設定，変更，移転および消滅につき，法律の規定に従い登記を要する場合，不動産登記簿に記載された時から効力を生ずる」。

▷3　「小産権」住宅
いったん国によって収用され，住宅用地として競売にかけられていなかった土地で建築されたものである。

▷4　311条（善意取得）
「処分権のない者が不動産または動産を譲受人に譲渡した場合，所有権者は取り戻す権利を有する。法律に別段の定めがある場合を除き，次の各号に掲げる事由が生じた場合，譲受人は当該不動産または動産の所有権を取得する。
　(1)譲受人が当該不動産または動産を譲り受けた時に善意であったとき
　(2)合理的な価格で譲渡されたとき
　(3)譲渡された不動産または動産について，法律が登記をしなければならないと規定する場合にすでに登記をしているか，登記が必要でない場合はすでに譲受人に引き渡されているとき
　譲受人が前項の規定に従い不動産または動産の所有権を取得した場合，原所有権者は処分権のない者に損害賠償を請求する権利を有する。
　当事者がその他の物権を善意取得した場合，前2項の規定を参照し適用する」。

物権編(2)：その他の特徴および事例紹介

 その他の特徴

○有因主義への固執

　物権法をめぐる理論では，有因主義と無因主義が存在しており，中国民法では，有効な債権契約などが存在しない限り，物権変動が生じない，いわゆる有因主義的な手法が採用された。有因主義が採用される背景には，次のような事情がある。無因主義を採用したドイツでは，登記申請を受理した登記官は，物権変動の存否を確認しようとする場合に，物権変動の基礎である原因関係の詳細をチェックする必要がなく，物権行為が存在した事実の有無のみを審査すればよいと考えられている。そのため，登記官吏の負担が軽減される反面，売買契約のコントロールを放棄するという結果を招く。他方，中国は市場経済制度を導入しつつあるとはいえ，土地などの不動産取引につき，実質的審査により行政管理を実現しようとしている。したがって，「国家的監督」を重視するがゆえに，必然的に実質的審査を基礎とする有因主義を採用する。

　また，社会主義を堅持している中国が体制上の理由から必然的に有因主義を導入する見解は理解しやすい。中国憲法の規定上，「公有制」が明言されており，こうした基本的な制度設計が維持されている以上，統制を基礎とする不動産市場の秩序をコントロールするために，管理との親和性を有する有因主義の採用は当然の結果であると考えられる。

　さらに，中国の歴史における不動産に関する税金徴収にも注目する必要がある。従来，不動産売買時の税金の徴収は，政府にとって最大の関心事であり，それが大きな財源にもなる。例えば，11世紀の宋の時代では，種々の手続費用は2割近くまで上っていたとの指摘が存在する。清代でも，登記制度の基本は賦課の基礎たる帳簿であったと言われている。そして，現在の不動産取引について実質的審査を用いて行政管理を図ろうとしている手法は，取引を規制し，売買から税金を徴収しようとする従来の理念を窺うことができるのである。

○静的安全への傾斜

　中国は，歴史上，不動産取引の紛争を処理する際に真正権利者の保護が優先される傾向があると指摘されている。こうした法的伝統が存在する中，市場経済原理を徐々に導入しているとはいえ，直ちに従来の理念を改め，取引安全の重視へと舵を切ることは容易ではない。実務では，真正権利者の権利が侵害さ

れている場合には，その権利は原則的に保護するが，第三者が完全な善意者であれば，例外的に第三者の権利を保護するという価値判断が見受けられる。

○道徳重視

中国でいう法なるものが，専制君主の意思的命令であるため，法をめぐる知識は法実証主義の域を出ることが困難であり，その法は刑罰という外的強制手段を用いて人々を善導する役割を果たしているといわれている。また，従来の法思想では，性善説が前提とされ，道徳的律法は善という人間の本性を実現するツールであると見ることが可能である。

そして，善導の例を取り上げると，歴史上，不動産の二重売買は無効とされるだけではなく，売主は刑事上の責任を負い，仲介人および第二の買主も，予め二重売買であることを知っていたときは，罰せられるとされている。

また，遺失物の扱いについて，民法典は，懸賞金の提示がなければ，必要最小限の保管費用を除き，拾得者は無償で遺失者に返還すること，および1年が経って遺失者が現れないときは，遺失物が国の所有になることを定めている（314〜318条）。しかし，法制度のあるべき姿を考える際に，人間性およびその複雑さへの認識を踏まえて検証する必要がある。遺失者が現れない場合，拾得者の所有となる日本の規定と比較すれば，どの制度が遺失物の返還を促進するかは容易に判断することができよう。

② 事例紹介

実務において登記が重視されている端的な例を取り上げよう。本事案は，物権法施行後の第1事案として注目された。

原告は，1998年に家屋を購入する際に，妻と相談した結果，家屋の登記名義人を被告である子にした。その後，3人は，一緒に購入した家屋に居住していた。2007年，被告は結婚することを理由に父母に他所への引っ越しを要求し，家屋を売却しようとしていた。

原告は，家屋を購入する際に実際全額の資金を提供し，購入後，最初からこの家屋に居住しているため，家屋の真正所有者であり，所有権の確認および登記の変更を請求した。これに対し，被告は，家屋を購入した時から家屋の登記名義人となっているため，家屋の所有者であると主張した。天津市南開区人民法院は物権法9条（民法典209条）に基づき，家屋を購入した際に，その登記名義人を被告とされたため，原告の請求は認められないとした。

第三者が現れないときは，真実の権利状況を尊重して実質的な権利者（登記名義人でない原告）が保護される可能性が大きく，また，物権法19条（民法典220条）は，不動産の更正登記の規定を設けているため，原告を保護しようとする場合には，その法的根拠が存在している。しかし，本件では権利者による登記行為を促進させるような解決法が採られている。　　　　（朱　曄）

▷1　孟子は，人間には誰でも「惻隠」，「羞悪」，「辞譲」，「是非」という四端の心が存在することを示し，性善説を唱えている。

▷2　物権法9条（本条は後に民法典209条となった）1項は，「不動産物権の設定，変更，移転および消滅は，法に従い登記をすることにより，効力を生ずる。登記をしなければ，効力は生じないが，ただし法律に別段の規定がある場合を除く」と規定している。

▷3　物権法19条（本条は後におおむね民法典220条に継承された）1項は，次のように規定している。「権利者，利害関係者は不動産登記簿の記載事項に誤りがあると認める場合，更正登記を申請することができる。不動産登記簿に記載された権利者が書面によって更正に同意する場合，又は証拠によって登記に確かに誤りがあることを証明できる場合，登記機関は更正しなければならない」。

契約編(1)：概観およびその主な特徴

 概　観

　1980年代，市場経済化への切り替えを契機に，中国では民事法規の整備が推進され，法人間の契約関係を規律する「経済契約法」(1981年)，国内外の企業などの間で締結される契約関係を定める「渉外経済契約法」(1985年) および技術開発，移転などの契約関係を規定する「技術契約法」(1987年) が制定され，これらの３つの単行法は民事基本法である「民法通則」(1986年) とともに，多元的な契約体系を構築した。

　旧ソ連の経済法理論の影響を受けて整備された前記の契約法体系は，中国市場経済の本格化と経済のグローバル化に対処することができず，後に契約法 (1999年) が誕生して，前記３つの契約法を統合した。また，契約法を制定するにあたって，ウィーン売買条約 (CISG)，ユニドロア国際商事契約原則 (PICC)，ヨーロッパ契約法原則 (PECL) などの国際的動向を踏まえつつ，契約自由および合意は遵守されるべしという考え方を基礎に制定されたものであり，近代的な立法である。

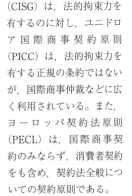
▷1　ウィーン売買条約 (CISG) は，法的拘束力を有するのに対し，ユニドロア国際商事契約原則 (PICC) は，法的拘束力を有する正規の条約ではないが，国際商事仲裁などに広く利用されている。また，ヨーロッパ契約法原則 (PECL) は，国際商事契約のみならず，消費者契約をも含め，契約法全般についての契約原則である。

　そして，民法典の制定にあたって，契約法は契約編の軸となっており，従来の通則，典型契約に準契約を加え，３つの分編を有する構成に仕上げられた。また，典型契約においてその種類をさらに増やし，500カ条あまりを有する巨大な編が整備された。さらに，そもそも本編の叩き台である契約法は国際売買の最新規定を大いに参照したため，ルーズリーフ型規定の側面を帯びており，民法典制定後その色彩がさらに濃くなった。

 主な特徴

○民商法の合体

　1990年代頃から中国は WTO (当初は GATT であった) の加盟を模索し，その交渉過程において西側先進国から法整備を要求されたため，グローバル・スタンダードの導入を強く意識して法整備を行ってきた。このような背景で制定された契約法の内容は，商事取引を念頭に置いたものが少なからず存在している。そのため，民法典は一般の人々の基本法であるべきという立場からすると，本来，立法において契約法の内容を充分に吟味した上で法典に取り込むという姿勢は欠かせない。

　実際，契約編第2分編は，保証契約（13章），ファクタリング契約（16章），不動産管理サービス契約（24章），組合契約（27章）を新たに規定し，合計19種類の典型契約を定めている。その中には，人々の日常生活に密接に関わる売買，贈与，金銭貸借などの契約以外に，商法の分野に関する契約も多く取り込まれており，民商統合の特徴がさらに浮き彫りになった。

◯債権総則の欠如

　中国民法典はパンデクテン体系の色彩が濃く，物権と対峙する概念である債権について，総則では明確化しているが（118条），その体系の特色をさらに顕著にするならば，債権編の冒頭に債権総則を設けるのも選択肢の一つである。また，抽象的な債権概念の具体化に役立つ債権総論を創設することは，時代の動きに伴って生じた新しい債権関係をめぐる紛争解決に有利な側面がある。

　注意すべきなのは，日本民法をみればわかるように，債権総則に多くの内容が含まれており，例えば債権譲渡および担保法の側面を有する責任財産の保全や多数当事者の債権関係も債権総則に定められており，内容が多岐にわたるため，その見通しが害される恐れがあることである。そのため，債権総則の内容を棲み分け，契約法，担保法，物権法に分散させる手法も考えられる。

　他方，契約編は通則および諸契約の2つの部分より構成され，その通則は契約の無効，取消し，契約の履行，保全，変更，譲渡などについて幅広く規定しているため，本来民法総則，債権総則で定める内容を取り込んでおり，若干羊頭狗肉の感が否めない。

◯準契約の創設

　契約編の第3分編は，準契約を新たに設け，事務管理および不当利得について定めている。民法典総則の民事権利（第5章）では，事務管理（121条），不当利得（122条）についてすでに規定しているが，契約編は，個別の章を立て，関連する内容をさらに具体化した上で，準契約として概念化し体系性の向上を図ろうとした（事務管理＝第28章，979～984条，不当利得＝第29章，985～988条）。

　しかし，こうした立法手法について，比較法の視点による有益な示唆を無視することはできない[2]。つまり，事務管理をめぐっては，その内容および趣旨からして，事務管理者からの漠然とした申し込みと本人による漠然とした承諾が潜在しているため，こうした申し込みと承諾の合致によって事務管理が成立すると考える余地もあり，準契約として位置づけることが可能である。

　これに対し，不当利得については，事案の実証的な検証を踏まえて考えると，不当利得が契約をカバーする領域はごくわずかであり，実質的にその大部分は契約と無関係であるため，準契約の性格を完全に具備するとは言いがたい。

　契約編は，その独自性を強めるため，債権総則を設けずに，事務管理と不当利得を準契約の分編に置くという手法をとっているが，今後不当利得をめぐる事案の増加とともに準契約の名が形骸化する恐れがあろう。　　　　（朱　曄）

▷2　日本民法の改正を積極的に提案した加藤雅信教授は，「立法論としての「準契約」『静岡法務雑誌』11号，2019年，414頁以下にて，中国民法典における準契約について有意義な批評を行っている。

契約編(2)：厳格責任の原則化および制度運用時の特色

厳格責任の原則化

英米法的な考え方を多く導入した中国契約法は，国際動向を踏まえて，合意は遵守されるべきという考え方を基礎に，いわゆる厳格責任の原則を採用した。民法典契約編は，この原則をおおむね踏襲し，故意・過失を要件としない厳格責任を取り入れた（577条）。また，これに関連し，不可抗力のみが法定の免責事由となる（590条）。そこで，厳格責任をめぐって，履行請求権，契約解除，損害賠償責任という3つの側面から若干の解説を加える。

○履行請求権

パンデクテン法系的見解によれば，履行請求権は債権の内容または効力であると理解されてきたが，577条より，債務者の故意・過失の有無を問わず，履行しなかったという状況さえ生じていれば，履行請求ができる。また，履行請求権はその他の救済手段と並立し，債権者の選択肢の一つであるといえる。

○契約解除

解除にあたって帰すべき事由の要否につき，従来の考えによれば，解除により生じる原状回復を求める権利は，当事者の合意に基づく債権そのものに含まれていないため，それは相手方の債権を奪う意味で，相手方に不利益をもたらすことになる。したがって，例えば，民法改正前の日本では損害賠償と同じように不履行の3種類の形態に則して条文の解釈が行われた（日本民法541〜543条）。その結果，履行不能による解除の場合のみならず，一般に帰責事由を要件とする。つまり，解除は損害賠償責任と同じ性格を有していると考えられている以上，過失責任が妥当とされ，その根底には解除は債務者に対するサンクションという理解が存在するからである。

これに対し，中国民法典563条は，債務者の帰責事由を要求していない。その結果として，契約を維持する利益を失った当事者に契約の拘束力から離脱する可能性を認め，さらに，拘束力の限界を画定する制度として機能するようになった。こうした制度は，契約から生じる利益や価値を望めなくなる場合は，拘束力を認める必要性がなくなり，そのため契約の拘束力を否認されることを確定するための手段として位置づけることが可能である。

○損害賠償責任

伝統的な理論によれば，契約により債権債務が生じ，そして，履行請求権は

▷1　中国民法典は，一部の典型契約，例えば賃貸借契約，ファイナンスリース契約，運送契約，委任契約，不動産管理サービス契約において例外的に帰責事由の必要性を規定している。

債権から直接基礎づけられる権利であるため，これらがもっとも重視される一方，損害賠償請求は一種の担保の色彩を帯びており，契約の拘束力から直接基礎づけられないため，こちらは過失責任原則が妥当する。

　他方中国においても，過失責任の原則が民法の一般原則と理解されているが，契約法制定時に厳格責任原則を導入したため，契約責任は，不法行為責任とは異なる次元の問題だと意識され始めた。その理由は，主に契約責任の場合は，当事者の密接な接触により契約責任が生じるが，不法行為責任は通常コンタクトのない者から生じると考えられている。つまり，契約から生じる履行義務を負っている債務者の責任は，無関係の者の間で生じる不法行為責任よりも重くすべきであるとの認識が共有され，両者の責任の性質が異なるものであると理解されている。以上の背景を踏まえると，民法典577条の定める損害賠償責任は，その帰責の根拠を契約の拘束力に求めることができ，不可抗力以外の場合は債務不履行となり，損害賠償請求権の存否の判断は，不履行および法定免責事由によることとなる。その結果，債権者は不履行の事実を証明し，債務者は不可抗力等の責めに帰すべからざる事由を証明しなければ免責されない。

2 契約が無効にされる事態の多発

　中国の裁判実務において，紛争が生じる際に，妥当と思われる結論に至るために，当事者間の契約が安易に無効にされる傾向が見られる。例えば，不動産の連続の取引のような転々譲渡において，真正権利者を保護するために，往々にして売主と第三者との間の契約を無効にする傾向がある。つまり，契約を無効にして，不動産の所有権を遡及的に真正権利者に復帰させるとする手法がしばしば見受けられる。こうした処理の仕方は，強力な職権により民事紛争の解決に介入するという慣習に由来すると考えられる。

　この問題を是正するために，2012年最高人民法院は，契約紛争の解決に関する司法解釈を公布し，その記者会見で，契約の効力の認定をめぐる記者の質問に対し，現代契約法の趣旨は取引を奨励し，社会の富を増加させることにある以上，不適切な無効の認定は，取引のコストを増やし，経済発展を阻害するとする旨の解答を行った。このような姿勢は経済活動の活発化に大変有益であろう。

3 最高人民法院の司法解釈の多用

　中国において，裁判実務では，具体的な問題を解決するため，法律条文のように適用される司法解釈が度々公布される。契約法について言えば，本法全体に対する解釈だけでも3回も公布され，条文解釈上の問題に対応した。例えば，契約法が施行されたわずか2カ月後に，1回目の司法解釈が公布され，従来の民法通則との条文上の齟齬の解消を図った。司法解釈は，裁判実務に大きな影響を及ぼすため，その動向を密接に注目する必要性があろう。　　　　(朱　曄)

▷2　 Ⅰ-10 側注4参照。
▷3　中国の最高人民法院は裁判実務の必要に応じて司法解釈を制定し，2012年5月に公布した「売買契約紛争の案件を審理する際に法律を適用するにあたっての問題に関する意見」も，実務に重大な影響を及ぼしている。
▷4　従来の民法通則58条(3)の規定によれば，詐欺，脅迫による法律行為，または他人の危急に乗じて，相手を真実の意思に背かせる状況下で行われる民事行為は無効とされている。これに対し，新しく制定した契約法54条は同様な状況で締結された契約を，変更または取消し可能なものとしている。理論上，契約も民事行為に包摂されているため，条文上の齟齬の問題が浮上するようになる。そこで，契約法が施行された2カ月後，最高人民法院は契約法に関する司法解釈一を公布し，この不都合の修正を行い，かかる契約を変更または取り消しうるものとした（3条）。

人格権編

　概　観

　人格権は，既存の権利概念である物権，債権と並立し，独自の権利としての性格を有している。本編は，一般規定，生命権・身体権および健康権，氏名権と名称権，肖像権，名誉権と栄誉権，プライバシー権と個人情報の保護という6章51条からなる。

　もっとも，立法にあたって人格権編を独立した編とすべきか否かをめぐって大論争が起こった。総則にはすでに人格権の基本概念を定めており（110条），本条によってすでにその権利としての存在を認めたので，不法行為の部分においてその法的効果である損害賠償・差止めを明言すれば種々の問題に対処することができる。したがって，あえて人格権という単独の編を設ける必要がないという立法方針も考えられる。

　また，中国における現状を考えると，人格権は，判例の積み重ねによって形成された権利であるため，これを列挙し一つの編として固定化することによって権利の中身が硬直化し，法典の安定性に支障をきたす恐れがある。

　中国民法典は控えめな立法方策を採用せず，法典の特色または独自性を強調するために，人格権編の単独化を実現した。

２　最大の特徴：プライバシー権と個人情報への保護

○制定の背景

　本編は，複数の具体的な権利を取り上げ保護しようとしているが，その最大の特徴は，デジタル社会の趨勢に対応するために，プライバシー権と個人情報の保護の章を設けた点にある。

　科学技術の発展とともに，消費者保護をめぐり新しい様相を呈するようになった。そして，コンピューター技術のハード，ソフトの技術革新が行われ，この変化につれ消費者の購買活動の様相も大きな変貌を遂げている。

　こうした中，近年，深層学習（Deep Learning）という機械学習の技術が開発され，人工知能（Artificial Intelligence, AI）が凄まじく進化しており，大量のデータからAIなどの分析手法を駆使して，有益な情報を見出すための技術が普及してきつつある。また，こうした新型の解析手法を利用すると，人間が仮説を立てなくても，与えられたデータからAIが相関関係や傾向などを見つけ，

人間が発見できなかった法則や分類を抽出することも可能となる。膨大なデータおよび創造性に富む発想を確保さえすれば，さまざまな領域で新天地を切り拓くことも可能になった。

　以上のように，ビッグデータの時代に突入してから，AIの技術の発展とともに，個人の人格権侵害のリスクも高まっている。個人情報の経済的・財産的価値がますます重要視されている中，その漏洩に関する問題が深刻化し，多種多様な紛争が一気に増加することも予想される。これらの諸問題に対処するための法整備が喫緊の課題となっている。

○中国の状況

　中国では，近年インターネット利用の一般化および流通業の発達により，ネットショッピングが急速に普及し，個人情報の流出が著しい。加えて，○○PAYのような支払方法が推奨され，消費者間で幅広く利用されたため，個人データ漏出の流れをいっそう加速させた。全体的にみると，現在中国は諸先進国に全く遜色のないほどデータの利活用が進んでおり，数多くの課題が浮上している。そして，紛争の現状をみると，ディープフェイクの動画問題[1]と個人情報の売買[2]に人々の注目が集まっているといえよう。

○法運用上の課題

　人格権編は，8カ条（1032〜1039条）を設けてプライバシー権と個人情報の保護を図ろうとしている。現在，中国では個人情報保護法という単独法の制定が模索されており，その草案はすでに完成しているようである。この法律が誕生後，制度運用時に両者の関係はどのようになるかは検証の対象となる。

　ビッグデータの時代において，個人情報の経済的・財産的価値が著しく向上している現状を踏まえると，個人情報保護をさらに手厚くする必要がある。それと同時に，プライバシーをいかに守るかという観点を踏まえながら個人情報保護とその有効利活用とのバランスを図る必要があろう。

　そして，個人情報保護をめぐる民事紛争処理についての課題としては，以下を挙げることができる。まず，不法行為責任を考えた場合，個人情報は人格権か，財産権か，それとも財産権的な性質を有する人格権かについて検討する必要があろう。つぎに，個人情報の流出が問題となるケースにおいては，加害者の特定は容易ではない。複数の加害者によって情報を漏洩させた可能性のある場合や，いずれの加害者によって情報を加工したか，判然としないケースも多い。このような場合について，共同不法行為責任を追及することができるか，検討する必要があろう。さらに，賠償額の算定方法についても困難が伴う。日本や中国の裁判例からも明らかなように，精神的損害賠償が少額に止まっているケースが非常に多いのが現状である。被害者が被った損害をいかに正確に算定し，加害者にそれを賠償させるかも，今後の検討課題となろう。（朱　暉）

▷1　いわゆる敵対的生成ネットワーク GAN（Generative Adversarial Network）の技術が開発され，ディープフェイク（「Deep Learning」と「Fake」とを組み合わせた言葉）の動画などが簡単に作成されるようになった。そして，この技術により，香港出身の女優，朱茵（アテナ・チュー）と北京出身の女優，楊冪（ヤン・ミー）の顔をすり替えた動画が作成され，注目を集める事件となった。

▷2　2014年末，130万件に及ぶ修士課程受験者の個人情報が受験日の約1カ月前に売買されていたことがわかった。「全国碩士考試報名信息遭泄露1万5買130万用户数据」（http://politics.people.com.cn/n/2014/1126/c70731-26100380.html）

婚姻家庭編

 法文法・慣習を踏まえた概観

○社会背景

　家族法制は，その国の法文化・慣習と密接に関わっている。従来の中国では，家は，家計をともにする生活共同体であり，「同居共財」という慣習の下で，家族生活が営まれていた。また，社会保障制度が発達していない中国では，非常時の災難，不測の事態に備えるために親族間や兄弟間の相互扶助が必要とされており，その相互扶助の実現を担保するものとして，家族構成員間の相互義務を説く儒学思想が非常に重要な役割を果たしている。

　時代の変遷につれ，中国における人々の価値観および考え方が複雑化してきた。また，中国はかつて著しく増加してきた人口を減少させるために「一人っ子」政策を導入しており，その結果，親および祖父母の愛情を独占したいわゆる「小皇帝」が増え，これらの世代が結婚適齢期を迎えるようになっている。こうした「小皇帝」たちは夫婦間の意思疎通または妥協が求められている家庭内において軽微なトラブルが生じた場合，婚姻関係を解消することも厭わない。そのため，現在の中国における家族観はますます錯綜してきている。

　さらに，現在中国においては，社会全体がまだ豊かになっていないのに，高齢者がすでに急増しているいわゆる「未富先老」の状況が生じるようになった。こうした社会の現状に対応するために，高齢者の扶助や介護など，先進国でも抱えている問題をいかに解決するかが政府にとって重要な課題として浮上してきた。従来，中国社会において，高齢者の面倒を見ることは家族構成員によって行われており，大家族が理想とされていた農耕時代では，養老問題は家族内での解消が図られてきた。しかし，第2次産業革命以降，核家族化が進むとともに，伝統的な方法によりそうした問題を解決することの限界が露呈するようになった。加えて，「一人っ子」政策実施の結果，子の力のみで老親の世話をするのは容易ではないため，中国における養老問題の難しさを増幅させている。「養児防老」の慣習が根強く潜在する中，家族法制の現状および今後の行方を検討するにあたって，養児問題と防老問題とを連動させる必要性があろう。

○誕生の経緯

　法文化や観念の連続性があるため，血筋重視および親族間の相互扶助への依存といった固有の意識は簡単には払拭されない。また，伝統中国社会では，公

▷1　滋賀秀三『中国家族法の原理』（創文社，1967年）80-81頁は，共財と共有との相違を強調しつつ，あえて「同居共財」という言葉を学術概念として使用している。

権力が家の私法関係に介入することは少なく，また親族間の相互扶助の倫理は，国家法による強行規定ではなく，儒学思想に従って定められてきた。

こうした社会背景のもとで，共産党執政後の1950年に旧ソ連法の影響を受けつつ婚姻法が誕生した。これにより家父長的な家族制度の廃止，男女平等および個人の自由意思に基づく婚姻という基本原則が樹立された。後に，婚姻法は，1980年，2001年の2回にわたって改正されたが，51カ条からなる簡素な制度であるため，最高人民法院は4つの司法解釈を公布し，その空白を補塡した。

▷2　Ⅰ-10側注4参照。

婚姻家庭編は，旧婚姻法および養子縁組法の内容を踏襲し制定され，一般規定，婚姻，家庭関係，離婚，養子縁組という5章79カ条により構成される。

❷ 主な特徴

○国家責任の転嫁の側面

中国社会では，儒学思想を軸とする家族構成員間の相互扶助が原則とされていたが，現在，社会保障制度が整備途上のため，若年者，高齢者など弱者の社会保障を家族で負担する必要性が生じている。そのため，未成年の子または自活できない成年の子に対しては，親の扶養義務（1067条1項）のみならず，祖父母の扶養義務（1074条1項）および兄・姉（1075条1項）の扶養義務をも規定している。そして，高齢者に対しては，老親に対する子の扶養義務（1067条2項）以外に，孫（1074条2項）および弟・妹（1075条2項）の扶養義務を設けている。さらに，親子関係の成立において，扶養義務者の確保のため，例外的に成人養子，すなわち「親のための養子」制度を設けている（1099条1項，1103条）。

○伝統的な血筋重視の継受の側面

伝統的に中国では，自己の血筋の拡大延長が重要視されており，現在の親権法制にもこの考えが継承されている側面がある。例えば，非嫡出子は嫡出子と同様の権利を有する（1071条）という規定は，非嫡出子も生父母の血筋を継ぐ者であるという発想の現れと考えられる。また，養子縁組が成人養子を傍系血族の子に限定する（1099条1項）ことも血筋重視伝統の現れであろう。

○婚姻後の夫婦財産の共有制原則

日本民法（762条）と異なり，夫婦間に特別な約定がなければ（1065条），婚姻後の夫婦の財産は原則として共有とされる（1062条）。こうした規定の仕方は中国従来型の家族慣習と一致する側面もあるが，女性の社会進出の普及とともに，潜在していた問題を露呈させている。

○協議離婚のクーリングオフの新設

「一人っ子」が婚姻適齢期を迎えた現在，個性を重視するこの世代の電撃婚，電撃離婚が頻発している。この問題に対処するために，協議離婚のクーリングオフ制度が新設された（1077条）が，弱者への保護に不利になるとの批判が高まる中，その真価および社会的な効果は注目に値するであろう。　（朱　曄）

相続編

① 家族主義と個人主義の理念の相克からの誕生

○社会的背景

　農耕社会が長く続いた中国社会では，社会保障不備のため，人々の老後の生活保障は家族に依拠していた。高齢者が生活基盤を失うリスクを軽減するために，家計を共にする生活共同体を利用することが好まれた。こうした家族形態が維持される中，被相続人の死亡を起因とする相続制度が発達しておらず，家族財産の分割方法として，「同居共財」と密接に関わっている「分家」，すなわち家産分割が慣習的に利用され，現在でも一部の農村部で継承されている。

　近代以降，中国において相続法制をめぐる整備が行われ，清王朝の末期に制定された「大清明律草案」および中華民国民法がその内容を定めている。

　1949年，共産党政権が誕生した後，国民党政権が制定した従来の法律を廃止し，同じ陣営の旧ソ連から政治体制および法律制度の移植を試みた。もっとも，社会主義国家においては，社会主義制度の理念からして，ブルジョア社会と密接な関連性を有する相続法制がそれほど重要視されない傾向が窺える[41]。

　こうした背景で制定された相続法（1985年）は誕生後に改正されないまま長年相続法制の基本法として運用されたが，その立法目的は，資本主義国でいう私有財産の承継または債務の承継による取引安全の確保を保つことではない。潤沢な私的財産が蓄積されていない立法当時，相続財産の承継は，従来どおり相続人が安定した生活環境を維持するための手段であり，それを実現するための立法措置である。つまり，高齢者を尊敬し，その世話をするという中国従来の伝統的な美徳を承継させるという名のもとで，国家が担うべき社会福祉的な役割の一部を個人の負担に転換させることが相続法の最大の狙いとなっている[42]。その独自の立法目的が内包されているがゆえに，相続法に関する司法解釈が公布されたものの，個人財産の急増という現状に対処しきれていない。

○誕生の経緯

　相続法は個人の遺産を生かして国の福祉財政を軽減させることに重心を置いているため，社会情勢の急変が研究者における家族主義と個人主義の理念の対立をもたらし，法改正の基本的な方向性についてさえ議論が錯綜している。この状況下，相続編は，相続財産管理人制度の新設，遺言制度の整備などについて改正したものの，相続法制の価値体系を見直さないまま，基本的に従来の規

▷1　その極端な例としては，1918年4月旧ソ連によって公開された「相続廃止の布告」である。福島正夫「社会主義の家族法原理と諸政策」福島正夫編『家族政策と法5　社会主義国・新興国』東京大学出版会，1976年，16頁を参照。

▷2　中国相続法における原理・原則については，鈴木賢『現代中国相続法の原理──伝統の克服と継承』成文堂，1992年を参照。

定を踏襲した。本編は，一般規定，法定相続，遺言相続と遺贈および遺産の処理という4章45条によって構成される。

② 主な特徴

○遺言自由の最大限の確保

本編では，遺言の自由を制約する制度として，弱者の法定相続人の生活を配慮するために必留分制度を設けた。この制度は日本の遺留分制度とは大きく異なる。つまり，遺言は，労働能力が欠如し，かつ生活の糧を有しない相続人のために必要な遺産分を保留し（1141条），これらの人々の生活を保障している。必留分制度の趣旨は，遺産相続を通じて個人に社会福祉または社会保障の一翼を担ってもらうという立法目的に合致している。

以上のように，遺産処分の自由をめぐっては，本編はそれほど制限を加えておらず，そのため，中国の制度は被相続人の財産処分の自由を過度に保障しており，英米法系と比較しても，その制約が最少の国であるといわれている。

○当然限定相続の原則

相続では，相続人は特別に限定承認の意思表示をする必要がなく，当然に日本法でいう限定承認の処理方法によって遺産が処理される。この当然限定相続原則のもと，相続人は，得る遺産の実際の価値を限度に被相続人の法に従い納付すべき税金，債務を弁済することが認められている（1161条1項）。この規定の趣旨は，「父の債務を息子が弁済せよ」，「夫の債務を妻が弁済せよ」という伝統的な習慣から相続人を救済することにあるが，相続人を過保護にするという指摘を招きかねない。

○相続における権利と義務の一致

中国の相続法制には，権利と義務は相対的関係にあるという基本認識が潜在しており，主に以下3つの点に現れている。

第一に，法定相続人の順位が上記の基本認識により左右される。つまり，配偶者を亡くした嫁が舅・姑に対して，また配偶者を亡くした娘婿が岳父・岳母に対して，主な扶養義務を果たしたときは，第1順位の相続人となる（1129条）。こうした法定順位の変更は従来の相続法の血縁関係理論では説明できない。第二に，法定相続分にも影響を与える。遺産分割の際には，被相続人に主な扶養義務を果たし，または被相続人と共同生活をしていた相続人は，多めに分配を受ける権利があるのに対し，扶養能力および扶養の要件を持つ相続人が，扶養義務を果たさない場合は，分配しないかまたは少なめにすることができるとされる（1130条3，4項）。第三に，相続人以外の被相続人の扶養を多く行った者に対しても，適当な遺産を配分することができる（1131条）。しかし，分配について，条文には明確な基準がなく，法官の主観的な裁量に任せられており，被相続人に債権債務があるときには法的予見性を欠くという問題が浮上する。（朱　曄）

▷3　法定相続にも相続人の生活保障に役立つ規定を設けており，つまり，生活に特別な困難があり，かつ労働能力が欠如する相続人に対しては，遺産を分配するときに，配慮しなければならない（1130条2項）。また，遺産分割時，被相続人の納付すべき税金，債務を弁済しなければならないが，労働能力が欠如し，かつ生活の糧を有しない相続人のために必要な遺産を保留しなければならない（1159条）。

▷4　この立法目的を達成するために，相続人以外の被相続人の扶養に頼っていた者への遺産配分制度をも設けている（1131条）。

権利侵害責任（不法行為）編⑴：概観

① 社会的背景

不法行為法は社会の鏡としての側面を備えており，さまざまな新型紛争に対処するために事案が蓄積され，判例法の性質をも有している。また，社会，経済体制の動向に深く関わっているのもその特徴の一つである。

いわゆる改革開放政策[41]を40年ほど実施してきた中国は，経済体制の転換を起因として社会状況が激動しており，近年の著しい経済発展に伴い，環境汚染，悪質製品の氾濫，交通事故・医療事故の多発などさまざまな社会問題が深刻化してきた。また，社会主義体制を堅持している中国の社会的，経済的な現状をみると，市場経済を導入したとはいえ，経済社会と政治社会が完全には分離していないことから，剰余利益の確保が最優先のような労働集約型企業から寡占的な状態にある巨大な国有企業まで，さまざまな形態の企業が混在している。

通常，不法行為法を制定する際に，資本主義社会においては，個人の自由行動により経済の発達を促すという方針を踏まえて，基本的に私人間の水平関係に着目し，紛争解決の原則，自由行動の範囲の画定，経済発展の促進への保障などの要素が考慮される[42]。これに対し，計画経済に依拠する典型的な社会主義国家においては，こうした要請が弱く，立法の際に私人間の自由競争の確保により経済を発展させることへの配慮が乏しくなる[43]。

このような両体制における認識上の温度差は，中国の立法にも反映され，個人自由の確保による経済発展の促進より，社会の調和と安定の実現という理念を重視し，不法行為法制の設計に臨んだ。

② 権利侵害責任編の誕生

本編の叩き台である権利侵害責任法は2009年に制定された単行法である。これが誕生する前に，不法行為の紛争処理にあたっては，基本規定である民法通則以外に，特別法，行政法規，司法解釈のような法源により裁判の統一が図られ，公法，私法が融合した色彩が濃厚で，権利侵害責任法においてもこの特徴は完全に払拭されていなかった。つまり，この単行法は，新設といえる条文がごくわずかであり，既存の特別法，例えば「製造物品質法」，「道路交通安全法」，「環境騒音汚染防治法」などを多く取り込んでいたため，新しい立法というより，むしろ従来の規定および紛争処理方法を踏襲した「彙纂」である。

▷1　Ⅰ-1 側注12参照。

▷2　例えば，日本民法典の起草当時には，すでに近代的な産業技術の発達に伴って危険な事業がもたらす損害発生の可能性は十分認識されていた。にもかかわらず，過失責任主義が選択されたのは，原因主義が取引の発達を害するため，過失責任主義により自由活動領域が保証される必要があったからである。瀬川信久「民法709条（不法行為の一般的成立要件）」広中俊雄・星野英一編『民法典の百年Ⅲ——個別的観察（2）債権編』有斐閣，1998年，561頁を参照。

▷3　旧ソ連民法のような無過失責任を基本原則とする立法例も現れた。末川博「ソヴィエト・ロシア民法における不法行為」『法學論叢』16巻3号，1926年，150頁以下を参照。

また，権利侵害責任編は，従来の裁判実務の成果を取り込みながら，インターネットの普及がもたらす問題に対処しつつ，基本的に権利侵害責任法を踏襲した上で制定された。また，本編は，一般規定，損害賠償，責任の主体の特別規定，製造物責任，自動車交通事故責任，医療損害責任，環境汚染および生態破壊責任，高度危険責任，動物飼育損害責任，建築物および物件損害責任という10章95条によって構成されている。

③ 責任分配法としての本編

第一に，本編は，理解の便宜上，不法行為編という日本法に馴染みやすい概念で訳すこともありうるが，次の点に留意すべきである。すなわち，本編には通常日本で理解されている不法行為の内容が多く含まれている一方で，行為の帰責性，社会的非難性が重要視されていない内容も少なからず内包している。したがって，本編は民事上の権利・利益が侵害されたときの責任分配法であると理解するのが的確であろう。

第二に，本編は，権利と利益とを区別せずに，権益という概念を用いて一括的に規定している（1164条）。中国語でいう権益は，権利と利益の複合語であるため，その保護される範囲は柔軟的かつ流動的で，幅広く広がる可能性があろう。これに対し，日本法における権利概念から違法性の議論をみると，社会の変遷に伴い，不法行為法によって保障される内容が徐々に拡大されてきた。日本法の経験をみると，保護対象の拡大により個人の自由行動の範囲が縮小されることに対する配慮が見られるが，こうした考慮は本編ではあまり見当たらない。その背景には，より多くの「権益」を保護し，被害者の救済を通じて社会の安定を促進することは，立法関係者からすれば現在の最大の課題となっているという事情がある。

第三に，本編の軸である権利侵害責任法の立法目的は，日本法と異なり，被害者の保護，すなわち救済機能のみならず，不法行為の予防・制裁，すなわち抑止機能をも明言している。この2つの機能により社会の安定を促進させようという究極的な目標が掲げられた。本編では，この立法目的に関する条文こそ削除されたものの，条文全体の中身がおおむね継承されていることおよび懲罰的損害賠償の規定がさらに具体化されたことを踏まえると，その趣旨は変更されていないといえよう。日本法では，通常，不法行為法の目的は被害者の損害を填補することにあり，加害者への制裁または不法行為の防止は反射的，副次的な機能にすぎない。したがって，刑法・民法を厳格に峻別する学者は，本編のような，予防・制裁機能を認め，社会安定の促進を目的としている立法は，「法の原始状態」から脱皮できていないと評しかねない。

以上のような立法の特色を踏まえると，本編は果たして紛争が急増してきた中国社会の安定剤になるかが注視すべきポイントになろう。　　（朱　曄）

▷4　藤岡康宏「私法上の責任——不法行為責任を中心として」『岩波講座・基本法学（第5巻）——責任』岩波書店，1984年，248頁は，「損害填補的側面の漸次的解決は，損害賠償の懲罰的側面を舞台の正面に押し出すことになるであろう。……法の原始状態として非難された民刑両責任の未分化が，現代的状況において蘇生させられることになるかもしれないのである」と述べている。

12 権利侵害責任（不法行為）編⑵：主な特徴

1 成立要件

　本編は，日本法のように過失責任を不法行為法の基本原則とせず，過失責任原則と挙証責任の転換（中間責任）・無過失責任原則を併存させる手法を採用している。

　つまり，1165条1項は，行為者が過失により他人の民事権利利益を侵害し，損害をもたらしたときは，不法行為責任が生じると規定し，いわゆる過失責任原則を基本原則として位置づけている。他方，過失責任原則以外に，本条2項は挙証責任の転換について，1166条は，無過失責任原則についてそれぞれ規定している。本編のような立法技法は，個人行動の自由が相当制限されているという印象を与えかねない。

2 公平責任

　通常，不法行為の一般原則に照らすと，故意・過失のない行為，すなわち，帰責性のない行為は，社会的非難を受けないため，不法行為責任自体が生じないはずである。権利侵害責任編は，いわゆる公平責任を導入し，被害者および行為者のいずれにも損害の発生につき過失がない場合でも，双方がその損失を分担する可能性について条文化している（1186条）。本条は，民法通則132条の内容を継承して制定された規定であるが，中国における有力説は，公平責任の適用により，実務において加害者の過失認定がおろそかにされ，不法行為法の帰責事由の体系を崩壊させかねないと懸念している。しかし，社会保障制度が充実していない中国では，資力上または経済的に問題を抱えている不幸な被害者を救済するために，従来の手法を踏襲した。

　また，公平責任を内包する複数の規定が本編では設けられており，そのいずれも補償者への非難性が認められない場合につき損失を補償する規定である。①1188条1項は，民事行為無能力者，制限的民事行為能力者が他人に損害をもたらしたとき，仮に後見人が責務を尽くしたとしても，責任は完全に免除されずに，軽減されるにとどまると定めている。②1190条1項は，故意・過失のない完全民事行為能力者は，一時的な意識不明または行為制御不能により他人に損害を与えた場合，その経済状況に基づき，被害者に対して適切な補償を行うべきであると規定している。③1254条は，建築物の中から投げ出された，ま

▷1　中国民法の立法，解釈に大きな影響を与えている王澤鑑教授は，古くから不法行為法における「公平」に起因する諸問題を指摘してきた。王澤鑑『民法学説与判例研究』北京大学出版社，2015年，182頁を参照。

たは落下した物品が他人に損害をもたらしたとき，加害者が特定できない場合，自己が加害者でないことを証明できる場合を除き，加害の可能性のある建築物使用者が補償すると規定している。

さらに，本編以外に総則編では，緊急避難時における補償の方法（182条2項）および他人が侵害行為を防止，制止する際に，それによって受益した者の補償義務について規定している（183条）。

③ 「同命同価」

本編は，被害者が死亡時の死亡賠償金を規定しており（1179条），その額の算定をめぐってやや異質な規定を設けている。つまり，1180条は，死亡賠償金は同一不法行為により多数の死亡者が出た場合は同額にすることが可能であると定めている。本規定誕生の背景には，ある事件が多くの人に注目されたことがそのきっかけであった。[42]

また，本規定をめぐる学説の状況をみると，死亡賠償金がもっとも基本的な賠償であるため，制度を適用する際に，都市部と農村部との差を設けてはならないと強調する考え方が存在する一方，死亡賠償金の画一化を厳しく批判する有力説も見られる。この批判説によれば，「死亡賠償金」について，全員全く同様の，いわゆる平等な基準を設けることは，「共産風」，すなわち「死亡共産風」の再度の襲来にすぎないと厳しく批判されている。[43]

以上のように議論を激化させた原因は，現在の中国社会において次の2つの深刻な課題がすでに浮き彫りになっているからである。まず，日本と異なる性質を有する「戸口」制度が存在することである。本制度は1950年代に，工業化促進のために農民の都市への流入を防ぎ，その自由移動を制限する目的で設けられた。本制度により，都市と農村という二元的社会構造が生まれ，都市の「戸口」を持つ人は，医療，社会保障，子の就学，家屋の購入などで優遇されている。したがって，戸口を持たない人への差別をもたらす要因の一つとなっており，一部の人々の不満噴出の対象となっている。次に，1949年以降，社会主義体制に移行後は，民間企業の国営化が進められ，社会の貧富差が急減したが，70年代末からは改革開放路線に変更したため，一部の人は社会の転換期に乗じてチャンスを摑み，一世代で多くの富を蓄積した。これによって激しい格差社会が生まれ，人々の不満を増幅させることとなった。

④ インターネット時代への対応

インターネットの時代が到来するとともに，ネットにおける誹謗中傷などの不法行為が多発するようになった。この動向に対処するため，本編は行為者の自由と被害者保護とのバランスを図りつつ，新たに詳細な規定を設けている（1195条，1196条）。

(朱　暉)

▷2　2005年12月，重慶市で重大な交通事故が発生し，未成年者の女子学生何源と2人の友人は登校の途中その事故で死亡した。裁判の結果，被害者何源の親族は，本人が農村戸籍を理由にその賠償額の総額が9万元しか認められなかったのに対し，他の2人の親族への賠償額は，それぞれ20数万元に達していた。この事案がマスメディアにより報道された結果，全国から注目され，批判が殺到し，2006年の全人大において是正すべき議案が出された。後の侵権責任法制定において，この問題に対処するために17条が制定された。

▷3　張新宝『侵権責任法立法研究』中国人民大学出版社，2009年，499頁。なお，平等は共産主義の理念であるため，張教授は「共産」という言葉を利用した。

中国民法典の編成

規定の性質	編・章・節，該当条			
財産法	パンデクテン方式を採用する民法典ではその全体（特に財産法）に共通する規則は総則に集約されている	第一編 総則		第1章 基本規定（1～12条）	
				第2章 自然人	第1節 民事権利能力及び民事行為能力（13～25条） 第2節 後見（26～39条） 第3節 失踪宣告及び死亡宣告（40～53条） 第4節 個人商工業者と農村請負経営者（54～56条）
				第3章 法人	第1節 一般規定（57～75条） 第2節 営利法人（76～86条） 第3節 非営利法人（87～95条） 第4節 特別法人（96～101条）
				第4章 非法人組織（102～108条） 第5章 民事権利（109～132条） 第6章 民事法律行為	第1節 一般規定（133～136条） 第2節 意思表示（137～142条） 第3節 民事法律行為の効力（143～157条） 第4節 条件付民事法律行為及び期限付民事法律行為（158～160条）
				第7章 代理	第1節 一般規定（161～164条） 第2節 委任代理（165～172条） 第3節 代理（権）の消滅（173～175条）
				第8章 民事責任（176～187条） 第9章 訴訟時効（188～199条） 第10章 期間の計算（200～204条）	
		第二編 物権	第1分編 通則	第1章 基本原則（205～208条） 第2章 物権の設定，変更，移転及び消滅	第1節 不動産登記（209～223条） 第2節 動産の引渡し（224～228条） 第3節 その他の規定（229～232条）
				第3章 物権の保護（233～239条）	
			第2分編 所有権	第4章 一般規定（240～245条） 第5章 国家所有権及び集団所有権，私人所有権（246～270条） 第6章 区分所有者の建物区分所有権（271～287条） 第7章 相隣関係（288～296条） 第8章 共有（297～310条） 第9章 所有権取得の特別規定（311～322条）	
			第3分編 用益物権	第10章 一般規定（323～329条） 第11章 土地請負経営権（330～343条） 第12章 建設用地使用権（344～361条） 第13章 宅地使用権（362～365条） 第14章 居住権（366～371条） 第15章 地役権（372～385条）	
			第4分編 担保物権	第16章 一般規定（386～393条） 第17章 抵当権	第1節 一般抵当権（394～419条） 第2節 根抵当権（420～424条）
				第18章 質権	第1節 動産質権（425～439条） 第2節 権利質（440～446条）
				第19章 留置権（447～457条）	
			第5分編 占有	第20章 占有（458～462条）	

第三編　契約	第1分編　通則	第1章　一般規定（463〜468条） 第2章　契約の締結（469〜501条） 第3章　契約の効力（502〜508条） 第4章　契約の履行（509〜534条） 第5章　契約の保全（535〜542条） 第6章　契約の変更及び譲渡（543〜556条） 第7章　契約上の権利義務の消滅（557〜576条） 第8章　違約責任（577〜594条）	
	第2分編　典型契約	第9章　売買契約（595〜647条） 第10章　電力，水，ガス，熱供給使用契約（648〜656条） 第11章　贈与契約（657〜666条） 第12章　金銭貸借契約（667〜680条） 第13章　保証契約	第1節　一般規定（681〜690条） 第2節　保証責任（691〜702条）
		第14章　賃貸借契約（703〜734条） 第15章　ファイナンスリース契約（735〜760条） 第16章　ファクタリング契約（761〜769条） 第17章　請負契約（770〜787条） 第18章　建設工事契約（700　000条） 第19章　運送契約	第1節　一般規定（809〜813条） 第2節　旅客運送契約（814〜824条） 第3節　貨物運送契約（825〜837条） 第4節　複合運送契約（838〜842条）
		第20章　技術契約	第1節　一般規定（843〜850条） 第2節　技術開発契約（851〜861条） 第3節　技術譲渡契約及び技術ライセンス契約（862〜877条） 第4節　技術コンサルティング契約及び技術サービス契約（878〜887条）
		第21章　寄託契約（888〜903条） 第22章　倉庫保管契約（904〜918条） 第23章　委任契約（919〜936条） 第24章　不動産管理サービス契約（937〜950条） 第25章　取次契約（951〜960条） 第26章　仲介契約（961〜966条） 第27章　組合契約（967〜978条）	
	第3分編　準契約	第28章　事務管理（979〜984条） 第29章　不当利得（985〜988条）	
第四編　人格権		第1章　一般規定（989〜1001条） 第2章　生命権・身体権及び健康権（1002〜1011条） 第3章　氏名権と名称権（1012〜1017条） 第4章　肖像権（1018〜1023条） 第5章　名誉権と栄誉権（1024〜1031条） 第6章　プライバシー権と個人情報保護（1032〜1039条）	

	第七編 権利侵害責任（不法行為）	第1章　一般規定（1164～1178条） 第2章　損害賠償（1179～1187条） 第3章　責任主体の特別規定（1188～1201条） 第4章　製造物責任（1202～1207条） 第5章　自動車交通事故責任（1208～1217条） 第6章　医療損害責任（1218～1228条） 第7章　環境汚染及び生態破壊責任（1229～1235条） 第8章　高度危険責任（1236～1244条） 第9章　動物飼育損害責任（1245～1251条） 第10章　建築物及び物件損害責任（1252～1258条）	
家族法	第五編 婚姻家庭	第1章　一般規定（1040～1045条） 第2章　婚姻（1046～1054条） 第3章　家庭関係 第4章　離婚（1076～1092条） 第5章　養子縁組	第1節　夫婦関係（1055～1066条） 第2節　父母・子の関係及びその他の近親族関係（1067～1075条） 第1節　養子縁組の成立（1093～1110条） 第2節　養子縁組の効力（1111～1113条） 第3節　養子縁組の解消（1114～1118条）
	第六編 相続	第1章　一般規定（1119～1125条） 第2章　法定相続（1126～1132条） 第3章　遺言相続と遺贈（1133～1144条） 第4章　遺産の処理（1145～1163条）	
	附則（1259～1260条）		

（民法典は，2020年5月28日第13期全国人民代表大会第3回会議で採択された）

第 V 章　商　法

guidance

　形式的意義の商法である商法典を有する日本と異なり，中国には商法典が立法されていないが，実質的意義の商法が存在する。こうした立法形態は，中国の立法機関である全人大が民商二法統一〔民商合一〕という立法主義を採用したことによるところが大きい。もっとも，中華民国時期に民商二法統一の立法主義がとられていた。その意味において，現在中国のとっている民商二法統一の立法主義が中華民国時期のそれを受け継いだものといえよう。いわゆる実質的意義の商法として数えられる法規範には，会社法，手形・小切手法，保険法，海商法，証券法，個人単独出資企業法，組合企業法などといった単行法のほか，中国民法典にある商事関連の規定，会社法・保険法などに関する最高人民法院の司法解釈などがある。

　本章では，商法の沿革，商法の体系，商法と民法の関係性を述べるほか，証券法，保険法，海商法，手形・小切手法，個人単独出資企業法，組合企業法，外商投資法および商事信託法についても概説する。なお，商事法の主要な部分である会社法についての概説は，第Ⅵ章に委ねることとする。（周　剣龍）

商法の沿革

1　清末における立法

▷ 1　Ⅻ-4 Ⅻ-5 参照。

　中国における近代商法の立法は，清末の1903年に成立した「欽定大清商律」
（きんていだいしんしょうりつ）
に遡る。「欽定大清商律」は，「商人通例」（9カ条）と「会社律」（131カ条）か
らなり，近代産業の発展促進というニーズに応えるため，数カ月という比較的
短期間で起草され，内容も簡単なものとなっていたが，中国初の近代法的な性
質を有する立法である。その後，清国政府の立法担当機関である修訂法律館は，
商事法をよりよく整備するために，1908年に日本の商法学者である志田鉀太郎
（し だ こうたろう）
を招聘して，商法典の起草を依頼した。志田鉀太郎が起草した「大清商律草
案」は，第1編・総則，第2編・商行為，第3編・会社，第4編・手形と第5
編・海船からなり，1008カ条を有する商法典草案となった。そして，1909年に，
清国政府の農工商部は，各地の商会とりわけ上海総商会が作成した「商法調査
案」をもとにして，前述の「欽定大清商律」を改正して，「改訂大清商律草案」
（367カ条）をも起草した。しかし，1911年に辛亥革命が起こり，清朝が崩壊し
たため，この2つの草案は，法律として成立に至らなかった。ただ，1912年に
成立した中華民国の商事法の立法に大きな影響を与えていた。

2　中華民国における立法

　中華民国の北京政府は，前述の清末商事立法・法案をもとに，1914年に「商
人通例」（73カ条）と「会社条例」（251カ条）を制定，公布した。その後，中華
民国の国民政府は，従来の民商二法分離立法の立場を捨て，当時いわゆる世界
の最新傾向であるとされた民商二法統一立法の立場を採用し，商法総則や商行
為法の部分とされる支配人，代理商，交互計算，問屋営業，倉庫営業，運送営
業などを民法の債権編において規定し，民法において規定できない部分を単独
立法することとした。そうした立法方針の下で，会社法（1929年公布，1931年施
行。233カ条），手形法（1929年公布，施行。139カ条），海商法（1929年公布，1931
年施行。174カ条）と保険法（1929年公布，82カ条）など主要な商事法が相次いで立
法された。これらの法律は，その後回数を重ねて修正され，今もなお台湾で施
行されている。

▷ 2　Ⅻ-6 参照。

③ 中華人民共和国における立法

1949年10月に成立した中華人民共和国は，中華民国法統の継受を完全に否定[3]したため，中華民国の会社法に基づいて設立した会社を規律する「私営企業暫定条例」（1950年。1956年に失効）を制定した。それに続いて，私営企業を国有化する目的で「公私共同経営工業企業暫定条例」（1954年）が制定された。それ以降1970年代末まで，中国においては会社制度を含めた商事法が存在しなかった。1978年12月に開かれた中共11期3中全会において決定された「対外開放・経済改革」の政策を受けて，商事法の立法が始動した。

商事法立法の嚆矢になったのは，「中外合資経営企業法」（1979年公布，1990年・2001年改正，2020年1月廃止[4]）である。この法律は，外資導入に関する法整備のために外資系企業である合弁会社の設立，運営等に関して制定されたものであるが，出資者の有限責任を明文化した企業組織法である。そして，1980年代に立法された商事法としては，「中外合作経営企業法」（1988年公布，2000年改正，2020年1月廃止），「外商単独出資企業法」（1988年公布，2000年改正，2020年1月廃止）があるほか，「私営企業暫定条例」（1988年公布，2018年廃止）などもある。

1990年に入ってから商事法が数多く立法された。まずは，1993年に会社法が制定された（1993年公布，1994年施行，1999・2005・2013・2018年改正）。会社法は，株式制度を導入して国有企業の改革を推し進めるために立法されたため，株式会社設立の許可主義の法認など国家介入の色彩を比較的強く帯びてスタートしたが，中華人民共和国自身が一度否定した資本主義経済制度の根幹を成す株式制度を再び導入したことそれ自体は意義深い。2005年改正が私的自治である定款自治を認める規定を多く盛り込んで国家の介入をできるだけ弱めること，時代のニーズに適合してコーポレート・ガバナンスを強化する規定を多く取り入れることなどを実現したため，会社法は国有企業改革法から私法への変貌を遂げた。1999年改正・2013年改正・2018年改正は，いずれもその範囲がかなり限定されていたが，2013年改正と2018年改正の内容は，重要な改正であると考えられる。2013年改正は，起業を推奨するために最低資本金制度を撤廃した。2018年改正は，上場会社が自己株式を取得できる事由として①発行する転換社債を株式に転換すること，②企業価値および株主の権利・利益を保護することを新たに追加した。この改正は，立法者が自己株式の取得を上場会社の株価を調整する措置として位置づけていることを明白に示している。

中国では，商事法に分類される主要な法律は，会社法のほかに，組合企業法（1997年公布，2006年改正），個人単独出資企業法（1999年公布），証券法（1998年公布，2004・2005・2013・2014・2019年改正），手形・小切手法（1995年公布，2004年改正），保険法（1995年公布，2002・2009・2014・2015年改正），海商法（1992年公布），信託法（2001年公布）などがある。　　　　　　　　（周　剣龍）

▷3　例えば，1949年2月に，中共中央委員会は，国民党との内戦に勝利することを見据えて，「国民党の六法全書を廃棄し解放区の司法原則を確定することに関する指示」を公表し，その中で国民政府が制定した法律を反動的なものと断定し，その法統を廃棄することを表明した。

▷4　「中外合資経営企業法」を含めた外資系企業法が2020年1月に廃止されたことに伴い，外資系企業が会社法の適用を受けることになったため，渉外会社法と国内会社法との統合はようやく実現された。2019年3月に外資導入に関する総合的な立法として，「外商投資法」は制定された（2019年公布）。ただ，「外商投資法」が施行されてからの5年間は，外資系企業が会社法の適用を受けるまでの経過期間とされている（外商投資法42条2項）。

参考文献

李貴連「中国法律近代化簡論」『比較法研究』1991年第2期，1頁以下。

李貴連「近代中国法律的変革与日本影響」『比較法研究』1994年第1期，24頁以下。

李貴連「晩清立法中的外国人」『中外法学』1994年第4期，59頁以下。

謝振民編著・張知本校訂『中華民国立法史〔下冊〕』中国政法大学出版社，2000年，802頁以下。

商法の体系，商法と民法の関係性

 商法の体系

　商法の意義は通常，形式的意義の商法と実質的意義の商法に分けて論じられている。形式的意義の商法は，法の存在形式としての商法典のことを指すものであり，ドイツ，フランス，日本などの国々において存在する商法典は，それにあたるのである。中国には，今のところ形式的意義の商法典が存在しない。これに対して，いうまでもなく，実質的意義の商法は存在し，商事関係を調整する法律の総称であると解される。商事関係には，①商事関係が平等な商事主体間の社会経済関係であること，②商事関係が営利追求を目的とする商事主体が構築した経済関係であることという2つの特徴があるとされる。実質的意義の商法に入れられる法律としては，主に会社法，組合企業法，個人単独投資企業法，証券法，手形・小切手法，保険法，海商法，商業銀行法，信託法，電子商取引法などがあり，さらにまた民法典に置かれている関連規定（基本原則，営利法人，組合企業等に関する規定など）も含まれる。したがって，中国において，形式的意義の商法は制定されていないが，民法典における商事関係を規律する諸規定や単行商事法などが実質的意義の商法として存在することそれ自体は，商法の法体系がすでに形成されたことを意味するものである。

② 商法と民法の関係

○立法の方式

　中国には，実質的意義の商法はあるが，民法とは独立した立法としての形式的意義の商法は存在しない。このことは，中国の立法者が中国民法典草案に関して説明する際に，「中国の民事法律制度の建設が一貫して「民商二法統一〔民商合一〕」の伝統を受け継いでおり，数多くの商事法規律を民法に盛り込んでいる」と言明したように，中国が民商二法統一の立法方式を採用することを意味する。例えば，民法通則（1986年公布，2021年廃止）における個人工商業者〔個体工商戸〕や企業法人に関する規律，契約法（1999年公布，2021年廃止）における問屋契約，仲立契約，運送契約，倉庫契約に関する規定，民法総則（2017年公布，2021年廃止）・民法典（2020年公布，2021年1月施行）における営利法人などに関する規定は，その表れである。もっとも，1970年代末以降の民商事立法の歩みを顧みると，中国の立法者は，当初は必ずしも民商二法を統合して立法

することを意識していなかったと考えられる。1980年代の半ばまでは，民法・契約法，商法，労働法などいわゆる経済に関する法のすべてが経済法であるとする大経済法説が隆盛をきわめており，1986年に民法通則が成立したことによって，ようやく民法が経済法と異なる法分野に属し，財産関係と身分関係を調整する法であることは明文化された。また，企業法人に関する規定を民法通則に盛り込んだことには，国有企業を法人として法認することによって国家の行政機関から相対的に独立させ，経営自主権を有する経済実体にして国有企業の改革を展開する趣旨があったのである。

1992年10月に中国政府は，経済改革の目的が社会主義市場経済体制の実現であると宣言した。これを受けて，商法典を中国に導入しなければならないという主張が見られるようになった。これに対して，民法学者が中心となって民商二法統一論を主張し始めた。民商二法統一論者の主張理由は，中国の歴史上商人が特殊な階級ではないこと，人民が法の下で平等であり職業によって区別して立法すべきではないこと，商行為とは何かについて区別が困難であり民商二法の併存によって重複立法が多くなること，中国には民商二法を区分して立法した伝統がないことなどといったものである。そうした中，民商二法統一論にそった立法は，契約法（1999年），物権法（2007年）である。契約法は，中華民国民法と同様に商法・商行為法にある問屋契約，仲立契約，運送契約，倉庫契約，そして物権法は，株主権，商事留置権などに関し規定を設けた。さらに民法典が成立したことによって，中国における民商二法の統一立法方式が不動のものになったといえよう。

他方，民商二法の統一論に対して，民商二法分離論は，主として商法学者が根強く主張している。民法と商法の調整対象がそもそも異なること，民商二法が統一立法されるといってもそれがただ形式上の統一にすぎないこと，民商二法を分離立法するといっても，必ずしも形式上商法典を作る必要がないこと，会社法や保険法や手形・小切手法など単行商事法を制定して実際に民商二法を分離立法にする効果があるなどといったものは，民商二法分離論を主張する主な理由になっている。今の中国商法学界の基本的な見解は，商法典を制定することを考えておらず，会社法，証券法などのような単行商事立法を維持したまま，商事通則を立法すべきであるとしている。

○商事に関する法の適用

日本商法1条2項は，商事に関する商法と民法の適用について，商法に定めがない事項について商慣習に従い，商慣習がないときは，民法の定めるところによると規定する。この条項から，商事に関して商法，商慣習が民法より適用を優先されることが明らかにされている。これは，民法と商法がともに私法であるが，民法が私法の一般法であって，商法が私法の特別法であることを意味する。このことは，中国においても同様に考えられている。　　　（周　剣龍）

商合一」と呼ばれる）。民商二法統一論は，もともとイタリアのモンタネリ，ヴィヴァンテなどが提唱した考えであるといわれる。それが提唱された理由として，第一に，民商二法の併存は法的安定性と裁判の能率や私法理論の統一的な進歩を害すること，第二に，商法は商人の階級法であるから非商人に不利益が及ぶこと，第三に，商法の独立は沿革の遺物にすぎないことなどがあげられている。民商二法統一論をとった立法例として，1881年スイス債務法，1929年中華民国民法典，1942年イタリア民法典，1976年オランダ民法典などがある。

▷2　こうした見解の下で，全国規模の学会である商法学研究会は，すでに商事通則の建議稿を作成し，公表した。「商事通則」は，第1章・総則，第2章・商人，第3章・商事登記，第4章・商号，第5章・営業譲渡，第6章・商業帳簿，第7章・支配人の権限とその他の商事代理権，第8章・代理商，第9章・商行為，第10章・附則からなり，92カ条を有する。

（参考文献）
西村幸次郎編著『現代中国法講義〔第3版〕』法律文化社，2008年，91頁以下（第5章民法・周剣担当）。
王保樹主編『商法』北京大学出版社，2011年，13頁以下。
「中華人民共和国全国人民代表大会常務委員会公報」2020・民法典特刊，2020年6月。

証券法

① 証券法の概要と構成

日本に金融商品取引法があるのと同様に，中国にも証券法が存在し，証券発行と取引を規制し，証券監督を通じて投資者の合法的権益を保護し，経済秩序と公共利益を擁護する役割を果たす（1条）。その調整対象には，株式，社債，**預託証券**，国務院が認定するその他の証券の発行と取引，国債，**証券投資ファンド持分**の上場取引，資産担保証券（ABS），資産管理商品の発行，取引，デリバティブ取引などの広範囲の金融商品取引が含まれている（2条）。

証券法は全部で14章，合計226条によって構成され，その内容は①総則，②証券発行，③証券取引（一般規定，証券上場，禁止される取引行為），④上場会社の買収，⑤情報公開，⑥投資者保護，⑦証券取引場所，⑧証券会社，⑨証券など決算機構，⑩証券サービス機構，⑪証券業協会，⑫証券監督管理機構，⑬法律責任，⑭附則となっている。証券法は，1998年に成立し，中国上場企業の発展，金融市場の変化などに合わせて，証券市場の自由と証券監督のバランスを調整しつつ，頻繁かつ大幅に改正されてきた。実定法の証券法のほか，会社法上の証券に関する規制，および証券取引監督管理委員会（以下，「証監会」と称す）などにより公布された行政法規を合わせて，実質的に証券法の機能をもつ。

中国証券法では行政による市場への強い関与が特徴的である。従来，株式の発行に対して証監会による審査認可制が採用されていたが，証券市場をさらに活性化・自由化させるために，2019年改正証券法はすべての証券発行に対して登録制を導入した。証券監督機関は，証券価値などを判断する実質審査を取りやめ，会社の情報公開の真実性，正確性，全面性，適時性および公平性について形式審査のみ行い，所定の形式要件を満たせば証券発行を認めることになった。他方，投資者保護のために情報開示規制や民事責任など事後規制が強化され，証監会の監視監督権限は行使の方向性が変わったものの，より強力になったと考えられる。

② 証券法の原則

証券法の総則では，以下の原則を明示している。①は「三公」の原則である。すなわち，証券の発行，取引は公開，公平，公正の原則に従わなければならない（3条）。公開は証券法の生命線であり，投資者に対して，発行者，大株主，

▷1　**預託証券**（Depositary Receipts）
中国国外の証券を基礎として国内で発行し，中国国外の基礎証券の権益を代表する証券を指す。

▷2　**証券投資ファンド持分**
多くの投資者から資金を集めて運用し，収益を分配する仕組みである。日本の集団投資スキーム持分に相当する。

▷3　**分業経営・管理の原則**
例えば，発行者が詐欺発行，虚偽の陳述またはその他の重大な不法行為によって投資者に損失をもたらした場合に，発行者の支配株主，実質的支配者，証券会社は投資者保護機構に委託し，賠償に関する事項について投資者と協議し，あらかじめ賠償することができる（93条）。投資者保護機構は投資者の利益を損害する行為に対して，投資者を支持

買収者，関係機関などが法定の要求および手続に従い，証券の価格を影響するすべての情報を提供することが要求される。証券法の規制に加え，証監会の諸規則があり，発行開示と継続開示における開示内容，開示手続などを全面的に定めている。②は，法令遵守の原則である。すなわち，証券の活動が法律，行政法規を遵守し，詐欺，インサイダー取引，相場操縦の行為を禁止することである（5条）。③は**分業経営・管理の原則**である。すなわち，国の別途の定めを除き，証券業，銀行業，保険業は分業経営，分業管理を実施し，証券会社は銀行，信託，保険業務機構と別に設立することである（6条）。④は**国家**（証監会）**統一監督管理の原則**である。これらの原則の明文化は，法規制に理論的根拠を提供するとともに，条文の欠如を補うことにも対応できると考えられる。

③ 情報開示

証券法には情報開示規制のための章が設けられている。発行者および法律，行政法規と証監会の規定に定めるその他の情報公開義務者は，法に従い適時に情報開示義務を履行すべきとされる（78条）。また，開示される情報は，真実，正確，完全であるほか，簡潔かつ明確でわかりやすいものであることが要求される（同条）。上場会社などは，定期報告のほか，重大な事項が生じた場合に臨時報告を証監会および証券取引所に送付し，公告しなければならない（79～81条）。さらに，積極的な情報開示を促進するために，強制開示のほか，情報開示義務者による自主的な開示（任意開示）と役員などによる会社情報に関する異議の開示（82条，84条）も求められ，上記の情報開示規制に違反した場合に，発行者は無過失責任，その他の関係者は過失責任を負うとされる（85条）。

④ 投資者保護

中国証券市場には個人投資者が多いことや投資者保護システムの欠如などに鑑み，2019年証券法改正で，投資者保護を強化するための章が設けられた（88～95条）。これによれば，証券会社は証券を販売し，サービスを提供するにあたって，**適合性原則**に従わなければならない（88条）。また，一般投資者と証券会社の間に紛争が生じた場合に，証券会社は立証責任を負うとされる（89条）。そして，少数派株主などの権益を確保するため，専門的な**投資者保護機構**が設置され，株主として委任状勧誘，訴訟提起のほか，発行者，証券会社と投資者間の紛争調停などの職能が付与されている（92条，93条）。さらに，集団訴訟制度も用意されている。すなわち，証券違法行為に対する民事賠償訴訟において，訴訟物が同一種類であり，かつ当事者の一方が人数が多い場合に，訴訟代表者を推薦し訴訟を行うことができる。投資者保護機構は，50名以上の投資者の委託によって代表者として訴訟に参加することができるとされる（95条）。

（盧　暁斐）

し人民法院に提訴することができる（94条）。

▷4　**国家統一監督管理の原則**

金融機関の業務が多様化し，国家による多角的な監督が一般的な傾向となっている中，中国の従来の分業型モデルの問題が顕在化してきた。そのため，2018年，銀行業と保険業の監督機関が合併され，銀行保険監督管理委員会となった。証監会は，法に従い全国の証券市場に対して集中統一監督管理を行い，国の監査機関は証券取引所，証券会社，証券登録決済機構および証監会に対して監査監督を行う（7条，8条）。

▷5　**適合性原則**

証券会社が投資者の知識，経験，財産の状況および証券取引契約を締結する目的に照らし，不適当と認められる勧誘を行ってはならないとする原則である。

▷6　**投資者保護機構**

法律，行政法規あるいは証監会の規定に基づいて設立され，株式保有を通じて少数派株主の権利を確保し，投資者と発行者，証券会社の間の紛争を解決する機能を果たす。当該機構は公共機構と機関投資家の二重身分を持ち，市場機能と監督機能を両方持つ特殊な市場主体である。例えば，証監会の主導によって設立された中小投資者サービスセンターはその一例である。

（**参考文献**）

范健・王建文『證券法』第3版，法律出版社，2020年。
温世揚『保險法』第3版，法律出版社，2015年。
司玉琢『海商法』第3版，法律出版社，2017年。

保険法

1　保険法の定義と構成

　日本では保険契約と保険業についてそれぞれ保険法と保険業法によって規制されるが，中国では両方とも保険法によって規制される。中国保険法は，保険活動を規制し，関わる当事者，関係者の権利と適法な利益を保護し，保険業の監督・管理を強化して，その健全な発展を促すことを目的とする法律である（1条）。また，保険法の規制対象は，**商業保険関係**のみである。それは保険契約関係をはじめとする**保険営業関係**[1]と国家が保険業者への監督を主とする保険管理関係によって構成される。

　中国保険立法の歴史は，清朝末期に遡るが，中華民国期（1929年）に保険法が単独立法され，それと同様に現行保険法は単独立法として1995年に成立した。その後，保険業が急速に発展し，保険市場が外資系に開放されるとともにさらに盛んになり，保険商品も複雑になった。これらの事情に鑑み，保険契約者などの利益を保護し，保険サービスのレベルを向上させるために，保険法は何回も改正が行われた。現行保険法は全部で8章，合計185条によって構成され，①総則，②保険契約，③保険会社，④保険経営規則，⑤保険代理人と保険仲立人，⑥保険業監督管理，⑦法律責任，⑧附則となっている。また，保険法のほか，関連行政法規，部門規則および司法解釈[3]も合わせて保険関係を調整している。

2　保険契約

　保険契約に関して，一般規定，人身保険契約，財産保険契約の順に規定が置かれている。人身保険には生命保険，健康保険，傷害保険，ならびに財産保険には，損失保険，責任保険，信用または保証保険，海上保険が含まれる。他国と同様に，保険契約には以下の原則が認められている。①は，最大誠実信用の原則（**最大善意の原則**[4]）である。保険活動当事者は，権利行使と義務履行に際して誠実信用原則に従わなければならないとされる（5条）。その具体的な表れとしては，まず，告知義務の明記である。すなわち，保険契約に際し，保険者が保険対象あるいは被保険者の関連情報について質問する場合に，保険契約者は事実に基づいて告知しなければならず，保険契約者が故意または重大な過失により告知しなかった場合に，保険者は契約を解除することができる（**16条**）[5]。当該解除権は，保険者が解除事由を知ってから30日，契約成立の日から2年を

超えると行使できないという不可争条項も定められている（16条3項　保険利益原則）。つぎに，約款説明義務である。定型約款を採用する際に，保険者は保険契約者に対し特に免責条項を中心に契約内容を説明しなければならず，説明義務に違反した場合に，免責条項が無効となる（17条）。その他の原則として，②**被保険利益の原則**（12条），③**損失補塡の原則**がある。③については財産保険にのみ適用され，保険価格の算定，超過保険，一部保険（55条），重複保険（56条），物上代位権（59条），第三者への代位請求権（60条）などが規定されている。

　中国では，保険業の繁栄とともに，保険詐欺などの不正行為も続出し，保険契約をめぐる紛争も後を絶たない。最高人民法院は裁判実務上の問題を踏まえ，司法解釈を公布し，法規定を具体的かつ明確に解釈することによって，モラルハザード・リスクに対応し，契約紛争を解決している。

③　保険業規制

　中国では，保険業を行うことができる組織である会社法上の保険会社のほか，相互保険会社のような保険組織が経営する商業保険業務も，保険法の適用を受けるとされる（181条）。保険会社とその支店の設立は，**国務院保険監督管理機構**による承認が必要であり，承認には保険業の発展と公平競争を考慮することが要請される（67条）。保険会社は，人身保険業務と財産保険業務を兼業してはならず，その業務は銀保委の承認範囲内で行わなければならない（95条）。そして，被保険者の利益保護のため，保険会社は準備金などの積み立てによって支払能力を保持し，一保険事故の支払限度を制限するなどリスク管理しなければならない（94～104条）。さらに，保険会社とその従業員による被保険者・保険契約者の利益を害する不正行為も厳しく禁止される（106条）。

　銀保委は保険市場を統一的，集中的に管理監督し，保険会社の支払能力の確保，保険契約者などの利益の保護および保険市場の公平な競争の確保を使命としている（133条）。銀保委は①一部の保険約款と保険比率を決定・承認する，②健全な監督管理システムを構築し，保険会社の支払能力に対して監督・統制する，③保険会社に違法行為があった場合に是正を命じ，過料に処する，当該保険会社が期限内に是正しない場合に，整頓組織を設けて保険会社の整頓を行う，④支払能力が深刻に不足するあるいは社会公共の利益を損害し，その支払能力に重大な支障をもたらす恐れがある場合に，保険会社を接収管理することもできる（135～148条）。また，銀保委の強力な権限に鑑み，権力濫用を防ぐため，銀保委職員の権力濫用禁止の規定も定められている（156条）。

　中国では，AI技術の急速な発展に伴い保険契約と保険監督管理に多くの課題が発生しているため，保険法による迅速かつ適切な法的対応が求められる。

（盧　暁斐）

▷5　16条
告知義務の具体的な範囲，義務違反の効果や解除権の行使要件などを詳しく定めている。

▷6　被保険利益の原則
保険契約者又は被保険者が保険対象に対して法律上認められる利益がある。人身保険の保険契約者が契約締結時，財産保険の被保険者が保険事故発生時に非保険利益を有することが要求される（12条）。

▷7　損失補塡の原則
保険事故により損失が生じた際に，保険者はその約定した責任範囲内かつ実質の損失を超えない範囲で補塡するという原則である。

▷8　国務院保険監督管理機構
従来は国務院の保険監督管理委員会であったが，2018年銀行業と保険業の監督管理が合併し，銀行保険監督管理委員会（以下，「銀保委」と称す）になった。

険契約は射幸契約性があり，誠実信用の要求は，一般の民事契約よりも高いと解される。

5　海商法

1　海商法の概要と構成

　中国では，日本と違い，海商（海上貿易の商業行為）に関しては主に海商法という単体法によって規制されている。海商法は海上運送関係，船舶関係を調整し，各当事者の合法的権益を保護し，海上運送と経済貿易の発展を促進することを目的とする（1条）。海上運送関係は，海上物品運送と海上旅客運送を含み，契約の各当事者間の関係を意味し，船舶関係は，船舶という財産をめぐる契約関係，船舶の衝突に関する不法行為関係，および海上の特殊な危険によって生じる共同海損，海上保険などを含む。

　中国の海上貿易は古くから盛んに行われていたが，海商法規制は清朝末期から商法の一部として定められていた。中国海商法は1992年に制定され，その多くの内容は国際条約が参考にされたものである。海商法は，全部で15章，合計278条によって構成され，①総則，②船舶，③船員，④海上物品運送契約，⑤海上旅客運送契約，⑥船舶賃貸契約，⑦海上曳航契約，⑧船舶の衝突，⑨海難救助，⑩共同海損，⑪海上賠償責任制限，⑫海上保険契約，⑬時効，⑭国際関係の法律適用，⑮附則となっている。また，国際的性格が強い海上貿易の法適用については，中国が締結または参加する国際条約に異なる規定がある場合に，国際条約の規定を適用し（保留条項を除く），法律と国際条約に規定がない場合に，国際慣例を適用することができるとされる（268条）。そして，実定法の海商法のほか，他の海事関連の法律，行政法規，および最高人民法院の司法解釈[1]と指導性判例[2]も多くあり，海上貿易関係を調整する法源となっている。特に司法解釈は，他の法律に比べてかなり多く，海商法における不明確な点や欠如を補い，実質的な立法行為を行っていることが特徴的である。

　海商法は制定当時には高水準で完備された法律であったが，海上運送業の急速な発展，船舶運送技術の進歩，国際貿易の体系調整などに伴い，現行制度はすでに海上貿易の実態と発展に適合しなくなり，まして当該法律が関連する国際条約と国内法の多くも改訂され，海商法の国際性を保つために改正は喫緊かつ不可欠である[3]。

2　船舶関係

　船舶は不動産と同様に登記が求められ，海商法，特に「船舶登記条例」では

▷1　法律としては，民法，民事訴訟法のほか，『海上交通安全法』，『海洋環境保護法』などがある。行政法規としては，「船舶登記条例」，「船舶汚染を防止する海域管理条例」などがある。さらに，「海事賠償責任制限をめぐる紛争に関する若干規定」（2010年），「海上物品運送代理紛争の裁判に関する若干問題の規定」（2012年）など，多くの司法解釈もある。
▷2　中国は案例（判例）指導制度を導入している。最高人民法院は重要かつ典型的な判例を選定し，公表するなどして，下級法院における裁判実務を指導している。
▷3　海商法の改正の必要性は，当該法律の施行時から学説上も長年主張されてきた。一方，実務界は，法的安定性とすでに行われた商慣行を重視する姿勢があり，法改正に反対してきた。2017年国務院交通運送部が専門家により構成される改正研究チームを作り，2018年修正草案を完成させた。当該草案の内容としては，海商法の調整範囲を国内水路まで拡大，船舶汚染損害賠償の一章の新設，関連する契約や物権制度の整備など，大幅な改正が提案された。

船舶国籍登記と船舶権利登記について厳格な登記要件を定めている（5条, 8条など）。船舶の所有権，抵当権，先取特権について，権利の設定，行使，移転，消滅を定めている（7～30条）。先取特権の除斥期間は1年で，留置権，抵当権より優先的に扱われる（29条，25条）。

　また，船長と船員については，海商法，「船員条例」と労働法によって定められる。船長は船舶所有者と雇用関係にあり，独立して法定の職責を果たし，船舶の指揮権を有すると同時に，海上事故発生時の救助義務などを負うとされる（35条，38条）。

3　海上物品運送契約

　海上物品運送に関しては主に**ヘーグ・ウィスビー・ルール**を基礎として，ハンブルグ・ルールの内容の中に中国の実情に適合する部分を取り入れている。例えば，運送人の義務と責任は次のように定められる。

　運送人の義務については，①船舶の発航前および発航に際し，相当な注意をもって，船舶を航海に堪えうる状態に置かなければならない（勘航能力注意義務，47条），②運送品を適切に取り扱う義務（48条），③合理路線航行義務（49条），④遅延せずに交付する義務（50条）などがある。

　運送人は契約履行に際して，物品の滅失または損害および遅延によりもたらす経済的損失について損害賠償責任を負う。運送人の帰責原則は，ヘーグ・ウィスビー・ルールと同様に，不完全過失責任原則と呼ばれ，過失責任原則と過失免責によって構成される。運送人に該当損害につき主観的な過失がある場合に，当該運送人は責任を負うが，航海過失（操船過失と管船過失），火災などの場合に免責される（51条）。ただし，当該免責については，上記①堪航能力注意義務違反の場合に適用されるかどうかは不明である。そのほか，責任範囲（54条），責任額の確定（55条），責任の限度など（56条）も明確に規定されている。

4　海事紛争解決

　海事紛争には，海事不法行為紛争，海商契約紛争，海洋開発と環境保護紛争，海事行政事件紛争などがある。中国では，海事紛争解決のために，和解，**調解**，仲裁，訴訟が用意されている。調解に関しては，調解機関によって行政調解，法院調解，仲裁機構調解に分けられる。行政機関による調解は主に**港務監督機関**によって担当される。また，調解協議は強制執行効力を有しない。仲裁については，中国海事仲裁委員会が専門仲裁機関として契約紛争，海上労務紛争などに関する仲裁を行う。また，訴訟については，中国海事・海商事件を審理する専門裁判所（「海事法院」と呼ばれる）があり，管轄と訴訟手続などについて，「海事訴訟特別手続法」が定めている。　　　　　　　　　　（盧　曉斐）

▷4　抵当権については，契約による別途の定めがない限り，債務者は該当船舶について保険に加入しなければならない（15条）。また，船舶抵当権を設定した後，抵当権者の同意がない限り，船舶を譲渡してはならない（17条）。

▷5　**ヘーグ・ウィスビー・ルールとハンブルグ・ルール**
統一船荷証券条約（ヘーグ・ルール）は，1924年に署名された船荷証券の取扱いや海上運送に伴う運送人の責任について定める多国間条約である。その後1968年の議定書に基づきヘーグ・ルールは修正された（ヘーグ・ウィスビー・ルール）。その後1978年国連海上物品運送条約（ハンブルグ・ルール）が成立し，船会社の責任などを厳格化した。中国はいずれの条約にも加入していないが，その内容を参考に国内法化した。

▷6　**調解**
日本法上の調停に類似する。X-4を参照。

▷7　**港務監督機関**
海上交通安全に対して統一的に監督管理する行政機関である。中国では，交通部に属する海事局はそれに該当する。

▷8　その下にさらに漁業，物流，海事それぞれの調解センターが設けられている。

6 手形・小切手法

1　現行法制と手形の定義

　昨今，新しいタイプの決済手段の誕生による影響を受けているが，手形・小切手（以下「手形」と略す）は，有価証券として決済のほかに信用・資金調達等という重要な機能を担っている。中国では手形・小切手に関する法制は，主に手形・小切手法（1995年制定，2004年最新改正）が存在しているが，信用機能強化や手形の完全電子化の要請で，さらなる改正が求められよう。

　中国法上の手形とは，振出人が発行し，自らまたは委託をうけた支払人が，受取人または所持人に対し手形を受け取ったときまたは指定期日に無条件で確定金額を支払うことを約束し，または委託しかつ譲渡できる有価証券をいい（手形・小切手法19条，73条，81条），為替手形，約束手形および小切手の3つに分類される（2条2項）。また，狭義の手形行為は，手形上の権利の発生，移転または債務の履行を目的とする要式行為を意味し，具体的には振出（20条），裏書（27条4項），引受け（38条）および保証（45条）がある。

> 1　中国法では，日本のように手形法と小切手法に分けられていない。

2　手形行為の特徴

　手形行為は，要式証券性，無因証券性，文言証券性，設権証券性，呈示証券性，流通性，独立性という特徴を有するが，以下では要式証券性，文言証券性，無因証券性および独立性について見ていく。

　(1)要式証券性：手形行為は，法的要件および手続にしたがって行わなければ無効とされる。例えば，金額表示については，中国語の漢数字とアラビア数字の表記が合致していなければ手形そのものが無効になる（8条）。金額や期日や受取人を変更した場合も，手形は無効になる（9条2項）。

　(2)文言証券性：権利と義務の内容は，手形に記載される文言にしたがって厳格に確定され，いかなる理由でも記載文言の意味を変更することはできない。

　(3)無因証券性：手形上の法律関係は金銭決済関係であり，有効な手形を所持していれば権利を享受することができる。手形上の権利発生原因に無効や瑕疵があっても，手形の効力は影響を受けない。例えば，売買契約が無効または取り消されても，その契約のために債務者が振り出した手形は有効であり，振出人は売買契約の無効等を理由に手形を受け取った第三者には対抗できない（13条）。この点で，取引安全の視点から手形の原因関係真実性（10条，21条，74条，

> 2　実務では，中央銀行の規定により，手形用紙の仕様が統一されている。

82条）は重視されるが，このことは無因性を否定するものではない。

　(4)独立性：同一手形上の複数の手形行為は，各行為者が手形に記載した内容によってそれぞれ効力を有するため，一つの手形行為の無効はほかの手形行為の効力に影響しない。この独立性の原則は無因証券性と文言証券性による結果であり，手形の流通と所持人の保護のため必然に求められるものである。例えば，民事行為無能力者または民事行為制限能力者が手形に押印したことにより手形が無効とされても，ほかの押印行為の効力に影響しない（6条）。

③　手形上の権利

　(1)手形上の権利の取得：手形の取得とは，原始取得と承継取得に分類される。譲渡行為によらず法規により手形上の権利を取得することを原始取得（発行取得＋善意取得）といい，手形処分権を有する裏書人から手形を取得することを承継取得（裏書譲渡による取得＋民事行為による譲渡）という。また，手形の取得は，原則として対価の給付が必要とされるが（10条2項），租税・相続・贈与による手形取得については無償でも認められる（11条1項）。しかし，詐欺・窃盗・脅迫等の手段で，あるいはその事由を知りながら悪意で手形を取得しても手形上の権利を有することは認められない（12条1項）。

　(2)手形上の権利の消滅：手形上の権利の消滅とは，一定の法律事実が生じたことによって手形上の権利が存在しなくなることであるが，時効については，①所持人の振出人・引受人に対する権利が満期から2年を経過したとき，②所持人の小切手の振出人に対する権利が満期から6カ月を経過したとき，③所持人の裏書人に対する遡求権が支払拒否されてから6カ月を経過したとき，④所持人の裏書人に対する再遡求権が弁済日または訴訟日から3カ月を経過したときに，権利は消滅する（17条）。

　(3)手形抗弁：手形抗弁は，手形上の債務者であれば手形法により手形債権者に対して手形金の支払等を拒む行為をいい（13条3項），一般に物的抗弁と人的抗弁が含まれる。しかし，人的抗弁は法により制限される場合があり，いわゆる人的抗弁の切断である。手形上の債務者は，自己と振出人や手形所持人の前者との抗弁事由で抗弁することができない（13条1項）。

④　手形の偽造・変造

　手形の偽造とは，処分権利がないにもかかわらず振出人を偽りまたは他人名義により押印や手形の記載事項を変更する行為をいう。手形の変造とは，手形上の権利・義務を変更する目的で，技術的手段で手形の記載内容を改変することをいう。これらの行為は，手形詐欺行為として，刑事上の責任が追及されることもある（102条（一））。

（楊　林凱）

▷3　善意取得は，①無権利者からの手形を取得すること，②取得するときに悪意または重大な過失がないこと，③裏書や交付の方法によって取得すること，④取得につき対価を支払ったこと，などの要件を満たす必要がある。

▷4　消滅事由として履行，免除，相殺などがある。

▷5　手形の偽造には，手形自体の偽造と署名・押印の偽造が含まれ，一般に署名・押印の偽造を指す。

▷6　また，手形の偽造と手形の変造行為は，手形の瑕疵をもたらし，手形上の権利の安全と手形の利用・流通にマイナスの影響を与える。

個人単独出資企業法

1　現行法制

　中国では，個人企業に関する主な法令は，民法典（2020年制定），個人単独出資企業法（1999年制定，以下「個人企業法」という），個人単独出資企業登記管理弁法（2000年制定，2014年最新改正，以下「個人企業登記規則」という），個人工商戸条例（2011年制定，2016年最新改正），個人工商戸登記管理弁法（2011年制定，2019年最新改正）によって構成されている。もっとも，中国民法典第1編第2章第4節（54〜56条）に定める個人工商業者（原語は「個体工商戸」という）と農村請負経営者（原語は「農村承包経営戸」という）も個人企業に属するが，本節は紙幅の関係上，個人単独出資企業法における個人企業を中心に概説する。

2　個人企業の定義

　個人企業とは，個人企業法に基づいて一人の自然人が出資し，設立する法人格なき事業体（民法典102条▷1）をいう。個人企業では，資産は出資者が所有し，企業の有する債務は出資者が個人財産をもって弁済する無限責任を負う（個人企業法2条）。

3　個人企業の設立要件（同法8条）

　(1)設立主体：出資者は，中国の国籍を有する完全な民事行為能力者（自然人）でなければならない。また，営利活動の参与が禁止される者は個人企業を設立してはならない（同法16条▷2）。例えば，裁判官，警察官，国家（地方）公務員などがこれにあたる（公務員法53条）。

　(2)商号・名称：個人企業の商号・名称は，事業目的および無限責任と一致することが求められる（同法11条）。例えば，「有限」や「有限責任」や「会社」という表記を用いてはならない（個人企業登記規則6条2項▷3）。

　(3)出資範囲：出資者は，個人財産または家族との共有財産を出資して個人企業を設立することができる。家族との共有財産による出資の場合には，当該個人企業の債務については，その家族の共有財産で弁済する責任が生じる（個人企業法18条▷4）。

　(4)営業所：個人企業の事業規模や目的に相応する住所など物的条件を備える必要がある（同法8条（四））。

▷1　個人企業には法人格が付与されないが，中国の一人会社は法人格を有する事業体であり，営利法人（民法典76条）・企業法人（会社法3条）であると位置づけされている。

▷2　このように個人企業は能力要件を満たす一人の自然人によって設立されるのに対し，中国の一人会社は一人の自然人または一つの法人によって設立される（会社法57条2項）。

▷3　ちなみに，中国法は日本法と異なり，①公共的利益の保護，②事業主体資格の取得，③情報開示による事業信用の保証および④主務官庁による監督の便宜の趣旨から，個人工商業者

(5)従業員：個人企業は，事業規模や業種に必要とされる人的条件を備える必要があり，従業員の雇用は出資者または事業経営者が判断する（同法22条）。

4 所有と経営の分離と事業経営者の義務

出資者は，個人企業を自ら経営してもよいし，委任契約により専門的な経営者に経営を委ねることもできる（同法19条1項，2項）。

個人企業の経営を委ねられた者は，委任契約により善管な管理者の注意をもって業務執行を忠実に執り行わなければならない（同法19条3項）。また，経営者は，経営判断において自己や第三者の利益を図ってはならない。具体的には，次の行為が禁止される（同法20条）。①経営権を濫用して第三者に利益供与を求めまたは第三者から利益供与を受ける行為，②経営権を濫用して個人企業の資産を流用する行為，③個人企業の資金を流用してまたは第三者に貸し付ける行為，④無断で個人企業の資金を自己の口座や他人名義の口座に預ける行為，⑤無断で個人企業の資産を担保につける行為，⑥出資者の承認を得ずに個人企業の事業と同事業を営む行為，⑦出資者の承認を得ずに，経営者が自ら個人企業と契約を締結しまたは取引する行為，⑧出資者の承認を得ずに，個人企業の商標または知的財産権を第三者に譲渡する行為，⑨営業秘密〔商業秘密〕を漏らす行為。

5 個人企業の解散と清算

(1)解散の事由：個人企業は以下に掲げる事由に該当する場合には，解散をしなければならない。①出資者が解散を決めた場合。これは個人企業の任意解散事由であり，法令に違反しなければ，出資者はいつでも個人企業を解散することができる，②出資者が死亡しまたは死亡宣告を受けたときに，相続人が存在しておらずまたは相続権が放棄された場合，③個人企業の営業許可が取り消された場合，④法令に定めるその他の事由（同法26条）。

(2)清算人の選任：解散した個人企業は，解散決定後に清算手続に入る。出資者は自ら清算人となることができるが，債権者など利害関係者は裁判所に清算人の指定を申し立てることもできる（同法27条）。

(3)弁済責任の消滅時効：個人企業が解散した場合には，存続期間に生じた債務については出資者が弁済責任を負うが，債権者が当該個人企業の解散後5年以内に債務の弁済を求めなければ，弁済責任は消滅する（同法28条）。また，債務弁済の順位は，①未払い賃金，②滞納社会保険料，③滞納税金，④その他の債権の順となる（同法29条）。

（楊　林凱）

にも登記を求めている（民法典54条，個人工商戸条例2条，個人工商戸登記管理規則1条2条）。

▶4　個人企業の出資者が当該企業の債務につき無限責任を負うのに対して，中国の一人会社の出資者は，自己の財産と会社の財産を分別管理していれば，会社に帰属する債務について，自己財産で弁済する必要はない（有限責任の原則）（会社法63条）。

▶5　営業秘密に関する3つの要件については，Ⅶ-4参照。

119

組合企業法

1 現行法制と組合企業の定義

　中国においては，組合が事業を営む組合企業に関する法制は，民法典（2020年制定）のほかに，組合企業法（1997年制定，2006年改正）および組合企業登記管理規則（1997年制定，2014年最新改正，以下「登記規則」という）がある。

　組合企業とは，組合企業法に基づいて自然人または法人等の出資によって設立される法人格なき事業体（民法典102条）をいい，無限責任組合員のみからなる一般組合企業および有限責任組合員と無限責任組合員からなる有限責任組合企業に分けられる（組合企業法2条）。

2 組合企業の設立要件

　(1)設立主体：出資者は複数でなければならず，自然人出資者は完全な民事行為能力者でなければならない（同法14条（一））。有限責任組合企業は，少なくとも1名の無限責任組合員を含み，2名以上50名以下の出資者によらなければならない（同法61条）。

　(2)商号・名称：組合企業の商号・名称には，「一般組合」または「有限責任組合」の文言を含まなければならない（組合企業法15条，62条，登記規則7条）。

　(3)組合契約：組合企業に関する基本事項および組合員の権利義務（同法18条，63条，民法典967条，968条）は，組合協定（これは会社の定款に相当する法的文書である）に定められなければならない。組合協定はすべての組合員の署名・押印により効力を有し（組合企業法19条1項），対内的に組合員を拘束する（同法9条）。組合協定は，別段の定めがない限り，すべての組合員の同意がなければ変更することができない（同法19条2項）。

　(4)出資：一般組合企業には，金銭，現物（知的財産権，土地使用権等）または労務による出資が認められるが（同法16条1項），現物出資は公認評価機構による鑑定が必要であり（同条2項），労務出資は組合協定が定める方法で評価されなければならない（同条3項）。また，有限責任組合企業では，労務による出資は無限責任組合員のみに認められている（同法64条2項）。

　(5)営業所：組合企業は，事業の規模や内容に相応する物的施設を備えなければならない（同法14条1項（四），60条，組合企業登記管理規則6条1項（二））。組合企業は，支店を設置することができる（同規則25～30条）。

▷1　なお，国家（地方）公務員，裁判官，警察官による組合企業の設立は禁止されている（公務員法53条）。

③　意思決定と業務執行

　(1)意思決定：組合企業の重大事項は，議決方法に関する組合協定の定め（同法30条2項）がない場合には，組合員一人に一議決権という一般決議の原則により決められる（同条1項）。また，組合協定に特段の定めがない場合には，次の事項はすべての組合員の承認を受けなければならない。すなわち，①名称・事業目的・住所変更（同法31条（一）（二）），②不動産の処分（同条（三）），③知的財産権など譲渡（同条（四）），④他人のための担保の設定（同条（五）），⑤業務執行者の選任（同条（六）），⑥組合協定の変更（同法19条2項），⑦持分の譲渡（同法22条1項），⑧新組合員の加入（同法43条1項）である。

　(2)業務執行：一般組合企業では，原則としてすべての組合員が業務を執行することができ（民法典970条1項），組合員は対外的に組合企業を代表することもできる（組合企業法26条1項）。しかし，有限責任組合企業は，無限責任組合員しか業務執行権限を有しない（同法67条）。なお，次のようなアレンジメントも選択できる。すなわち，①組合協定またはすべての組合員の承認により組合員から一人または複数の業務執行者を選任すること（同法26条2項）。なお，組合員が法人などである場合には，法人等により派遣された者が業務を執行する（同条3項）。業務を執行しない組合員は，業務執行をモニタリングする（同法27条2項），②組合員の経験・能力に応じて業務分掌型を採用すること（民法典970条2項，組合企業法29条1項），③すべての組合員の承認により，外部者に組合の業務執行を委ねること（同法31条（六）），である。

④　組合企業の解散と清算

　(1)解散：組合企業は，次の事由のいずれかに該当するときは，解散しなければならない（同法85条）。すなわち，①組合期間満了後に事業が継続しない議決がなされた場合，②組合協定が定める解散事由に該当する場合，③すべての組合員が解散を承認した場合，④組合員の法定員数を30日以上欠いた場合，⑤目的を達成した，または達成できなかった場合，⑥営業許可証が取り消された，または閉鎖・抹消が命じられた場合，⑦その他の場合，である。

　(2)清算：組合企業の清算については，すべての組合員または組合員の過半数で選任される組合員，第三者もしくは組合員や利害関係者の申立により裁判所に指名された者が清算人に就任し（同法86条），債権者に通知や公告を行い（同法88条1項），資産等を清算する事務を執り（同法87条，88条2項，3項），債務の弁済を行う（民法典978条，組合企業法89条）。清算が結了した後に，抹消登記を行うが（同法90条），無限責任組合員は，組合企業の継続期間中に生じた債務については引き続き弁済責任を負う（同法91条）。

　　　　　　　　　　　　　　　　　　　　　　　　　　　　（楊　林凱）

外商投資法

① 現行法制および外商投資と外資企業の定義

　中国では2020年1月1日に外商投資法とその実施条例の施行に伴い，従来の「外資三法」が廃止され（外商投資法42条1項），外資企業（外商投資企業）の設立，機関，組織変更等については，会社法（2018年改正）または組合企業法（2006年改正）が適用されるようになった。また，外資参入に関する特別監督管理措置（ネガティブリスト）（2020年版），外資情報届出規則（2019年公布）のほか，外資企業に関する行政規定も整備されつつある。

　外商投資とは，外国投資家（自然人，企業そのほかの団体）が中国で直接または間接に行う投資をいう（外商投資法2条2項）。具体的には，①外国投資家が中国で外資企業を設立すること，②外国投資家が中国の企業の持分や株式などを譲り受けること，③外国投資家が新しいプロジェクトに投資すること，④法令等が定めるそのほかの投資（同項各号）などをいう。また，外資企業とは，外国投資家が資本金の全部または一部に相当する出資を行い，中国で設立される企業をいう（同条3項）。

② 外商投資法施行後における外資会社の機関

　(1)意思決定機関：外資会社の意思決定機関は，同法施行前の取締役会等から株主会（有限会社の場合，以下同）または株主総会（株式会社の場合，以下同）に変更されたため，重大事項については，株主総会の3分の2以上の議決権を有する株主の承認により決定される（会社法43条2項，同法103条2項）。

　(2)業務執行：株主会または株主総会で選任される取締役が業務を執行するが，有限会社の取締役会の員数は3人ないし13人であり（同法44条1項），株式会社の取締役会の員数は5人ないし19人である（同法108条1項）。取締役の任期は最大3年とされ（同法45条1項，108条3項），また従業員の中から取締役を選任することもでき（同法44条2項，108条2項），有限会社の取締役会長と取締役会副会長は定款に定める方法で選出されるが（同法44条3項），株式会社の取締役会長と取締役会副会長は取締役会の構成員の過半数によって選任される（同法109条1項）。

　(3)業務執行に対する監視・監督：有限会社は3名以上の監査役による監査役会か1〜2名の監査役が業務執行に対する監督・監視を行う（同法51条1項）。

▷1　例えば，外資情報届出の関係事項に関する商務省公告（2019年公布），外商投資法の確実執行および外資企業の登記事務の遂行に関する市場監督管理総局の通知（2019年）がある。

▷2　中国の有限責任会社と株式会社の機関に関する詳細は，Ⅵ-5，Ⅵ-6を参照。

▷3　会社の法定代表者は取締役会長，執行取締役または執行役が務めることができる（会社法13条）。さらに，小規模の外資会社については，取締役会を置かず執行取締役1名だけで足りる（同法50条2項）。

株式会社は 3 名以上の監査役による監査役会を設置しなければならない（同法117条 1 項）。監査役の任期は 3 年とされる（同法52条 1 項, 117条 5 項）。

　既存の外資会社は，会社法が定めている機関要件等を満たしていなければ，5 年の過渡期（2024年12月31日までに）において会社法にしたがって機関を変更しなければならない（外商投資法42条 2 項）。なお，外資企業に関わる持分の譲渡や配当等については，会社法または組合企業法が適用される。

③ 外資企業関連制度の強化と新設

　(1)内国民待遇とネガティブリスト：外資の参入に対するこれまでの主務官庁による審査許可制を改め，中国国民に与えている待遇を下回る待遇を外国投資家とその投資財産に与えてはならないとする原則が確立された（同法 4 条前段）。また，ネガティブリストが導入され（同条後段），外資参入禁止分野と外資参入制限分野とに分けて主務官庁が毎年その内容を発表する。ただし，金融業などの参入条件はこれまでと同様に特別法が適用される（同法41条）。

　(2)外資促進制度：外資企業は中国法人であるため，産業促進に関する国や地方の支援策を受けることができ（同法 9 条），平等に工業規格の策定に参加する権利を有する（同法10条）。また，外資企業が株式や社債を発行して資金を調達することもでき（同法17条），政府調達の入札も認められる（同法16条）。

　(3)外資保護制度：外資保護の立法趣旨（同法 1 条）から，公共の利益のために必要とされた場合のみ，法的手続にしたがって公平かつ合理的な補償を速やかに行った上，外資企業の資産を収用することはできるが，原則として外資企業の資産が収用されない（同条20条）。外国出資者が持分等による配当等の収益を受けたときに，人民元または外貨建てで送金することはできる（同法21条）。また，外国投資家または外資企業の知的財産が侵害された場合は，加害者に法的責任を厳しく追及する（同法22条 1 項）。技術の移転について，外資企業の出資者が自由に意思決定を行い，行政措置による技術の強制移転を受けない（同条 2 項）。外資企業やその出資者は，具体的な行政行為により権利・利益が損害を被ったと思われるときに，外資企業権利救済プログラムを通して問題の解決を図ることはできる（同法26条 1 項, 2 項）。もちろん，外資企業が行政不服手続を申し立てることや行政訴訟を提起することもできる（同条 3 項）。

　(4)投資管理制度：途中事後監督の原則から，企業登記システムと企業信用情報開示システムで外資情報を届け出ることが求められる（同法34条 1 項）。主務官庁が必要に応じて外資情報の内容などをあらかじめ定め，外資企業の負担軽減より官庁間で共有できる情報の提供をふたたび求めてはならない（同条 2 項）。また，安全保障に影響をもたらす可能性のある外資について安保審査が導入され，かつ安保審査決定は終局的判断となる（同法35条）。　　　　　（楊　林凱）

> 4　監査役会には株主代表と従業員代表が含まれなければならず，従業員監査役が員数の 3 分の 1 を下回ってはならない（同法51条 2 項, 117条 2 項）。

10　商事信託法

1　現行法制と商事信託の定義

　経済の発展に伴い，中国信託業は銀行業に次いで資産総額20兆人民元を超える金融業に成長を遂げている。信託は「信じて財産の管理などを託す」という人類の知恵であり，経済の実用性から信託法を導入した国において，信託業者が受託者として信託財産をマーケットのニーズに応じて運用してその利益を受益者に給付する商事信託がほとんどである。中国の信託法制は，主に信託法（2001年制定），信託会社管理規則（2006年制定），信託会社合同資金信託スキーム管理規則（2007年制定），信託会社純資本管理規則（2010年制定）などがある。

　日本では，商事信託は民事信託に対する概念として定義分類化されている。中国における学説では，一般に営業信託（信託法3条）を商事信託に相当する概念として捉えているものの，明確な定義が存在しておらず，中国信託関係法規に鑑みれば，商事信託は金融業監督庁による信託業免許をうけた信託業者が信託の引受けを業として信託財産を管理・運用する信託であると解釈できる。

2　商事信託の類型

　中国における商事信託は，①複数の委託者から信託される信託財産を合わせて管理・運用する合同運用金銭信託，②企業年金拠出金を信託財産として管理・運用される企業年金信託，③貸付債権などを信託財産としてその信託受益権を証券化して投資家に販売する貸付債権等資産証券化信託，④保険料を信託財産としてインフラに運用する保険資金信託に分類することができる。

3　商事信託の設定

　⑴明確な意思表示：商事信託の設定は書面をもって行わなければならず（信託法8条1項），書面形式には契約，遺言およびその他の方式が含まれる（同条2項）。商事信託の設定は，契約による場合はもちろん，受益証書など書面も信託関係の成立の根拠として認められる。

　⑵信託契約の記載事項：商事信託契約の絶対的記載事項は，①信託目的，②委託者，受託者の氏名または名称および住所，③受益者または受益者の範囲，④信託財産の範囲，種類および状況，⑤受益者が信託利益を受ける方法（同法9条1項）のほかに，ⓐ信託財産運用リスクの負担，ⓑ信託財産管理方式と受

託者の権限，ⓒ信託利益の精算と受益者への利益給付方式，ⓓ信託事務の報告，ⓔ信託報酬なども含まれる（信託会社管理規則32条など）。

④ 信託当事者適格

(1)委託者：委託者は，完全な民事行為能力を有する自然人，法人またはその他の組織でなければならない（信託法19条）。さらに，商事信託の委託者は，特別法令が定める要件を満たす必要がある。例えば，資産証券化の委託者は，金融機関でなければならない（金融機構信貸資産証券化試点監督管理弁法2条）。

(2)受託者：信託の引受けを業とする信託業者（信託法4条）は，金融業監督庁の許可を受けなければならない（信託会社管理規則7条2項）。受託者には，大きく分けると信託会社と基金管理会社の2種類がある。

⑤ 信託財産の範囲と独立性

(1)信託財産の範囲：信託財産は，信託を引受けるときの当初信託財産およびその運用で得られる収益によって構成される（信託法14条）。一般に金銭に見積もれる財産（例えば，金銭，金銭債権，不動産，有価証券，特許権など知的財産など）であれば，信託財産として信託を設定することはできる。

(2)信託財産の独立性：信託の設定によって信託財産は委託者から受託者に移転し，委託者の責任財産ではなくなる（同法15条）。また，信託財産は，受託者の固有財産や他の信託財産と分別されなければならず（同法29条），受託者の固有財産または固有財産の一部に帰属させてはならない。さらに，信託財産は，受託者の遺産または破産財団には帰属しない（同法16条）。

⑥ 受託者の義務

受託者は，信託目的にしたがって，受益者の最大の利益のために信託事務を執行し，信託財産の管理等にあたり善良な管理者としての注意をもって忠実に行わなければならない（同法25条）。また，信託事務の処理において，受託者は自らの利益を図ってはならず（同法26条），信託財産を固有財産にしてはならない（同法27条）。さらに，固有財産と信託財産間や委託者が異なる信託財産間の取引は信託契約に別段の定めがある場合等を除いて認められない（同法28条）。

⑦ 受益者の権利

受益者が受託者に対して利益の給付を請求する権利を有し，受益権は信託契約に別段の定めがなければ，信託の効力発生日から生ずる（同法44条）。また，受益者には，帳簿閲覧請求権や信託事務監督権も付与されている（同法49条）。

（楊 林凱）

第 **VI** 章

会社法

―― *guidance* ――

　中国会社法は1993年に制定され，計画経済体制から市場経済体制への転換期に誕生した。中国は，社会主義体制を維持しながらも，会社法制をなるべく国際的な基準に近づけようと邁進している。会社法制は，英米法（アメリカ法，イギリス法）と大陸法（ドイツ法，日本法，台湾法など）の諸制度を参考にした上で，中国の実情に鑑みて制定されているため，日本法などと同様の制度が存在する一方，中国的特色のある規制も多い。

　中国会社法は，その登場した背景に特殊性があり，一時期は国有企業改革の道具にすぎなかったと言っても過言ではない。しかし，グローバル化に伴い，中国の市場経済が大きく発展し，民間企業も大きく成長した背景の下では，会社法制も経済変化に応じて，数回の改正が行われた。現在では，中国会社法は，他国と同様に，一般の会社法原理を基礎として，株主を中心に会社を取り巻く利害関係者の利益保護，会社の健全な発展および市場経済構築の促進に重要な役割を果たしている。そのため，中国会社法を学ぶに際して，中国ならではの独特な制度に留意する必要があるのは言うまでもないが，基本的な法理論と法体系は日本法とほぼ同様であるため，それを踏まえて諸制度を理解すればよい。

　本章では，会社法の体系性から，中国会社法の概要と構成を紹介した上で，会社の設立，株主の権利，株式と社債，株主（総）会・取締役会などの機関，役員などの責任，合併および分割について述べる。最後に，中国の特徴的な支配株主の責任制度と国有企業に関する規制を解説する。各節の解説では，日本法との比較も取り入れているが，すべての点を網羅するわけではない。本章を読む際に，日本法と比較しながら，「なぜ違うのか」を考えて読むと理解が深まるであろう。（盧　暁斐）

会社法の概要と特徴

① 会社法における「会社」と「会社法」の意義

　中国語では，「会社」を「公司」と呼び，共同で管理するという意味を有する。中国会社法には，会社の定義に関して明確な規定はないが，一般的に，出資者たる株主が法律に基づいて設立し，株主より引き受けた株式を限度に，会社はそのすべての財産をもって責任を負う企業法人であると定義されている。また，日本と同様に，法人性，営利性，社団性は会社の法的性質である。

　会社法の目的は，「会社の組織と行為を規定し，会社，株主及び債権者の合法的利益を保護し，社会経済秩序を維持し，社会主義市場経済の発展を促進する」ことにあると規定されている（1条）。確かに中国では，「社会主義市場経済」の維持と促進が強調され，社会主義の特徴を有する条文も会社法で散見される。その一方，学説では，一般的に「会社法」を他国と同様に定義している。すなわち，会社法とは，会社の設立，組織，経営活動，組織再編および清算など，会社の「誕生」から「死亡」までに生じる対内外的なすべての法律関係を調整する法律をさすと解される。

② 会社の種類

　日本法と異なり，中国会社法で認められる会社形態は有限責任会社（日本の旧有限会社法上の有限会社に相当する）と株式会社（日本会社法上の株式会社に相当する）の2種類のみである（2条）。また，有限責任会社と株式会社では，出資者を同じく「株主〔股東〕」と呼ぶが，出資をそれぞれ「持分〔出資〕」と「株式〔股份〕」と呼び，株主総会をそれぞれ「株主会」と「株主総会」と呼ぶ。本章も同様の名称を使用して述べる。

　有限責任会社は，中小規模な閉鎖会社を想定しており，少人数の株主が出資し，持分に応じて権利・利益が配分され，組織運営が簡潔で，定款自治の下で柔軟に経営できるメリットがある。また，中国の有限責任会社には一般的な有限責任会社のほかに一人会社および国有独資会社も含まれ，後者に適用される特別な規制もあることが特徴的である。

　一方，株式会社は，株式が分散所有される大規模会社を想定しており，株主の出資者たる地位が株式として表され，株主が持株比率に応じて権利・利益を分配される。有限責任会社に比べ，株式会社は公衆性があり，株主，債権者な

▷1　その理由は，日本で認められている合名会社や合同会社など持分会社は，中国の「公私合営」改革によりこれらの会社形態が存在しなくなったことや，実務でほぼ利用されないことがあげられる。朱慈蘊「論中國公司本土化與國際化的融合」（東方法學2020年第2期）99頁。また，持分会社に類似する会社形態に関する諸問題は，「パートナーシップ企業法」の普通パートナーシップと有限パートナーシップに関する制度によって対応される。

▷2　もっとも，実際に有限責任会社は必ずしも中小

どのステークホルダーの利益に影響するため，組織運営などの手続がより複雑で，適用される強行性規定も多い。中国会社法における株式会社制度は，当時国有企業の会社化改革のために政策的に導入された側面もあったが，長年の試行錯誤を経て現在，株式会社形態は民間企業でも一般的に利用されている。[▷2]

③ 会社法の構成と法源

中国会社法は全体として13章，合計218条によって構成されている。[▷3] 具体的には，①総則，②有限責任会社の設立と機関，③有限責任会社の持分譲渡，④株式会社の設立と機関，⑤株式会社の株式発行と譲渡，⑥会社取締役，監査役，役員など資格と義務，⑦社債，⑧会社の財務会計，⑨会社の合併，分割，増資，減資，⑩会社解散と清算，⑪外国会社の支店など，⑫法律責任，⑬附則，となっている。

中国では，民商二法統一（民商合一）の立法形態がとられている。こうした立法形態の下で，会社法は民法の特別法として単体法の形式で立法され，会社を取り巻く者の利害関係を調整している。また，会社法の法源としては，「会社法」[▷4] を基本法としながら，その他の関連法律，法規，会社登記などに関連する行政法規，および上場会社を規制対象とする規範性文書，証券取引所により定められる自治規定なども含まれる。そのほか，中国の他の法律と同様に，会社法の司法解釈と指導性案例（判例）は裁判実務において法規範として重要な役割を果たしている。中国会社法の勉強にあたっては，会社法とともに，上記の法律，行政法規および司法解釈も理解する必要がある。

④ 会社法の特徴

(1)強行規定が多い。会社法は私法に属するが，公法的な色彩が他国に比べても強く，特に会社の設立，株式・社債の発行，利益配当，合併など企業再編の規定には強行規定が多く，会社経営に明確な指針を与える一方で，選択肢が少なく，自由度が低いという欠点もある。

(2)社会主義的色彩の強い規定を有する。従業員利益の確保という観点から，従業員の教育や労働組合の権限などが定められている（17〜18条）。また，会社が共産党組織の設立，党組織の活動にとって必要な条件の提供を要求されている（19条）。[▷5]

(3)会社法理などが明文化されている。中国は成文法国家であり，裁判官による法解釈の慣習がないため，会社法の明確性・確実性を求めるために，中国会社法上，他国では判例法理や法理論とされるものが条文化されている。

(4)条文は抽象的な部分が多く，体系性・論理性を欠くことがあり，具体的な事例に適用する際に，より具体的な司法解釈や行政法規などに依拠せざるを得ないことがよくある。

(盧　曉斐)

企業ではなく，株式会社も必ずしも大規模会社とは限らない。学説上は，日本と同様に会社を公開会社と非公開会社に分類し，それぞれのガバナンスと行動規制に適合する規制体系が妥当であると多く提唱されている。

▷3 「総論―分論―総論」の形での構成で，有限責任会社と株式会社両者に共通に適用する章もあれば（1章，6章〜13章），別々に適用する章もあり，必ずしも統一されていない。

▷4 法律としては，「会社法」のほか，「証券法」，「商業銀行法」，「外商投資法」などがあげられる。行政法規としては国務院により頒布された「会社登記管理条例」，「株式発行と取引管理暫定条例」があげられる。さらに，部門規則としては，中国証券監督管理委員会により公布される「上場会社コーポレート・ガバナンス準則」や「上場会社定款ガイドライン」などが含まれる。

▷5 例えば，中国の現実の問題に対応するために，法人格の否認（20条3項），支配株主の責任（20条），会社の社会的責任（5条）などが明文化されている。

（参考文献）

范健・王建文『公司法〔第5版〕』法律出版社，2018年。

甘培忠『企業與公司法學〔第9版〕』北京大學出版社，2018年。

劉俊海『現代公司法（上下）〔第3版〕』法律出版社，2015年。

馮果『公司法〔第3版〕』武漢大學出版社，2017年。

2　会社の設立，解散と清算

① 会社設立の要件

　中国では，会社設立については，原則として準則主義が採用され，設立要件を満たし，設立手続を完了すれば，会社の成立が認められる。

　有限責任会社の設立には，株主が1名以上50名以下であること，定款に基づく全株主が出資額を引き受けたこと，株主が共同で定款を作成したこと，会社が名称・住所ならびに組織機構を有することが要求される（23条）。株主は，自然人と法人のどちらも認められ，1人でも会社を設立できるという一人会社も認められている。また，日本と同様に，中国も最低資本金制度を廃止し，別[1]途の定めがない限り，株主は有限責任会社の定款で定めた資本金を引き受け，会社設立後に定款に従い出資義務を履行すればよいとされる。さらに，有限責任会社の機関としては，一般的に，株主（総）会，取締役会および監査役会が要求されるが，株主数が少なく，または規模が小さい場合には，株主（総）会，業務執行取締役1名，監査役（1〜2名）だけを設置すれば足りる（50条，51条）。一方，株式会社の設立には，発起設立と募集設立があり，株主が2名以上200名以下であること，発起人全員が定款に基づいて引き受けた株式の総額あるいは募集された株式の総額が払い込まれたこと，株式発行・設立準備行為が合法であること，発起人が定款を作成し，募集設立の場合であれば創立大会での承認を受けたこと，会社が名称・住所および機関を有することが要求される。

　株主の出資方式については，貨幣のほかに，現物，知的財産権，土地使用権などの非貨幣財産による出資も認められ，かつ非貨幣財産が出資に占める割合について特に要求されない（27条）。一方，株主は法律および定款に従い出資義務を履行していない場合に，会社に対して差額を支払うほか，他の株主に対して契約違反による責任を負うとされる（28条，30条）。

② 会社設立の手続

　有限責任会社設立の手続は比較的簡単であり，①発起人組合契約の締結，②会社定款の作成，③株主による出資の引受け，④機関の確定，⑤「会社登記管理条例」に従って工商登記部門にて設立登記することである（29条など）。他方，株式会社の設立手続は発起設立と募集設立によって大きく異なる。発起設立の場合に，有限責任会社の手続と類似するが，募集設立の場合に，前述の①と②

▷1　2013年会社法改正により，最低資本金が廃止された。「資本金引受制」が認められるようになり，有限責任会社と株式会社両方に適用される。当該制度は，会社設立のハードルを下げ，投資促進のために機能するが，出資義務の不履行などの場合における責任なども問題となり，会社法制による十分な対応がなされていないといえる。

▷2　この規定は，会社制度を濫用し，投資者の資金を不正に集めることを防ぐためである。

▷3　司法解釈三によると，発起人は，設立中の会社の名義をもって契約を締結し，会社成立後取引相手が会社に義務履行を要求する場合に，人民法院がそれを認めるべきであるとされる。もっとも，会社は該当行為について発起人が自己の利益のためになされたものであると証明した場合に，法律効果は会社に帰属しないが，

は有限責任会社と同様で，③は発起人の引き受ける株式が会社株式総数の35％を下回ってはならず（84条），④発起人以外の株式引受人の募集手続も厳格に定められている。発起人は中国証券監督管理委員会（以下，「証監会」と称す）への株式募集の申請，目論見書の公開，引受確認書の作成，証券会社と元引受契約の締結が要求される。発起人は，株式引受人が銀行にて全額の払込みを行った後，30日以内に創立大会を開催し，機関を決定し，創立大会終了後，30日以内に設立登記を申請しなければならない（85〜92条）。

3 会社設立における発起人の責任

設立中の会社に関しては会社法上の規定はないが，学説や司法実務で当該概念が認められている。通説によれば，成立後の会社と同一性を有するため，発起人が設立中の会社の機関としてその権限内で行った権利義務は成立後の会社により承継されると解されている。また，発起人の責任は，会社の成立の可否によって分けられる。会社が成立した場合に，発起人は，**資本充実責任**，出資義務に違反した場合の契約不履行責任（28条2項，83条），および設立行為による会社または第三者に対する損害賠償責任（94条3項，司法解釈三5条1項）が問われうる。一方，会社設立の瑕疵によって会社が不成立または設立が無効になることもある。会社が不成立の場合には，発起人は設立に関する債務と費用の履行，引受人への株式金額および銀行利息の返還などに関して連帯して責任を負う（94条）と定められているが，設立無効について明確な規定が存在しない。この点に関しては，会社は出資金を偽って提出し，虚偽情報を提供，または重要な事実を隠蔽して登記を行った場合に，罰金を処し，状況が深刻な場合に登記の取消しまたは営業許可を取り消すという行政措置（198条）や，発起人は虚偽出資，払戻しによる行政責任を問われる（200条）。しかし，これらの措置は，会社の利害関係者の保護にとって不十分であり，会社設立の瑕疵に関して利害関係者による設立無効または取消しの訴えの制度を設けることは必要不可欠であろう。

4 会社の解散と清算

日本と同様に，**会社の解散**を宣告した後に清算手続をへて会社の法人格が消滅する。会社が**デッドロック**（行き詰まり）状態になった場合に，株主（20％以上の議決権を有する）は会社解散の訴えを提起することができる（182条）。会社は，解散事由が生じた日から15日以内に清算人を選定し，清算委員会を成立させ，清算を行わなければならない（183条）。清算委員会は債権者への通知・公告，申告債権の登記，会社財産の整理，清算案の作成，株主（総）会または人民法院による確認，残余財産の分配を経て，清算手続を終了させ，会社登記の抹消の申請をもって会社が消滅する（185〜188条）。　　　　（盧　暁斐）

▷4 **資本充実責任**
債権者保護のために，資本金の額に相当する財産が会社に実際に拠出されていることが要求される原則である。日本では資本充実責任に関して会社法により相当緩和されたのに対して，中国では一種の法定責任でかつ無過失責任として定められている。発起人は法律および定款に従い出資を履行していない場合に，会社に対して差額を支払わなければならず，他の発起人も連帯責任を負う（30条，93条）。

▷5 **会社の解散**
法律または定款規定の解散事由により，営業活動を停止し会社を消滅させる手続である。中国でも，株主総会決議や存続期間の満了など任意解散，法律，法規に違反し登記管理機関からの命令による行政解散，および解散の訴えに基づく解散を命じる判決による司法解散がある（180条）。

▷6 **デッドロック**
会社解散の訴えの条件とされるデッドロックとは，①2年以上株主（総）会を開かない，②または所定の株主の議決権行使比率を満たさず，2年以上有効な株主（総）会決議がなされておらず，③取締役間の長期的な衝突，④その他の状況により，会社経営が非常に困難な状態に陥り，会社継続が株主の利益に重大な損失をもたらす場合を指す（司法解釈二1条）。中国では，特に有限責任会社の株主は会社解散の訴えの提起によってデッドロック状態を打破することが多い。

相手が善意である場合を除く。

株主の権利

▷1　株主の資格認定
株主基準日については，株式会社の配当金分配の基準日の5日前以内に，名義書換できないとのみ規定されており（139条2項），株主の資格認定に困難をもたらす。また，司法解釈三では，実質上の出資者と株主の権利義務に関してある程度明確な規定はあり，それによると，実質上の出資者と名義上の株主の内部関係については，両者間の契約に従って処理し，第三者がいる場合に，外観信頼法理に従って処理される。

▷2　情報収集権
有限責任会社の場合に，これらの書類について，謄写権も付与され，かつ，合理的な理由があって会社に申請した場合，会社帳簿を閲覧できる（33条）。

① 株主とは・株主の資格認定

　株主とは，会社に出資する代わりに持分・株式を取得し，法に従い株主たる地位に基づいて権利を享受し，義務を負担する者である。日本と同様に，中国でも株主名簿に記載されている者は株主として推定され，株式譲渡などにより株主が変動する場合に，名義書換が要求される（32条，130条）。有限責任会社の場合には，株主名義の登記・変更登記は要求され，第三者への対抗要件となる（32条2項）。しかし，株主の資格認定について明確な規定がなく，実務では，名義上の株主と実質上の出資者の不一致など，特に有限責任会社の場合に，誰が株主であるかをめぐって紛争が多くみられる。**株主の資格認定**[41]についてより明確かつ詳細な規定が望まれる。

② 株主の権利

　会社法は，まず「株主は法に従って資産の受益，重要な意思決定への参加および取締役など役員の選任の権利を享受する」（4条）と定めた上で，少数派株主保護に傾きながら，株主権に関して具体的な規定を設けている。すなわち，①株主（総）会で議決権を行使する権利（42条，103条），②役員の選任および解任権（37条，99条），③株主（総）会における提案権および意見提出権・質問権（102条2項，150条），④株主（総）会の招集権（39条，101条）などの経営参加権が与えられる。そして，⑤剰余金分配請求権（34条，166条），⑥残余財産分配請求権（186条2項），⑦株式の優先譲渡請求権（34条，71条），⑧株式買取請求権（74条1項，142条）などの経済的な利益に関する権利がある。さらに，上記の権利行使を確保するために，株主には，会社定款，株主総会・取締役会・監査役会の議事録および財務会計報告を閲覧できるという⑨**情報収集権**[42]（33条，97条）のほか，⑩株主（総）会，取締役会決議の取消しを請求する訴え（22条），⑪会社の解散を請求する訴え（182条），⑫役員などに対する損害賠償を請求する訴え（直接訴訟）（152条），⑬役員や支配株主に対する株主代表訴訟（151条）などの訴訟権利も与えられている。

　もちろん，中国においても株主の権利は自益権と共益権に分けられる。上記の権利について，①，②，③，④，⑤，⑨，⑩，⑪，⑬などの経営参加権，監督是正権は共益権であり，そのほかは自益権に属する。また，単独株主権と少

数株主権の分類では，有限責任会社と株式会社と異なる部分もあるが，①，②，⑤，⑥，⑦，⑧，⑨，⑩，⑫，⑬（有限責任会社のみ）は単独株主権として定められている。

しかし，上記の株主権は一見多くの権利が付与されているように見えるが，実際には個々の株主権を行使する際の要件と手続に制限が多く，実効性に問題がある。例えば，株主提案権は単独または合計で３％以上の株式を有することが要求され，かつ提案権の濫用防止措置も用意されていない。また，株主の意見提出権と質問権が付与されているが，権利行使要件や手続などに関する明確な規定がないため，当該権利が空洞化している。

③ 株主の義務・責任

中国会社法でも，株主有限責任が原則であり，株主の責任は出資額（引受価格）の限度までであるとされている（３条）。株主は，法律および定款の規定に従い，出資義務を履行することが求められる。そして，株主間の利益均衡を図り，少数派株主と債権者の利益を保護するため，株主（主に支配株主）に対して，権利濫用による損害賠償責任のほか，法人格独立性の濫用による責任（法人格否認の法理）も明文化されている（20条）。

④ 株主平等原則

株主平等原則とは，会社は株主をその有する株式（持分）の性質・内容に応じて平等に扱わなければならないという原則である。中国会社法では，日本会社法109条のような明文規定はないが，同原則を表す諸規定が定められている。例えば，株式会社の場合では，株式の発行は，公平，公正の原則に従い行われ，同一種類の株式はいずれも同等な権利を有する（126条）。株主は株主総会決議で１株につき１個の議決権を行使する（103条）（「一株一議決権の原則」）。また，剰余金・残余財産は株式所有比率に応じて配当される（ただし，剰余金について定款による定めがある場合を除くとされる）（166条，186条）。一方，有限責任会社では，剰余金・残余財産の分配は出資比率に基づいてなされる（ただし，剰余金についてすべての株主による約定がある場合を除く）と規定されているが（34条），議決権行使などに関しては定款自治により株主ごとに異なる扱いも認められる。

中国では，株主平等原則は，株主間の形式的な平等だけではなく，実質的な平等も要求する。その趣旨は，株主と会社間，株主間の利益の均衡を図り，大株主の権利濫用から少数派株主の利益を保護することにあると解される。

（盧　暁斐）

▷ 3 Ⅵ-2 を参照。中国会社法では，株主の義務に，定款遵守義務，会社に出資する義務，払戻しの禁止が含まれると説明される。もっとも，これらの義務はすべて出資履行義務を意味し，有限責任に含まれる内容と考えられるため，特別の義務として強調する必要がないと考えられる。

4　株式と社債

▷ 1　**出資証明書**
有限責任会社の場合の出資証明書は，株主である資格および株主の権利義務の範囲を証明する効力をもつ株主資格を証明する法律文書であり，会社名称，会社成立日，資本金，株主が払い込んだ出資額，出資日，株主の名前または名称などが記載される（31条）。

▷ 2　**公開，公平，公正**
「公開」とは，株式発行に関するすべての重要情報を投資者に正確かつ迅速に公開すること，「公平」とは，すべての投資者に平等な投資機会を与え，同種類の株式に同等な権利があること，「公正」とは，株式発行に関する監督およびかかる紛争の処理における法規制の適用は当事者双方にとって公平であることと解される。

▷ 3　**法定資本制**
会社設立時に定款に定める資本総額は一度すべて発行し，株主がすべて引き受けなければならず，株式上場する際に，株主（総）会の決議によって定款変更し，新株発行をする制度である。それに対して，日本では授権資本制が採用されており，会社は，定款の定める株式数の範囲内であれば，取締役会の決議により臨機応変に新株を発行できる。

▷ 4　Ⅵ-5 4項を参照。

1　株式の発行

　有限責任会社の場合に，株主は，出資によって株主権が付与され，会社により「**出資証明書**」を発行される。また，増資に関して，株主会による承認（総議決権の3分の2以上）のみが要求され（43条），全株主による別の約定がなければ，既存株主は，出資比率に応じて優先的に引き受ける権利がある（34条）。

　株式会社の場合，いわゆる均等化された「株式」が発行される（125条1項）。日本では原則上株券を発行しないものとするのと違って，中国では，株券の発行が要求されている（125条2項）が，実務では，ほぼ電子株券となっている。また，株式の発行は，**公開，公平，公正**の原則に従い（126条1項），**法定資本制**の下で，株主総会で新株の種類，数量，価格，発行日時および既存株主に発行する新株の種類および数量について決議し（133条），出席した株主の議決権の3分の2による承認をもって決定される（103条）。さらに，発行の対象によって，公開（公募）発行と非公開（私募）発行に大きく分けられるが，会社法では主な原則のみが定められており，具体的な要件と手続などはすべて証券法と証監会の諸規則によって定められている。もっとも，特に非公開発行の中に，第三者割当増資は資金調達の重要手段として広く活用されており，株主間の利益調整と資金調達の効率性などを踏まえ，より具体的な規定の整備が求められる。

　新株発行の瑕疵に関する救済措置としては，株主総会決議の瑕疵として決議の取消し，無効および不成立の確認の訴えが用意されているが，日本法のような新株発行の差止め請求権（日本法210条）が設けられていない。また，新株発行においては，支配株主の権利濫用や特別利害関係者との取引などに該当する場合に，支配株主や取締役の責任も問われうる。

2　株式の譲渡

　日本の閉鎖会社における譲渡制限株式の場合と類似しており，中国の有限責任会社の場合，属人的な性格を重視する一面があり，株主権の譲渡には一定の制限が設けられている。既存株主間における株主権の譲渡について，定款の定めがない限り，自由にできるとされる（71条1項，4項）。一方，株主以外の第三者への譲渡については，株主数の過半数による同意が必要である。承認され

た場合に，既存株主は，第三者への譲渡と「**同一条件**」で優先的買取権を有する。また，承認されなかった場合に，同意しなかった株主は，その譲渡しようとする出資分を買い取らなければならない（71条2項）。一方，株式会社の場合に，株式は原則上自由に譲渡でき（137条），譲渡の場所は，証券取引所または国務院が許可した別の証券取引場所に限定される（138条）。そして，発起人，役員などによる株式譲渡にも期間の制限が設けられている（141条）。

③ 株式の種類

中国では，種類株式制度が構築されていないが，普通株と異なる権利を付与する種類株が否定されているわけではない。有限責任会社では，株主権について剰余金配分，残余財産の分配および議決権に関する異なる扱いは，定款自治が認められているが，債権者保護などの観点から，強行規定が適用される場合もある。一方，株式会社では，国務院の別途の定めにより，種類株式を発行することができる（132条）。その中で，優先株の発行が認められており，「一株一議決権」原則を打破する**議決権関連種類株式**の発行も一定の条件で証券取引所より認められている。また，株式の保有主体によって，国有株，法人株，社会公衆株，外資株に分けられ，これは中国の特徴的な分類である。

④ 自己株式

中国では，自己株式の取得について日本より厳格である。前節で述べたとおり，有限責任会社では，会社は持分買取請求権を行使した株主の持分を買い取ることが要求される（74条）。株式会社では，原則上自己株式の取得が認められないが，2018年会社法の改正より規制が若干緩和され，次の場合，①減資，②当該会社の株式を保有する会社との合併，③従業員持株計画またはインセンティブ報酬に用いる場合，④買取請求権が行使された場合，⑤上場会社の発行する株式転換可能社債に転換する場合，⑥上場会社が会社価値および株主の権益のために必要な場合に，自己株式の取得が認められる（142条1項）。③，⑤，⑥の場合に，従来の株主総会による承認から，定款規定または株主総会の授権があれば，3分の2以上の取締役が出席する取締役会による承認で足りると改正され，保有期間も従来の1年間から3年間に改正された（142条2項，3項）。

⑤ 社 債

社債に関しては，会社法は原則的な規定しか設けておらず，社債発行の要件と手続，流通，償還などは，すべて証券法によって規制される。社債の発行については，株主（総）会決議を経た上で，国務院の授権部門による許可を得なければならない（154条）。また，一般社債は会社の種類や規模を問わず発行可能であるが**転換可能社債**は上場会社のみの発行である（161条）。 （盧 暁斐）

▷5 同一条件
必ずしも同一価格という意味ではなく，株主権の割合，価格，支配方式や期限などが総合的に考慮される。優先購入請求権に関して，実務では，譲渡人の株主が譲受人の第三者と通謀し，虚偽に高額を設定し，優先譲渡請求権の行使を阻止しようとすることがある。その場合に，人民法院は，他の株主の優先購入請求権の行使を認められると定められている（司法解釈四17条）。

▷6 議決権関連種類株式
普通株と比べて一株につき複数の議決権が付与される代わりに，保有期間，譲渡制限などの条件が付随する種類株式である。創業者の支配権の確保に有利であるため，ハイテク企業に利用される。

▷7 従来の国有企業が中国で大多数を占める背景の中で，流通市場で自由に譲渡できるか否かによって分類される流通株と非流通株があった。国有株と法人株は非流通株であった。2005年株式分置改革によって，非流通株の流通化が認められ，現在ではこの分類がなくなった。

▷8 転換可能社債
約定した条件を満たした場合に会社の株式に転換できる社債。

5 株主（総）会

▷1 コーポレート・ガバナンス

これは多様な側面から定義されるが，本章での定義は，株主をはじめとする会社の利益関係者の利益を確保し，企業の健全な発展のために，経営を管理・監督する仕組みを意味する。コーポレート・ガバナンス構造は，一般的に株主（総）会により選任された取締役が取締役会を構成し，業務執行と監督機能を担う一元制（米国，英国など）と，株主（総）会が監査役を選任し，監査役会が取締役を選任するという業務執行機関と監督機関を明確に分ける二元制（ドイツ）などがある。

▷2 共産党党員が3人以上の場合に，党組織を設置し，活動を展開しなければならない（19条）。党が経営判断に介入し，企業の経営活動に大きく影響している。

▷3 会社経営は，労働組合（従業員代表大会）を通じ従業員の意見を聴取する必要があり（18条），監査役会の従業員代表は3分の1を下回ってはならない（17条，117条）。

▷4 取締役会中心主義

通説によれば，取締役会が法定機関として会社の利益のために重要な経営管理を行う点から，中国会社法上

1 中国会社の組織構造の特徴

日本と同様に，**コーポレート・ガバナンス**[1]は中国でももっとも重要なテーマである。中国のガバナンス構造は，日本の伝統的な構造と類似し，株主（総）会が取締役と監査役を選任し，取締役会が業務執行を行うとともに，取締役，代表取締役の業務執行を監督し，監査役会も取締役らの業務執行を監視監督できるシステムとなっている。大まかにいうと，株主（総）会が会社の最高権力機関であり，取締役会は会社の経営決定と業務執行機関であり，監査役会は経営監督機関である。また，執行役〔経理〕も取締役会の決定の執行機関として必須であり，対外的な代表権も有する場合がある（13条）。

中国のガバナンス構造には以下の特徴がある。①共産党組織の設置が義務づけられる（19条）[2]。②従業員の意向を経営に反映させる[3]。③**「取締役会中心主義」**[4]を採る法規制と実務上の支配株主・執行役中心主義との乖離が顕著である。もっとも，このような問題点があるが，会社法の修正が積み重ねられたことにより，コーポレート・ガバナンスは徐々に健全化に向かっているといえる。

2 株主（総）会の権限

株主（総）会は全株主によって構成され，会社の最高意思決定機関である（36条，98条）。少数派株主の利益が頻繁に侵害される問題を踏まえ，会社法は有限責任会社と株式会社を問わず株主（総）会に比較的広い権限を与えている。すなわち，①会社の経営方針と投資計画の決定，②従業員代表以外の取締役，監査役の選任・解任，取締役，監査役の報酬に関する事項の決定，③取締役会，監査役または監事の報告の承認，④会社の財務予算案および決算案，利益配分案および損失補案などの承認，⑤増資または減資に関する決定，⑥社債の発行の決定，⑦会社合併，分割，解散，清算あるいは会社の組織変更に関する決定，⑧会社定款の変更，⑨定款が定めるその他の事項の決定が含まれる（37条，99条）。会社は，強行規定に違反しない範囲内で自社の経営実情に応じて株主（総）会の権限を拡大することができる。そのほか，株主利益を保護する重要な場面においても，**株主（総）会による承認**[5]を求める事項がある。

③ 株主（総）会の決議

　株主（総）会には定時株主総会と必要に応じて開催される**臨時株主（総）会**[46]がある。招集権者は，原則として取締役会であり，招集しない場合に，監査役，10％以上の株式を保有する株主（株式会社の場合に90日の保有期間が必要）の順に招集することができる（40条，101条）。株式会社の株主総会は，普通決議（出席した株主の保有する議決権の過半数による可決）と特別決議（出席した株主の保有する議決権の3分の2による可決）に分けられる（103条）。上記2項の⑤，⑦，⑧に関して特別決議が要求される。ここで総会決議に定足数の要求がないことは日本法と異なる。また，議決権行使は「1株1議決権」を原則とし，代理行使も可能であるが，少数派株主保護のために，取締役・監査役の選任について**累積投票制**[47]を採用できるとされる（105条）。一方，有限責任会社では，上記2項の⑤，⑦，⑧に関して総議決権の3分の2以上をもって行う以外，定款によって自由に定められる（43条）。そのほか，株主または実質的支配者への担保提供に関して，当該株主または実質的支配者は特別利害関係人として決議に参加することができないという議決権排除制度がある（16条）。

④ 株主（総）会の決議の瑕疵

　会社法は，株主（総）会決議に瑕疵があった場合に，決議の取消し，無効，および不成立の訴え（日本法上の決議不存在確認の訴えに相当する）の救済措置を用意し，株主利益の保護と取引関係，多数当事者のための法的安定性を図る。また，株主（総）会決議と取締役会決議の瑕疵について同一条文で同様な内容を設けていることも特徴的である。まず，①株主（総）会の決議に招集手続，決議方式が法律，行政法規または定款に違反し，あるいは決議内容が定款に違反した場合に，株主が決議の日から60日以内に人民法院に対して決議の取消しの訴えを提起できる（22条）。しかし，手続上の瑕疵が軽微である場合，決議に実質的に影響しない場合には，訴えの提起は認められないとされる（司法解釈四4条）。また，②決議内容が法律，行政法規に違反した場合に，決議の実質的瑕疵に属し，株主，取締役または監査役は，決議無効の確認訴訟を提起できる（22条）。さらに，上記の場合は，すべての決議の瑕疵をカバーすることができず，司法解釈四は③決議の不成立制度を設け，決議として認められるものが存在しない，または存在したとしても法的に決議と評価できない場合に，株主，取締役または監査役が決議不成立確認の訴えを提起できるとされる（同解釈5条）。原告適格については，①の場合に株主に限定するが，②と③の場合に，株主のほか，取締役，監査役も含まれる。なお，日本法上の解釈と同様に，決議が無効とされまたは取り消された場合は，会社が当該決議に従って善意の第三者と結ばれた法律関係に影響しないと解されている（同解釈6条）。　　　（盧　暁斐）

▷5　**株主（総）会による承認**
以下の場合に求められる。会社は株主または実質支配者に担保を提供する場合，上場会社は1年以内に重要な資産を譲渡または譲受または担保金額が会社総資産の30％を超える場合，会社減資，合併または従業員への付与のために自己株式を取得する場合，役員などと会社の間に利益相反取引や競業取引がなされる場合，新株発行，IPO申請の決定などである。

▷6　**臨時株主（総）会**
有限責任会社で10％以上の議決権を有する株主，あるいは3分の1以上の取締役，あるいは監査役会または監査役によって提案される場合に招集される（39条）。また，株式会社では，取締役の人数が定員の3分の2を下回るとき，会社が補填していない損失は株式総額の3分の1を超えるとき，単独または合計10％の株式を保有する株主により請求されるとき，取締役会が必要と判断するとき，監査役会が提案したとき，定款が定めるその他の場合に，臨時株主（総）会を2カ月以内に開催しなければならないとされる（100条）。

▷7　**累積投票制**
複数の取締役や監査役を選任する場合に，1つの議決権について選任する人数分の投票権を与える制度である。

（冒頭右上）の組織構造は「株主（総）会中心主義」ではなく，取締役会中心主義を採っている。

取締役と取締役会・監査役と監査役会

1　取締役と取締役会

　取締役は株主（総）会で選任され，会社の経営執行の役割を担う。取締役によって構成される取締役会は，会社の業務執行の意思決定を行う必須の合議体であり，会社という船の舵取りの役割を果たす。取締役の人数は，有限責任会社の場合に，３〜13名で（44条），株式会社の場合は，５〜19名であると義務づけられる（108条）。取締役の任期は３年で，再任可能とされる（45条，108条）。そして，特徴的なのは，２つ以上の国有企業や国有投資主体が投資した有限責任会社では，従業員代表を取締役会に入れなければならないことである（44条）。これは従業員の経営参加権確保のための制度である。さらに，取締役会長〔董事長〕は，全取締役の過半数によって選出され（有限責任会社の場合に定款により別の選任方法を定めることができる），取締役会の招集と議長役を務めるが，必ずしも会社の代表ではない。

　中国の取締役会の権限は，①株主（総）会の招集と報告，株主（総）会の決議の執行，②会社の経営計画と投資方案の決定，③会社の重要事項に関する方案の策定，④会社の内部管理機構の設置，執行役および財務責任者の選任・解任とその報酬の決定，会社の基本管理制度の策定，⑤定款が定めるその他の職権である（46条，108条）。このように取締役会の職権が列挙式で定められ，日本法の取締役会の職権に比べて権限が弱く，範囲が狭いことがわかる。決議の方法と手続は，有限責任会社の場合は定款で定めることになる（48条）。株式会社の場合は取締役の過半数が出席し，取締役全員の過半数をもって可決するとされる（111条）。取締役が１人に１つの議決権を有し（48条，111条），特別利害関係を有する取締役は，決議に参加することができない。さらに，株式会社では，取締役会の形骸化を防ぐため，毎年少なくとも２回開くことが義務づけられている（110条）。

2　独立取締役

　会社の内部者支配の問題に対応し，コーポレート・ガバナンスを向上させるために，中国でも上場会社において独立取締役制度が導入されている。ただ，会社法で具体的な規定はなく，国務院の規定に従うとされる（122条）。すなわち，上場会社では，独立取締役が全取締役の３分の１以上を占めなければなら

▷ 1　ただし株主が少ないまたは会社が小規模の場合に１名の執行取締役で足りる（50条）。

▷ 2　従業員代表は，従業員代表大会，従業員大会またはその他の方式で選出される（44条）。

▷ 3　日本の代表取締役は必ず会社の代表権を有するのに対して，中国法では，会社の法定代表者は，定款の定めにより，取締役会会長以外，業務執行取締役あるいは執行役も担当でき，会社の業務執行に関する一切の代表権を有するとされる（13条）。また，会社の法定代表者に関する規定は，民法の規定に従うことになる。

▷ 4　この重要事項の中に，年度財務予算案，決算案，利益配分方案，損失補填方案，増資，減資および社債の発行に関する方案，会社の合併，分割，会社形態の変更，解散に関する方案などが含まれる（46条）。

ず，そのうち，公認会計士など会計専門家は1名以上が必要である（証監会「上場会社における独立取締役の設置に関する指導的意見」一）。また，上場会社の独立取締役の就任資格と職権について列挙的に定められ，その会社および役員などからの独立性を確保し，重要な業務執行に関して強い監督・監視の権限が付与されている（同意見二〜五）。しかし，中国の当該制度は，日本の社外取締役と同様に，「飾り物」と揶揄され，実務でいかにその独立性を確保し，監査役の機能と調整しつつ，適切な役割を果たすかは重要な課題である。

❸ 上級管理職・執行役

上級管理職〔高級管理職〕は，執行役〔経理〕，副執行役，財務責任者，上場会社取締役会秘書と定款の定めるその他の者を含める（216条1項）。上級管理職は，会社とは雇用関係にあるが，会社の経営管理に重要な役割を果たすため，取締役・監査役と同様に忠実義務・注意義務を負うとされる（147条）。そのうちの執行役は，取締役会に選任され，日常の経営管理活動を執行する取締役会の補助機関であり（49条，113条），取締役との兼任もよくなされる（114条）。執行役の権限は会社法で列挙的に定められているが，一般的に，伝統的な取締役会の権限を分け，業務執行の決定権を取締役会に，業務執行の実行を経理に任せると解される。そして，この権限は，取締役会による拡大，定款による拡大・縮小が認められるが，その権限の範囲については明確ではない。

❹ 監査役会

監査役会は，株主（総）会により選任された監査役（3名以上）より構成され，会社の財務と業務執行状況の監督・監査を行う機関である。日本と違って，中国の監査役会は原則として必置機関であり，監査役による独任制が認められず，合議体として機能する。また，監査役の独立性を保つため，取締役，上級管理職との兼任は禁止される（51条，117条）。そして，**従業員監査役制度**が導入されており，従業員と代表監査役は，従業員代表大会などから選出され，監査役会で占める割合が3分の1を下回ってはならないとされる（51条）。これをもって，従来の国有企業での従業員参加の伝統を受け継ぐことができ，従業員による経営監視の機能を有効的に果たせると考えられている。

監査役会の権限は，①会社財務の検査権，②取締役などの業務執行の監督権（違法行為差止請求権，会社・取締役間の訴訟における会社代表権，取締役の解任に関する提案権），③臨時株主総会の招集権，④株主（総）会での提案権，⑤取締役会で決議事項に質問権，意見陳述権，⑥会社経営の異常がある場合の調査権，⑦会社定款が定めるその他の職権である（53条，54条，118条）。中国では，監査役の会社での地位が低く，監査役会が形骸化しており，監査役の権限強化と監査役会の実効性の改善はガバナンス上の大きな課題である。　　　　　（盧　暁斐）

▷5　主に①会社の生産経営管理業務を行い，取締役会会議を組織する，②年度経営計画と投資方案を実施する，③会社内部管理機構設置法案，基本管理制度を作成する，④会社の内規を制定する，⑤副執行役，財務責任者，その他取締役会による選任以外の管理人員を選任・解任する，⑥取締役会により与えられたその他の職権など（49条，113条）。

▷6　株主数が少なく小規模な有限責任会社では，1〜2名の監査役で足り，監査役会を設けることが要求されない（51条）。また，国有独資会社は，株主が国のみであるが，監査役会の設置が要求される（70条）。

▷7　**従業員監査役制度**
ドイツ法での従業員監査役制度は，共同決定制度の一環であり，中国の当該制度と大きく異なる。

取締役などの義務と責任・株主代表訴訟

 取締役などの義務の定義とその理論的根拠

　中国でも取締役，監査役，上級管理職の資格と義務および責任について一章をもって明確に規定されている。取締役などは，法律，行政法規および定款を遵守し，会社に対して忠実義務と勤勉義務（注意義務と同様）を負う（147条）。この2つの義務を合わせて「誠信義務」と呼ばれる。忠実義務とは，取締役が業務執行を行う場合に，会社のために忠実にその職務を行わなければならず，自己の利益と会社の利益が衝突する場合に，会社の利益を優先に努める義務である。一方，勤勉義務とは，取締役はその地位や状況にある者が通常期待される水準の注意を払って勤勉かつ慎重に職務を行い，積極的に会社利益の最大化を図る義務である。また，両者の関係については，日本の「**同質説**」◁1 と異なり，忠実義務と勤勉義務は別個の義務であるという「**異質説**」を採っている。

　取締役の義務の理論的根拠については，日本法のように会社と取締役の関係は委任関係にあると主張する説と，英米法のように信託法理に基づき，取締役は会社に対して信認義務（Fiduciary duty）を負うと主張する説が対立しているが，後者が主流となっている。

 忠実義務と勤勉義務の内容

　まず，忠実義務には主に次の義務が含まれる（147条，148条）。①違法利益の獲得の禁止◁2，②会社資産の違法処分の禁止◁3，③会社の営業秘密の保持義務，④競業と会社機会の奪取の制限，⑤利益相反取引の制限である。利益相反の主要場面の④，⑤では，株主総会または取締役会による承認手続が要求されるが，承認による法的効果などは明らかではない。また，会社の機会の奪取について明文で定められていることも日本法と異なる。一方，勤勉義務に関しては，具体的な規定がなく，一般的に同一業種，地位および状況において通常備えるべき注意，知識と経験を基準とし，その取締役が勤勉義務を果たしたかどうかを判断すると解される。そして，取締役の業務執行が法令などに違反する場合に勤勉義務の違反が問われるが，日本法と違い，取締役の他の取締役や従業員に対する監視監督義務が明確にされておらず，経営判断原則も導入されていないため，勤勉義務に関する司法判断は多くの課題を抱えている。

▷1　同質説・異質説
「同質説」は，忠実義務は，善管注意義務と同質の内容を注意して規定したものにすぎないとする。「異質説」はアメリカ法の考え方で，注意義務と忠実義務が別個の義務であり，両者によって「信認義務」が構成されるとする。

▷2　つまり，職権を利用して賄賂またはその他の違法収入を受け取ること，会社の財産を横領すること，他人と会社の取引のコミッションを受領することが禁止されている（147条，148条）。

▷3　つまり，会社の資金を流用してはならない。また，会社の資金を自分の個人名義またはその他の個人名義で口座を開設し預金することが禁止されている。

▷4　ここで民事責任を説明するが，そのほかに，取締役の背任罪，資金流用罪などが刑法において定めら

③ 取締役等の責任

　取締役等が忠実義務・勤勉義務に違反し，会社に損害をもたらす場合に，損害賠償責任（過失責任）を負う（149条）。免責に関しては，取締役は問題とされる決議に異議を申し立て，かつ議事録に当該異議が記載されたことを証明できれば，免責されると規定されている（112条）。そして，取締役・上級管理職が忠実義務違反により得た利益は会社に帰属されるが認められる（148条2項）。

　上記の会社に対する責任のほか，取締役などが違法に業務を行った結果，株主に損害を生じさせた場合に，株主に直接に損害賠償責任を負うとされる（152条）。もっとも，取締役などの第三者に対する損害賠償責任は規定されていない。

④ 株主代表訴訟

　取締役の義務違反による責任を追及するために，会社に損害が生じた場合の株主代表訴訟（151条）と株主に損害が生じた場合の株主による直接訴訟が用意されている（152条）。一方，日本法と違い，取締役の違法行為の差止請求権が設けられておらず，民法の不法行為による差止めが適用される可能性もある。直接訴訟の場合に，株主の持株要件と提訴期間の制限がなく，少数派株主の利益保護のために役立つと考えられる。以下，株主代表訴訟について説明する。

　中国では，支配株主の権利濫用や取締役などの任務懈怠などによる会社および少数派株主の利益侵害が深刻であった背景があり，2005年に，株主代表訴訟が導入された。すなわち，取締役，監査役，上級管理職は149条の義務に違反し，または他人が会社の合法的利益を侵害し，会社に損害を生じさせた場合に，株主（株式会社では，単独または共同で1％以上の株式を連続して180日間保有することが要求される）は，書面をもって監査役会（監査役会非設置会社では監査役）に人民法院への訴訟提起を請求することができる。監査役会が請求を受けたにもかかわらず，訴訟の提起を拒否した場合，または請求日から30日を経ても訴訟を提起しない場合，または状況が緊急であり，直ちに訴訟を提起しないと会社に回復できないほどの損害をもたらす場合に，株主は自己の名義をもって会社の利益のために訴訟を提起することができる。また，司法解釈においては，株主代表訴訟をめぐって，会社または他の株主による訴訟参加，原告が勝訴した場合の利益帰属，費用負担，関連取引の無効確認または取消請求への適用などに関して具体的な規定が定められている。

　中国の株主代表訴訟は，「他人」も責任追及できる対象者に含まれることが大きな特徴であり，支配株主による権利濫用の抑止効果があるといえる。一方，株式会社の場合に少数株主権に限定されること，濫用防止のための原告による担保提供，被告側への補助参加，訴訟上の和解などについて規定が設けられていないことは課題として残っている。

（盧　暁斐）

▷5　日本では，取締役はその職務を行う際に悪意または重過失により第三者に損害を被らせた場合に，第三者に対して損害賠償責任を負うとされる（日本会社法430条）。中国では，破産法において，無償または低価で会社資産を譲渡したとき，弁済期限前の債権を弁済するとき，担保権が設定されていない債権に担保権を設定するとき，債権者の利益を損なった場合に，取締役などが損害賠償責任を負うとされる（破産法128条）。

▷6　監査役が訴訟対象となる場合に，株主は取締役会（取締役会非設置会社では業務執行取締役）に請求することができる（151条1項）。

▷7　株主が訴訟を提起した場合に，会社を第三者として参加させなければならず，他の株主は共同訴訟人として参加できるとされる（司法解釈四24条）。一方，日本法では，会社が共同訴訟人として，または原告か被告か一方を補助する訴訟参加が認められる（日本法849条1項）。

▷8　勝訴した場合の利益が会社に帰属される（司法解釈四25条），株主の訴訟費用の中で，人民法院によって認められた部分について会社が負担すべきとされる（同解釈26条）。

▷9　関連取引契約が無効または取消しが可能な場合に，会社が相手方に対して訴訟を提起しないとき，株主は代表訴訟を提起できるとされる（司法解釈五2条）。

れている（中国刑法169条など）。

企業買収・再編

① 会社法における企業再編規制の概観

　中国では，**企業再編**[▷1]活動が活発に行われているが，法規制は必ずしも十分かつ柔軟な企業再編手法を提供していない。会社法では，持分・株式の譲渡，合併，分割のみ定められている。また，事業譲渡について定めがなく，民法の規定に従うが，上場会社における重要な財産（会社資産総額の30％を上回る）の譲渡は株主総会の特別決議による承認が必要とされる（121条）。さらに，日本法上の**株式交換・株式移転**[▷2]については定めがないが，実務では一般的に行われている。一方，上場会社を対象とする活発な M&A について，証券法や関連行政法規などによって一定の規制が設けられている。

② 会社合併と分割

　合併とは 2 社以上の会社が法に従って合意に基づき，清算手続を経ずに 1 つの会社に合体する法律行為である。中国でも，吸収合併と新設合併が認められている（172条）。具体的な手続は，①**合併契約**[▷3]の締結，②貸借対照表および財産明細書の作成，③株主総会の特別決議による承認，④債務者への通知（決議の日から10日以内に）と公告（30日以内で新聞にて），⑤**債権者保護手続**[▷4]，⑥株主への情報公開，⑦反対株主の買取請求権の行使，⑧合併の登記である（173条）。会社が合併することによって，合併前の当事会社の債権債務は合併後の会社によって承継される（174条）。もっとも，日本法と違い，簡易合併，略式合併および**キャッシュアウト制度**[▷5]がなく，そのことは特に親子会社間の効率的な企業再編活動に支障をもたらしている。

　会社分割とは，1 つの会社が清算手続を経ずに 2 つ以上の会社に分けられる法律行為である。有限責任会社の場合には，株主の分離が目的であることが多く，株式会社の場合には，経営効率の追求が目的であることが多い。会社分割の手続は，合併との相違点として，債権者保護について，会社の通知義務のみが定められており，債権者の弁済または担保提供の請求権が付与されていない（175条）。一方，**分割の債務承継**[▷6]については，分割時に分割後の債権債務について当事者間の約定があり，かつそれが債権者の同意を得た場合に，約定に従って行うが，約定がなく，または不明な場合，あるいは債権者の同意が得られなかった場合に，分割後の会社は連帯責任を負うとされる（176条）。

▷1　**企業再編**
一般的に M&A（Mergers and Acquisitions）とも呼ばれるが，企業が経営資源を有効に活用し，事業を強化するなどのために，その組織や形態の変更を行い，編成をし直すことを指す。具体的には複数の企業の統合や，特定の事業について一部または全部を他社へ承継すること，株式の取得による親子会社化などがあげられる。

▷2　**株式交換・株式移転**
中国では，株式交換と株式移転については，株式発行と増資の手続によって行われることが可能であり，株主（総）会の特別決議による承認が必要である。しかし，少数派株主保護対策など，株式交換・株式移転によって生じる特別な問題への対策が講じられていない。

▷3　**合併契約**
合併契約の中に，会社の名称・住所，存続会社または新設会社が合併により発行した新株の株式総数，種類，各株主が株式総額に占める割合，合併双方の現所持資本および処理方法，債権債務の処理，定款の変更およびその内容，その他記載すべき内容が含まれる。

▷4　**債権者保護手続**
債権者が通知書を受領した日から30日以内，または受

上記の会社合併・分割は，会社法，民法および行政法規に違反した場合に，無効となる。会社合併・分割の当事者（会社）または利害関係者は，人民法院に対して，合併無効確認の訴えを提起することができる。一方，日本法と違い，合併，分割に関する差止請求権がなく，少数派株主，債権者の利益の確保が充分であるとは言いがたい。さらに，中国では，国有企業改革に伴う会社合併，分割がよく行われるが，行政機関による介入，従業員の配置，公共資源の配分など会社法以外の問題も多く絡んでおり，複雑である。

③ 上場会社の買収規制

証券法および証監会の「上場会社買収管理弁法」（2006年公布，2020年最新修正。以下では，「買収弁法」という）は，上場会社を買収する場合の諸規定を置いている。通常，買収会社は，対象上場会社の支配権を獲得するために買収行為を行う。その手法としては，公開買付，相対取引およびその他の合法的な方法（第三者割当増資など）があげられる（証62条）。

日本法と同様に，5％ルールが定められている。すなわち，株主がある上場会社の議決権を有する株式の5％の保有に達した場合に，またそうした場合にその持株比率の増減幅が5％になるときに，証監会と証券取引所に報告および公告をしなければならない（証63条）。

また，公開買付についても，株主は対象会社に対する株式保有が議決権を有する株式の30％に達し，さらに当該会社の株式を買い付ける場合に，すべての株主に対して公開買付を行わなければならない（証65条）。買収者は，上場会社買収書に買収目的，買収株式の内容と数量，買収価格，期限などを記載し，公告しなければならない（証66条）。また，公開買付の際に，買収者は，財務顧問を招聘すること（「買収弁法」9条），買付用の総資金の20％を銀行に預けること（「買収弁法」36条）などが義務づけられている。このように，強制的な手続が多く，買収コストが高いのは中国的な公開買付法制の特徴である。他方，相対取引による買付の場合も，報告および公告義務があり，買収者は，原則上対象会社の議決権を有する株式の30％に達してから，さらに買付をする場合には公開買付によらなければならない（証73条）。

他方，買収には友好的買収と敵対的買収があるが，対象会社の取締役などは忠実義務と勤勉義務を負い，当該会社のすべての買収者を公平に扱わなければならないとされる（「買収弁法」8条）。敵対的買収に対抗するための防衛策の導入については，株主総会による承認が必要である（「買収弁法」33条）。

買付の結果，上場会社がすでに上場の条件を満たさなくなった場合に，証券取引所により上場取引が中止され，残りの株主は，買付者に対して買取を請求することができる（証74条）。 （盧 暁斐）

領していない場合に公告の日から45日以内に，会社に対して債務の弁済または然るべき担保の提供を請求することができる（173条）。

▷5 キャッシュアウト制度
90％以上の株式を有する株主（特別支配株主）は，他の株主全員に対し，その株式全部を，自己（特別支配株主）に直接売り渡すよう請求できる制度である（日本会社法179条）。

▷6 分割の債務承継
分割した会社が連帯責任を負った後，各会社間において原会社の債務分担について約定がある場合に，それに従い，約定がないまたは不明な場合に，会社が分割する際の資産の割合によって分担する（最高人民法院「企業改制に関する民事紛争案件の裁判に関する若干問題の規定」12条，13条）。

▷7 中国では，公開発行する（流通可能な）株式が株式総数の25％を占めていることが上場取引の維持要件である（「上海証券取引所上場規則」5.1.1条）。

9 支配株主に関する規制

▷1　支配株主

中国では支配株主の定義について「形式基準」と「実質基準」を合わせて定められている。すなわち，その保有する株式が株式会社の資本金総額の50％（有限会社の場合は，その出資額が資本総額の50％）以上を占める株主，並びに出資額または保有株式の比率が50％未満であっても，株主（総）会の決議に重大な影響を与えるのに十分な議決権を有する株主である（216条2項）。しかし，重大な影響の基準については明確にされてはいない。

▷2　トンネル現象

例えば，上場会社では，不当な関連当事者取引，強制的に上場会社に支配株主または他の関連会社の債務につき強制的に担保を提供させること，会社財産の流用，会社機会の奪取または継続的な競業などの不正行為が行われている。一方，非上場会社では，支配株主の圧力によってあえて剰余金の配当をしなかったり，会計帳簿を閲覧させなかったりすることがよく見られる。

▷3　実質的支配者

会社の株主ではないが，投資関係，契約またはその他の手段により会社の経営を実質的に支配できる者を指す（216条3項）。

1　支配株主の義務・責任

中国では，従来から，**支配株主**[41]の不当な支配力行使により，会社および少数派株主の利益に対する侵害が深刻な状況にあり，よく「**トンネル現象**」[42]と表現される。例えば，支配株主と会社の間に利益相反取引がなされる場合に，支配株主は多数決を濫用または事実上の影響力を行使し，支配株主に有利な条件で取引がなされ，会社に損失を蒙らせることがあげられる。中国企業の大部分は，国有企業改革の産物であり，民間企業が著しく成長しているが，全体的な株式所有構造は「支配株主 対 少数派株主の構造（controlling-minority structure, CMS）」になっている。会社法的な観点から見ると，支配株主の不当な支配力行使のリスクが構造的にも高く，規制をすべきであると考えられている。また，この規制は，企業グループにおける親子会社関係にも適用される。

会社法は，支配株主の行為を規制するため，株主権の濫用禁止規制と関連関係の地位濫用の禁止規制を導入している。すなわち，株主は，法律，行政法規および会社定款を遵守し，法に従って株主の権利を行使しなければならず，株主の権利を濫用して会社またはその他の株主の利益を侵害した場合に，損害賠償責任を負う（20条1項，2項）。そして，会社の支配株主，**実質的支配者**[43]，経営者などは，**関連関係**[44]の地位を利用して会社の利益を損なった場合に，会社に対して損害賠償責任を負うとされる（21条）。さらに，支配株主などが上記規制に違反し会社に損害をもたらした場合に，少数派株主は株主代表訴訟により責任を追及することができる（151条3項）。

支配株主の責任規制の解釈論としては，支配株主が会社に対して誠実義務を負うとする誠実義務説，支配株主の不当な支配力行使を一種の民法上の不法行為であるとする不法行為説，当該責任を少数派株主保護の特別な法定責任とする法定責任説が唱えられている。その中で，誠実義務説が多数説となっており，上場会社を対象とする部門規則（証監会「上場会社コーポレート・ガバナンス準則〔上市公司治理准則〕」63条，以下「準則」という）などにおいては，支配株主が会社に対して誠実義務を負うと明文化されている。

中国では，支配株主の責任を正面から認め，かつ訴訟規定を定めていることは，支配株主による支配力の不当行使を抑制・是正するために必要不可欠であると評価される。一方で，規定に整合性を欠くこと，支配株主の責任に関する

理論的根拠および規制自体の適用要件が明確でないことなどから，支配株主をめぐる規律は，少数派株主の保護措置として十分に機能できないと批判される。

2 関連取引に関する規制

中国では，支配株主と会社間（親子会社間）の利益相反取引について，現行会社法ではそれに関する直接的な規制がなく，日本法と同じように，取締役の自己取引規制を通じて間接的に規制することになる。すなわち，支配株主たる親会社と子会社に兼任取締役がいる場合に，問題となる取引に株主（総）会による承認が求められ，取締役の利益相反取引規制が適用される（149条）。そのほか，会社がその株主または実質的支配者のために担保を提供する間接取引の場合に，株主（総）会決議と特別利害関係人による回避が求められる（16条）。また，司法解釈では，少数派株主保護のため，支配株主などが**関連取引**により会社に損害を生じさせた場合の損害賠償責任を追及でき，被告が承認手続を経ていることのみをもって抗弁する場合に人民法院が支持しないとされる（解釈五1条）。もっとも，関連取引に関する承認手続の法的効果および実質的公正判断基準は不明確であり，それが支配株主の責任追及に支障をもたらす。

他方，利益相反のもう一つの典型的なパターンとなる支配株主と会社間の競業取引についても，会社法上直接の規制がなく，取締役の競業避止義務を介して規制することになる。もっとも，上場会社を対象とする行政規制の中に，支配株主の競業避止義務が定められている（「準則」73条）。

3 法人格否認の法理

会社法では，法人格否認の法理の明文化は重要な特徴の一つである。すなわち，株主は，会社法人の独立的地位と株主有限責任を濫用し債権者の利益を損なってはならず，濫用行為により債務を逃れ，債権者の利益を著しく損なった場合に，会社の債務に対して連帯責任を負う（20条）。また，一人会社の場合に，株主は会社財産が株主の財産から独立していることを証明できない場合に会社債務に対して連帯責任を負うとされ（63条），被告に証明責任を負わせている。適用要件としては，①法人格の濫用者が会社を実際に支配する株主であること，②主張できる者は債権者（不法行為により生じた債権も含む）に限定されること，③法人格が濫用される事実と行為の存在，④損害と行為の間の因果関係が要求される。

法人格否認の法理を適用した裁判例があるが，具体的な解釈論はまだ定着していないため，裁判実務における適用では困難と混乱が生じている。他国と異なり，当該法理を成文化した以上，妥当かつ明確な制度へ向けて整備する工夫が求められる。 （盧　暁斐）

▷4　**関連関係**
会社の支配株主，実質的支配者，取締役，監査役，および上級管理職は，その直接または間接的に支配している企業の間に存在する関係，または，会社の利益が移転される恐れがあるその他の関係を指す。ただし，国家が持分を有する企業間では，国家に支配されているという事実のみをもってしては関連関係があると見なさないと定められている（216条4項）。

▷5　上場規則では，関連取引については取引金額によって，承認機関が株主総会か取締役会に分けられているとされる（「上海証券取引所上場規則」10.2.5条）。

▷6　**関連取引**（関連当事者間取引）
関連関係を有する者の間に行われる利益移転を生じさせうる取引を意味する。また，関連当事者の範囲は，法によって異なる。

▷7　「準則」によれば，関連取引は，平等，意思自由，等価，有償の原則に基づき，価額設定が，市場独立第三者の価格から逸脱しないことが要求される（「準則」75条，76条）。これは独立当事者間取引基準を採用していると解釈できる。

▷8　会社資本が著しく不足する場合，法人格を利用して契約上または法律上の義務を回避する場合，株主と会社が混同する法人格の形骸化の場合があげられる。

国有企業と会社法

▷1　国有企業
学説については，史際春『国有企業法論』（中国法制出版社，1997年）13頁を参照。国務院国有資産監督管理委員会（以下，「国資委」という）と財政部「企業国有資産取引監督管理弁法」（以下，「管理弁法」という）によれば，国有企業とは，国が直接または間接に投資し，国有資産による投資（持株比率）が企業総資産の50％以上である企業と，50％に満たないが，国などが実質的に支配できる企業を指す。当該「管理弁法」では，国有および国有支配会社，国有実質支配会社が定義されている。つまり，①政府部門，機構，事業単位（Ⅳ-3側注1参照）が出資して設立した国有独資企業（会社），およびこれらの組織，企業が直接または間接的に100％保有する国有全資企業，②①で挙げた組織，企業が単独または共同出資で，合計持株比率が50％以上を占め，かつその内1社が筆頭株主である企業，③①か②の企業が出資し，その持株比率が50％を超える各級の子企業（会社），④政府部門，機構，事業単位，単一国有および国有支配企業が直接または間接の持株比率が50％未満であるが，筆頭株主として，

1　国有企業と会社法

　国有企業[1]については，法律上の明確的な規定はないが，学説では，一般的に国または政府が資本関係に基づいて実質的に支配または支配的な影響力をもつ企業を意味すると解される。この定義に基づくと，中国の国有企業には，全民所有制企業，国有独資会社，国有投資機構により設立される有限責任会社と株式会社以外，国または国有投資機構が支配する会社も含まれると考えられる。

　国有企業改革は会社法と緊密な関係にある。国有企業は従来中国経済の主要基盤となっていたものの，「政府と企業との一体化」（政企不分）による経営不振やガバナンスの不備などの諸問題を長年抱えていた。1978年に中国は計画経済から社会主義市場経済へと転換することを契機に，所有制度と組織の改革を中心とする国有企業改革を始めた。1993年に登場した会社法は，国有企業改革の根拠と手法を提供し，民営企業の成長をも促進する役割を果たした。試行錯誤と会社法などの法改正を繰り返した結果[2]，2020年まで国有企業改革がほぼ完了し，大部分の企業が会社組織に改組され，会社法および証券法などによって規制されるに至った。さらに，2013年国有企業に民間資本を導入する「混合所有制改革」もなされ，民営企業それ自体も著しく成長し，中国経済を支える大きな柱となった。このように，国有企業は，行政管理体制を廃止し，政府（国）による所有権と企業の経営権を分離し，独立した法人格の下で自主経営し，株主所有構造とガバナンス構造も国際化，市場化に向けて改善されたと評価できる。もっとも，国有企業は，国・社会の公共利益を実現する使命をもち，国家戦略の下で特定業種での独占的な経営も求められるため，すべての国有企業を会社法の範疇下に置くことは必ずしも妥当ではないが，国有企業の健全的な発展のために会社法はもっとも重要な役割を果たすと考えられる。

2　国有資産管理に関する規制

　中国は，国有資産を保護し，国有経済を確保・発展させるために，『企業国有資産法』（2009年施行）（以下，「国資法」という），「企業国有資産監督管理暫定条例」（国務院，2003年公布），「企業国有資産取引監督管理弁法」（国務院国資委と財政部，2016年公布）等の法律，行政法規などを制定した。国資法によると，国有資産とは国が企業に各種の形式の出資によって形成した権益を指す（国資

法2条）。国（全人民）は，国有資産の所有権を有し，国務院が国を代表して所有権を行使し，国務院と地方政府が法に基づき国を代表し，出資者たる職責を履行し，出資者たる権益を享受する（国資法3条，4条）。そして，国務院と地方政府がそれぞれ国有資産監督管理機構（国資委）を設立し，各級の政府の授権により，政府を代表し出資人たる職責を果たすとされる（国資法11条）。

国資委は，国務院・地方政府の特設した行政機関であり，上級政府国資委は下級政府国資委に対して指導と監督権を持つ（国資法12条）。また，国資委は，国有資産を有効に監督管理し，その価値の増加を促進し，流出を防止する義務を負う（国資法13条，14条）ため，一般的な出資者（株主）よりも企業経営への積極的な関与が求められる。そのため，国資委は，国有独資企業の役員の選任・解任権，国有支配企業の役員の選任・解任に関する提案権，企業の基礎的変更に関する承認権などが付与されている。一方，権利行使状況などについては，国資委は出資者権利を行使する際に，国有企業の経営自主権を尊重し，企業および他人の合法的な利益を侵害してはならず，不正行為などによって企業（国有資産）または他人に損害をもたらした場合に，会社法上の損害賠償責任のみならず，行政責任と刑事責任も問われうる（「企業国有資産監督管理暫定条例」36～39条）。

このように，国有企業改革により，国有資産の管理者，管理方法や，関係者の任務懈怠による責任などは明確になった。一方，経営者のモラルハザードや国資委による株主権行使の範囲の不明確さなどの問題は残ったままである。

③　国有独資会社の規制

国有独資会社とは，国が単独で出資し，国務院または地方人民政府の授権に基づいて同級人民政府の国資委が出資者の職責を履行する有限責任会社を指す（64条）。当該制度は，企業のガバナンスを確保しつつ，一部の経営領域での国による支配を強化できるため，一人会社制度を国有企業に適用する試みである。このように，国家所有権が株主権に変更されることで，会社法規制を通じて「政府と企業との一体化」の問題の改善，国有企業のガバナンスなどの問題の是正が期待される。

会社法における国有独資会社の規制は，一人会社に類似する部分もあれば，異なる部分もある。定款については，国資委による作成また承認が必要である（65条）。機関については，株主会を設けず，株主会の一部の権限を取締役会に委譲[43]することができる（66条）。また，取締役会と監査役会は必置機関であり，国資委により派遣されたメンバーと従業員代表大会により選任されたメンバーによって構成される（67条）。監査役会の人数は，5人以上で，従業員代表は3分の1を下回ってはならないとされる（70条）。さらに，役員の兼任[44]についても特別な規制がある。

（盧　暁斐）

▷1　株主間契約，定款，取締役会決議あるいはその他の協議により実質的に支配している会社（「管理弁法」4条）を指す。

▷2　中国では，証券市場が形成された当初，ほとんどの上場会社は国有企業，または国有企業の優良資産が分割されて上場した会社であった。政府は，上場により国の企業における支配的地位を維持するために，政策的に国有株，国有法人株の流通を認めず，かつこの2種類の株式が上場会社の株式総数の70%以上を占めなければならないという条件を付けた。これは，上場会社に国有株が圧倒的に多く，かつ流通しないという「一株独大」という現象をもたらした。この現象を解消するために，非流通株を流通化させるという「株式分置改革」が行われた（VI-4 側注7参照）。

▷3　会社の合併，分割，解散，増資，減資，社債の発行について，国資委の許可が必要であり，重要な基礎的な変更については，さらに同級人民政府の認可が要求される（66条）。こうすることにより，国がマクロ的な観点から国有資産を把握するとともに，権限委譲によって資産運営の効率性を保つことができると考えられる。

▷4　国有独資会社の取締役などの役員は，国資委の同意がなければ，他の会社またはその他の経済組織において兼任することができない（69条）。取締役と経理の兼任も国資委による同意が必要である（68条）。

第 **VII** 章

経済法

guidance

　　中国版司法試験〔同制度の変遷については，1986年弁護士資格試験〔律考〕，1995年裁判官任官試験・検察官任官試験，2001年司法試験〔司考〕，2018年に国家統一法律職業資格試験〔法考〕として改革され，適用職種を従来の法曹三者と公証人から行政処分等の審査官，リーガルアドバイザー，仲裁人まで拡大された〕の重要な分野である経済法は，広義では，独占禁止法や不正競争防止法のみならず，消費者保護法，銀行業法，社会法，環境関係法，土地管理法などを含んでいる。これらの法制の共通点は，法律関係に公権力が介入するという点である。しかし，経済社会はデジタル経済をはじめ新しい様相を呈している。今後，国家が経済社会のあり方，ひいては人間社会と自然環境のあり方をいかにコントロールするかは，興味深い課題である。本章では，中国経済法の基本内容を概説する。

　　第1節では，経済法総論として，経済法の定義，特徴，主体，規律対象と基本原則を述べる。第2節と第3節では，経済法分野の重要な法律である独占禁止法について，独占禁止行為とりわけ行政的独占の定義や構成要件を説明し，独占行為に対する調査認定のプロセスに触れ，独占行為に関する法的責任を述べる。第4節では，不正競争防止法を取り上げ，不正競争行為の定義，不正競争行為の認定に関するルール，損害賠償の算定と立証責任の転換について述べる。第5節では，消費者保護法が定めている消費者の権利と事業者の義務のうちの特徴的な内容を述べる。第6節では，商業銀行法について，商業銀行の設立条件，業務内容，預金者情報保護ルール，商業銀行に対するモニタリングについて述べる。第7節では，社会保険法について，基本養老保険，基本医療保険，労災保険，失業保険，出産・育児保険についてそれぞれの拠出義務や給付内容を述べる。第8節では，労働契約法の主な内容を取り扱い，特に中国の特色のある違約金制限，労働契約の解除事由，整理解雇要件，労働者派遣における同一性質労働同一賃金の原則を述べる。第9節では，環境保護法の基本原則，環境影響評価制度，「三同時」制度について述べる。最後に，第10節では，土地管理法を取り扱い，土地の所有権分類や建設用地開発における公共の利益の範囲などを述べる。（楊　林凱）

経済法総論

▷1　喬暁陽「關於中国特色社会主義法律体系的構成, 特徴和内容」(https:// www.npc.gov.cn/npc/C5 41/201306/4flffbf3b2054e5 59ee143e8a35f9949.shtml)
▷2　いわゆる国家介入必要説である(李昌麒『経済法——政府干預経済的基本法律形式』四川人民出版社, 1995年)。経済法の定義について, 李曙光「経済法詞義解釈与理論研究的重心」(『政法論壇』第23巻第6号, 2005年, 3-16頁)は批評的に分析している。
▷3　周庭芳編著代表『経済法概論(第2版)』(武漢理工大学出版社, 2009年)に詳しい。

▷4　劉文華・徐孟洲「中国経済法学産生和発展的十年」(『法学家』第1号, 1989年)5-6頁。
▷5　李昌麒編著代表『経済法学(第3版)』(法律出版社, 2016年)に詳しい。

1　経済法の定義

　中国法における経済法は, 憲法, 民商法, 行政法, 社会法, 刑法, 手続法とならび, 7つの法類型の1つである[1]。また, 中国においては, 経済法という概念は旧ソ連, ドイツや日本の経済法理論から影響を受けているが, 統一した経済法の定義は存在しておらず, 一般に経済法とは, 経済全体の発展のため, 国が社会公共性のある経済活動に介入・管理・規制する行為に関する法規範の総称をいうものとされている[2]。

2　経済法の特徴

　(1)経済活動への国家の介入：経済活動に国家が介入することにより, おのずと規範となる経済法が必要となる[3]。経済法の目的は, 経済関係が正しく確立され, 秩序が整った経済社会の中で行われていくことを保障し, 経済の持続可能性を実現する経済環境と秩序の形成を目指す。

　(2)社会的責任：経済法は, 民法や行政法と異なり, 社会全体と個々の経済主体との関係を調整し, 経済主体などに社会的責任を求めるものである。

　(3)市場経済：経済法は, 市場経済において生産力の発展に伴って整備されるため, 市場経済の進化の産物でもある。

　(4)経済の促進：経済法は, 経済全体の持続可能性や生産力の向上に寄与するものである。

　(5)包括的規範：経済法は縦の経済関係を規律するが, 横の経済関係にも影響を与える。規律の方法には制裁・補償・奨励・禁止などが含まれる。

3　経済法の主体

　経済法に適用される経済活動に直接参加し, 経済法規範の権利を行使し, 義務を履行する当事者のみが経済法の主体になることができる。典型的な経済法の主体は, 事業体およびその経営管理者と消費者である。また, 国家や社会組織の構成員等または住民, 消費者によって経済法の主体体系が構築される[4]。

4　経済法の規律対象

　経済法の規律対象は, 社会公共性のある経済関係であり, 次に掲げるものが

含まれる。①経済組織を規律する過程で生じる経済関係。独占事業者の出現を防ぐという点では，会社法，外商投資企業法，個人投資法，パートナーシップ企業法などの組織法が市場経済の健全な発展を保障する。②市場経済に介入する過程で生じる経済関係。それは経済法の有する重要な規律方法であり，具体的には，証券法，破産法，金融法，保険法，不動産法，環境法などがある。③経済秩序を管理・規律する過程で生じる経済関係。これは経済法を市場による支配に対する規制法として位置づけている。例えば，独占禁止法，不正競争防止法，消費者保護法，製造物品質法などがある。④経済をコントロールする過程で生じる経済関係。一般に，国家はマクロ的な視点から，財政法，租税法，計画法，産業政策法，価格法，会計法，検査法などにより，必要なときに市場経済に介入し，経済の健全な発展を図る。

5 経済法の基本原則

(1)バランスと調和のとれた経済社会の形成の原則[6]：バランスと調和は，法治の下での経済社会のあるべき様態であり，経済主体間では対立することなく，協力しあうことが求められる。また，バランスと調和のとれた経済社会を動的に捉える必要があり，それは客観的な経済法則に基づく必然な状態であり，中庸的な理念によるものではない。さらに，自由と秩序，公平と効率，目前の利益と将来の利益，国家・社会と個人間のバランスと調和が叶えられる。しかし，経済法規範はパーフェクトな経済環境の実現を保障するものではなく，経済社会が常に移り変わっていることから，先見性のある計画的な経済立法や法執行を絶えず強化していく必要がある。この原則の実現は，国や地方にとって重要な課題である。

(2)経済資源の合理的な分配の原則[7]：経済資源の合理的な分配は，市場経済の自発的価値作用で上から下に資源を分配していくというだけでなく，国家の優越的な地位により上から下に分配していく側面も含まれる。そして，市場経済による自発的分配において不公平な問題が生じた場合には，国家が社会全体の利益のため，二次分配を行うが，このときにはマクロ調整法が中心的な役割を果たす。中国では労働に応じた分配を主な制度としているが，株式投資による配当などの分配制度も認められている。これらは経済資源の合理的配分を保障するのみならず，貧富の格差の拡大を防止する効果もある。

(3)経済社会の持続可能性の原則[8]：中国においては，持続可能性という考え方が1990年代中期に国家の方策として確立されている。この原則の趣旨は，人類の持続可能性にとって必要不可欠な人と自然環境の調和のみならず，人類の発展と経済社会の調和を目指すものでもある。持続可能性は，むやみに経済成長の速さを求めず，経済法の整備により健全な経済成長を求めるものである。

(楊　林凱)

▷6　呉志攀・肖江平「和諧社会建設与経済法創新」（『中国法学』第1号，2007年）162-172頁。

▷7　劉文華・徐孟洲，前掲論文，5頁。

▷8　李昌麒，前掲書に詳しい。

独占禁止法(1)：独占禁止行為

① 現行法制

　中国では1990年初頭から社会主義市場経済が導入されたが，事業者が市場支配的地位を濫用して競争を排除し，競争を制限することによって市場独占を図るような行為は排除されなければならないし，公正な秩序が維持され，自由な競争が保障される市場が望まれる。そのために，事業者の自主的な判断による経済活動を保護し，独占的行為等を抑制する独占禁止法制の整備が必要となる。独占禁止法（2007年制定），独占協定の禁止に関する暫定規定（2019年），独占行為による民事事件の審理に関する法律適用の若干問題に関する規定（2012年）等法令・司法解釈はその整備を示すものである。

② 独占禁止法における独占行為

　国内の経済活動における独占行為または国内市場の競争を排除または制限する影響を及ぼす国外における独占行為は，適用対象とされている（独占禁止法2条）。さらに，独占行為には，①事業者間で独占協定を行う行為，②事業者が市場で支配的地位を濫用する行為，③競争を排除しもしくは制限する効果を有しまたはそのおそれのある企業結合，が含まれる（3条）。

③ 独占協定

　独占協定行為は，競争関係のある複数の事業者間で行われるものであり，**横の競争制限行為**と**縦の競争制限行為**[1]に分類される。独占協定行為は，事業者間が通謀しまたは合意して行うことが要件とされる。

　横の独占協定の内容としては，①価格の固定または変更，②製造数量または販売数量の制限，③販売または原材料市場の分割，④新技術や新設備の購入制限または新技術や新製品の開発制限，⑤共同の取引拒絶，が定められている（13条）。また，縦の独占協定の内容としては，①再販売価格の固定，②再販売価格につき最低価格の設定，③国務院独占執行機構が認定するそのほかの独占協定，が定められている（14条）。これらの独占行為に対して，技術の改善や新商品の研究開発，中小事業者の競争力の向上または公益の実現等を目的とするときは，独占協定は市場競争を著しく制限するものではなく，かつそれによる利益を消費者が享受し得ることが証明されれば，上記禁止法規は適用されな

▷1　**横の競争制限行為・縦の競争制限行為**
横の競争制限行為とは，製造や流通分野における発注者または入札者同士で競争を制限する協定を設定することをいう。縦の競争制限行為とは，取引または潜在的取引関係のある発注者と入札者間の競争を制限する協定を締結することをいう。

い（15条）。

④ 市場支配的地位の濫用

市場支配的地位の有無は，次の要件によって認定される（18条）。①**関連市場**におけるマーケットシェアおよび競争状況，②販売市場または原材料市場における支配力，③資金力および技術的条件，④ほかの事業者の当該事業者に対する取引依存度，⑤関連市場への参入難易度。また，上記①のマーケットシェアについては，ⓐ単独の事業者の場合に2分の1に達した場合，ⓑ2つの事業者の場合に合計で3分の2に達した場合，ⓒ3つの事業者の場合に合計で4分の3に達した場合には，市場支配的地位が推定される。ただし，上記ⓑまたはⓒにおいては，ある事業者のマーケットシェアが10分の1に満たなければ，当該事業者について市場支配的地位が推定されない（19条）。

市場支配的地位を有する事業者は，その支配的地位を濫用してはならず，具体的には，①不当な高価格で商品を販売しまたは不当な低価格で商品を購入すること，②正当な理由なく原価を下回る価格で商品を販売すること，③正当な理由なく抱き合わせ販売をし，または不合埋な取引条件を付加すること，が規制される（17条）。

> ▷2 **関連市場**
> 事業者が一定の時期において特定の商品やサービスをめぐって競争する商品の範囲および地域範囲をいう（12条2項）。

⑤ 企業結合

独占禁止法にいう企業結合とは，①合併，②株式または資産の取得によって他の事業者の支配権を取得すること，③契約等の方法で他の事業者の支配権を取得しまたは他の事業者に決定的な影響を与えることをいう（20条）。

法定の届出基準を満たした場合には，事業者は主務官庁に事前届出をしなければ企業結合をしてはならない（21条）。ただし，企業結合を行う事業者が親子会社関係にある場合または共通の親会社を持つ場合（兄弟会社）には，事前届出を行う必要はない（22条）。

企業結合の審査を行う際には，次の要素を考慮しなければならない（27条）。①マーケットシェアおよび市場支配力，②市場集中度，③市場参入および技術進歩への影響，④消費者および関係事業者への影響，⑤国民経済の発展への影響。

⑥ 行政的独占

行政的独占とは特殊な独占行為であり，行政権による自由取引の制限（32条），地域間の自由流通等の妨げ（33条）等に関する規則の策定（37条）などが含まれる。行政的独占については，独占禁止法は行政権の濫用によって競争の排除や制限をしてはならないと定めている（8条）。　　　　　　　　（楊　林凱）

3　独占禁止法⑵：独占禁止行為と責任

1　独占禁止行為に関する法的責任

　独占禁止法令が禁止する独占行為を行った事業者は，民事上の責任または行政上の責任が問われることになる。

　事業者が独占禁止行為を行って他人に損害を与えたときは，民事上の責任として損害賠償が求められること（訴訟提起の要件は中国民事訴訟法119条による）がある（独占禁止法50条）。

　①事業者が独占禁止法に違反して独占協定を締結し実施した場合には，独占禁止法執行機関（以下「執行機関」という）はその違法行為を停止させ，違反行為による収益を没収しかつ前年度売上高の1～10％に相当する過料に処す。ただし，独占協定が締結されたが実施されていない場合には，50万人民元以下の過料のみが科される（46条1項）。②事業者が自ら執行機関に独占協定の内容および重要な証拠を提供した場合には，執行機関は，情状に応じて当該事業者に対する処分を軽減しまたは免除することができる（同条2項）。③業界団体が独占禁止法に違反して同業界の事業者間の独占協定の締結を手配した場合には，50万人民元以下の過料を科すことができ，情状が重いときは当該団体の免許を取り消すこともできる（同条3項）。

　事業者が独占禁止法に違反して市場支配的地位を濫用した場合には，執行機関はその違法行為を停止させ，違反行為による収益を没収しかつ前年度売上高の1～10％に相当する過料に処す（47条）。

　事業者が独占禁止法に違反して企業結合を実施した場合は，執行機関は企業結合を停止させ，一定の期間内に株式や資産を処分させ，一定の期間内に事業の譲渡など必要な措置により企業結合前の状態を回復させることができ，また，50万人民元以下の過料に処すことができる（48条）。

　行政権を濫用して競争行為を制限しまたは排除した行政機関に対して，その上級行政機関は是正要求を命じ，責任者や担当者を処分することができる。執行機関は，行政権を濫用した機関の上級行政機関に対処するための意見を提供することができる（51条）。

2　独占禁止法執行機関

　独占禁止法執行機関を指導し，競争政策の調査・作成，独占禁止のガイドラ

インの策定・公布などは，中央人民政府である国務院の独占禁止委員会の権限である（9条）。

　前述の国務院独占禁止委員会の指導のもとで独占禁止法の法執行の役割を担うのは，独占禁止法執行機関として2018年4月に設置された国家市場監督管理総局の独占禁止局である。また，同機関は，業務に応じて省級政府の関係機関に授権することができる（10条）。

③ 独占行為の疑いのある行為に対する調査

　独占行為の疑いのある行為については，独占禁止法執行機関は，主要責任者に書面報告をし，許可された場合には法により次に掲げる措置を講じることができる（39条）。①調査対象事業者の営業所または関連場所への立入検査，②調査対象事業者，利害関係者または関係事業者もしくは個人に対して説明を求めること，③調査対象事業者，利害関係者または関係事業者もしくは個人の証拠書類，契約書，会計書類，ビジネスレター，電子データなどを閲覧し，複写すること，④証拠物の封印または押収，⑤事業者の銀行口座の調査。これらを行う際には，執行機関の担当者2名以上が法執行証票を提示して調査しなければならない。また，調査に基づいて作成される調書には，調査対象者が署名する必要がある（40条）。

　独占行為の疑いのある行為については，調査対象事業者が一定の期間内に当該行為を解消する措置をとることを承諾したときは，執行機関は，事業者の承諾内容を記載した上で調査の中止を決定することができる（45条1項）。調査の中止が決定されてから，事業者の承諾による履行状況を監視する必要性があるので，調査対象事業者が承諾を履行した場合は，執行機関は調査を終了すると判断することができる（同条2項）。

　次に掲げる事由が生じたときは，執行機関は調査の再開を決定しなければならない。①事業者が承諾による履行行為をしない場合，②調査の中止決定の根拠となった事実に重大な変化が生じた場合，③調査の中止決定が事業者の提供した不完全または真実でない情報に基づいて行われた場合（同条3項）。

　調査する者は，①調査で知り得た営業秘密を守秘する義務（41条），②調査対象が調査手続に参加する権利を保証する義務および調査対象事業者や利害関係者が述べた事実等を確認する義務（43条），ならびに③独占行為に対する処分決定内容を開示する義務（44条）を負う。また，調査を受ける者は，執行機関の権限行使に協力し，調査を拒否，または妨害してはならない（42条）。

（楊　林凱）

4 　不正競争防止法

 　現行法制

　健全な市場経済は公平な競争を必要とするが，事業者が手段を選ばずに競争すると，モラルハザードが生じて市場の秩序は乱れてしまい，過度な競争が生ずる。この過度な競争行為は，一般に不正競争行為と定義される。中国では，不正競争行為を規制し，事業者と消費者の権利や利益を保護し，公平な競争を守るとともに，さらに社会主義市場経済の健全な発展のため，不正競争防止法制（1993年制定，2019年最新改正）が構築されている。

▷1　主務官庁は，同法の施行に関する細則を公布している。

2 　不正競争行為の定義

　中国法上の不正競争行為とは，事業者が事業活動において不正競争防止法に違反し，市場における競争の秩序を乱し，他の事業者や消費者の権利や利益に損害を与える行為をいう（2条2項）。同法により，司法当局が不正競争行為の認定を行う際には，事業者の視点からではなく，公共の利益の視点から消費者の権利と損害の有無が合理的に衡量されるべきである。

3 　不正競争行為の認定に関するルールの明確化

　混同行為とは，他人の商品や他人と特定の関係があると誤認させることをいう。まず，無断で一定の影響を有する（著名より低いレベルをいう）ある他人の①商品名称，包装，装飾等と同様または類似の標識，②企業名称（略称，屋号等），社会組織名称（略称等），氏名（ペンネーム，芸名，翻訳名等），③ドメインネームの主要部分，ウェブサイトの名称，ウェブページ等を使用することは禁止される（6条（一）（二）（三））。次に，包括的に他人の商品や他人と特定の関係があると誤認させるに足りるその他の混同行為を定めている（同条（四））。

　同法は，商業賄賂について，収賄者を次のように明らかに限定している（7条1項）。すなわち，①取引相手の従業員，②取引相手の委託をうけて関係事務を執行する事業者または個人，③権限または影響力で取引に影響を与える事業者または個人，である。商業賄賂にあたるか否かを判断する際には，当事者が執行事務に裁量権や影響力を有しているか，委託事務の執行において忠実義務の違反があるかが重要となる。

　虚偽宣伝の範囲は，特定の対象者に誤認させる行為のみならず，不特定多数

の対象者に誤認させる行為も含む。また，電子商取引における虚偽宣伝については，売上高や消費者レビュー等について虚偽または誤認させるビジネス宣伝をして，消費者を騙してはならない（8条1項）。虚偽の取引等をアレンジすることによって，他の事業者に幇助して虚偽または誤認させるビジネス宣伝を行うことも虚偽宣伝として禁止される（同条2項）。

　事業者が景品等付き販売を行う際には，次の行為は禁止される（10条）。すなわち，①景品等の内容・条件等に関する情報が不明確であり，景品等の受領に支障をきたすこと，②景品があたると嘘をついたり通謀して受賞させる手段を用いたりすること，③抽選式の最高賞金について5万元以上とすること，である。

　事業者は，虚偽の情報や誘導的情報を捏造または流布して競争相手の事業や商品の名誉に損害を与えてはならない（11条）。これに違反すれば，違法行為の停止や影響除去のほかに，情状が重い場合には50万元から300万元の過料が科されることもある（23条）。

　営業秘密とは，①社会一般に知られていないこと，②営業的価値があること，③権利者が必要な秘密保持を講じていることの3つの要件のすべてを満たす技術情報や経営情報をいう（9条3項）。営業秘密の侵害行為については，例えば事業者が窃盗，賄賂，詐欺，脅迫，システム侵入等不正の手段で他人の営業秘密を取得することは禁止されている（同条1項（一））。事業者のほかに，個人や法人等が同条の禁止行為を行った場合にも，営業秘密と見なされる（同条2項）。

　現在の経済活動において，インターネットは必要不可欠なインフラとなっている。事業者がインターネットを活用する場面において，技術的手段を用いてユーザーの選択に影響を与え，またはその他の方法で他の事業者が適法に提供しているネットワーク製品やサービスの正常な運用を妨害しまたは破壊することは禁止される（12条1項）。例えば，無断で貼ったリンクにより強制的に別のサイトにアクセスさせること，ユーザーを誘導して他の事業者のネットワーク商品やサービスを変更，閉鎖しまたはアンインストールさせることなどがある（同項（一）（二））。

❹ 不正競争行為者の損害賠償の算定と立証責任の転換

　不正競争行為による損害賠償額は，不正競争行為による実際の損失額によるが，これが算定できない場合には加害者が不正競争行為によって得た収益額を損害額とする。さらに，不正競争行為を止めるためにかかった合理的費用も損害額に含まれる（17条3項）。被害者は加害者に営業秘密を得る機会があったこと等を立証できれば，加害者は侵害がなかったことを立証しなければならない（32条2項）。

（楊　林凱）

5 消費者保護法

① 現行法制

　経済社会において事業者と消費者の利害が対立する局面があるが，消費者は相対的に弱い立場におかれている。そこで，実質的公平を図るため，消費者の権利と事業者の義務を強化し，事業者の違約責任または不法行為責任を求める法令が整備されてきた。中国の消費者法制は，具体的には，民事関係法のほかに消費者保護法（1993年制定，2013年改正），製造物品質法（1993年制定，2018年最新改正）や食品安全法（2009年制定，2018年最新改正）およびそれぞれの実施規則等からなる。この節では消費者保護法を説明する。

② 消費者保護法の適用範囲

　本法は，消費生活につき商品やサービスを購入・使用することを対象（農家の生産財の購入も）とする（2条前段）。すなわち，本法における消費者とは個人であり，消費活動を行う事業体等は含まれない。また，事業活動において必要とされる労働者の雇用や生産手段の購入などには適用されない。

③ 消費者の主な権利

　(1)安全である権利：消費者が商品やサービスを利用する際には，生命や財産が損害を受けないようにしなければならず（7条1項），消費者は事業者に対して商品やサービスの安全性保障を求める権利がある（同条2項）。

　(2)知らされる権利：消費者は，商品やサービスに関する事実について知る権利がある（同法8条1項）。さらに，消費者は，商品の価格，産地，性能，成分，使用方法等関係情報を事業者に求めることができる（同条2項）。

　(3)公平に取引する権利：消費者が商品やサービスを利用するときに，品質の保証，合理的な価格，正確な数量等の公平な条件を受けることができ，事業者による強引な取引を拒むことができる（10条2項）。

　(4)差別されない権利：消費者が商品やサービスを購入または利用する際には，人格尊厳や民族の伝統習慣が尊重され，個人の情報（消費者プライバシー権ともいう）が保護される（14条）。

　(5)監視して意見を述べる権利：消費者は，商品，サービスまたは消費者保護活動についてモニタリングすることができる（15条1項）。また，消費者は，消

費者侵害行為や消費者保護活動における公務員等の違法等行為を告発し，消費者保護活動について意見等を述べることができる（同条2項）。

4 事業者の主な義務

　(1)法定義務等の履行：事業者は，消費者に商品やサービスを提供する際には法令が定める義務を履行しなければならず（16条1項），社会的公共の道徳を守り，誠実に事業を営み，消費者の権利・利益を確保しなければならない（同条3項）。事業者と消費者の間に合法的な取り決めがあった場合には，事業者はその取り決めにしたがって義務を履行しなければならない（同条2項）。

　(2)安全を保障する義務：①事業者は，その提供する商品やサービスの安全性を保証しなければならない。また，消費者の生命や財産の安全に危険を及ぼすおそれのある商品やサービスについては，事業者が消費者に対してその説明と明確な注意喚起をして，商品の正確な使用方法，サービスの利用方法，危険防止の方法を説明しなければならない（17条1項）。②事業者は，その提供した商品やサービスに欠陥を見つけ，消費者の生命や財産に危険を及ぼす可能性がある場合には，主務官庁にそれを報告するとともに，消費者に告知し，販売停止やリコール等の対応措置を講じなければならない（19条）。

　(3)品質保証の義務：事業者は，商品やサービスを通常の方法で利用した場合にその商品やサービスが有すべき品質や性能等を保証しなければならない。ただし，消費者が瑕疵の存在について知っており，かつ強行法規に違反しないのであれば，事業者は品質保証の義務を負わない（23条1項）。自動車，コンピューター，テレビといった家電製品等の瑕疵については，購入後6カ月以内であれば，事業者は瑕疵がないことの立証責任を負う（同条3項）。

　(4)返品・交換・修理を履行する義務：商品やサービスに品質上の問題があった場合には，消費者は法令や当事者間の取り決めにしたがって返品するか，事業者に交換や修理等を求めることができる。法令または当事者間の取り決めがない場合には，消費者は商品購入後7日以内であれば返品することができる（同法24条）。また，事業者がインターネット，テレビ，電話，郵送等の方式で販売する商品については，消費者は商品が届いてから7日以内であれば，理由の有無を問わず返品することができる（25条1項。いわゆるクーリングオフ）。

　(5)情報を合法に収集し使用する義務：事業者は，消費者個人の情報を収集し，利用するには，合法・正当・必要の原則にしたがって，情報の収集・使用の目的，方式または範囲を明示し，消費者の同意を得なければならない（29条1項）。事業者は，収集した消費者の個人情報について，厳格に秘密保持し，漏洩や販売または他人への提供をしてはならない。情報の流出や窃盗が生じた場合には，事業者は直ちに救済措置を講じなければならない（同条2項）。　　（楊　林凱）

▷1　ほかにも，消費者の権利が定められている。例えば，生命や財産上の損害が生じた場合における補償を受ける権利（11条），自らの権利を守るために消費者団体を設立する権利（36～37条），正しく商品を使い，自己保護の意識を高めるために消費者教育を受ける権利（13条），自己の意思にしたがって事業者や商品等を選ぶ権利（同条2項）などがある。

▷2　ほかにも，事業者の義務が定められている。例えば，消費者からの監視・監督を受ける義務（17条），商品やサービスに関わる真実の情報を提供する義務（19条），商品やサービスの品質等を明らかにし，消費者の権利制限や事業者の責任の軽減をしないように約款等を正確に使用する義務（26条1項，2項）などがある。

6 商業銀行法

▷1　例えば，金融許可証管理規則（2003年制定，2007年最新改正），商業銀行キャッシュカード業務監督管理規則（2000年制定），貯蓄管理条例（1992年制定，2010年最新改正），同業者間借入管理規則（2007年制定），預金保険条例（2015年制定）がある。

 1　現行法制

　商業銀行をはじめとする金融機関は，経済社会のために欠かせない役割を果たしている。昨今，電子決済の普及やブロックチェーン技術の進化，デジタル通貨の始動など銀行を取り巻く経済環境は大きく変化している。中国では，金融秩序を維持し，金融資産の質を高め，商業銀行や預金者などの利益を保護するために，商業銀行の業務の規律や監督などに関する法整備が進められてきた。例えば，商業銀行法（1995年制定，2015年最新改正）などがこれにあたる。

2　商業銀行設立条件等

　商業銀行法は，企業法に分類されるが，商業銀行は設立条件を満たした上で監督庁による許可がなければ設立することができないとしている（11条1項）。設立条件は次のとおりである。①同法および会社法が定める定款，②最低登録資本金，③専門知識および実務経験を有する経営管理者，④健全な組織機構および管理制度，⑤事業に必要な施設など（12条1項）。

　(1)最低登録資本金：最低登録資本金は，全国に展開する都市銀行については10億人民元，地方銀行については1億人民元，農村部商業銀行については5000万人民元とそれぞれ定められる（13条1項）。監督庁は，必要に応じてその額を引き上げることができる（2項）。

　(2)支店の設立：商業銀行は，監督庁による許可を得て支店を設置することができる（19条1項）。各支店の運営資金の合計額は，当該銀行の資本金額の60％を上回ってはならない（2項）。

3　商業銀行の事業内容

　(1)業務の種類：商業銀行は，①資産業務（固有資産をもって資金の貸付や資産運用などをすること），②負債業務（預金の受入れなど），③中間業務（決済など）を行うことができる（3条）。

　(2)資産負債の比率管理：商業銀行は次のとおり資産負債の比率をコントロールしなければならない（39条）。①自己資本比率は8％を下回ってはならない，②流動資産と流動負債の流動比率は25％を下回ってはならない，③同一の借入者に貸し付けた金額は銀行資本残額の10％を超えてはならない。

(3)投資業務のリスクマネジメント：分業管理の金融政策により，中国の商業銀行は投資信託や証券業務を行うことはできず，自社用以外の不動産やノンバンク金融機構，企業に投資してはならない（43条）。

(4)担保の処理ルール：貸付金が返済されない場合には，商業銀行は保証人に対して元金と利息の弁済または担保物からの優先弁済を受けるよう請求することができるが，抵当権や質権の行使によって取得した不動産や株式は，取得日から2年以内に処分しなければならない（42条2項）。

(5)手数料の設定ルール：商業銀行は，金融サービスの提供につき関係法令により手数料を請求することができるが，手数料の項目や基準は，監督庁と中央銀行がそれぞれ中央政府の価格主務官庁と協議し決定される（50条）。

④ 預金者の保護

(1)守秘義務など：商業銀行は，預金者の財産内容について秘密を保持する義務を負い，法令に別段の定めがある場合を除き，他人による情報請求や口座凍結などを拒まなければならない（29条）。預金金利は中央銀行が公布する預金金利の下限値と上限値にしたがって決められる（31条）。また，商業銀行は，中央銀行に法定準備預金額を預け入れなければならない（32条）。

(2)商業銀行の接収など：信用危機が生じまたは生ずるおそれのある銀行に対しては，監督庁が必要な措置をとり，当該銀行の事業能力を回復させ，預金者を守り，当該銀行を接収することができる（64条）。

⑤ 商業銀行に対する監督管理

(1)行政責任と刑事責任：商業銀行に①無許可支店の設立，②無許可公債の取引，③金融債券の発行・売買，④虚偽記載のある会計書類の提出など違法行為があったときは，行政処分（改善命令，業務停止，免許の取消し）および過料が科され，さらに刑事責任が問われることもある（74条，75条など）。

(2)情報開示の強制：監督庁は，商業銀行に対して，①計算書類（54～58条）の提供，②立入検査（コンピューターシステムの解析などを含む），③経営者ヒアリング，④ディスクロージャー（会計報告，リスク管理状況など）を命じることができる（59～62条）。

(3)業務改善命令：商業銀行はリスク管理や内部統制システムを構築しなければならず（59条），プルーデント（慎重）な経営の原則（12条2項）に違反した商業銀行には，監督庁が期限付きの改善を命じることができる（13条2項）。

(4)中央銀行の監督権限：監督庁が中央銀行やその他の金融監督庁と情報共有の体制を構築することにより，中央銀行も権限範囲内で効果的に監督を行うことになる。例えば，商業銀行が許可なく海外で貸付業務を行った場合には，中央銀行は業務改善等を命じることができる（76条，77条）。　　　　　（楊　林凱）

社会保険法

① 現行法制と社会保険法の一般規定

中国の社会保障制度は，社会保険，社会救済，社会福祉，戦没者・軍人遺族・傷痍軍人・退役軍人特別優遇措置などによって構成されている。そのうち社会保険は，労働能力や雇用の機会を失って就労できない労働者に対して，国家等が基本的な生活に必要とされる経済的援助を行うシステムであり，社会性・強制性・福祉性の特徴を有し，主に社会保険法（2010年制定，2018年改正）および社会保険法の実施に関する若干規定（2011年公布。以下「規定」という）等がある。

(1)種類：社会保険には基本養老保険，基本医療保険，労災保険，失業保険，出産・育児保険があり，国がそれらを実施する義務を負う（2条）。

(2)拠出義務・被保険者の権利：事業主と労働者は，法令にしたがって社会保険料を納付する義務を負い，主務部門に納付記録等の情報や相談を求める権利を有する（4条）。また，国は社会保険資金を調達する（5条2項）。

(3)監視・監督：中央政府や省級地方政府は，社会保険基金監督管理制度を設け，社会保険基金の安全・効率よい管理を図り，労働組合などステークホルダーが社会保険基金の管理・運用を監視・監督する（6条，9条）。

② 基本養老保険

(1)拠出等：事業主（賃金総額の14～21％）および労働者（賃金額の8％）は養老保険料を納付しなければならず，個人事業者や非正規労働者も養老基礎保険に加入することができる（10条1項，2項，12条）。また，中央政府と各地方政府の財政が養老保険基金の不足分を補う（11条2項，13条）。

(2)給付：納付期間が満15年以上の労働者が定年退職したときに，月ごとに給付される（16条1項）。給付額は，平均賃金や物価の変動に応じて引き上げられる（18条）。死亡時個人の積立分残額は相続される（規定6条2項）。

(3)特殊な養老保険：**二元的社会構造**[1]に対応する新型農村養老保険および都市部住民養老保険が導入され，省級政府がこれを運営する（社会保険法22条）。

③ 基本医療保険について

(1)拠出等：事業主（賃金総額の6％）および労働者（賃金額の2％）は医療保

▷1　二元的社会構造
統制経済における戸籍制度から由来し，国家政策的に社会を都市部（非農業戸籍）と農村部（農業戸籍）に分け，農村部を都市部に属させることによって生じる地理空間的・経済的・産業的等の格差状況をいう。

険料を納付しなければならず，個人事業者や非正規労働者も基本医療保険に加入することができる（23条）。

(2)給付：被保険者治療のための所定の薬剤，検査・治療，施設料，救命救急等にかかった費用は基本医療保険基金の負担とし（28条），社会保険庁が医療機関に直接精算する（29条）。しかし，労災保険や公共衛生が負担すべき医療費または国外の治療費は，基本医療保険が適用されない（30条）。

(3)特殊な医療保険：二元的社会構造に対応する新型農村互助医療制度（24条）および都市部住民基本医療保険（25条1項）が創設され，生活保護受給対象者や身体障がい者などの個人拠出分は補塡される（同条3項）。

４ 労災保険

(1)拠出：事業主（賃金総額の0.5〜2％）は労災保険料を納付しなければならず，労働者には納付義務がない（33条）。

(2)受給条件：労働者は，労災認定されたときに労災補償を受け，労働能力が喪失認定されたときには障害補償給付を受けることもできる（36条）。

(3)除外要件：被保険者の犯罪行為，飲酒，薬物使用，自殺等による傷害・死亡は，業務上であっても労災認定されない（37条）。また，労災の治療期間に発生する給与・福祉，5・6等級の障害手当，労働契約の解除等による一時就職補助は，事業主の負担となる（39条）。

５ 失業保険

(1)拠出：事業主（賃金総額の2％）および労働者（賃金額の1％）は失業保険料を納付しなければならない（44条）。

(2)給付要件：失業保険を受けるには，次の要件すべてを満たすことが必要である（45条）。①保険料の納付が満1年以上，②労働者の意思によらない雇止め，③失業届の提出および再就職の意思があること。

(3)給付基準：保険料納付期間によって，失業保険の受給期間が異なる。

６ 出産・育児保険

(1)拠出：事業主（賃金総額の0.5〜0.8％）は出産・育児保険料を納付しなければならない（53条）。

(2)給付対象者：出産・育児保険は，保険料を納付した事業主の従業員またはその無職の配偶者も給付を受けることができる（54条1項）。

(3)給付の種類・内容：出産・育児保険の給付は，医療費と手当によって構成される（54条2項）。医療費には，出産・育児医療費，計画出産医療費その他の費用があり（55条），出産・育児手当には，女性従業員の産休，計画出産に関する手術後休暇，その他がある（56条）。　　　　　　　　　　（楊　林凱）

▷2　職工労災と職業病障害等級鑑定基準は，労働能力の全喪失を1〜4級とし，労働能力の大部分喪失を5〜6級とし，労働能力の部分喪失を7〜10級としている。5等級の障害手当は賃金の7割，6等級の障害手当は賃金の6割となる。

▷3　例えば，①納付期間が1〜5年の場合，受給期間が最大12カ月，②納付期間が5〜10年の場合，受給期間が最大18カ月，③納付期間が10年以上の場合，受給期間が最大24カ月となる（社会保険法46条）。

労働契約法

① 現行法制

　現行中国労働法制の整備は1950年代に労働組合法からスタートし，1980年代国有企業における労働契約制や1990年代社会主義市場経済が導入されてから急ピッチで進められてきた。そのうちの労働契約の締結，変更，終了や解雇権濫用・整理解雇要件に関する法制は，労働契約法（2007年制定，2012年改正）および同法実施条例（2008年公布）によって構成されている。公務員・準公務員や民法上の雇用契約が適用される家政婦・家庭教師等を除き，労働契約の有無を問わず，労働関係は労働契約法による（2条）。

② 労働契約の種類

　労働契約には，期間の定めのある有期労働契約，期間の定めのない無期労働契約および一定の業務の完成をもって終了する労働契約の3種類がある（12条）。同一の事業主に10年以上継続雇用され，または3回目の有期労働契約が更新されるときに労働者から無期労働契約への転換が請求された場合には，使用者は無期労働契約を締結しなければならない（14条1項，2項）。

③ 労働契約の書面主義と記載事項

　労働者保護や労使双方の権利・義務の確定のため，労働契約の締結は原則として書面をもって行わなければならない（10条1項）。ただし，例外としてパートタイム労働契約については口頭での締結が認められる（69条1項）。労働契約の記載事項について，(1)絶対的記載事項：次の事項は，労働契約に記載しなければ効力を有しない（17条1項）。①事業者の名称，住所および法定代表者もしくは主な責任者，②労働者の氏名，住所および住民身分カードもしくはその他の身分証書，③労働契約期間，④仕事内容・場所，⑤労働時間および休息・休暇，⑥給料，⑦社会保険，⑧職業安全衛生，⑨その他。(2)相対的記載条項：次の事項は，労働契約に定めることはできるが，定めなければその事項の効力は認められない（17条2項）。①試用期間，②研修，③守秘義務，④補充的社会保険，⑤福利厚生，⑥その他。

▷1　事実労働関係の成立後1カ月が過ぎても書面による労働契約を締結しなければ，使用者には賃金額の2倍に相当する補償金を労働者に支払う義務が生じる（10条1項）。さらに，労働者が1年雇用されても書面による労働契約の締結に至らない場合，無期労働契約が締結されたと見なされる（14条3項）。

▷2　1日4時間・1週間に24時間労働の職種についてパートタイム労働者を雇用することができる（68条）。

④ 違約金の制限

労働契約に服務特約遵守義務（22条），守秘義務または競業避止義務（23条）に関する定めがある場合には，使用者は違約金を定めることはできるが，それ以外の事項について違約金を労働契約に定めてはならない（25条）。

⑤ 労働契約の解除

(1)労使合意による解除：労使合意があれば労働契約はいつでも解除できる（36条）が，使用者による解除の場合には，法にしたがって経済的補償を支払う必要がある（46条）。

(2)労働契約の予告解除：労働者は，理由を問わず30日前（試用期間中なら3日前）をもって書面通知で労働契約を解除することができる（37条）。また，使用者は，法定事由に該当する労働者に対して30日前までに書面で通知しまたは1カ月の賃金に相当金員を支払って解除することもできる（40条）。

(3)労働契約の随時解除：使用者が以下の法定事由に該当するとき，労働者は理由を示して労働契約を解除することができる。①賃金満額の支払を怠った場合，②労働契約に定めた安全衛生措置が提供されなかった場合，③社会保険料が納付されなかった場合（38条1項）。また，労働者が法定事由に該当した場合には，使用者は労働組合に通知して労働契約を解除することができる。法定事由とは，①試用期間中に採用条件を満たしていない場合，②就業規則に著しく違反した場合，③有罪判決をうけた場合である（39条）。

(4)労働契約の即時解除：使用者が法定事由に該当するときは，労働者はただちに労働契約を解除することができる。法定事由とは，①使用者が暴力や人身自由を妨げる手段で強制労働を行った場合，②使用者が法令違反や強制命令をして労働者の生命・健康に危険を及ぼした場合である（38条2項）。

(5)整理解雇：企業再編等で20人以上または従業員総数の10％を上回る人員削減を行うときは，使用者は30日前までに労働組合等に事情を説明して意見を聴収し，労働行政部門に報告し整理解雇を行うことができる（41条1項）。

⑥ 非正規雇用における労働者派遣

使用者は，臨時的（6カ月以内）・補助的（主な職種のサポート役割）・代替的（正規労働者が業務に従事できない期間）な場合のみ派遣労働者を使うことができる（66条）。また，同一の職種に従事する正規労働者と派遣労働者の待遇については，同一性質労働同一賃金の原則が採用され（63条1項），この原則にしたがって派遣元と派遣労働者との労働契約，派遣元と派遣先との委託契約において賃金額を定めて記載しなければならない（同条2項）。 (楊 林凱)

▷3 例えば，労働者が疾病治療の後に職場復帰したが，従来の業務および配置された職務を全うできなかった場合（40条1項（一）），労働契約締結時の事情に重大な変化が生じ，労働契約の履行が，労働契約変更に労使間の合意ができなかった場合（同項（三））。

▷4 整理解雇の救済措置として，人員削減の際に，比較的長期にわたって雇用される従業員，家庭内における唯一の稼ぎ手，老人や未成年者を扶養する従業員を継続雇用しなければならない（41条2項）。ふたたび求人を行う場合，同条件で削減された労働者を優先的に採用しなければならない（同条3項）。

▷5 中国では非正規雇用には労働者派遣およびパートタイム労働があり，有期労働は含まれない。

環境保護法

① 現行法制

　中国では環境問題についてステークホルダー（公的機関・企業・コミュニティ・個人）のインセンティブ・イノベーションを活かし，事前予防・事後救済が図られている。その中でも，関係法整備は量から質にシフトしている。環境保護法制[▷1]は，主として次のものによって構成されている。憲法（2018年改正）[▷2]，民法典（20年制定）[▷3]，環境保護法（1989年制定，14年最新改正），海洋環境保護法（82年制定，17年最新改正），水汚染防止法（84年制定，17年最新改正），大気汚染防止法（87年制定，18年最新改正），森林法（84年制定，19年改正），草原法（85年制定，13年改正），固体廃棄物環境汚染防止法（95年制定，20年改正），環境騒音汚染防止法（96年制定，18年改正），環境影響評価法（02年制定，18年最新改正）である。

② 環境保護法の基本原則

　(1)環境保護と経済社会の調和的発展の原則：環境保護は基本的な国策として位置づけられ（環境保護法4条1項），国は持続可能な発展を目指す科学的発展主義に基づいて資源の循環利用や環境保護に関わる政策や措置を講じることにより，人と自然や環境保護と経済発展の調和を実現する（同条2項）。

　(2)予防第一・予防と改善の融合の原則：環境問題を未然に防ぐことは環境保護においてもっとも重要なコンセプトであり，環境リスク・ガバナンスにおいて国民の参加（同法6条）や加害者負担が求められる（同法5条，13条）。同原則は，①環境影響評価制度，②「三同時」制度，③汚染物質の排出許可制度，④期限付きガバナンス制度，⑤汚染排出費徴収制度等によって担保される。

　(3)自然資源の合理的利用の原則：自然資源の節約と持続可能な利用が重要視される（同法31条）。また，「コモンズの悲劇[▷4]」を避けるために，国は①自然資源を生態系の法則に基づいて利用し，②自然資源利用率を向上させ，③自然資源に関する財産権制度を整備し，④GDP至上主義を是正する。

　(4)汚染者負担の原則：自然資源の利用により環境汚染または自然資源の破壊が起きたときは，環境に損害を与えた者が法令にしたがって損害賠償等責任を負わなければならない（同法5条後段）。

　(5)国民参加の原則：国民は環境情報を知り，環境保護に参加し，環境行政を監督する権利を有する（同法53条1項）。また，国民は環境問題や生態系破壊行

▷1　中国の現行環境法制の統計データ：法律13，政令30，省令・通達等88，国家環境基準2140，地方環境基準266（2020年6月30日中国生態環境省記者会見公表，https://www.xinhuanet.com/energy/2020-06/30/c_1126177331.htm）。

▷2　具体的には9条・10条・22条・26条である。

▷3　具体的には9条・286条・326条・346条・558条・619条・1229〜1235条である。

▷4　コモンズの悲劇
経済学上の法則であると言われ，共有資源の過度な利用は一部の利用者の利益になるが，最終的に資源の枯渇を招き，全体の利益を失う。アメリカの生物学者ギャレット・ハーディン（Garrett Hardin）が1968年にサイエンス誌に発表した論

為を環境行政に告発することができ（同法57条1項），環境行政の権限濫用に対しては，国民は上級行政機関または監察機関に告発することができる（同条2項）。さらに，適格団体は環境公益訴訟を提起することができる（同法58条）。

③　環境保護法の主な制度

(1)環境影響評価制度：生態環境に影響を及ぼす恐れのある事業プロジェクトや建設工事は，事前に環境行政部門などの評価機構による環境影響評価を受けなければならない（同法19条）。持続可能な発展や環境問題の予防を目的とする同制度は，環境影響評価法によってさらに整備されている。同法は，環境影響評価報告書等の認可を受けずに着工した事業者に対して，工事の一時中止命令や原状回復命令や過料などの行政処分を定めている（環境影響評価法31条）。

(2)「三同時」制度：建設プロジェクトにある汚染処理施設は，プロジェクトの主体工事と同時に設計し施工し稼働しなければならない（環境保護法41条）。これを「三同時」制度という。また，汚染処理施設は環境影響評価を受け，環境行政部門の同意がなければ同施設を停止または解体してはならない。

(3)汚染物質排出料の徴収制度：汚染排出を減らすために，事業者は，汚染物質を排出するときは法定の環境保護税を納付し，政府は，同財源を環境問題対策費に当てなければならない（同法43条）。課税対象となる汚染物質には，大気汚染物質，汚水，固形廃棄物および基準超過の騒音が含まれている（環境保護税法3条）。また，汚染物質の排出は，環境行政部門による許可内容にしたがって実施しなければならず，許可がなければ汚染物質を排出してはならない（環境保護法45条）。さらに，国は，指定汚染物質の排出について総量規制を実施し，規制値を超えた地域に対して省レベルの環境行政部門が排出総量超過に関わる新規建設プロジェクトの環境影響評価書類の審査を中止する（同法44条）。

(4)環境に関する基準制度：環境保護省が国家レベルの環境基準を定め，そのような基準の定めがない項目については省レベルの環境行政部門が地方環境基準を定めることができる（同法15条）。また，環境保護省が環境基準等に合わせて汚染物質排出基準を定め，その基準の定めがない項目については省レベルの環境行政部門が地方汚染物質排出基準を定めることができる（同法16条）。

(5)クリーン生産および資源の循環利用制度：国は，環境保護のためにグリーン生産および資源のリユースを促進する（同法40条）。さらに，循環経済促進法（2008年制定，18年改正），クリーン生産促進法（2002年制定，12年改正），再生可能エネルギー法（2005年制定，09年改正）など関係法が整備されている。

(6)緊急環境事件の処理制度：環境行政部門と事業者は，突発事件対処法にしたがって緊急環境事件のリスクをコントロールし，応急措置や事後回復を行わなければならない（同法47条1項）。具体的には，突発環境事件応急管理規則にしたがって，環境負荷を最小限に止めるように処理する。　　　　　　（楊　林凱）

文　「The Tragedy of the Commons」による（https://science.sciencemag.org/content/162/3859/1243）。

▷5　環境影響評価には，地域等の開発プランに関するもの（環境影響評価法7条～15条）と建設プロジェクトに関するもの（同法16条～28条）がある。環境行政が建設プロジェクト環境影響評価を環境影響度によって分類して管理する。

土地管理法と都市部不動産管理法

1 現行法制

人口が多く，農業社会としての歴史が長い中国では，土地はきわめて稀少な資源である。現行民事法等により，土地については個人には使用権等の用益物権しか付与されておらず，土地の所有権は，国または**農民集団**[41]に付与されている。土地所有権や使用権および建設用地の管理については，土地管理法（1986年制定，2019年最新改正）およびその実施条例（91年制定，14年最新改正）が，都市部の不動産開発，不動産売買等および登記の管理については都市部不動産管理法（94年制定，19年最新改正）が，農村土地の請負経営については農村土地請負法（02年制定，18年改正）によって定められている。

2 土地の所有権

都市部の土地は国家により所有され，農村部および郊外の土地（住宅用地・農業生産用土地）は，国有の部分を除いて農民集団によって所有される（土地管理法9条）。また，農民集団の有する土地所有権について，①村の農民集団が所有するときは，**農村集団経済組織**[42]または村民委員会が土地を管理・運用し，②同一の村の複数の集団経済体が所有するときは，各農村集団経済組織または村民グループが管理・運用するものとし，③郷等（村を管轄する農村地域区画）の農民集団が所有するときは，郷等の農村集団経済組織が管理・運用する（11条）。国有土地の利用は，原則として有償である（2条5項，54条）。

3 集団土地使用権

(1)集団土地使用権の処分と取戻し：非農業土地の利用については，農民集団が所有している土地の使用権は，村民会議の特別決議で譲渡または賃貸することができる（63条2項）。また，次の事由に該当するときは，農村集団経済組織は，現地政府の許可を受けて土地の使用権を取り戻すことができる（66条）。①農村の公共施設の建設または公共利益のために当該土地を使用する必要がある場合，②所定の目的にしたがって土地が使用されていなかった場合，③取消しまたは移転等の理由で土地の利用が停止されている場合，前述①の場合には，土地使用権者に対して適切な補償を行う必要性がある。

(2)集団土地の請負経営制：農村集団や国が所有する土地については，農林水

▷1 **農民集団**
土地所有権における集団所有の主体であり，関係法においてその定義が明らかにされていないが，集団所有の対象財産（民法典260条），農民集団構成員による所有および意思決定事項（261条），農民集団所有権の代表行使（262条）等について明らかにされている。

▷2 **農村集団経済組織**
法により法人格を取得し（民法典99条1項），特殊法人と分類され（96条），世帯請負経営制を基本とする統合と分離の二層型経営を採用する（330条）。1つの村に複数の農村集団経済組織が存在することは可能である（262条（二））。

産業の目的で（世帯）請負経営制が認められている（13条2項）。農村集団経済体の構成員または外部の事業者や個人には，請負契約の締結（3項）や入札等（1項前段）によって請負経営権が与えられる。請負経営期間は，耕作地は30年，牧草地は30〜50年，林地は30〜70年とされている（同条1項後段）。

　(3)耕作地の保護：法は，土地の用途に応じて農用地，建設用地および未利用地に分けて規制し，特に耕作地を保護する（4条1項，2項）。耕作地は，許可を受けて非農業の目的で占有されることができるが，利用者は開墾費を支払うか占有面積等に相当する耕作地を開墾する義務を負う（30条2項）。また，永久基本農用地制度の確立によって，対象となる耕作地は**永久基本農用地**として厳格に保護される（33条1項）。

4　建設用地の管理

　(1)公共的利益の範囲：農民集団が所有している土地については，公共的利益のために，補償を行った上で収用することが可能である（45条1項（一）〜（六））。すなわち，①軍事または外交上の必要がある場合，②エネルギー，交通，水利，通信等のインフラの整備の必要がある場合，③政府が実施する科学技術，教育，生態系環境・資源保護，防災，社会福祉，退役軍人の配置等公共事業の必要がある場合，④政府が実施する貧困扶助・移転，住宅保障プロジェクトの建設の需要がある場合，⑤土地利用の全体プランの範囲内で，省レベル以上の政府が許可し，県レベル以上の政府が開発するプロジェクトである場合，⑥法令が定めるその他の事由である。

　(2)建設用地への転換手続：建設用地でない土地を収用して建設用地にするには，行政庁の許可および公平かつ合理的な補償の支払い（48条1項）が必要である。例えば，永久基本農用地または35ヘクタール超の耕作地もしくは70ヘクタール超のその他の土地は，国務院（中央人民政府）の許可がなければ収用して国家建設用地にすることはできない（46条1項）。このほか，農村建設用地または臨時的な建設用地への転換についても，現地政府の許可を経なければ収用することはできない（61条）。

5　国有土地使用権の取得

　(1)有償取得：国が国有土地使用権を一定の期間で利用者に譲渡するときは，利用者は対価として国に土地使用権譲渡金を支払わなければならない（都市部不動産管理法8条）。土地使用権の譲渡は，競売，入札または協議で行うことができ（13条1項），使用期間は国務院により定められる（14条）。

　(2)払下げ取得：土地利用者は，地方政府等の許可を得て補償費等を支払いまたは無償で土地使用権を取得することができる（23条1項）。関係法に特段の定めがなければ，使用期間に制限はない（23条2項）。　　　　　　　　　（楊　林凱）

▷3　永久基本農用地
①穀物等重要農産物の生産拠点内にある耕作地，②整備された水利等施設のある耕作地，改良計画中・改良中の中低生産量の耕地または既存の良質な耕地，③野菜生産拠点，④農業科学研究・教育実験のための農用地などに限定される。

第 VIII 章

知的財産権法

guidance

　知的財産権をめぐっては，近年，中国国内でも中国と他の国々との関係の中でも大きな問題として提起されている。それに対応するために，中国政府は，知的財産権を保護するための立法を積極的に行うと同時に，司法レベルと行政レベルでも，知的財産権保護に躍起になっている。本章はこのような動向にある中国の知的財産権法を対象とする。

　「知的財産権法」と言っても，他の法律と違って，それは一つの法律でその内容のすべてを集中的に定めているわけではない。一国の知的財産権法は，通常，複数の法律の中で定められている場合が多い。中国も同じである。そのため，本章では，中国での知的財産権の保護に関わるいくつかの主な法律を中心に解説する。

　まず，第1節では，中国での知的財産権法全体を概観し，その特徴を明らかにする。次に，第2節から第4節までは，知的財産権法の主な内容である著作権法について，その概要，著作権の内容，取得，保護について説明する。そして，第5節から第7節までは，専利法について，その概要，専利権の客体と主体，取得と保護について述べる。最後に，第8節から第10節までは，商標法について，その概要，商標権の取得・保護と消滅についてを取り上げる。（張　青華）

知的財産権法の概要

　知的財産権の由来

　「知的財産権」という語は，17世紀中期の欧州の学術書にはじめて登場するが，法律用語としては英語の「intellectual property」に由来している。その後，知的創造活動の活性化と市場経済の発展に伴い，各国は徐々に知的財産権の重要性を認識し，知的財産権に関する研究が盛んに行われるとともに，「知的財産権」にもさまざまな名称が現れてきた。例えば，知的成果権，智慧財産権，無形財産権，非物質財産権，準物権，記号財産権などである[1]。

　こうした多様な名称の出現は，人々にとって知的財産権という新しい概念と性質について統一した認識が欠けていたことを物語っている。そして，1967年にストックホルムで締約された「世界知的所有権機関設立条約」を機に，「知的財産権」はようやく国際的通用概念として定着したのである。中国も1980年に同条約に加盟して以来，「intellectual property」を「知識産権」と訳し，正式な法律用語としてその後の立法で使われるようになっている。

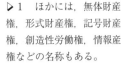　知的財産権の概念

　知的財産権は，人々がその知的創造成果，経済活動中の工業・商業の標識および商業的な信用などについて，法律に基づき享有する権利である。知的財産権の概念を正確に理解するには，いくつかの注意点がある。まず，知的財産権の客体は有形な物質ではなく，知的成果または商業的な信用などの非物質的なものである。

　次に，知的財産権を文字通りに「知識に対する財産権」として理解してはならない。なぜなら，あらゆる知識に対して知的財産権を認められるわけではなく，法律によって規定された形態と特徴をもつ特定の知識のみが，知的財産権の客体として認められるからである。例えば，歴史や地理の知識などは，本来は誰かの専有財産になれるはずがないから，知的財産権とは無縁である。

　最後に，知的財産権という用語は，知的創造活動によって生み出された知識だけが，知的財産権の客体となるという印象をもたれやすい点である。この理由で，知的財産権が長い間，世界中で「知的成果権」と呼ばれてきたが，実際には一部の知的財産権の客体は，知的創作活動と直接的に関係しないものである。例えば，自然界に溢れる花々，動物のモチーフや奇石の模様，または流行語などを商標として登録出願すれば，商標権を取得できる。このように，知的

財産権については，さまざまな側面から理解する必要がある。

③ 知的財産権の特徴

　知的財産権は，新型の財産権として所有権などの伝統的な財産権と比べ，客体の非物質性，専有性，地域性と時間性を備えているといった特徴がある。

　客体の非物質性とは，知的財産権の客体が物質的形態を有しない著作物や発明創造，意匠，商業信用などであり，それらは有形物質に依存しているが，知的財産権の客体は物質そのものではなく，それに現された非物質の知的成果である。例えば，1冊の300頁の小説は，300頁の紙全体が物権の客体となる有形物質であるのに対し，300頁の紙に印刷された文字図形などで現されたものが知的財産権の客体になる。

　専有性とは，独占性や排他性ともいい，知的財産権所有者の許諾または法根拠がなく，他人が権利者の知的成果を無断に使用してはならないことである。

　地域性とは，国際条約，2カ国または多国協定上の特別な規定がなく，ある知的財産権がその権利取得国の領域内だけで保護を受けられることである。

　時間性とは，知的財産権の保護期間が法律で定められており，この期間を超えた後に保護を受けられなくなることである。

　最後に注意すべき点は，各種の知的財産権がすべての特徴を備えているわけではない。例えば，商標権の地域性は単独に特別な規定があり，産地標識権は完全な専有性を有しない，商業秘密は保護期間の制限を受けない。このように，本質的に客体の非物質性だけが各種知的財産権の共通した特徴といえる。

④ 知的財産権法制度の確立

　中国の知的財産権法体制の構築は，清王朝末期からすでに始まった。西洋資本主義諸国の侵入が中国の民族資本主義の発展を推し進めた背景の下で，清王朝はやむを得ず社会変革を受け入れ，知的財産権法を含む近代法体制の構築に着手した。それらの知的財産権の関連法令は，後の中華民国臨時政府，北洋政府と国民政府により受け継がれたが，当時の社会経済状況の下では十分に実施することができなかった。

　1949年，新中国の誕生に伴って，民国政府の旧法が廃止され，公有制の社会主義経済体制が推奨されたため，知的財産権法制度の発展の土壌が失われた。このような状況が1978年の中共11期3中全会まで続いたが，それ以後の約40年間，市場経済と法治体制の再建に伴い，知的財産権法制度が全面かつ迅速に確立された。また，国内立法の展開とともに，中国は多くの知的財産権保護の国際機関と国際条約に積極的に加盟し，国際水準に合わせて国内法の改正を繰り返してきた。このように，約40年近くの努力を経て，社会主義市場経済に適した特色のある知的財産権法制度がほぼ確立された。

▷2　地域性の根本的な原因は，知的財産権が一国の公共政策に応じる法的権利であり，権利取得と保護に関する各国の規定がそれぞれ異なるため，一国の知的財産権が他国で自動的に保護を受けられるものではないのである。

▷3　清王朝政府は，1898年，1904年と1910年において，それぞれ発明創造や商標，文芸芸術創作を主な保護対象とする「振興工芸給奨章程」，「商標登録試行章程」および「著作権律」を公布した。

▷4　中国は1982年，1984年，1990年と1993年において，それぞれ商標法，専利法，著作権法および反不正競争法を公布した。

▷5　中国は，1985年に「パリ条約」，1992年に「ベルヌ条約」と「万国著作権条約」，2007年に「著作権に関する世界知的所有権機関条約」と「実演およびレコードに関する世界知的所有権機関条約」の他にも，著作権，著作隣接権，専利および商標など多方面の専門条約に加盟してきた。

2021年1月から発効する民法典は，知的財産権を物権，債権と一緒に民事財産権として規定し，知的財産権の本質が財産権であると明確に位置づけた。中国の知的財産権法は多くの国々と同様に単独法の形式を採用しているため，著作権法，専利法，商標法，反不正競争法などを個々の立法に分散している。

また，科学技術の発展と社会の進歩につれて，新しい形態の知的財産が次々と誕生し，「集積回路配置設計権」，「植物新品種権」，「地理標識権」および「商業秘密権」といったような新型知的財産権も立法されるようになった。しかし，中国の知的財産権法制度の構築当初は，知的財産権の本質に対する理解が乏しく，政府の各部門の立法作業も相互連携と配慮が不十分であったため，知的財産権法の各基本法などはさまざまな形で制定されていた。すなわち，知的財産権に関する法律法規は，法律，行政法規，政府部門規定，地方法規，人民法院による司法解釈，国際条約と国策のさまざまな形で散在している。

⑥ 知的財産権の保護システム

中国の知的財産権保護システムは行政取締りと司法裁判の併用モデルを採用している。

行政取締りについては，管理機関の繁雑さ，執行困難，規制基準の不統一，部門間・地域間の連携の不足などの問題が従来から指摘されてきた。そのために，2018年に「知財組織改革」が行われ，専利と商標の統合管理，国家知識産権局の再編，国家市場監督管理総局の新設などが行われた。特に知識産権局と市場監督管理総局の職務分担について，知識産権局の職務を主に知財保護，登録出願の関連業務および行政裁決，行政執行の指導などとし，市場監督管理総局の職務を行政執行とすることにより，知的財産権の行政管理と行政執行とが分離され，各機関の優位性と積極性が発揮できるようになり，職務の質と効率の向上につながった。行政取締りは，職権による執行のために効率が良く，直接的に強力な規制ができるほかに，その手続が簡単かつ低コストであるといった長所があり，中国の知的財産権保護の一大特色となっている。

司法による知財保護は，知的財産権の特質と経済文化社会の発展現状に応じて，「保護の強化，分野別対応，適度の厳格さ[46]」を基本方針としている。そのうち，知財の司法裁判における最大の特徴は，知的財産に関する民事，行政および刑事事件をすべて後述の「知識産権法院」で統一して集中的に審理する「三審合一」制度[47]を採用しているところである。この制度は，従来の分別審理の裁判制度に起因する民事，行政，刑事の訴訟手続や裁判基準の矛盾を解消した上に，裁判官の専門能力アップ，司法資源の節約，権利者の経済利益の保護，裁判の効率性と安定性など，積極的な意義をもたらしている[48]。

▷6　保護の強化は司法による知財保護の主な課題および基本として位置づけられており，分野別対応は特定の保護政策や方法，基準を特定の知的財産権に対応させる内在的な要請であり，適度の厳格さは保護レベルを経済文化社会の発展現状に適応させるための根本的な保障である。
▷7　「三審合一」制度　ある知的財産事件が行政訴訟，刑事訴訟に関わる場合，それぞれ行政法廷の裁判官，刑事法廷の裁判官および知的財産権法廷の裁判官が共同で合議体を構成して同一の法廷で集中審理する制度。2008年より上海高級人民法院がその管轄下にある基層法院で知的財産事件の「三審合一」裁判を推進したことをきっかけに，最高人民法院から評価され，全国に普及した。中国の裁判制度上の重要な改革となった。
▷8　「三審合一」制度は，民事的損害賠償，行政処罰および刑事罰金との三者の関係を効果的に調節できるため，裁判において知的財産権利者の経済利益が十分に考慮され，民事的損害賠償を最大限に取得できるようにするものである。

174

7 知的財産権侵害への「臨時救済措置」

　知的財産権の侵害行為は，一般的な民事不法行為と比べ，低コストで行われやすく，事実調査が困難で，損害が拡大されやすいといった特徴がある。これに対し，中国の知的財産権法は，権利者への迅速な救済を保障するために，知的財産権侵害への臨時救済措置を定めている。

　臨時救済措置とは，法院が事件の最終判断を下す前に，予め権利者の権利を保護する措置である。進行中または計画中の権利侵害行為の抑制，重要証拠の保全，損害結果拡大の防止にとって重要な意味をもつものである。臨時救済措置として主に行為保全，証拠保全，財産保全がある。[9]

　行為保全と財産保全は，著作権や専利権，商標権などの知的財産権所有者は，他人がその知的財産権に対して侵害行為を行っていること，または行おうとしていることを証明できる証拠を有し，これをただちに制止しなければ，その合法的権益に回復しがたい損害を被る恐れがある場合，起訴前に人民法院に関連侵害行為の差止めと財産の保全措置命令を要請することができるものである。そして，証拠保全とは，侵害行為を制止するため，証拠が隠滅する恐れがある場合または今後，入手困難な場合，知的財産権所有者およびそれらの利害関係者は，起訴前に人民法院に証拠保全を要請することができるものである。[10]

8 管轄と知識産権法院の創設

　管轄権をいかに決定するかは民事訴訟にとって重要である。[11]一般の民事訴訟と比べて，知的財産権訴訟は「属地管轄」と「審級管轄」の両方で特徴をもつ。

　まず，属地管轄はどの地域の法院が事件を管轄するかの問題である。原則として，権利侵害行為が行われた場所（「加害行為地」）と結果発生する場所（「結果発生地」）を含む不法行為地ならびに被告の住所地の法院は，属地管轄権をもつが，著作権と商標権に関しては，最高人民法院はその司法解釈で**侵害品**[12]の貯蔵地や差押地，押収地も結果発生地に含まれると拡大解釈をしている。

　次に，審級管轄について，通常の民事訴訟は基層人民法院が一審であるが，知的財産権訴訟の場合は原則として中級人民法院が一審となる。例外として，経済発達の地域では，一部の基層人民法院は著作権と商標に関する紛争を解決する能力があれば，高級法院により一審法院として指定される場合もある。また，専利に関する紛争が特に裁判官に高い専門知識を要するため，特定の中級人民法院で審理されるのが原則であるが，最高人民法院は基層人民法院を専利訴訟の一審法院として指定する場合もある。

　最後に，2014年に北京，上海，広州でそれぞれ「知識産権法院」が設けられて，知的財産訴訟に関わる民事，行政，刑事の事件を管轄するようになった。

（張　青華）

▷9　2001年の「著作権法」，「専利法」および「商標法」改正時に，TRIPs協定（Ⅷ-5側注4参照）第50条に依拠すると同時に，英米法系の「臨時禁令（preliminary injunction）」制度にならい，この3つの臨時救済措置を規定した。

▷10　証拠保全の目的の一つは，被申請人による証拠の移転または隠蔽を防止することであるため，通常は被申請人に事前通知を行わず，法院の職権により実施される。それにより，証拠保全の効果が得られる。

▷11　適切な管轄地の確定は，原告の旅費や手間などの訴訟コストを節約できるだけでなく，後に判決を執行することにも有利である。

▷12　**侵害品**
侵害品とは，他人の著作権または商標権を侵害する海賊版著作物や他人の商標を冒用した偽造商品などを指す。侵害品の貯蔵地とは，大量または定期的に侵害品を貯蔵し，隠匿する場所を指す。

著作権法の概要

1 著作権と版権

　著作権は，知的財産権の重点内容として，従来から知的財産権を学ぶ出発点として知られている。「著作権」は，中国ではほぼ同じ意味をもつ「版権」ともいい，著作権者が法により文学，芸術および科学作品に対して享有する各種の専有権利の総称であると定義されている。[1]

　しかし，著作権と版権の2つの法律用語は，その語源を遡ると大きくかけ離れていることがわかる。まず，版権は英米法系の概念であり，その英語原語が「copyright」であることからわかるように，最初は著作権の基本的財産権である複製権のみを意味し，他人の著作物を無断で複製・転用することを禁じるための権利であった。そして，著作権は大陸法系の概念であり，本来の意味が「作者権」（author's right）であるから，著作者自身の人格権保護に重きを置いている。このような違いは，版権が著作物を著作者の普通の財産と見なすのに対して，著作権が著作物を著作者の人格の延伸と精神的反映であると考えるからである。しかし，国際経済の新秩序形成が進む中，特に両大法系の主要国がベルヌ条約[2]に加入してから，両大法系の融合が加速し，版権と著作権は概念上での相違も徐々に縮まってきたのである。中国著作権法の発展は先進国より遅かったが，両大法系制度を同時に取り入れたため，著作権と版権は立法上では全く同じ意味で併用されるに至った。

2 中国近代著作権法制度の発展と沿革

　1840年のアヘン戦争以降，著作権制度も中国に導入されるようになった。中国とアメリカが1903年に上海で締結した「**中米続議通商航船条約**」**第11条**は，[3]中国史上初の著作権に関わる条約であり，近代著作権法制度の契機となった。

　1903年の中米条約を履行するために，1910年に清政府は，中国初の著作権法である「**大清著作権律**」[4]を公布し，同法は両大法系主要国の著作権法を参照したが，立法指導思想はドイツと日本による影響がもっとも大きかった。1911年辛亥革命の勃発により誕生した中華民国でも同法は廃止されることなく，北洋政府より1915年の「著作権法」公布まで適用されていた。その後，国民政府より1928年「著作権法」が公布された。中国台湾地区の現行著作権法は同法をベースに何度か改正してきたものである。

　1　「著作権」の言い方は史料の記載によると，最初は日本で西洋語の「版権」という語彙を「著作権」と翻訳して導入した概念である。20世紀の初期に中国が日本から同概念を取り入れた。

　2　ベルヌ条約
正式名称は「文学的および美術的著作物の保護に関するベルヌ条約」であり，1886年にスイスのベルヌで締結された，著作権を国際規模で保護するための条約である。

　3　「中米続議通商航船条約」第11条
中国国民がアメリカ国内で著作権を取得するには，中国政府は商標保護弁法と規約を援用し，アメリカ国民の著作物である書籍，地図および翻訳を，その登録日から10年以内に中国国内で印刷・販売する専有権利を認める必要があると規定した。

3　新中国誕生後の著作権法制度の発展と沿革

　新中国の誕生後，政府は真っ先に新しい著作権保護制度の構築に着手した。しかし，さまざまな制約を受けて，建国後の長い間，単行著作権法の制定，公布には至らず，著作権保護に関する規定は多くの法律，法規の中に散在していた。そして，1990年になると，最初の著作権法がようやく1990年9月7日第7期全人代常務委員会第15回会議で採択され，1991年6月1日より正式に実施された。同著作権法は，中国社会主義の特色を十分に表し，それと同時に著作権保護の国際原則にも配慮したものである。[45]

　著作権法が公布されて以来，10年ごとに改正されており，これまでに3回の改正がなされた。[46]初回の改正（2001年）は，世界貿易機関（WTO）加盟の現実的なニーズを踏まえて，TRIPs協定[47]の要求に適応するための全面的な改正であった。2回目の改正（2010年）は修正幅が小さく，中米知的財産権紛争に関するWTO裁定を履行するために，関係の条項に対する限定的な改正であった。要するに，2回の法改正は，主にWTO加盟やTRIPs協定などの国際条約に適応するための改正であった。しかし，2020年の第3回著作権法の改正は，従来とは異なり，中国の文化体制改革および社会主義文化・科学事業の発展と繁栄を推進するための自発的なものであって，著作権産業の急速な発展および産業改革の現実的なニーズに応えるためのものであった。

4　著作隣接権

　著作権という概念は，狭義と広義に区別され，広義の著作権には著作隣接権も含まれている。著作隣接権とは，著作物の伝達者が享有する権利であり，他人の創作を基に派生する伝達権として著作権とは異なるが，著作権に関わるゆえ，関連権ともいう。伝達手段の多様化に伴い，著作物の伝達者への保護はますます重要な課題となってきた。

　中国著作権法では，著作隣接権に実演家権，録音録画製作者権，放送組織権を含むと規定されている。実演家権とは，**実演家**[48]が法に則りその実演活動について享有する専有権利をいい，具体的には実演家身分の表示権利や他人に録音録画を許諾し報酬を取得する権利，実演イメージが歪曲されないように保護する権利などがある。また，録音録画製作者権とは**録音録画製作者**[49]が製作した録音録画製品について享有する専有権利をいい，製作者が他人に複製，発行，貸与，情報ネットワークを通じた公衆への伝達を許諾し，かつ報酬を取得する権利を指すものである。放送組織権とは放送事業者（放送局とテレビ局）が法に則りその制作した放送番組に対して享有する専有権利をいい，放送局やテレビ局がその放送するラジオ・テレビ番組の中継放送または音楽・映像媒体への録音録画を他人に許諾する権利を指すものである。

（張　青華）

以下は傍注：

▶4　**大清著作権律**
「通例，権利期間，報告義務，権利制限，付則」の5章に分けられ，計55条から構成されている。

▶5　すなわち，①著作者の合法的権益を十分に保護し，社会主義建設に有益かつ優秀な作品の創作と普及を奨励する。②一貫して社会主義理念を堅持し，国家，事業体および個人の利益を同時に配慮する。③著作権の渉外関係をも規定し，優秀な外国文化を取り入れられるようにする。

▶6　著作権法の第1回改正案は2001年10月27日の第9回全人代常務委第24回会議で採択され，同日公布し実施された。第2回改正案は2010年2月26日第11回全人代常務委第13回会議で採択され，2010年4月1日より実施された。第3回改正案は2020年11月11日第13回全人代常務委第23回会議で採択され，2021年6月1日より実施された。

▶7　Ⅷ-5側注5参照。

▶8　**実演家**
俳優，演出単位またはその他文学，芸術著作物を実演する者で，著作者と同様に人格権と財産権を享有する。

▶9　**録音録画製作者**
最初に録音製品を製作した者で，録画製作者とは，最初に録画製品を製作した者を指す。

著作権の内容

1 著作権の客体

著作権の客体はダイナミックな概念であり，科学技術の発展に伴って進化し，生活スタイルの変化に応じて多様化する。例えば，印刷術の時代における初期の著作物は，主に書籍，絵画，海図，彫刻などであったが，電子技術が現れると，著作物の範囲は写真，映画，ラジオ・テレビ放送番組などに広がり，マルチメディア技術やネットワーク技術が普及した今日では，コンピューターソフトウェア，マルチメディア著作物，デジタル著作物やネットワーク著作物なども著作物の仲間入りをした。

最新の著作権法でいう著作物とは，文学，芸術および科学分野において独創性を備え，かつある形式によって表現できる知的成果であると定義されている。著作権法によって保護されるのは，著作物の思想，感情，操作方法，科学的原理または数学的概念などの要素ではなく，これらの要素を文字や美術，音楽，記号などで表した独創性のある表現形式である。▷1

著作権法第3条では，文学，芸術および科学分野の著作物を9種類に分ける。すなわち，①文字による著作物，②口述による著作物，③音楽，演劇，演芸，舞踊，曲芸芸術による著作物，④美術，建築による著作物，⑤撮影による著作物，⑥視聴できる著作物，⑦工事・建築設計図，製品設計図，地図，見取り図などの図形による著作物および模型著作物，⑧コンピューターソフトウェア，⑨著作物の特徴を具備するその他の知的成果である。

2 著作権保護を受けない対象

著作権法第4条と第5条では，それぞれ出版と伝達してはならない著作物，ならびに著作権法の保護を受けない対象を明確に規定している。前者は著作物の利用方法や内容が法律違反であったり，公共利益を損なうものを指し，後者は独創性に欠けた著作物，または公共領域に属する著作物を指すものである。

具体的な内容は，①違法著作物▷2，②法律法規および公文書▷3，③単純な事実情報，④暦法，汎用的数表，汎用的表および公式が含まれる。ただし，法律法規および公文書の非公式な翻訳文や時事ニュースに基づき創作された著作物は，著作権法の保護を受けられるものである。

▷1　「独創性」は他人の労働成果と区別するカギであり，「独創性」のある表現だけが著作権法上の著作物となりえる。「独創性」には「独」と「創」の2つの要素があり，「独」は労働成果が盗用や剽窃の結果ではなく，著作者により「無」から「有」へと独自で創造されるべきことを要求するのに対し，「創」は労働成果に最低限の「知的創造性」を要求する。

▷2　違法著作物は事後的な概念であり，すなわち著作物が創作された後に自動的に著作権を取得するが，違法著作物であるか否かについては，後に国家著作権管理部門および司法機関によって認定される。

▷3　法律法規および公文書も著作物であるため，そ

③ 著作権の主体と帰属

　著作権の主体は著作物に対して著作権を有する者であり，著作権の帰属は著作権を誰が有すべきかの問題を取り扱うものである。著作権自動取得原則に基づき，著作者は著作物の創作を完了した後，著作権を原始的に取得できるが，いくつかの例外もある。例えば，法人の著作物，特殊な職務著作物および映画著作物の著作権は著作者に属さないし，委託著作物の著作権の帰属について契約により当事者間で約定することもできる。

　著作権の主体は，原始主体と継受主体，完全主体と部分主体，内国主体と外国主体に分けられる。原始主体は著作物を創作した著作者であり，場合によって法人またはその他の組織も著作者と見なすことができる[▷4]。それに対し，継受主体は譲渡，相続，受贈などの法定方式により著作権を取得した者であり，継受主体が享有する著作権は原始主体に由来するものである。完全主体は著作物のすべての財産権および人格権を享有する主体であり，部分主体は著作物の一部の財産権のみを享有する主体である。著作者の相続人がその一例である。最後に，内国主体と外国主体は，著作者の国籍を基準に分けられるものである。内国主体は中国国民，法人またはその他の組織を含むが，その著作物の公表の有無にかかわらず著作権を享有できる。外国主体は国際条約と中国著作権法の規定に基づき，中国で著作権を享有する外国人および無国籍者である。

④ 著作人格権と著作財産権

　著作者が著作物に基づき享有する各種の著作人格権および著作財産権は，著作権制度におけるもっとも重要な内容であり，権利の内容も科学技術の発展と法律概念の変更による影響を大きく受けるため，常に変化している。

　まず，著作人格権（moral rights）は，英米法系国家では精神権利とも呼ばれ，中国著作権法では「人身権」と呼ばれている。すなわち著作者が享有する人格と密接に関わり，財産と無関係の各種の権利である。中国著作権法では，著作者が公表権，氏名表示権，**改変権**[▷5]，**同一性保持権**[▷6]を享有すると明確に規定しており，保護内容と保護期間のいずれも国際的に高い水準に達している。著作人格権は，民法上の一般人格権と同じく一身専属性を有し，原則として譲渡，相続または受贈できないものであり[▷7]，例えば，氏名表示権が本人のみに帰属する。

　著作財産権とは，著作者自身または授権された他人が特定の方法により著作物を使用し，経済的利益を取得する権利をいう。中国著作権法は複製権，発行権，貸与権，展示権，実演権など13種類を幅広く定めている[▷8]。著作財産権の性質は著作人格権と違い，全部または一部の権利を譲渡，相続または放棄できるが，普通の財産権とは異なり，地域や時間などの要素に制限される。

（張　青華）

の著作者も著作人格権を有する。ただし，このような著作物は，国家と政府の意思を表し，個人の知的表現として認められないため，著作者の用益権は法により保護されない。

▷4　原始主体は一般的にその創作した著作物に対し完全な著作権，すなわち著作人格権と著作財産権を享有できるが，例外の場合もある。例えば，著作権法16条2項で規定されている2種類の職務著作物については，その著作者は著作人格権のうちの氏名表示権だけを享有し，他の著作権がすべて法人またはその他の組織に属するとされる。

▷5　**改変権**
著作物を改変する，または他人に授権して著作物を改変させる権利である。

▷6　**同一性保持権**
著作物が歪曲・改竄されないよう保護する権利である。

▷7　ただし，公表権については例外がある。すなわち，著作者の生前の未公表著作物について，著作者が公表しないという明確な意思表示がない限り，著作者の死亡後50年以内に，その公表権を相続人および遺贈を受けた者が行使することができる。

▷8　他にも上映権や放送権，情報ネットワーク伝播権，撮影制作権，翻案権，翻訳権，編集権および著作権者が享有すべきその他の権利の13種類の著作財産権がある。

4　著作権の取得と保護

❶　著作権の取得

　著作権の取得方式については，各国で規定が異なり，主に自動取得制度と登録取得制度の2種類がある。

　中国では，著作権の自動取得制度を採用している^{▷1}。自動取得制度とは，著作物の創作が完了したとき，著作者は自動的に著作権を取得し，著作権の保護を受ける制度をいう。自動取得制度は，その他の手続を必要としないため，「無手続主義」または「自動保護主義」ともいう。中国では，同時に著作物自主登録制度を補足として設けており，著作物登録証書が著作権帰属の初歩的証明として認められるが，登録が著作権取得の前提とはなっていない。

　それに対し，登録取得制度は登録を著作権取得の要件とし，著作者が著作物の登録後にはじめて著作権を取得する制度であり，これを「手続主義」ともいう。登録取得制度は，著作権者の身分を明確に証明できるため，著作権をめぐって紛争が生じた場合，著作権者の合法的権利を有効に保護できる一方，未登録の著作物に十分な保護を与えられず，また登録取得制度を採用していない国々からの著作物は保護を受けられない。登録取得制度は，明らかにベルヌ条約の趣旨と合致しないため^{▷2}，世界でこの制度を採用する国家は少ない。

❷　著作権の制限

　人々の創作意欲を奨励し促進するため，中国著作権法は，著作権者の一連の専有権利を規定している。しかし，社会政策の観点から，著作権者に専有権利を与えると同時に，著作権者，著作伝播者および使用者間の利益のバランスを図り，知識や情報に対する社会的ニーズを満足させるため，特定の状況で他人は著作物を限定的に使用することも許されている。

　中国著作権法は，その使用態様から「合理的な使用」と「法定許諾」の2種類の制限を規定している。「合理的な使用」の場合，著作権者の許諾を得ることも，報酬を支払うこともなく，その著作物を自由に使用できるが^{▷3}，それに対し「法定許可」の場合は，他人が著作物を使用するにあたり，著作権者の許諾を必要としないが，報酬を支払わなければならない。そのほか，中国著作権法は，強制許諾制度を導入していないが，中国がベルヌ条約と世界版権条約に加盟したため，条約における強制許諾に関する規定を援用することもできる。

▷1　中国著作権法第2条において，「中国公民，法人またはその他の組織の著作物は発表の有無を問わず，本法により著作権を享有できる」という自動取得制度を定めている。自動取得制度は，主に大陸法系諸国が採用している制度である。

▷2　ベルヌ条約第3条では，条約加盟国の国民身分を有する著作者は，その著作物の出版の有無を問わず，本条約の保護を受けると規定している。

▷3　中国著作権法は，私的学習・研究または鑑賞での使用，適切な引用，時事ニュースを報道する際の使用，公衆集会における演説での使用，授業での使用な

3　著作権侵害行為

　著作権侵害行為は，著作権者の許諾を得ず，かつ法的根拠がない状況において，無断で著作物を使用，もしくは他の不法手段によって著作権を行使する行為である。著作権侵害行為は，直接権利侵害と間接権利侵害に分けられる。

　直接権利侵害とは，不法行為が著作権法によって保護される著作物に直接的な侵害を与える行為である。中国著作権法では，詳細に列挙する方式を採用しており，他人の著作物の無断使用による発表，歪曲，改ざん，報酬の支払い拒否，著作隣接権の侵害など12種類をあげている。そして，直接権利侵害は，基本的に無過失責任原則を採用し，すなわち行為者の心理状態がどうか，主観的過失があるか否かは，損害賠償金額および救済方法に影響するものの，行為そのものが直接権利侵害の認定に影響を与えるものではない。

　間接権利侵害とは，他人が侵害行為を実行するよう教唆・引誘，もしくは他人による侵害行為の実行を知りながら，その侵害行為に実質的な幇助を与え，著作権を間接的に侵害する行為である。複製と伝播技術が非常に発達している今日では，直接権利侵害行為が発生してからはじめて侵害者の責任を追及するのでは手遅れとなるケースがしばしば起きている。そのため，司法実務においては特定の場合で直接権利侵害にならない行為を間接権利侵害と認定したり，また著作権立法で種々の間接権利侵害行為を具体的に規定したりする国は少なくない。

4　著作権侵害の法的責任

　著作権に法律保護を与え，法に基づき著作権侵害者に法的責任を負わせることは，著作権立法の根本的目的である。中国著作権法では，著作権侵害行為に対する法的責任について，主に民事責任，行政責任および刑事責任がある。

　知的財産権法は民法の範疇に属し，著作権は民事権利の一つである。したがって，著作権侵害の民事責任は，主に侵害行為の停止，影響の除去，公開謝罪および損害賠償などがあげられる。

　そして，特定の権利侵害行為が同時に社会公共利益に害を与えている場合，著作権行政管理機関は侵害者に対し，警告，罰金，違法所得の没収，侵害品および侵害品の製作に用いられる材料，工具，設備の没収などの行政処罰を科すこともできる。行政責任を追及するのが中国の一大特色である。

　最後に，海賊版の書籍，録音録画製品の大量製作・販売，他人の独占出版権付き図書の出版など重大な侵害行為は，著作権者の権益を侵害するだけでなく，市場経済秩序を乱し，社会公共利益に著しく害を与えた場合に，その刑事責任を追及できることもあげておく。この場合，営利目的かつ違法所得が巨額，またはその他の情状が特に重大であることが要件とされる。　　　　（張　青華）

どの12種類の合理的な使用の状況を規定している。ただし，著作者の氏名および著作物の名称を明示しなければならず，かつ著作権者が本法により享有するその他の権利を侵害してはならない。

▷4　そのほかには，他人の著作物の占有，他人の著作物に強引に署名すること，他人の著作物の盗用や剽窃，独占出版権とレイアウトデザインへの権利侵害，他人署名を冒用した著作物の制作と販売，技術措置の回避行為がある。

▷5　中国において知的財産の権利侵害行為が多発しており，また，中国が従来から行政の力を借りて社会問題を解決する伝統があるため，現段階では依然として行政責任に関する規定を留保している。

▷6　1997年刑法改正時に，刑法分則第3章「社会主義市場経済秩序破壊罪」において，「知的財産権侵害罪」が第7節として追加され，そのうち，第217条著作権侵害罪，第218条複製侵害品販売罪が著作権に対する犯罪行為であると規定されるようになった。

5　専利法の概要

① 専利権の概念

「専利」は，英語のパテントに由来し，二重の意味がある。まず，パテントはレター・パテント（公開書簡）の略称であり，「公開」の意味がある。専利制度では，個別の例外を除き，出願者はその発明創造もしくは設計[注1]を社会に公開して，はじめて特許権を取得することが可能になる。そして，パテントには「特別授権」の意味があるため，著作権のような法により自然に生じる権利と異なり，専利権は国の法定専門手続を経てから特別授権されるものである。

したがって，「専利権」とは，国の専利管理機関（中国では国家知識産権局）が，発明者[注2]・設計者[注3]の出願により，社会に公開された発明創造の内容を対象とし，社会に対して法に適合する利益を有する前提において，法的手続を経て，一定の期間内において発明者・設計者に与える排他的権利である。また，専利は多義的で，専利権もしくは一国の専利制度全体を指す場合がある。

なお，詳細は後述するが，中国法における「専利」は，日本法の特許，実用新案，意匠を全部含み，「専利権」は日本法の特許権，実用新案権，意匠権を全部含むため，注意が必要である。

② 専利権の特徴

専利権は著作権と同様に知的財産権であるが，以下の独特な特徴をもっている。①排他性がより強い。例えば，2人が偶然に単独で同じ作品を創作した場合は，2人とも独立した著作権を所有する。一方，2人が偶然に単独で同じ発明創造を完成した場合は，2人のうち先に専利出願をした人のみが専利権者になれる。②社会への技術公開を条件とする。作者は作品を発表しなくても創作を完了した時点で自動的に著作権を所有する。一方，発明者・設計者は専利権を取得するためには，その技術的方案もしくは設計を社会に公開する必要がある。③法定の審査手続を経てから授権される。作者は法に適合する作品を完成させれば自動的に著作権を有し，審査や登録などは不要である。一方，専利権は自動的には生じず，専利管理機関の審査を経て，法定の授権要件に適合することが確認されてはじめて，専利権が発明者・設計者に授権されるものである。④地域性等の制限がより厳しい。まず，一国で専利授権されても他国でも授権されるとは限らない。そして，専利権の保護期間は著作権に比べて著しく短い。

▷1　通常，「発明創造」と合わせて称され，Ⅷ-6 1項で後述するように，「専利法」が保護する3種の対象（客体）の総称である。

▷2　「発明者」は，Ⅷ-6 1項で後述する特許および実用新案を完成した者である。

▷3　「設計者」は，Ⅷ-6 1項で後述する意匠を完成した者である。

また，専利権の権利濫用に対する制限規定は，著作権よりも多い。

③ 専利制度の起源と沿革

専利制度は12～13世紀の西欧諸国で誕生したものであるといわれている。古代中国では技術者を大切にしておらず，専利制度を確立する土壌がなかった。

1984年に「中華人民共和国専利法」がはじめて制定，施行された。その後，中米両国の知的財産交渉で締結した協定に基づき，専利法は1992年に1回目の改正が行われた。2001年，世界貿易機関への加盟および**TRIPs協定**を遵守するため，専利法の2回目の改正が行われた。2008年，自主創造能力の向上，創造新型国家の建設という戦略目標に合わせ，3回目の改正がなされた。そして2020年には4回目の改正も行われた。

④ 専利法の役割

著作権法には創作および作品の伝達を奨励する役割がある。同様に，専利法は，発明創造の運用を奨励する役割があるが，その方法が著作権法より多様である。

(1)発明創造の奨励：専利法は，発明創造者に一定期間内において技術の実施に関する排他的権利を与え，価値ある技術から経済的利益を獲得させることにより，より多くの人々が社会に有益な発明創造に励むように促進する。

(2)発明創造の実用化への促進：一部の専利権者は，市場競争を考慮し，自ら実施せず，他人にも実施させず，専利を放置状態にする。この場合，発明創造の実用化を図れないため，上記(1)発明創造の奨励という目的も実現できない。これに対し，専利法には発明創造の実用化への促進制度がある。まず，専利権者は毎年専利年費を支払う必要があり，この年費は年ごとに高くなるものである。つまり，専利の実用化を図らないと「赤字」状態になりかねないし，時代遅れと思われる専利技術は早く放棄したくなるようにさせる。これにより，発明創造をできる限り実用化し，また独占状態にある専利技術をなるべく早く自由に実施できるようにする。また，専利法には「強制許諾」制度がある。専利権者は自ら実施せず，他人が合理的な条件で実施することも許可せず，公益を損なう場合，専利管理機関は他人に許諾するよう命じることができる。このような形で，公益に重要な特定の技術の実用化を促進している。

(3)技術的情報および資料の提供：専利権授権の前提条件の一つは，技術的方案の公開である。これにより，元々秘密状態にある大量の技術的情報や資料が公開され，その後の研究や発明創造の土台になる。技術者はこれを簡単に入手でき，重複した作業を省き，新たな研究のみに専念することができる。

（張　青華）

▷4　近代になって，太平天国の洪仁玕が著した「資政新編」，および1898年清代末期，戊戌の変法を推進した際，光緒帝より公布された「振興工芸給奨章程」には専利制度の雛形案が出されたが，いずれも実施には至らなかった。1912年の辛亥革命後，「奨励工芸品暫行章程」が公布され，数回改正の後，1944年に国民政府は「専利法」を公布した。

▷5　TRIPs協定
「知的所有権の貿易関連の側面に関する協定」（Agreement on Trade-Related Aspects of Intellectual Property Rights）の略称。世界貿易機関（WTO）設立協定の附属書の一つ（附属書1C）であり，著作権，商標，地理的表示，専利等知的財産権を包括的にカバーする協定である。途上国を含む各国が遵守すべき知的財産権保護の最低水準を定め，それまでの「工業所有権に関するパリ条約」や，「著作権に関するベルヌ条約」以上の義務づけをしている。権利行使の手続，紛争解決手続についても規定している。

専利権の客体と主体

 専利権保護を受ける対象

Ⅷ-5 1項で述べたように，中国法における専利には，特許，実用新案，意匠の3種があり，これは専利権保護を受ける対象（専利権の客体）である。

(1)特許：特許とは，比較的重大な技術的課題を解決するために，製品，方法および改良について提出した新たな技術的方案である。

まず，特許は次の3つの要件を満たす必要がある。第一に，自然法則を正確に利用した結果であることである。例えば，万有引力などの自然法則を発見しただけでは足りず，それを利用した機械装置などが特許の対象になりうるものである。また，自然法則を正確に利用する必要がある。例えば，外部からエネルギーを受けなくても稼働し続ける永久機関は熱力学の基本原理に反するため，特許にはならない。第二に，技術的方案である。技術的方案とは，技術的課題を解決するために自然法則を利用した技術的手段の集合体であることである。第三に，比較的安定して重複実施できるものであることである。

次に，特許の分類について，特許は最終実現形態により製品特許と方法特許に分けられる。製品特許は製造品・部品・設備などの実物が最終実現形態であり，方法特許は製品を製造する化学・物理・生物的方法など，技術的効果を実現する手続が最終実現形態である。また，特許は原始特許と改良特許に分けられ，改良特許は原始特許に対し実質的な改善を行ったものに関する特許である。

(2)実用新案：実用新案とは，一般的な技術的課題を解決するため，製品の形状，構造もしくはその組合せに対して提出した新たな技術的方案である。実用新案は特許と同じく技術的方案であるが，大きな違いがある。まず，実用新案は特許より進歩性が低く，通常として実用上の技術的課題だけを解決するもので，「小特許」ともいわれている。次に，実用新案は製品の形状および構造よりも技術的課題を解決するもので，新たな方法に関連しない。

(3)意匠：意匠とは，製品の形状，図案もしくはその組合せ，ならびに色彩および形状，図案の組合せについて提出した，美観に富み，かつ産業応用に適用できる新たな設計である。意匠は，特許および実用新案と異なり，実際の技術的課題を解決する必要がなく，製品に美観さえ与えれば十分である。

2 専利権保護を受けられない対象

専利権保護を受けられない対象（その客体でないもの）は以下の通りである。

①完成方式，内容もしくは出願方式が国益もしくは公益を損なう発明創造。つまり，法令，公序良俗に反するもしくは公益を損なう発明創造，違法な方法により遺伝資源を取得もしくは利用して完成した発明創造，ならびに中国で完成した特許もしくは実用新案であって海外専利出願前に法により中国で秘密審査を受けていない発明創造である。

②自然の法則，現象もしくは抽象的な思想。

③病気の診断および治療方法。

④動植物の品種。ただし，植物新品種は，別の法令で保護を受けられる。

⑤原子核変換方法およびその方法によって取得した物質。

⑥平面印刷物の図案，色彩もしくは両者の組合せに基づく主に標識の役割を果たす設計。これは，後述の商標法などで保護を受けられる。

3 専利権者

専利権者（専利権の主体）とは，発明者もしくは設計者ならびに両者が所属する法人もしくは法人でない組織（以下合わせて「組織」という）である。

(1)発明者もしくは設計者：発明者は特許・実用新案に対し，設計者は意匠に対し，それぞれその実質的な特徴に進歩性のある貢献をした自然人である。著作権法における創作と同様に，発明創造・設計行為は法的行為ではなく事実行為であるため，たとえ10歳の小学生でも専利法に適合する発明創造・設計を完成すれば，その小学生が発明者もしくは設計者になることができる。

(2)発明者もしくは設計者の所属組織：所属組織は，職務発明の専利出願権および専利権を有する。職務発明とは，発明者もしくは設計者がその所属組織の任務を遂行し，または主として所属組織の物質的，技術的条件を利用した発明創作・設計である。職務発明が登録された後，発明者もしくは設計者は専利書類に氏名を表示する権利を有する。所属組織は，発明者もしくは設計者に対して奨励を与え，また職務発明の実施後に報酬を与える必要がある。

(3)共同発明の権利者：共同発明とは，2名以上の自然人もしくは組織が実質的な貢献をした発明創作・設計である。当事者間に別段の約定がない限り，その専利出願権および専利権は上記自然人もしくは組織が共有するものとなる。

(4)委託発明の権利者：委託発明とは，一方の自然人もしくは組織（受託者）がもう一方の自然人もしくは組織（委託者）の委託を受けて完成した発明創造・設計である。当事者間に別段の約定がない限り，受託者がその専利出願権および専利権を有し，受託者が専利出願権を譲渡する場合，委託者は同等の条件において優先的にそれを譲り受ける権利を有する。 　　　　　（張　青華）

7 専利権の取得と保護

 専利出願

専利権は，国家知識産権局の審査を経て，授権の要件を満たすと確認されてからはじめて生じるものである。中国は日本と同じく先願主義を採用し，同じ内容の創作発明・設計では先に出願する者だけが授権を受けられるものである。

特許・実用新案の出願には，①申込書，②明細書およびその概要，③権利要求書ならびに④遺伝資源出所開示用の説明書類が必要である。権利要求書は専利権の範囲を確定し，授権された後，権利侵害の判断基準となるものである。明細書は権利要求を説明するもので，当局の審査基準であり，また技術者はこれを読み，最新の技術を把握することができるので，技術発展の促進という専利の役割を果たすものである。

意匠の出願は，①請求書，②意匠図形・写真，③概略の説明が必要である。

中国は特許出願について「早期公開，遅延審査」制度をとっている。つまり，国家知識産権局は特許出願を受理して形式審査（書類の完備など）をした後出願を公開するが，実質審査（授権要件の有無）は出願者の請求によって公開後に行い，形式要件も実質要件も満たしてからはじめて授権するものである。この制度により出願者は当該出願の価値を熟慮し，価値の低い出願を放棄し，また技術者もより早く最新技術を把握でき，重複した研究開発を回避できる。

2 専利権授与の要件

専利は，書類の完備や手続の遵守などの形式要件に加え，以下の実質要件も満たしてからはじめて専利権が授与される。

特許と実用新案は，①新規性，②進歩性および③実用性を備える必要がある。

①新規性とは，出願内容が出願日前に既存の技術（先行技術）と同一でないまたは実質的に同一でない新技術に属するものである。

②進歩性とは，当該分野の通常技術者（**当業者**[41]）の視点から，先行技術に比べて，特許では目立った実質的特徴および顕著な進歩を有し，実用新案では実質的特徴および進歩を有するものである。簡単にいうと，新規性は新旧・有無の客観的な判断であり，進歩性は難易度に関する主観的な判断である。

③実用性とは，安定して繰り返し実施でき，同じ結果が得られることである。

意匠は，①新規性，②区別性（上記進歩性と類似），③他人の合法的な先行権

▷1　当業者
実在する具体的な人ではなく，法律に擬制された「人」であり，当該技術分野における全ての先行技術および出願日以前の一般技術知識を知ることができ，かつ，当該出願日以前の通

利（著作権など）と衝突しないという要件を満たす必要がある。

③　専利権の内容

　専利権は本質上，国が専利権者に与える排他的な独占権で，他人による専利
の実施を禁止する権利である。したがって，他人が以下の行為を実施した場合，
法律上の特記事項がなければ，専利権侵害（直接侵害）になる。

　特許権者および実用新案権者は，他人がその許可を取得せずにして，生産経
営目的でその専利を①製造，②使用，③販売，④販売許諾，および⑤輸入する
ことを禁止できる。意匠権者は，上記①～⑤のうち，②使用権を除くその他の
権利を有するものである。販売権について，専利権者からもしくは専利権者の
許可を得て購入した専利製品をさらに転売する場合，専利権者の再許可は不要
である。また，販売許諾とは，CMなど販売の許諾に関する意思表示である。

　また，他人の直接侵害行為として，生産経営の目的で，材料や設備を提供
（幇助行為），誘導（教唆行為）したりする行為は，間接侵害となる。

　専利権は，①年費の未納付，②専利権者の放棄，および③無効と審決された
場合，消滅する。誰でも，ある専利権が前述の専利権授与の要件を備えていな
いことを主張し，国家知識産権局に無効審判を請求することができる。

　専利権の保護期間について，現行法では特許権は20年間で，実用新案権およ
び意匠権は10年間で，いずれも出願日から起算するものである。なお，第4回
専利法改正法では，意匠権の保護期間を15年間まで延長している。

④　専利権侵害の救済方法

　専利権は私権で純粋な財産権であるため，専利権者は，権利侵害者に対して
侵害停止および損害賠償の民事責任を追及することを裁判所に請求できる。

　裁判所は，侵害行為が続いている場合，権利侵害について知っているか否か
もしくは知るべきか否か（主観的な悪意の有無）にかかわらず，通常，侵害者に
侵害停止を命じることができる。ただし，国益や公益に鑑み，侵害停止ではな
く，合理的な費用の支払いだけを命じることもできる。

　侵害者は主観的な悪意がある場合，損害賠償の責任も負う必要がある。当該
賠償額は，①専利権者が侵害によって被った実質的な損害額，②侵害者が侵害
によって得た利益額，③当該専利権の使用許諾費（ライセンスフィー）の金額を
基準に人民元1万～100万元の法定額の順で参照して確定することができると
したが，この法定額は，第4回専利法改正法では，人民元500万元以下と大幅
に引き上げられた。

　行政責任では，専利管理行政機関は専利権者の請求により侵害者に対し侵害停
止を命じることができる。また，刑法には専利権の冒認行為について規定を設け
ているが，専利権侵害については刑事責任の規定を設けていない。　（張　青華）

8 商標法の概要

▷1　役 務
商標法上では商品と異なり，
サービスのことを意味する。

1 商標の概念

　商標とは，商品・役務の提供者は自分の商品・**役務**[1]を他人の同一・類似する商品・役務と区別させるために使用する標章である。

　商標は，商品・役務の名称，商品の包装，キャッチフレーズなど，商品・役務を説明もしくは販売促進するためのものとは異なる。商標は，ある事業者の提供する商品・役務がその他の事業者の提供する同一・類似する商品・役務と区別させる役割を果たすのに対して，その他のものは商品・役務の出所を区別させることがその主要な役割ではない。

　例えば，「チョコレート」や「きれいなチョコレート」を買うと言ってもどれを買うかは決めにくいが，「明治」や「白い恋人」のチョコレートであればすぐ決められるであろう。なぜなら，「チョコレート」は一種の商品の通称で，包装がきれいなチョコレートは全部「きれいなチョコレート」と考えられるからである。一方，「明治」や「白い恋人」はいずれもチョコレートの商標であり，メーカーは自社のチョコレートに商標を使用することで，消費者に自社のチョコレートとその他のメーカーのチョコレートを区別させているのである。

2 商標の伝統的機能

　(1)識別機能：商標のもっとも重要な機能は商品・役務の出所を区別させ，すなわち消費者に商標を通じて同一・類似する商品・役務の提供者を区別させる機能である。識別機能を有しない標章は，商標法により保護を受けられない。一方，識別機能があれば，たとえ登録されていなくても，商標（未登録商標）である。

　(2)品質保証機能：同じ商標を使用する商品・役務は常に同じ品質が保たれていると消費者に期待を与える機能である。例えば，「ナイキ」はアメリカ企業の商標であるが，そのスニーカーはほとんどアメリカ以外の地域で生産されている。消費者は，「ナイキ」スニーカーの生産者や生産地ではなく，「ナイキ」商標が担保するスニーカー商品の品質を重要視しているのである。

　(3)広告宣伝機能：商標が上記(1)識別機能を有するため，商標権者は商標を広告宣伝に利用しやすい。例えば，CM の目立ったところに商標を表記し消費者に強い印象を与えて関連する商品・役務を宣伝することができる。

③ 商標の分類

(1)可視商標と非可視商標：可視商標は視覚で察知可能な商標で，大多数の商標は可視商標である。一方，視覚のみならず，聴覚などで察知可能な標章も商品・役務の出所を区別できれば，商標にできる。例えば，MGM映画が使用するライオンが吠える声のオープニングロゴは，聴覚で察知可能で，消費者もこれを聞いてMGM映画だとわかるので識別機能をもっており，商標である。

(2)平面商標と立体商標：平面商標はさらに文字商標，図形商標および文字と図形の組合商標に分けられる。立体商標は一定の立体空間を占める商標である。例えば「コカ・コーラ」の文字は平面商標（文字商標）であり，コカ・コーラ特有の曲線型のガラスボトルは立体商標である。

(3)商品商標と役務商標：商品商標は商品提供者を識別するもので，役務商標は役務提供者を識別するものである。例えば，「エアバス」は商品商標で航空機の製造者を識別するもので，「日本航空」は役務商標で航空運転サービスの提供者を識別するものである。また，登録・使用の対象が異なる場合，同じ商標は同時に商品商標と役務商標に該当する場合がある。例えば，「早稲田」は，大学の記念品に使えば商品商標であり，教育サービスに使えば役務商標である。

(4)普通商標，団体商標，証明商標：普通商標は通常事業者が自ら登録したものである。団体商標は，組織名義で登録したもので，組織の構成員が使い，メンバー資格を表明する商標である。証明商標は，商品・役務に監督機能を有する組織が登録かつ管理し，その組織以外の者が自分の商品・役務に使用し，その原産地，質などの特徴を表明する商標である。例えば，ウールマークは，国際ウール事務局の証明商標であり，その品質基準に適合していると認証されれば，自社ウール製品に当該商標を使って品質を証明することができる。

④ 商標権

商標権は，商標専用権ともいい，著作権や専利権と同じく排他的な権利であり，他人が商標権者の許可を得ずに特定範囲内で登録商標を使用してはならない。この特定範囲とは，①登録を受けた商標，および②指定された商品・役務により共同で確定されるものである。

商標権者は，当該特定範囲内で他人による当該登録商標の使用を排斥し，当該登録商標とその識別する商品・役務の出所と固定かつ唯一な関係を形成させることができる。消費者も商標により商品・役務を識別し，その出所について誤認を回避することができる。しかし，この範囲外で，商標もしくは商品・役務が同一ではなく類似する場合，商品・役務の出所について消費者の誤認を生じさせる恐れがなければ，商標権者はこれを禁じることができない。

（張　青華）

9　商標権の取得

　商標権の取得方法

　使用による商標権の取得とは，たとえ商標が未登録であっても，ビジネス活動で商品・役務の出所識別に使用していれば，当該商標の使用者は商標権を取得できる制度である。これは，商標が実際に使用されてからはじめてその識別機能が果たされるものであるという発想に基づくものである。しかし，昔の自産自消とは異なり，生産と流通の範囲が拡大しつつある今日では，先使用の事実が未公開のため，現在ではその証明や同一商標の先使用者の判定がより困難になり，単純な使用による商標権の取得制度を採用する国は少なくなった。

　登録による商標権の取得とは，商標登録制を採用する国は，登録商標の登録者のみに特定の権利を授与する。この制度の最大のメリットは，商標状態の公示および権利帰属を可視化できることである。使用もしくは出願しようとする商標が他人の商標権と衝突するか否かを事前に確認できるので，商標権者の許可を得ずして同一・類似する商品・役務に同一の商標を使用すれば，商標登録の公示効力に基づきその者の故意・過失を推定することができる。つまり，著名商標を除き，登録のみにより商標権を取得することができるものである。

②　登録を受けられない絶対事由

　商標の登録を受けられない（拒絶査定の）絶対事由は，商標の登録は公共秩序を乱し，公益を害するものであり，具体的には以下のものが含まれている。

　①標識が顕著性を有しない場合。顕著性とは，特定の商品・役務に使用する標識が当該商品・役務の出所を識別し，その提供者とその他の同一・類似する商品・役務の提供者を区別できる特性である。例えば，「アップル」はりんごに使用すれば顕著性を有しないので，りんご商品には登録できないが，携帯電話に使用すれば顕著性があるため，携帯電話商品には登録できる。

　②立体標章が実用的・美学的機能を有する場合。例えば，パソコンは体積縮小のため折畳み式を採用し，この形状は技術的方案として専利法で保護されるが，識別機能を有する標章を保護対象とする商標法では保護できない。

　③標章の内容もしくは登録が法令の禁止規定に反する場合。例えば，国旗，天安門，赤十字，差別用語，特定の地名などを商標の内容としてはならず，また詐欺的もしくはその他の不当な手段で登録をしてはならないものである。

3　登録を受けられない相対事由

商標の登録を受けられない（拒絶査定の）相対事由は，商標の登録は公益ではなく，特定主体の私益に害するものであり，具体的には以下のものがある。

①**地理的表示**[注1]を誤認的に使用する場合。地理的表示は団体商標もしくは証明商標として特定の組織のみ登録することができ，かつ当該地域から由来する商品の提供者が公平・合理的にこれを使用しなければならないためである。

②不正な手段で他人の一定の影響力を有する未登録商標を冒認出願し，または使用を目的としない悪意的な出願をした場合。商標登録制を悪用し，他人の未登録商標を冒認出願したり，使用の目的を有せずとも商標を出願したりして，後に真の権利者に高額で当該商標を転売しようとすることを防ぐためである。

③代表者，代理人およびその他の関係者が冒認出願した場合。

④同一・類似する商品・役務において他人の登録商標もしくは初歩的査定を受けた商標と同一・類似する場合。これは後述の先願主義に基づくものである。

⑤他人の**著名商標**[注2]と同一・類似する場合。著名商標は知名度が高いため，たとえ商品・役務が同一・類似でなくても後発の出願を排斥できる場合がある。

⑥他人の先行権利を侵害した場合。出願日前に既存の著作権，意匠権，企業名称権（商号権）などの権利を侵害した標章は登録が受けられないものとする。

4　商標の出願と登録

商標の出願については次の原則がある。①先願主義。商標法は専利法と同じく先願主義を採用しており，拮抗する出願があれば先願者のみ商標権者になれるものである。②自主主義。商標は，登録後がより有利な保護を受けられるが，未登録でも使用できるので，その出願については商標の所有者が独自に決められる。ただし，中国ではタバコ製品のみ登録が強制されている。③分類主義。衝突する登録を防ぐため，国は商品・役務区分表を作成し，原則として同一・類似の区分には同一商標が1件のみ認められる。したがって，特定区分の商品・役務を指定して商標出願する必要がある。

国家知識産権局商標局は，商標出願を受理した後，形式要件（書類の完備など）と実質要件（前述の登録を受けられない絶対・相対事由がない）の有無を審査し，要件を満たさない場合は拒絶査定を下し，要件を満たしている場合は初歩的査定を下し3カ月間公告する。誰でも公告期間内に商標が実質要件の不備を理由に異議を申し立てることができる。当局は当該異議を審査して結果を下す。異議の申立てがない場合，当局は公告期間満了後に登録査定を下し公告し，この時点で商標出願が登録される。商標出願者は当局の拒絶査定に対し不服である場合，覆審を請求することができる。また，異議申立者は当局の登録査定に対し不服である場合，後述の無効審判を請求することができる。（張　青華）

▷1　地理的表示
ある商品はある地域に由来し，当該商品の特定の品質などの特徴は当該地域の自然もしくは人文要素で決められる標章である。

▷2　著名商標〔馳名商標〕
長期にわたる使用もしくは大量のビジネス広告宣伝により，市場において非常に高い知名度を有し，かつ関連消費者に熟知される商標である。著名商標は商標の本来の識別機能のみならず，消費者の身分と品位を表す機能も有するため，商標法では著名商標に対し，通常の商標に比べてより高度の保護を与えている。

商標権の保護と消滅

 商標権を侵害しない行為

(1)商品・役務の特徴の表述。他人の商標に含まれる文字・図形を使用するが，商品・役務の出所を表示するのではなく，商品・役務そのものの特徴を表述する行為である。例えば，冷凍機械に「BIOFRESH」という商標が長期的な使用により顕著性を具備し登録された場合でも，他社の冷蔵庫における「Bio Fresh」文字の使用は禁止できない。これは，当該文字は「生物新鮮保持」の意味が読み取れ，冷蔵庫商品の特徴を表述するにすぎないためである。

(2)商品・役務の用途の説明。他人の商標に含まれる文字・図形を使用するが，自分の商品・役務の用途，対象と真実の出所を表示し，消費者に誤認を生じさせない行為である。例えば，インクの販売者は，自社インクを適用可能な印刷機を説明するために印刷機の商標を使用した場合，商標権者は禁止できない。

(3)商標権の消尽。商標権者の許諾を得てまたは他の合法的な方法で市場に投入した商品を購入した後，商標権が消尽するため，当該商標の使用する商品を転売などの方式で公衆に提供する際に，商標権者の再許諾を得る必要はない。

(4)先使用。商標登録前にすでに登録権者より先に同一・類似の商品・役務に登録商標と同一・類似の商標を使用しかつ一定の影響力を有する場合，現有範囲内での継続使用はできるが，商標権者は適当な区別標識の追加を請求できる。

② **主な商標権侵害行為**

(1)許諾を得ずに同一・類似の商品・役務に登録商標と同一・類似の商標を使用し，商品・役務の出所を表示し，消費者に混同を生じさせる恐れがある行為。

(2)許諾を得ずに同一・類似の商品・役務に登録商標と同一・類似の標章を商品名称，商品包装などとして使用し，消費者に誤認させる行為。例えば，「三洋」登録商標を自社の社名（三洋電梯（無錫）有限公司）に使用し，消費者に自社が三洋株式会社の子会社であると誤認させる行為。

(3)商標権を侵害する商品を販売する行為。これはいわゆる偽物販売である。

(4)他社商品の登録商標を無断で用いて，その商品を再度市場に投入する行為。

(5)無断で他人の登録商標と同一・類似の文字をドメインに登録して利用し，関連商品の電子商取引を行い，消費者に誤認を与える恐れがある行為。

(6)上述(1)～(5)の直接侵害行為を幇助・教唆する間接侵害行為。

3 商標権侵害の法的責任

　商標権侵害行為は，商標権者の商品・役務の競争力を低下させ，その私益を侵害するため，民事責任を負う必要がある。また，消費者に誤認混同を与え，公益に損害を与えるため，行政責任または刑事責任を負う場合がある。

　(1)民事責任；侵害者は権利侵害を知っているか否かもしくは知るべきか否か（主観的な悪意の有無）を問わず，通常，侵害を停止すべきである。また，主観的な悪意があった場合，損害賠償の責任を負う必要がある。当該賠償額は，①商標権者が侵害によって被った実質的な損害額，②侵害者が侵害によって得た利益額，③当該商標権の使用許諾費（ライセンスフィー）の金額とし，上記で確定できない場合，裁判所が人民元500万元以下の法定額で判断できる。情状が重大な場合，損害額の１〜５倍の額で懲罰的賠償額を処せられ，さらに，権利侵害品および主にその製造用の材料，道具の破棄を命じられる場合がある。

　(2)行政責任：侵害停止，罰金，関連侵害品の没収・破棄の責任を負わせる。

　(3)刑事責任：無断で同一商品・役務に同一登録商標を使用したり，登録商標の侵害商品を販売したり，登録商標標識を違法に製造・販売したりして，情状が重大な場合は，刑事責任を負わなければならない場合がある。

4 商標権の消滅

　商標権は以下の法定原因で消滅し，商標権者は商標権を喪失する。

　(1)抹消：商標権は私権であるため権利者は放棄できる。商標権者は，国家知識産権局に対して登録商標の全部もしくは一部の商品・役務に関する登録の抹消を請求することができる。また，登録商標の有効期限は10年間であり，10年ごとに更新すれば理論上永久に有効であるが，更新しないと登録が抹消される。

　(2)無効：商標は出願時にすでに登録を受けられない絶対・相対事由が存在し，拒絶査定となるべき商標を対象とする。まず，登録を受けられない絶対事由が存在すれば，公益を守るため，国家知識産権局は職権により自発的に，または他人の請求により，審査して無効審決を下すことができる。これは時間上の制限がなく，誰でも請求できる。一方，登録を受けられない相対事由が存在すれば，公益ではなく私益だけに損害を与える恐れがあるため，国家知識産権局は職権による自発的ではなく，他人の請求のみにより審査して無効審決を下すことができる。これは，悪意による著名商標の冒認出願を除き，商標登録日から５年以内に請求を行う必要がある。また，この場合，先行権利者もしくは利害関係者に限り請求することができる。

　(3)取消：正当な理由なく３年連続して商標を使用しないか，商標の顕著性が退化してその指定商品・役務の通称となった場合，出所識別の機能が果たせず，商標資源の浪費となるため，誰でもその登録の取消を請求できる。　（張　青華）

第 **IX** 章

刑事法

guidance

この章は，中国の刑事法（刑法，刑事訴訟法，行刑法）を対象とする。

刑事法は，犯罪と刑罰に関する法律であって，性質上，国家権力・統治行為の重要な部分をなし，民衆の人権状況，社会治安に直接影響を与える。一国の刑事法がどのようなものかは，そこでの国家権力・統治行為のあり方を反映し，社会の文明度を示し，人権保障のレベルを物語るのである。これまで，我々人類は人道主義，人権主義，立憲主義，民主主義を追求し続けているが，刑事法領域がその主な対象であった。その成果として，近代的刑事法の諸原則というものは，欧米を中心に多くの国々で普遍的価値として確立され，受け入れられるようになった。

このような背景のもとで，本章の総論的な部分として，まず，第1節では，刑事法の概念とその近代的諸原則を紹介して，それを中国の刑事法を見るための指標とする。第2節では，現代中国と刑事法との関係，中国の個々の刑事法律の主な歩みを紹介する。そして，本章の各論的な部分として，第3節から第5節までは，刑事実体法である刑法の問題を中心にして，中国でいう「犯罪」の概念，特徴，「刑罰」の種類とその中身，特に死刑とその多用の理由などをそれぞれ解説する。ついで，第6節から第9節までは，刑事手続法である刑事訴訟法の諸問題を中心にして，中国での刑事事件の捜査，公訴，裁判，弁護を順次概観する。第10節では，これまであまり注目されていない中国での行刑（刑罰の執行），特に刑に服役している受刑者の法的地位（その権利義務）について整理，説明する。（王　雲海）

1 刑事法とは何か

▷1　1990年代のアメリカ
では，O・J・シンプソン
事件が起きた。シンプソン
は知名度の高いアメリカ
ン・フットボールの選手で
あった。ある日，奥さんと
その恋人がその自宅で殺さ
れた。シンプソンが犯人と
して逮捕，起訴され，裁判
にかけられたが，陪審によ
る評決で無罪と宣告された。
しかし，数年後に民事裁判
で犯人として認定されて高
額の賠償金を払うように命
じられた。このように，同
じ事件にもかかわらず，刑
事裁判では無罪で，民事裁
判で有罪とそれぞれ正反対
の判断が示された。これに
対して，おかしいという批
判が多かったが，刑事裁判
と民事裁判は違うものであ
って，要求される手続の厳
しさが異なるため違う結論
が出るのは法的に見れば当
然である。むしろ，民事裁
判で「犯人」として認定さ
れたからといって，刑事裁
判でも有罪とすることの方
がはるかにおかしく，法に
違反する。
▷2　罪刑法定のより具体
的中身として以下の諸原則
があげられる。つまり，刑
事法律をさかのぼって適用
することを禁ずる「遡及効
禁止原則」，刑法の犯罪規
定を類推解釈してそれを似
た行為に適用することを許
さないことを内容とする

1 犯罪と刑罰に関する法律

　ある行為を犯罪として定めて，犯罪者に対して刑罰を科す，という刑罰権は，国家が昔から独占してきたが，近代以後は，法律を制定して，立法，司法，執行という3つの段階に分けて刑罰権を行使することが一般的である。近代以後でいう「刑事法」とは，国家刑罰権の行使を具体化し，犯罪と刑罰を定める一国の法律の総称である。その中には，主に，何が犯罪となるか，犯罪に対してどのような刑罰を科すかを立法・法律のレベルで示す刑法（刑事実体法），犯罪と刑罰をどのような手続（捜査，起訴，裁判，弁護）で対処するかを司法・訴訟レベルで示す刑事訴訟法（刑事手続法），有罪と認定されて刑罰を言い渡された受刑者の刑罰をどのように執行するかを施設・執行レベルで示す行刑法（刑事執行法）が含まれる。

2 もっとも厳重な法律

　国家は，統治を行うために，公民，社会，団体に対して多くの介入を行い，その違反行為・違反者に対して責任を追及している。国家によって追及される責任は，その種類を大別すると，民事責任，行政責任，政治責任，刑事責任となる。民事責任は損害賠償という金銭的経済的なものである。行政責任は許認可の取消しや制裁金の徴収などである。政治責任は公職からの罷免，辞職などである。これに対して，刑事責任は，刑罰を科すことで，人身自由の制限，剥奪ないし人の生命そのものの強制的中止（「死刑」がある場合）をその中身としている。このように，国家による介入・責任追及の中ではもっとも厳しいものが刑事責任である。刑事法こそがあらゆる法律の中でもっとも厳重な法律であって，刑罰こそがもっとも重い国家介入である。

3 もっとも厳しい手続が要求される法律

　刑事法はもっとも厳重な法律であって，刑罰はもっとも重い国家介入である，ということが近代以後意識されるようになるにつれて，もっとも厳重な法律・もっとも重い国家介入が許されるためにはもっとも厳しい手続をその前提としなければならない，という意識も現れてきた。もっとも厳重な法律・もっとも重い国家介入がもっとも厳しい手続をもってこそはじめて正当化される，とい

う共通認識の下，今日に至っており，多くの国々が憲法上の原則として「罪刑法定」，「無罪推定」，「適正手続」を定めるようになった。

罪刑法定とは，法律がなければ刑罰はない。法律がなければ犯罪はないということであり，国家が人を有罪と認定し刑罰を科すためには，どのような行為が犯罪か，犯罪に対してどのような刑罰を科すかを，事前に法律を作って示すことが必要である，という原則である。▷2

無罪推定とは，何人も裁判所が法定の手続を通じて有罪と宣告されるまでは無罪と推定されるということであり，国家が人を有罪と認定して刑罰を科すためには，「無罪」から出発して，すべての挙証責任を果たし，合理的疑いを超えるほど被疑者・被告人の有罪を証明しなければならず，疑わしきは被告人の利益に従って無罪を言い渡さなければならない。刑事手続自体は被疑者・被告人の無罪を前提に構成し，彼らに十分な防御権を保障する，という原則である。

「罪刑法定」と「無罪推定」はいずれも大陸法系における表現・用語であるが，ほぼ同じような内容は，英米法では「適正手続（Due Process）」として表現されている。▷3

「罪刑法定」，「無罪推定」，「適正手続」をどこまで定めて，どこまで遵守するかは，一国の刑事法がどこまで人権保障的なのかを測る主な指標である。

④ 最小限度に徹しなければならない法律

もっとも厳しい介入として，人身自由を制限，剥奪したり，極端な場合は死刑を科したりする刑事法は，人権や公共福祉を守り，社会秩序を維持するための，いわば「必要悪」である。そのために，刑事法はその射程・範囲を目的などに照らして必要最小限に徹しなければならず，他の法的方法をもって統治目的，特に治安維持，犯罪の応報と予防を達成できれば，決して刑事法・刑罰をたやすく使わない，という「謙抑主義」を堅持しなければならない。法治主義が求めている「比例原則」または「必要最小限原則」は何よりまず刑事法の立法，司法，執行の中で守らなければならないのである。

⑤ 「人身自由」を対象にした排他的法律

刑事法が人身自由への制限，剥奪，生命の中止を内容とするもっとも厳重な法律であるために，もっとも厳しい手続や必要最小限度が要求されることは，逆にいうと，人身自由に対する国家介入のすべてが刑事法に従って行われなければならないことを意味する。刑事法と他の法律との限界は人身自由に関わるか否か▷4にあって，他の法律は人身自由に関わることができないのである。刑事法上の手続の煩わしさや最小限の必要性を避けようとして，行政法や民事法などをもって人身自由に関わる処分や処罰を行うことは決して許されない。行政処分としての「**保安処分**」▷5も原則として認めてはいけない。　　　（王　雲海）

「類推解釈禁止原則」，刑罰の根拠として立法機関が事前に制定した法律だけであって，慣習法が許されない「慣習法排除原則」，刑事法規の中身が一般国民の誰にとってもわかるほど明白なものでなければならないことを内容とする「明確性原則」，犯罪とそれに対する刑罰との間で均衡的でなければならず，不定期刑を禁ずることを内容とする「罪刑均衡原則」などである。

▷3　欧米法でいう「適正手続（Due Process）」とは，さらに「実体的適正手続（Substantive Due Process）」と「形式的適正手続（Procedural Due Process）」に分けられる。前者はその意味が「罪刑法定」に，後者は「無罪推定」にそれぞれ近い。

▷4　基本人権の中でもっとも重要なのは人身自由権と生命権である。近代以後は，刑事法を正当化するための条件としてもっとも厳しい手続を求めるのは，まさに刑事法が人身自由権と生命権を対象として，それに対する制限と剥奪を刑罰として想定しているからである。罰金刑は昨今多用されるようになってはいるが，もとより，罰金は刑罰としては想定外のものであって，本来の刑罰というべきでない。刑罰に関する法原理がそれに適用される必要もない。

▷5　保安処分
過去に行った犯罪行為を理由・根拠にしてその責任を追及するために科す刑罰とは違って，その人・人格の将来の危険性を理由・根拠にして，社会を防衛するために科す処分のことをいう。

現代中国と刑事法

▷ 1　政治中国，経済中国，法治中国については 序-3 7頁を参照。
▷ 2　 序-3 側注 4 参照。

▷ 3　中国では，長い間で「法制」かそれとも「法治」かをめぐって論争があった。両方の発音が同じで，共に「FAZHI」である。しかし，両者の意味合いは違う。「法制」とは，国家権力が法律と制度を統治の道具として使いながら社会，民衆を統治するが，自らはその法律と制度の上に立ち，それらによって拘束されない。「法制」は統治者にとってあくまでただ統治方法にすぎない。これに対して，「法治」とは，国家権力が法律と制度に基づいてそれらを統治の根拠としてその中で統治を行う。国家権力自身も法律と制度の下にあって，自らも法律と制度に拘束される。「法治」は統治者にとっても従わざるをえない統治の根拠・体制である。このような違いにより，法律を統治道具としてしか認めない中国では，長い間，「法制」だけが許されて，「法治」は西洋の自由思想として固く禁じられた。1995年に共産党と政府は「社会主義法治国家建設」というスローガンを正式に打ち出した後になって，「法治」がやっと公式的用語として認められるようになった。

1　政治理念と連動する刑事法

　現代中国は，1949年の建国以来一貫して「社会主義国」というが，その「社会主義」は「共産党の一党支配」という点では全く変わらないものの，それ以外のところでは，ときの党・政府・指導者の政治理念によってかなり変わっている。刑事法はその性質ゆえに他の法律以上にそのような政治的変化から影響を受けてきた。序章でも述べたように，これまでの中国は，1949年から1970年代末までの毛沢東の「政治中国」，1980年代初期から1995年までの鄧小平の「経済中国」，そして，「社会主義法治国家建設」というスローガンを打ち出した1995年ごろから今日までの，江沢民，胡錦濤，習近平の「法治中国」に分けることができる。「政治中国」では，「階級闘争論」というイデオロギーが支配的であったため，刑事法はその存在自体を含めて政治的に扱われ，もっぱら政治闘争の道具として使われていた。「経済中国」では，経済発展が国家権力の至上原理であったため，刑事法は経済発展にとって必要と思われる程度で整備されていた。「法治中国」では，「社会主義法治」の一環として，刑事法に関する近代的諸原則が少なくとも規範レベルでは確立されるようになった。

2　刑　法

　1949年からの約30年間には刑法（刑法典）はなかった。当時，犯罪と刑罰に関して，1951年 1 月の「反革命処罰条例」などの，数個の単行法規があったが，そのいずれもわずかな条文しかなく，法規範とは必ずしもいえなかった。そのほかに，共産党中央の指示，特に「**文化大革命**」中に毛沢東の語録さえ犯罪と刑罰の根拠として使われることがあった。「文化大革命」が収束した1979年 7 月には，最初の刑法が制定され，翌年 1 月から実施された。無法状態の解消という意味でこの刑法の意義は大きかったが，その条文は192条だけであり，政治用語で書かれ，「罪刑法定」に反する「類推」が残されていた。1995年の「社会主義法治国家の建設」という新しいスローガンのもとで，1997年 3 月に新しい刑法（現行刑法）が制定された。政治用語の排除，罪刑法定の導入と類推の廃止，条文の大幅な拡充が行われ，同年10月 1 日から実施された。この刑法に対して，これまで，11回の部分的改正が行われ，死刑罪名の削減，テロやインターネット関連の犯罪や新型金融経済犯罪の新設などが主な内容であった。

3　刑事訴訟法

　刑法と同じように，1949年からの30年間には刑事訴訟法（法典）もなかった。当時，刑事手続に関して，1954年12月の逮捕拘留条例，同9月の人民法院組織法と人民検察院組織法などの規定が援用されていたほかに，最高人民法院などが裁判手続に関して出した指針や総括書なども適用されていた。しかし，これらの条例，指針，総括書などは「公開審理」などのいくつかの「刑事手続」を定めたものの，それ以上に「大衆路線」や「刑事司法に対する党の指導」などの政治原則を導入，肯定していた。「文化大革命」の際には，これらの政治的原則さえ排除されて，刑事手続なしでの捜査，公訴，裁判が横行していた。「文化大革命」が収束した1979年7月には，刑法の制定と同時にはじめての刑事訴訟法も制定され，翌年の1月1日から刑法と一緒に実施された。この刑事訴訟法は，無法状態の解消という意味で意義が大きかったものの，その条文がわずか164条だけで，政治的言葉で書かれており，「無罪推定」に背くものが多かった。そのあと，「社会主義法治国家の建設」スローガンを打ち出したことを受けて，1996年3月に新たな刑事訴訟法（現行刑事訴訟法）が制定されて，翌年の1月1日から実施された。新しい刑事訴訟法では，条文自体が大幅に増え，政治的用語や発想が排除され，「無罪推定」の原則が明白に規定された。今日までは，刑事訴訟法に対する部分的改正は4回あって，その内容が，弁護制度の充実，証拠側の完備，汚職事件の刑事管轄の監察機関への帰属，中国式司法取引の導入などの多方面に及んだが，全面的改正は行われていない。

4　行刑法

　行刑は建国当初から党と国家の政治活動の一環として位置づけられたために，法整備が早い時期に行われた。1954年9月に「中華人民共和国労働改造条例」が制定，実施された。刑法も刑事訴訟法もない当時の状況とは異なり，当該条例は合わせて77カ条もあり，行刑を「労働改造」と呼んで，犯罪者・受刑者を労働者人民大衆の一員に作り直すという政治目標をその目的として掲げるとともに，「労働改造」の方針，方法，その管理などを驚くほど詳細に定めた。このような規定の詳細さと行刑の政治性により，労働改造条例は制定されてから約40年間ずっと存続，機能していた。やっと取って代わられたのは1994年12月の監獄法の制定，実施であった。新しい監獄法は政治的色彩を排除し，「労働改造」用語そのものも捨て，行刑の目的を「法律を守る公民として受刑者を改造する」に改めて監獄の管理や受刑者への処遇を定め，特に受刑者の権利をいくつも列挙し，やっと行刑らしくなった。そして，2012年10月に監獄法の改正が行われたが，その内容は社会内処遇（「社区矯正」）の導入以外には技術的なものにとどまっており，抜本的変化には及ばなかった。　　　　　　（王　雲海）

▷4　**文化大革命**（略称「文革」）

毛沢東が主導した中華人民共和国建国後，最大の政治運動で，1966年から1976年までの約10年間続いた。毛沢東は，「階級闘争論」の理念の下，中国社会の主な問題がプロレタリア階級とブルジョワ階級との闘争で，その闘争が食うか食われるかのような「敵対矛盾」であるとして，政権を掌握している共産党を中心とするプロレタリア階級は，ブルジョワ階級などの敵から政権を転覆されず，彼らの復活を阻止するためには，全面的政治闘争を展開しなければならないと呼びかけて，全国民を動員して，既成の法律，制度，文化などのすべての打破を図った。その結果，「無法状態」が長く続き，冤罪が数多く生み出され，中国社会が崩壊に直面するようになった。

▷5　日本では，「無罪推定」はただの証拠則とする主張がある。それによると，国家・公訴側が国民を有罪にするためには，すべての挙証責任を負うこと，立証の程度が合理的疑いを超えるほどでなければならないことが無罪推定の主な内容である，という。しかし，立憲主義の国家においては刑事手続も憲法の基本原則に従うべきであることを考えると，このように「無罪推定」を解釈するのが憲法に合致しないと言わざるを得ない。

▷6　**社区矯正**

一部の受刑者に対して，地域社会のなかで保護観察をつけて「守法公民」になるように行われる処遇である。

3 「質」と「量」の統一体としての犯罪

 犯罪についての刑法総則上の一般定義

　現行刑法第13条は中国でいう「犯罪」の一般定義を定めている。つまり，「国家主権，領土の保全と安全に危害を及ぼし，国家を分裂させ，人民民主専制の政権を転覆しまたは社会主義制度を潰し，社会秩序と経済秩序を破壊し，国有財産または労働者大衆の集団所有の財産を侵害し，公民の私有財産を侵害し，公民の人身権利，民主権利とその他の権利を侵害する行為，および，社会に危害を及ぼすその他の行為は，法律に基づいて刑罰をもって処罰されるべきときには，すべて犯罪である。ただし，情状が著しく軽微で危害が大きくないときには，犯罪とはしない」という。

　この条文は，実は，「本文」と「但し書き」との2つの部分から成り立っている。本文は，まず，犯罪の「質」を定めて，「犯罪」が国家，社会，公民のいずれにも危害を及ぼす（「社会危害性」を有する）行為であることを示す。これに対して，但し書きは，犯罪の「量」を定めて，社会危害性を有した行為であってもその情状が「著しく軽微で危害が大きくない」場合は，「犯罪」とはされないことを明示する。このように，中国でいう「犯罪」とは「質」と「量」との統一体である。

2 「質」以上に「量」を重視する個々の罪名と法定刑

　上述の一般定義を反映すべく，個々の罪名もその構成要件を「質」と「量」との両方から定めている。特に，法定刑は「質」以上に「量」に基づいて設けられている。これはすべての罪名に通じるが，最も明白なのは窃盗罪などの，金銭，財物を標的とする罪名である。刑法第264条窃盗罪の規定が次のとおりである。つまり，公私の財物を窃盗して，金額が比較的に大きい場合は3年以下の懲役，拘役，管制に処する。金額が巨大であるまたはその他の厳重な情状があった場合は3年以上10年以下の懲役に処する。金額が特別巨大な場合またはその他の特別厳重な情状があった場合は10年以上の有期懲役または無期懲役に処する。この規定からわかるように，中国では，窃盗行為はただちに窃盗罪にはならず，盗んで，その金額が「比較的に大きい」時だけ犯罪とされる。最高人民法院の司法解釈によると，「金額が比較的に大きい」とは1000人民元以上であるというが，実際には窃盗罪になるためにはさらなる高い金額が必要である。

▷1　中国とは違って，日本での「犯罪」概念はいわば「三段論法的なもの」である。つまり，構成要件該当性（行為がある刑法の条文・罪名に当てた），違法性（その行為が違法でない事由がなく，違法性阻却事由が見当たらない），有責性（年齢的にも精神状態的にも状況的にも責任をとれる。刑事責任を免除されるわけがない）という。このような犯罪論によって確定された「犯罪」はあくまでも「質」的なものであって，「量」的なものは含まれない。確かに，日本の刑事司法と学界には「可罰的違法性」という概念があるが，

❸　「違法」≠「犯罪」

　犯罪が成立するために「質的要件」だけでなく「量的要件」も重要であることは，中国法では「違法」と「犯罪」とは別の概念であることを意味する。中国の法律上にも法学研究上にも一般民衆の意識上にも「違法」と「犯罪」という2つの概念があって，両者は完全に区別される。「犯罪」は違法でなければならないが，しかし，「違法」のすべてが犯罪ではない。違法行為をしたからと言って，そのすべてに「犯罪」として捜査，逮捕，起訴，裁判，刑罰が科されるわけではない。違法行為の中では「量」・程度の大きいものだけが「犯罪」として刑事手続に乗せて刑罰を科すのである。窃盗はすべて違法ではあるが，金額が1000人民元以上の窃盗だけが窃盗罪として刑事法の対象とされる。

　では，犯罪にならない「違法」に対しては何もしないのか。窃盗した金額が1000人民元に至らない場合は，そのまま放置されるのか。実際，何もしないで放置する場合もあれば，窃盗品を返還したりして終わる場合もあるし，所属する機関により訓戒される場合もあれば，行政処罰で対処される場合もある。刑法以外に中国には，「治安管理処罰法」がある。行政処罰で対処する場合は，この法律が適用される。つまり，「犯罪」にはまだ至っていないものの，社会の治安管理上不問にすることのできない違法行為は，治安管理違反行為として「治安管理処罰法」に従って，警察は処罰を行う。処罰の種類として警告，違反金徴収，行政拘留，許認可取消があるが，そのいずれも刑罰のように前科にはならずに済む。

❹　「犯罪」＝「重罰」

　このように，犯罪の成立には「質」的要件だけでなく，「量」的要件も必要であることから，中国で「犯罪」とされる行為の範囲はきわめて限定されている。そうすると，中国は犯罪の天国であって，犯罪が多発し，窃盗や万引きが大変多いのではないか，という疑問が出てくるであろう。しかし，そう思うのは大間違いである。確かに，一方では，犯罪の範囲・射程がきわめて狭く，よほどの悪いことをしない限り犯罪として扱われることはないし，治安管理に対してよほどの影響がないと，行政処罰も受けない。しかし，他方では，ある行為がいったん犯罪とされたら，それに対する刑罰は想像をはるかに超えるほど厳しい。1000人民元以上の窃盗をしないと，犯罪とはされない反面，いったんその金額を超えて犯罪となったら，2011年刑法改正までは死刑を科すことも可能であった。実際，金融機関に入って巨額の金銭を盗んだり，窃盗を繰り返してその金額が巨額に及んだりして，死刑を言い渡され執行されたケースが多々あった。いまでも窃盗罪の法定刑は無期懲役までである。このように，「狭くて重い」というのは中国の刑事法・刑事政策の本当の姿である。（王　雲海）

それには，①民事違法と刑事違法との違いを示し，刑事違法だけを指す場合，②責任と違法との両方を同時に判断して責任があるときの違法を「可罰的違法」をいう場合，③「量」・「程度」を意識して，一定の「量」・「程度」を備えたときに「可罰的違法」と呼ぶ場合があるが，その中で中国でいう「量」と同じ意味であるのは最後の③の場合だけである。しかし，そういう意味での「可罰的違法」はあくまでも法曹と学者が後で作った裁量的概念にすぎず，日本での「犯罪」概念にはもとより含まれる本来の内容ではない。王雲海『日本の刑罰は重いか軽いか』集英社新書，2008年を参照。

▷2　日本での窃盗罪の規定は刑法第235条である。それによると，「他人の財物を窃取した者は，窃盗の罪として，10年以下の懲役又は50万円以下の罰金に処する」という。中国での窃盗罪との違いは一目瞭然である。

「労働人民政権」の刑罰

 主刑，附加刑，その他の処罰

　刑罰は「主刑」と「附加刑」とに分けられる。「主刑」とは一人の被告人に対して単独としてしか適用できない刑罰のことをいう。それに対して，「附加刑」とは一人の被告人に対して単独としても附加としても適用できる刑罰のことをいう。主刑として管制，拘役，有期徒刑，無期徒刑，死刑がある。附加刑として罰金，政治権利剝奪，財産没収がある。また，外国人の場合には，国外追放があって，単独としても附加としても言い渡すことができる。そのほかに，被告人に対して刑罰を言い渡すと同時に損害賠償をも言い渡すこともできる。有罪の場合でも，その情状が軽微であれば，刑罰を免除して，訓戒，反省，謝罪，損害賠償を命ずることができる。行政機関は行政処罰または行政処分を行うことができる。職業を利用してまた職業上の義務違反で実施した犯罪の被告人に対して「職業従事禁止」を科すことができる。

　上記の刑罰のうち，拘役は緩和された短期自由刑で，受刑者を身寄りの国営工場や農場などで収容して強制労働させるが，給料を与えることも月に1，2回自宅に戻ることもできる。徒刑は身柄を刑事施設に収容して強制労働をさせる刑罰である。死刑も罰金も財産没収も文字どおりの意味での刑罰である。これらに対して，管制と政治権利剝奪とは中国独自の色彩の濃い刑罰である。

管　制

　現行刑法上の「管制」とは，受刑者を刑務所といった刑事施設には収容せず，警察などの監督の下で在宅のまま刑を執行するものである。その主な内容として，服役中，法律，法規，監督に服従すること，許可なしでは言論，出版，集会，結社，行進，デモをする権利を行使してはいけないこと，定期的に自分の活動状況を報告すること，客に会う規定に従うこと，住んでいる市または県から引っ越しする際には事前報告し，許可を得ることなどである。また，2012年から，管制に服役している受刑者に対して，同時に「社区矯正」(「社会内処遇」) を実施するようになった。

　管制は，刑事司法への人民参加制度として，そして，人民の監督のもとでの犯罪者改造の刑罰として，早くも1930年代に共産党が指導していた革命根拠地で導入され，1949年建国後も，特に**「鎮圧反革命」**のような政治運動・政治キ

▷1　中国法でいう「徒刑」とは日本法での「懲役刑」と同じ意味である。「徒」とは労役・刑務作業のことを指す。

▷2　Ⅸ-2側注6参照。

▷3　ⅩⅡ-8側注1参照。

▷4　**鎮圧反革命**
中華人民共和国建国後の1950年10月から共産党政権により展開されていた政治運動の一つで，新政権を敵視する旧政権のスパイなどの人員を対象とし，約100万人以上を「反革命分子」として摘発し，処罰した。その中の一部は反革命行為がまだ厳重でないとして身柄を拘束せずに「管制」に処せられた。

ャンペーンの中では，広く使われた。ただし，1979年の旧刑法および現行刑法は，「管制」制度そのものを維持しながらもその適用対象を縮小した。

③　政治権利剥奪

政治権利剥奪は，附加刑ではあるが，中国の刑罰制度の代表的なものといえる。現行刑法によると，政治権利剥奪の内容として剥奪されるのは①選挙権と被選挙権，言論，出版，②言論，出版，集会，結社，行進，デモの自由権利，③国家機関の職務に就く権利，④国有会社，企業，事業の組織，および，人民団体の管理職に就く権利である。性質から見ると，政治権利剥奪は市民権の剥奪に近いものの，やはり政治的側面を強調した刑罰である。

政治権利剥奪はその適用対象がきわめて広く設定されている。国家安全危害罪の犯罪者に対して，主刑を言い渡すと同時に必ず政治権利剥奪も言い渡さなければならない。故意殺人，強姦，放火，爆発，毒物投与，強盗などの，社会秩序を破壊した犯罪者に対して，附加刑として政治権利剥奪を言い渡すことができる。死刑，無期徒刑を言い渡された犯罪者に対して同時に政治権利剥奪をも言い渡さなければならない。また，刑法各則の中で独立して政治権利剥奪を適用することを定めている場合は，それに従って犯罪者に対して独立して政治権利剥奪を言い渡すことができる。刑法各則の中でこのように独立して政治権利剥奪を言い渡す犯罪として定められているのは，主に政治的色彩のある罪名である。例えば，非法集会，行進，デモ罪，国旗国章侮辱罪などである。

④　刑罰と労働・人民・政治

中国の刑罰には３つの特徴がある。まず，刑罰と強制労働とが常に関連づけられている。徒刑は刑罰の中心的存在であるが，徒刑の「徒」とは労役のことであって，徒刑はどちらかというと労役刑により近いものである。次に，刑罰と民衆とが常に関連づけられる。管制はその代表的なものである。最後に，刑罰と政治権利とが常に関連づけられる。政治権利剥奪の多用はその表れである。

上述した諸特徴はいずれも「労働者階級の人民政権であるから司法も刑罰も労働者・人民・民衆の手で行う」という建前に由来したものである。しかし，「労働者・人民・民衆」は建前として聞こえは大変良いが，実際上は，全く別である。例えば，「人民による司法・人民による監督」から導入された「管制」は，当初，受刑者を完全に民衆の監督下に置くように運営されていたが，その結果，民衆の誰も関心を示さない事態もあれば，逆に，「監督」という名義で受刑者をいじめの対象にして家事を強制したりするような事態もあった。そのために，「管制を廃止せよ」という意見が早くも1980年代初期から出るようになった。現行法では，管制そのものこそ廃止しなかったものの，「監督」をするのは警察に限るように改められた。

（王　雲海）

死刑の多用とその理由

① 死刑の適用基準とその種類

現行刑法によると，死刑は「罪行極其厳重（犯行が極めて重大である）」の犯罪者だけに適用する。死刑を言い渡されるべき犯罪者に対して，即時に執行しなければならない場合でなければ，死刑を言い渡すと同時に2年の猶予期間をも宣告することができる。犯罪時18歳未満である者または裁判時妊娠している婦女には死刑を適用しない。裁判時満75歳以上である者に対しては死刑を適用しないが，特に残忍な手段で人を死なせた場合は例外である。

「罪行極其厳重」は，刑法総則での死刑適用の一般基準であるが，刑法各則の死刑罪名はそれぞれの死刑量刑の具体的基準を明示している。また，死刑の主な様式は，一つの罪名には法定刑として死刑しかなく，その罪名が成立すれば必ず死刑を言い渡すという「絶対的死刑」ではなく，死刑罪名が成立しても実際に死刑を言い渡すかどうかは人民法院の裁量によるという「相対的死刑」であるので，最高人民法院はより具体的基準を司法解釈の形で出している。

死刑には事実上「即時執行死刑」と「2年執行猶予付き死刑」との2種類がある。前者は判決が確定して執行命令が出たら1週間以内に死刑囚を死なせる死刑であるのに対して，後者は死刑を言い渡すと同時に2年間の猶予期間を与える。その間，死刑囚を刑務所で強制労働させ，故意の犯罪を犯さなければ，または立功の状があれば，2年満了時に無期徒刑か有期徒刑に減刑される。実際上，約99％の者が減刑されるので，即時執行死刑か2年執行猶予付き死刑かは死ぬか生きるかの分かれ目となっている。

② 死刑の多用

中国での死刑多用を可能にしているのはまず死刑罪名が多いことである。現行刑法制定時には68種の死刑罪名があった。そのあと，「まず存置，次は制限，最終は廃止」という政府の死刑方針を反映すべく，2011年の刑法改正では密輸罪などの13種の死刑罪名，2015年の刑法改正では貨幣偽造罪などの9種の死刑罪名がそれぞれ削除された。いまは46種の死刑罪名が残っている[41]。そのうち，暴力犯罪のほかに，麻薬犯罪，公務員横領収賄罪などにも法定刑として死刑が設けられている。非暴力犯罪に対しても死刑があることが中国の特徴である。

▷1　46種の死刑罪名は犯罪類型から見ると次のとおりである。すなわち，国家安全危害罪の下には7種（国家分裂罪，スパイ罪など），公共安全危害罪の下には14種（放火罪，毒物投与罪，ハイジャック罪，電力設備破壊罪など），社会主義市場経済秩序破壊罪の下には2種（偽薬品生産販売罪，有毒有害食品生産販売罪），公民人身民主権利侵害罪の下には5種（故意殺人罪，行為傷害罪，強姦罪，人間略取罪，婦女児童誘拐罪），財産侵害罪の下には1種（強盗罪），社会秩序管理妨害罪の下には3種（暴動脱獄罪，集団武装監獄ハイジャック罪，麻薬密輸，販売，運搬，製造罪），国防利益危害罪の下には2種（武器装備，軍事施設，軍事通信破壊罪，不合格武器装備，軍事施設提供罪），横領賄賂罪の下には2種（公務員横領罪，公務員収賄罪），軍人職務違反罪の下には10種（戦時命令違反罪，投降罪など）がそれぞれある。

❸　麻薬犯罪への死刑適用の理由

　中国の刑事司法実務で現に死刑が適用されるのは，殺人などの凶悪犯罪のほかに，麻薬犯罪，公務員横領収賄罪なども含まれる。死刑の多用および非暴力犯罪への死刑適用の主な理由が犯罪・治安問題の政治化および刑罰の政治化である。麻薬犯罪の場合と公務員横領賄賂罪の場合は特にそうである。

　麻薬犯罪への死刑多用はその理由を中国の公式的歴史観に見出すことができる。それによると，中国の近代史は1840年のアヘン戦争から始まったものである。アヘン戦争をきっかけに，中国は西洋列強によって侵略されて，「半植民地」に化せられた。西洋列強が中国をこのように侵略，植民地化できたのは2つの武器を用いたからである。一つは銃（鉄砲）であり，もう一つはアヘンであった。銃（鉄砲）は中華民族・中国の人々を物理的に打ち破ることができたと同様に，アヘンは中華民族・中国の人々を精神的に打ち破ることができた，という。このように，中国にとっては，アヘンなどの麻薬行為は，ただの一般犯罪ではなく，むしろ，それ以上に中華民族・中国を根本から滅ぼすような重大な破壊行為である。死刑などをもって厳罰しなければならない。また，同じ公式的歴史観からすると，近代史上このような重大な破壊行為を食い止めることができたのは共産党だけである。麻薬犯罪の状況は共産党の権威に関わっており，死刑などの厳罰をもってその氾濫を防ぐ政治的必要があるのである。

❹　公務員横領収賄罪への死刑適用の理由

　中国では共産党の「一党支配」が最高原則とされているが，共産党は何の理由もなく，ただひたすら「一党支配」を固持するのではなく，それなりの正当性を主張している。つまり，歴史的に見れば，共産党こそ多大な犠牲を払いつつも先頭に立って外国の侵略に抵抗し，中国を統一，独立させた。現実的に見れば，共産党の支配によってこそ，いまの中国が経済的にも社会的にも文化的にも発展して，民衆の生活も裕福になっている。これらの歴史的事実と現実的状況は，中国共産党こそが「大公無私」的存在であって，完全に人民の利益のために働く公的組織であることを証明しており，そこから共産党による「一党支配」の正当性が示されている。このように，「大公無私」・「人民の利益の代弁者」から「一党支配」の正当性を得ようとしている共産党にとって，党員の一部が職権を利用して横領し，賄賂を受け取り，人民より先に自分の私利を追求することは，真正面から「一党支配」の正当性を損なう行為で，一種の「体制犯罪」・「政治犯罪」の意義を有している。「一党支配」の正当性を回復，維持するためには死刑などの厳罰で対応する必要が大いにあるのである。

（王　雲海）

▷2　公務員横領収賄罪への死刑適用理由の詳細については，王雲海『賄賂はなぜ中国で死罪なのか』国際書院，2013年を参照。

6 刑事事件の捜査

① 捜査機関

　中国では，捜査機関を第一次的捜査機関と補充的捜査機関とに分ける発想が
なく，かわりに，どの事件に対してどの機関が独立的に捜査をするかという
「捜査管轄」概念がある。捜査権限をもつ機関として，公安機関，検察機関，
国家安全機関，監察機関がある。「公安機関」とは警察のことで，主要な捜査
機関である。法律上には「犯罪」（罪名）がおよそ469種ある。そのうち，殺人
や強盗などの通常犯罪を中心に約367種の犯罪を警察が直接捜査する。検察機
関は主に公訴を担当するが，司法過程において発生した，司法関係者による司
法権の乱用に関わった14種の犯罪を直接捜査する。例えば，暴力証拠収集罪な
どである。国家安全機関とは日本でいう「公安」のことで，直接に捜査するの
が国家安全に関わるスパイ事件などであるが，その数は不明である。監察機関
とは，中国特有の機関で，公務員全体の規律や法律などの遵守を監督し，違反
事件を摘発する機関である。公務員がその職務との関係で犯す犯罪のほとんど，
数でいうと88種，例えば，横領，賄賂などの汚職犯罪，職務上重大過失犯罪な
どはその捜査対象である。

② 主な捜査手法

　中国法上，捜査は強制捜査と任意捜査という分け方がなく，強制捜査法定主
義という原則もない。捜査に関する刑事訴訟法の規定は，捜査ならばすべて強
制的であるという発想に立つが，一応，対人捜査と対物捜査を暗に区別して，
対人的捜査を手続上いっそう厳しく定めている。対人的捜査の中心的手法は
「取り調べ」（中国語で「訊問」）である。それをめぐって，手続上の処分（「強制
措置」）として，指名手配，召喚，保証立てての待機，住居監視，拘留，逮捕
がある。対物捜査としては，通常の捜索，実況見分，鑑定，差押えなどのほか
に，いわゆる「技術捜査」や「秘密捜査」も定められている。ただし，何が技
術捜査に，何が秘密捜査に当たるかは法定的ではなく，技術の進歩や捜査機関
の判断により随時変わる。例えば，かつて，技術捜査としてよくあげられたの
は通信傍聴，GPS による追跡などであったが，最近では，顔認証や AI のよう
な高度技術も捜査に使われるようになった。技術の進歩に乗じて人権に重大な
影響を及ぼす新しい捜査手法を容易く導入することには警戒を要する。

▷1　日本では，捜査は，直接被捜査者の利益を侵害するか，強制力が伴われるか，令状が要るかで，任意捜査と強制捜査に分けられる。その主な目的は，適正手続を貫くためであって，直接被捜査者の利益を侵害し，強制力を伴っていれば，「強制捜査」として裁判所による令状が必要となる。裁判所による捜査へのチェックが重要視されるのである。ただし，実際上，個々の捜査手法が強制捜査かそれとも任意捜査かをめぐっては論争のある場合が多い。特に GPS や顔認証などの新しい捜査手法が一体どちらに属するか，令状が要るか否かに関しては，警察などの捜査機関と弁護士や学者などの間で見解の違いがある。

▷2　中国では，監察機関による「留置」について大きな論争がある。監察機関は横領，収賄などの公務員犯罪の被疑者に対して刑事

3 捜査と人身自由の制限，身柄の拘束

捜査のために被疑者・被告人の人身自由への制限，剝奪は手続上の処分として定めてある。保証立てての待機，住居監視，拘留，逮捕，留置がそれである。保証立てての待機とは，保証金か保証人を立てて，取り調べや裁判のために待機させる措置である。住居監視は，自宅か指定の場所に滞在させて，取り調べや裁判への出頭を確保する措置である。拘留は，現行犯や逃亡者，身元不明者の被疑者に対して，警察の裁量で身柄を最長1カ月以上拘禁する措置である。実務上，「逮捕前置主義」よりもむしろ「拘留前置主義」が取られており，まず拘留して，その期間の満了時に逮捕に切り替える。逮捕は，新たな犯罪実施，社会秩序への現実的危険，証拠の隠滅など，被害者や通報者への報復，自殺，逃走という可能性を防ぐために身柄を長く拘禁する措置である。逮捕には令状が必要であるが，その令状を発するのは主に検察機関である。逮捕には「裁量逮捕」と「必須逮捕」との2種類がある。前者は，警察などが上記の可能性があると判断したときに逮捕する制度であるのに対して，後者は，10年以上の徒刑を言い渡される可能性のある者，徒刑以上の刑罰を言い渡される可能性のある，かつて故意の犯罪を犯した前科のある者，身元が不明な者を逮捕する場合の制度である。逮捕の効果は，被疑者・被告人は途中で保釈（保証立てての待機に切り替える場合）が認められなければ，判決が確定して身柄が刑の執行機関に移送されるまで及ぶ。「留置」とは監察機関が調査時に被疑者を取り調べるために特定の施設に拘禁する処分である。「留置」は事実上その効力が逮捕以上であるにもかかわらず，令状主義，弁護権の保障などの，刑事訴訟法上の規定の適用は受けない。[▷2]

4 取り調べ〔訊問〕と黙秘権，録音録画

捜査ならばすべて強制的であるという発想と同様に，取り調べならば当然その対象者である被疑者・被告人にはそれに応じる受忍義務があるとされる。受忍義務があるか否かが問題でなく，取り調べ時に黙秘権があるか否かが問題である。それに関して，刑事訴訟法は次のように定めている。つまり，被疑者・被告人は捜査人員の質問に対して事実通りに回答する義務がある。ただし，本件と関係のない質問に対して回答を拒否する権利がある。また，捜査人員は取り調べ時に被疑者・被告人に対して享有する訴訟上の権利を告知し，もし事実通りに自分の犯罪行為を自供した場合は寛大に処理されることおよび「認罪認罰従寛制度」が適用されることを告げるべきであるとする。このように，黙秘権は認めないが，自白すれば軽く処罰されるのである。[▷3]また，すべての事件の取り調べに関して録音か録画することができるが，無期徒刑，死刑，その他の重大な事件の場合は録音か録画が必須となる。 （王 雲海）

捜査を事実上しているのに，それを「捜査」ではなく，「調査」といい，捜査に関する刑事訴訟法の規定に従う必要がないとする。留置は，事実上「逮捕」と同じまたはそれ以上の効果があるのに，逮捕に関する令状規定や弁護規定，期間規定が適用されない。これは法治主義に反するというのは反対派の主張である。それに対して，賛成派は，留置は横領や収賄などの公務員犯罪だけを対象とするもので，それらの事件の場合は，被疑者・被告人の自白が特に重要であるし，公務員・職務を利用しての証拠隠滅の可能性もほかの事件に比べると一層高いなどの特殊性があるので，犯罪を効果的に摘発するために刑事訴訟法によらない身柄拘束が必要である，といい，その正当性を主張している。

▷3 「坦白従寛，抗拒従厳」というのは従来の中国での訊問・取り調べ・捜査の基本政策であった。その意味は，自白すれば寛大・軽きに，拒否すれば厳重・重きにそれぞれ処罰する，ということである。そのために，これを根拠に自白強要が多発していた。1990年代以後，無罪推定や黙秘権の議論が展開されるようになるにつれて，この政策は無罪推定，特に黙秘権を著しく損なうものであると広く認識されるようになった。現在は，建前上，「坦白従寛」だけが残されて，「抗拒従厳」がいわれなくなったが，実務上，旧態依然で，被疑者・被告人には黙秘権が認められず，取り調べ受忍義務が当然のこととして課されている。

7 刑事事件の公訴

① 「国家法律監督機関」の検察と「国家監察機関」の監察

　被疑者・被告人を逮捕するにあたって逮捕令状を発するのが裁判所でなく，検察であることは先に述べたが，その理由は中国における検察の位置づけにある。憲法の規定によると，検察機関は，ただの公訴機関ではなく，それ以上に国家の「法律監督機関」である。検察法によると，検察は，その職務として，関係のある刑事事件を捜査すること，刑事事件を審査して逮捕を許可，決定すること，刑事事件を審査して公訴を提起し，維持すること，公益訴訟を提起すること，訴訟活動を監督すること，効力が生じた法律文書の執行を監督すること，監獄，留置所での法執行を監督すること，その他の職権を行使することである，という。このように，「法律監督機関」として，検察は多くの職権を行使しており，公訴を提起し，法廷で訴訟活動をすることはあくまでもその職務の一つでしかない。しかし，伝統的に権限の大きい検察は，2018年3月の監察法の制定および同年10月の刑事訴訟法改正により，その権限の多くが監察機関によって取って代わられ，公務員が職務関係で犯す犯罪のほとんどはその捜査権が監察に移された。

② 公訴私訴並行主義

　刑事事件に対して裁判所に起訴することができるのは公訴機関としての検察だけである，という「国家・検察起訴独占主義」とは違って，中国は「公訴私訴並行主義」をとっている。つまり，刑事事件の訴訟を提起することができるのは検察であるが，それに限らず，次の2つの場合は，被害者などの私人も起訴することができる。①被害者がいる事件で，検察が不起訴を決定した場合，被害者は直接訴訟を提起することができる。被害者の訴訟提起が受理されたときには，検察機関は事件に関する証拠などの資料を裁判所に提出すべきである。②私訴事件の場合は，被害者などの私人は直接起訴することができる。つまり，親告罪事件，被害者が証拠をもつ軽微な刑事事件，被害者は自分の人身権，財産権を侵害した被告人の刑事責任を追及すべきであることを，証拠をもって証明したにもかかわらず，警察または検察が追及しなかった事件などである。現実には，検察による公訴提起が主流であって，私人による訴訟提起は例外にすぎない。

▷1　国家法律監督機関および国家監察機関については Ⅰ-7 25頁参照。

▷2　2018年の監察法の制定により「監察機関」・「監察権」という概念が法律化された。それに伴って，監察機関の権限も絶大となり，警察，検察，裁判を超越するような存在として君臨する一方，このような大きな権限を行使し，汚職などの被疑者に対する事実上の捜査権・捜査活動を行っている監察は刑事訴訟法の定めた刑事手続に従う必要がないとされている。これには適正手続上・人権保障上，大きな問題がある。公務員の汚職などの犯罪に対してもいかにして通常の刑事手続に従って手続の適正を保障しながら取り締まりをするかが大きな課題として意識されるべきである。本当に法治国家を目指すならば「公務員職務犯罪の取り締まりは特殊・特別である」という発想を捨てるべきである。

③ 起訴便宜主義と中国式司法取引 (「認罪認罰従寛制度」)

犯罪の成立要件に該当すれば, すべての被疑者を起訴しなければならない, という「起訴法定主義」とは違って, 中国は「起訴便宜 (裁量) 主義」をとっている。つまり, 検察は, 捜査機関からの証拠を審査して, 犯罪事実がないか起訴要件を満たさない場合だけでなく, 犯罪事実があって, 法律上の定める起訴要件を満たした場合でも, 犯情が軽微で, 刑罰を科す必要がないか刑罰を免除できると判断すれば, 実際上「不起訴」にすることができる。また, 十数年前から「求刑」ともいえる「量刑建議」というやり方が開始された。また, 2018年刑事訴訟法改正により, 「量刑建議」を前提とした中国式司法取引である「認罪認罰従寛制度」が正式に導入された。具体的には, 検察は起訴する前に被訴追側 (被疑者・被告人・弁護人) と話し合って, 被訴追側が起訴予定の犯罪を積極的に認めて刑罰を受け入れる意思を表明し, 争わなければ, そのための「具結書」(保証書) を書いて署名してもらう。検察は起訴時または法廷審理時に裁判所にそのような証明書を提示し, より寛大な量刑を建議する。裁判所は, このような「認罪認罰従寛制度」に基づく量刑建議を一般的に受け入れるべきである。このように, 「認罪認罰従寛制度」とそれを担保する「量刑建議」は, 実質上, 欧米法でいう「司法取引」とさほど変わらないものである。しかし, 中国では, それが素直に認められず, 「司法取引」との違いだけを強調するあまり, 検察と裁判との権限の混乱, 公判中心主義の後退, 公平性を犠牲にした効率性の優先, 「認罪認罰従寛制度」を使っての自白・証言の強要といった, 「司法取引」と同じ深刻な問題が看過されてしまっている。

④ 全事件送致起訴主義 vs. 起訴状一本主義

裁判官には公判前に事件の証拠などには接触させず, それによる予断・偏見を防ぐために, 検察は一本の起訴状だけをもって起訴する, という「起訴状一本主義」原則が多くの国々で実施されている。それに対して, 中国では, 検察の起訴方式はむしろ「全事件送致起訴主義」というべきものである。従来は, 起訴時には起訴状, すべての証拠を同時に裁判所に送致し, 裁判所は実質的審理をして, 有罪と判断すれば, 公判を開いて審理する, という「全証拠送致＋実質審理」のやり方であったが, 1996年の刑事訴訟法改正以後は, 起訴状, 主要証拠のコピーまたは写真だけを送致し, 裁判所は形式的に審査して, 審理すべきであると判断すれば, 公判を開いて審理する, という「主要証拠送致＋形式審理」の形となった。そして, 2012年の刑事訴訟法改正により, 起訴状, すべての証拠は起訴時に全部裁判所に送致して, 裁判所は形式的に審査し, 審理すべきであると判断すれば, 法廷を開いて審理する, という「全証拠送致＋形式審理」となったのである。

(王 雲海)

▷3 起訴便宜主義の表れとして, 検察には, 従来「不起訴」をすることも「起訴免除」をすることもできた。前者は犯罪が成立しない場合であり, 後者は犯罪が成立したものの, 刑罰を科す必要がない場合である。しかし, 現行刑事訴訟法は両者を一つにして共に「不起訴」としている。

▷4 検察の「量刑建議」(「求刑」) は裁判所に対してどこまでの意義をもつかをめぐって大きな議論が起こっている。検察側は法律上「認罪認罰従寛制度」がある以上, 裁判所は基本的に「量刑建議」に従うべきであると主張するのに対して, 裁判所はそれはあくまでも一種の意見・参考にすぎず, 量刑は必ずしもそれによって拘束される必要がないという。

8　刑事事件の裁判

▷1　一般の民衆が裁判に参加する制度として，法廷の傍らに座って事実認定（有罪無罪）のみ，または死刑などの量刑のみに関わる英米法系の「陪審制」と，プロの裁判官と一緒に法廷の前に座って事実認定にも量刑にも関わりをもつ大陸法系の「参審制」がある。中国では，「人民陪審制」というものの，その中身は7人法廷の場合を除いて事実上「参審制」である。審判委員会については Ⅺ-2 244頁を参照。

▷2　「司法独立」・「裁判独立」が事件を実際に審理する合議廷，さらにその担当する裁判官個人までの独立を意味するとして，「審判委員会」制度に対してよく批判する人々がいる。しかし，忘れてはならないのは「司法独立」・「裁判独立」のいずれも前提のある制度である。その前提とは，被告人・弁護人などの防御側と警察・検察などの訴追側とが刑事手続において完全に対等的存在であること，裁判官個人の裁判活動が対等的公判構造，複数的審級，法曹同士の評判監督から厳しく拘束されていること，それにより，裁判官は憲法，法律，良心に従って裁判するしかないということである。いまの中国では，このような前提はまだ整わないので，「審判委員会」から

1　1人法廷，3人法廷，5人法廷，7人法廷

裁判所は事件の性質などを根拠にして違う法廷（「合議廷」）を組んで審理し，判決をする。基層人民法院が担当する簡易手続事件と速裁手続事件は裁判官が1人で法廷（「独任法廷」）を組んで審理，判決をする。基層人民法院と中級人民法院が管轄する通常の第一審事件は，裁判官3人ないし7人から構成する法廷か，裁判官と人民陪審員の両方からなる3人または7人法廷が審理，判決する。高級人民法院が担当する第一審事件は，裁判官3人ないし7人から構成する法廷か，裁判官と人民陪審員の両方から構成する3人または7人法廷が審理，判決する。最高人民法院が担当する第一審事件は，裁判官3人ないし7人から構成する法廷が審理，判決する。第二審（控訴審）は，裁判官から構成する3人または5人法廷が審理，判決する。法廷の構成員は奇数であって，判決は多数意見に基づいて作成する。ただし，少数意見をも書き込む。7人法廷は10年以上の徒刑，無期徒刑，死刑の可能性のある社会的影響の重大な事件などを担当する。7人法廷の場合は，人民陪審員は有罪か無罪かの事実認定だけに参加し，量刑には関与しない（「陪審」）。これに対して，3人法廷または5人法廷の場合は人民陪審員が有罪認定と量刑との両方に参加する（「参審」）。

2　「廷前会議」，「審判委員会」

「公判中心主義」という原則があって，裁判が法廷（公判廷）を中心にして行われ，法廷での主尋問，反対尋問などの直接やり取りを通じて裁判が遂行される（「直接主義」，「口頭主義」）。中国も近年それを目指して改革を進めているが，そこで，2つの点が問題となっている。一つは「廷前会議」である。裁判官は公判を開く前に検察官，弁護人などを招集して会議を開いて証人リスト，違法収集証拠排除およびその他の問題を確認し，意見を聞く。もう一つは「審判委員会」である。人民法院には，院長やその他の幹部，ベテラン裁判官からなる「審判委員会」という組織があり，その会議には同級の検察院の長も参加できる。疑難，複雑，重大の事件は法廷が決定をすることが難しいときには，法院院長を通じてそれを審判委員会に付して，討論，決定する。その決定に対して，法廷は従う義務がある。「廷前会議」も「審判委員会」も「公判中心主義」を形骸化させて，公判の空洞化を引き起こしかねないかと危惧される。

③　通常裁判，簡易裁判，速決裁判，欠席裁判

事件の性質により公判手続は異なる。

通常の公訴事件であれば，廷前会議を開いた後に，公判期日で通常裁判として公判を行う。手続として，公判開始手続（身分確認，権利告知，忌避，回避の確認），起訴状朗読，法廷調査（証拠調べ），法廷弁論，被告人最終陳述，評決と判決言い渡しがある。その中では，物的証拠調べのほかに言辞的証拠調べに関して証人，鑑定人，専門家の法廷への出頭，主尋問と反対尋問が行われるものの，「伝聞証拠禁止法則」が適用されない。裁判は公開して行われるが，国家秘密，個人のプライバシーに関わる事件は一律的に非公開である。商業秘密に関わる事件で，当事者が非公開を申請したときにも非公開とすることができる。ただし，判決の言い渡しは一律的に公開して行う。また，公判手続中，検察が**補充捜査**を求める場合は，公判を延期して，それに準ずることができる。

事実が明確で，証拠も十分であり，被告人も自分が犯人で公訴された犯罪事実に異議を唱えず，簡易手続に同意した事件については，簡易手続が適用される。この場合は，証拠調べが省略され，法廷弁論も申請があれば省略することができる。被告人の最終陳述を経て，すぐに判決を言い渡す。

3年以下の有期徒刑の可能性のある事件で，事実が明確かつ証拠が確実十分で，被告人が「認罪認罰」をしている場合は，速決手続が適用され，すべての法廷手続が省かれて，1人の裁判官が弁護人の意見と被告人の最終陳述を聞き，すぐに判決を言い渡す。

また，公務員横領収賄事件や一部の国家安全危害事件，テロ事件で，被疑者・被告人が国外に逃亡・滞在している場合，欠席裁判を行うことができる。

④　控訴審，死刑復核，審判監督（再審）

裁判は「二審制」をとっている。1つの事件は裁判所に2回しか審理してもらえず，控訴審判決が確定判決となる。第1審判決に対して不服がある場合は，被告人側は「上訴」，検察は「抗訴」をすることがそれぞれできる。被告人側が上訴して，検察は抗訴していない場合は，「不利益禁止原則（「上訴不加刑」）」が適用される。犯罪事実に異議のある上訴事件，検察の抗訴事件，死刑事件などは，控訴審は合議廷公判で審理するが，他の事件は書面審理だけである。

死刑判決につき，被告人が上訴するか否かは関係なく，2年執行猶予付き死刑の場合は高級人民法院，即時執行死刑の場合は最高人民法院による確認許可〔死刑復核〕が必要である。高級人民法院，または最高人民法院は3人の裁判官からなる合議廷を組んで，許可するか否かを決定する。

確定した判決に対しては，当事者などによる再審請求，検察による抗訴および再審要求，上級人民法院による再審決定が可能である。　　　　（王　雲海）

個々の裁判官に対して一定の監督をすることが必要な場合がある。これを意識せずに，ひたすら裁判官個人の独立を善として，「審判委員会」制度を批判するのは短絡である。

▷3　補充捜査
検察は起訴請求をした警察などの捜査機関に対して補充捜査を求めることができる。また，裁判所は起訴して公判を請求した検察の請求により補充捜査を認めることもできる。

▷4　欠席裁判は，刑事裁判の基本理念，基本原則，基本制度を根本から覆すような制度で，いくら逃亡した犯人やテロ犯罪や国家安全危害事件といっても，それを認めるのは法の精神に反する。特に，近年の中国では，「公判中心主義」を刑事司法改革の重要なスローガンとして掲げているにもかかわらず，欠席裁判を導入したのはこれまでの改革に大きなダメージを与えている。

▷5　日本では，第1審判決に対する不服申立てが被告によるものか検察によるものかは関係なく，「控訴」といい，第2審判決に対するものは「上告」という。これに対して，中国では，検察による不服申立ては「抗訴」，被告人などの私人によるものは「上訴」といい，「公人」か「私人」かで区別される。

9 刑事事件の弁護

▷1　Ⅺ-6 252頁参照。

1 紆余曲折の刑事弁護

　弁護士[1]が刑事事件の被疑者・被告人のために弁護することは刑事司法・刑事手続を正当化するために当たり前のことである。しかし，中国では，それが紆余曲折な道を辿らざるを得なかった。弁護士・刑事弁護は，清の末期に導入され，民国期に展開されていたが，為政者はもちろん，民衆もそれに敵意を抱いて，「訴師，訴棍」（訴訟に乗じて金を儲ける良心のない者）と呼び，差別していた。新中国建国初期に弁護士と刑事弁護が一応認められたものの，その後，政治キャンペーンの繰り返し，無罪推定の否定，「階級闘争論」による犯罪者と人民の敵との同一視により，本格的発展が許されなかった。1980年代になって，「改革開放」の一環として，弁護士も刑事弁護も回復されたが，多くの制限もあった。1995年から「社会主義法治国家の建設」のスローガンの提出に伴って，弁護士も刑事弁護も整備されて，大いに発展したが，しかし，実務上は，いまだに党と政府，特に警察，検察，裁判から異端視され，制限されている。民衆も依然として刑事弁護を「悪者」を擁護する活動として見下しがちである[2]。

▷2　中国で司法機関を指導，統括，指導している共産党の専門組織として「政法委員会」があり，警察，検察，裁判などの責任者はその構成員であるが，弁護士協会の責任者はその構成員でない。このことが意味するのは弁護士への不信と異端視である。弁護士も身内で，司法の欠かせない一担い手として本当に認めるならば，まず弁護士協会の責任者をも「政法委員会」のメンバーに入れるべきである。
▷3　被告人の弁護に関して，弁護できるのは正式な身分のあるプロの弁護士（律師）だけに限定すべきである，という主張は最近多くなっているが，弁護士の素質，弁護費用の高騰などを考えると，むしろ現行法のように，被疑者・被告人の親族や知人，推薦された関係者などの，弁護士以外の人間による弁護をも認めるのが被疑者・被告人の弁護権の保護と行使に実質的に有利である。

2 弁護を受ける権利と刑事弁護の担い手

　被疑者・被告人は，捜査機関による第1回目の取り調べ時または身柄拘束などの強制措置（処分）をとられた日から弁護人を選任し，弁護してもらう権利を有する。被疑者・被告人のために刑事弁護をする弁護人としては，正式な弁護士（律師）のほかに，人民団体や被疑者・被告人の在籍する組織が推薦した人，被疑者・被告人の監護人，親友も含まれる[3]。ただし，捜査段階で選任できるのは弁護士だけである。被疑者・被告人は自ら弁護人を選任することもその監護人・親族が代理して選任することもできる。被疑者・被告人は経済的困難などで弁護人を自力で選任することができない場合は，政府の「法律援助機構」に申請して，法律扶助として弁護人を選任してもらうことができる。「法律援助機構」は条件に合った被疑者・被告人のために公費の弁護士を派遣する。また，「法律援助機構」が裁判所内や拘置所〔看守所〕内で「当番弁護士」を派遣し，自ら弁護人を選任していない，または弁護士が派遣されていない被疑者・被告人のために法律諮問したりすることができる。

③ 刑事弁護の手法と内容

　弁護人を務める弁護士は弁護するために被疑者・被告人と会見し，通信することができる。他の弁護人も許可を得て会見，通信することができる。拘置所は弁護士の会見要求に対して遅くとも48時間以内に対応しなければならない。ただし，国家安全危害事件，テロ事件については，捜査機関の許可が必要である。弁護士は被疑者・被告人と会見する時には監視されない。また，弁護の具体的内容は捜査，起訴，裁判に応じてそれぞれ異なる。捜査段階では，弁護人は，被疑者に法律援助を提供すること，代理して不服申立てや告発をすること，身柄拘束などの強制措置の変更を申請すること，捜査機関に対して被疑者の関わる罪名と案件の状況を聞き，意見を提出することができる。起訴段階（捜査機関が検察に起訴請求をしてから）では，弁護士たる弁護人は事件の調書などの「案巻資料」を閲覧，書き取り，複製コピーすることができる。他の弁護人も裁判所，検察の許可を得て行うことができる。つまり，起訴審査時からもう「証拠開示」ができるようになる。しかし，開示されるのは「案巻資料」と定めるものの，その具体的範囲については統一した基準がなく，警察，検察は調書などの書面証拠だけであると解釈するのに対して，弁護士たちは有罪と無罪とに関わるすべての証拠が含まれると主張する。公判段階では，弁護人は公判前に召集される廷前会議に出席し，公判審理についての意見を述べ，違法収集証拠の排除を求めることができる。公判では法廷に出席し，被告人や証人などに主尋問，反対尋問することなどを通じて証拠調べに参加し，論告求刑で意見を述べることができる。弁護士たる弁護人は弁護のために証人などの同意を得て証拠を収集することができる。検察，裁判所に対して証拠の収集，取り寄せ，法廷での証人証言を申請することができる。

④ 道のりがまだ遠い刑事弁護

　中国の刑法は，司法妨害罪の一類型としてもっぱら弁護人と訴訟代理人を対象とする「弁護人訴訟代理人証拠破棄，証拠偽造，証言妨害罪」を設けている。毎年，この罪名を根拠にして一部の弁護士が刑事弁護に絡んで有罪判決を言い渡される。組織的犯罪などの厳罰を内容とする最近の「掃黒除悪」キャンペーンの中では刑事弁護への制限がさらに多くなり，より多くの弁護士が処分されたり有罪とされている。刑事弁護はいわば「リスクの高い行業」として敬遠されている。弁護士の弁護人が正式についている刑事事件の比例（弁護率）は2000年代に入ってからも終始2割前後で推移している。また，弁護人のついている事件であっても，そこで弁護人ができるのは，初犯であるとか，反省しているとか，賠償しているといったことを述べるにすぎない形式的な弁護だけであって，「実質的で有効な弁護」とはほど遠い。　　　　　　　（王　雲海）

▷4　刑事弁護を許すか，どこまで許すか，弁護士は安心して刑事弁護することができるかは，一つの社会の文明度・法治レベルを示す主な指標である。刑事弁護を事実上許さない，平気で刑事弁護士を邪魔者として処分することは文明度と法治レベルの低さを物語るといえる。

10　行刑と受刑者の法的地位

① 政治的「労働改造」から行政的行刑へ

　懲役などの受刑者を刑事施設に収容し，服役させることは行刑であるが，新中国では，「行刑」は長い間「労働改造」と呼ばれていた。共産党政権は建国当初から「階級闘争論」という政治的イデオロギーから犯罪の原因とその対策を見ていた。そこでは，普通の刑事犯罪者は，戦争捕虜や反革命などの政治的異端者と同一視されて，犯罪のすべてがただの「犯罪」ではなく，労働者階級の労働意識，習慣，技能の欠如に起因する，労働者階級の新政権への政治的反抗と見なされた。そして，受刑者に労働の意識，習慣，技能を身につけさせ，労働者階級の一員に改造することが行刑の使命とされていた。つまり，「労働改造」時代の行刑は，刑事法・刑事政策でいう普通の行刑ではなく，むしろ，一種の政治活動であった。確かに1980年代以後，共産党が「階級闘争論」を放棄したこと，特に1994年の監獄法の制定で「労働改造」用語自体が消えたことにより，中国の行刑は，政治性を帯びたものから脱却し，普通の行政活動としての性格に変わりつつあるものの，「労働改造」の影響はいまだに根強い。

② 「懲罰改造の客体」から「列挙的権利主体」へ

　「受刑者の法的地位」とは，受刑者は法律上どのような存在なのか，どのような権利を有し，どんな義務を負うかをいう。「労働改造」時代では，行刑は「人民民主独裁」の道具の一つとして，反革命者とその他の犯罪者を懲罰，改造することをその目的として規定された結果，行刑は完全に政治的で包括的支配服従関係となり，受刑者は「人民の敵」として「懲罰と改造の客体・対象」でしかなく，完全に「法外化」された存在であった。ときには人道主義を標榜しようとして，改造に従順であると認定された一部の受刑者に対して恩恵として良い待遇を与えることもあるものの，全体的には受刑者への人権侵害が深刻であった。1980年代初期から，一部の学者は，受刑者となったことと国籍を剝奪されたこととは別で，受刑者といってもまだ中華人民共和国の公民であって，依然として憲法の保護対象であるという，「特殊な公民論」を提起した。1994年監獄法制定時に，そのような発想がさらに進歩し，監獄法自体は列挙する方式で受刑者に一定の権利を認めて，受刑者は「列挙的権利主体」としての法的地位を獲得するようになった。

▷1　 序-3 側注4参照。

▷2　中国での行刑と受刑者の法的地位については，王雲海『刑務作業の比較研究——中国，米国，日本』信山社，2005年を参照。

❸ 受刑者の具体的義務と権利

現行監獄法によると，監獄は「懲罰と改造との結合，教育と労働との結合」という原則に基づいて受刑者を「守法公民」に改造する。監獄は，受刑者を生産労働に従事させて，思想教育，文化教育，技術教育を行う。受刑者は，法律，法規，監獄規則を遵守し，管理に服従し，教育を受け，労働に参加しなければならない。このように，懲罰と改造を受けて，生産労働，思想教育，文化教育，技術教育に参加し，法律，法規，監獄規則，管理を遵守，服従することは，受刑者の義務である。それに違反した場合は，警告，違反行為記録，短期間の身柄拘禁といった処分が課せられる。他方，受刑者にはいくつかの権利も認められている。その主なものとして，人格が侮辱されない権利，人身安全，合法財産が保護される権利，弁護，不服申立て，告発，検挙およびその他の，法律によって剥奪，制限されていない権利が侵害されない権利などがあげられる。そのほかに，通信や面会をしたり，奨励を受けたり，労働したときに一定の報酬をもらったりすることもできるが，そのいずれも受刑者の権利としてではなく，むしろ，監獄側の裁量として受刑者の改造などを促すための措置として定められるだけである。また，受刑者に対して，「監外執行」（病気や妊娠などの事由で受刑者を監獄外で服役させる制度），「減刑」（服役中改善したりよい行いをしたなどの理由で刑期を短縮して釈放する制度），「仮釈」（服役中改善し，よい行いをしたなどの理由で釈放し，社会内処遇〔「社区矯正」〕を受けながら残った刑期を外で過ごす制度）が多く適用されるが，そのいずれも受刑者の権利ではなく，あくまでも監獄側などの裁量によるものである。それらを受けられなくても受刑者は権利侵害として主張することができない。

❹ 行刑の憲法化・法治化と「行刑法定」

このように，中国の行刑は，依然として政治的色彩の残る行政的で包括的命令服従関係として構築，運営され，受刑者は例外的で象徴的権利の主体になったものの，それ以外にはすべて懲罰と改造の客体として裁量的に扱われる。もとより，これは中国行刑だけの問題ではない。立法段階では「罪刑法定」と，司法段階では「無罪推定」がある一方，同じく国家刑罰権行使である刑罰執行の段階には「行刑法定」のような原則がないことは一般的である。行刑領域での憲法化・法治化・行刑法定化は多くの国々の課題である。今後は法律をもって，「**自由刑純化論**」がいうように，行刑の内容を受刑者の身柄を拘束するだけに限定し，それ以外の権利を明示することも，「**行刑社会化論**」がいうように，刑事施設での処遇をなるべく社会との関連で構築することも，行刑の当否は最終的に司法判断に委ね，受刑者に司法救済を求める権利を認めることも，必要である。中国の行刑にとっては特にそのようにいえる。　　（王　雲海）

▷3　IX-2 側注6参照。
▷4　「紙面（ペーパー上）服役」「幽霊受刑者」といった言葉は最近の中国で流行となっている。その意味は，刑を言い渡された受刑者は，一部の看守と結託して監外執行，減刑，仮釈放を悪用し，実際上刑務所に行かないか，行っても早々外に出されてしまう。結局，服役しているのは法律書類上（ペーパー上）だけで，本人は実は刑務所にはおらず，「幽霊」となって，外のどこかで生活している。
▷5　**自由刑純化論と行刑社会化論**
第二次世界大戦後，各国の行刑改革を支える主な理論である。前者は，従来の自由刑は「自由刑」といいながらも実際上受刑者の身柄を刑事施設に収容し，自由を制限する以外には，身体刑，財産刑，名誉刑などの過剰な内容をも含んでいるとして，自由刑からそれらを排除して，完全に身柄の収容，自由の制限に純化すべきであると主張する。これに対して，後者は，受刑者の社会復帰そして受刑者の権利保障という視点から，自由刑の内容である身柄の収容，自由の制限以外には刑務所での生活・活動・処遇をなるべく外の社会と同じようにし，受刑者と外の社会とのつながりを維持し，刑事施設の処遇などを社会の監督のもとに置くことを主張する。

第 **X** 章

民事訴訟法

guidance

　中国における民事事件の件数は，1970年代末に経済改革の政策を実行して以降，常に増加傾向にある。民事紛争解決の方式として，1982年に「民事訴訟法（試行）」の成立に伴って民事裁判はその中心となった。そして，1991年に「民事訴訟法（試行）」に代わって現行民事訴訟法が成立した。民事訴訟法の意義については，形式的意義と実質的意義という2つの側面からそれが捉えられている。形式的意義の民事訴訟法とは，前述の現行民事訴訟法のことである。実質的意義の民事訴訟法とは，民事訴訟の手続ならびに民事訴訟法律関係の主体間の権利義務を規律する法律関係の総称を意味すると解され，前述の現行民事訴訟法のほか，その他の法令や司法解釈などにおける民事訴訟に関する規律がそれにあたるとされる。

　中国の民事訴訟制度について，主として次のような特徴があると思われる。その一つは，民事訴訟法の規律内容は広範に及ぶことである。中国の民事訴訟制度は，いまだ発展の初級段階にあるため，民事訴訟法は，条文数が284カ条で比較的少ないにもかかわらず，その規律の内容が通常の民事訴訟に関するもののみならず，民事保全・民事執行・家事事件・非訟事件などの手続をも含む。もう一つは，職権介入型の色合いがなお色濃く残っていることである。このことは，旧ソ連の民事訴訟法制やその理論より強い影響を受けたほか，中国の政治体制とも密接に関連しているからである。

　民事紛争解決の方式として，民事裁判のほか，調停（法院調停を除く），仲裁などもある。本章では，民事裁判を規律する民事訴訟法の基本内容を述べることとする。

（周　剣龍）

民事訴訟法の沿革

① 清末における立法

　古代中国法は，いわゆる「諸法合一」の立法主義をとっていたが，その規定のほとんどは刑事法関係のものであって，民事法や手続法関係の規定は，断片的かつわずかなものにすぎなかった。中国初の近代的な民事訴訟法立法の試みは，清末の1906年3月に起草された「大清刑事民事訴訟法草案」に遡る。当時，清国政府から不平等な領事裁判権の撤廃要請を受けた西洋列強は，撤廃の条件の一つとして公正な裁判を確保できる裁判手続法の整備を求めた。そこで，清国政府は，急いでこの草案を作成したといわれる。しかし，この草案は，弁護士制度，陪審制度，公開裁判など西洋の法制度が多く導入されたことで，古来の伝統法を重視する礼教派から強い反対を浴びたため，成立には至らなかった。同年10月に清国政府は，日本の法律専門家である松岡義正を招聘し，「大清民事訴訟律草案」の起草を依頼した。松岡義正は，ドイツ法や日本法を参照しながら，1910年にようやく当該草案の起草を完成した。しかし，翌年に辛亥革命が起き，清王朝が崩壊したため，「大清民事訴訟律草案」は，結局草案のままに終わった。ただ，この草案は，後の中華民国の民事訴訟法の立法には大きな影響を与えた。

② 中華民国における立法

　1912年に樹立した中華民国政府は，民事裁判において前述の「大清民事訴訟律草案」を部分的に用いることを認めつつ，1920年代の後半になってようやく民事訴訟法の立法作業を開始した。1930年9月に民事訴訟法の大部分（第1編から第5編の第3章まで）は，立法院での審議を経て，成立した。それに続いて，残りの部分（第5編第4章）は，同年12月に立法院において採択され，翌年の1931年2月正式に公布された。そこで，20世紀初頭から20数年をかけて，ついに中国初の近代的な民事訴訟法が誕生した。現在台湾では，同民事訴訟法は，幾度の改正を経ながらも，なお現行法として施行されている。

③ 中華人民共和国における立法

　1949年10月に成立した中華人民共和国は，中華民国法統を全面的に否定した。[41]そのため，民事訴訟法制をも含めた新たな法体系が着実に構築されると見込ま

▷1　Ｖ-1 側注3参照。

▷2　82年民訴法は，第1編・総則，第2編・第1審手続，第3編・第2審手続，第4編・執行手続，ならびに第5編・渉外民事訴訟手続の特別規定からなり，条文数は205カ条である。

▷3　82年民訴法は，その成立当時において増加傾向にあった民事紛争の解決に適宜対応し，経済の発展を促進し，社会の安定を保障する面においては，いうまでもなく積極的かつ重要な役割を果たしていたが，民事実体法がまだ整備されておらず（例えば，民法典ではないが，中国の民事基本法であった民法通則が制定されていなかった），経済改革の政策が実行されてから数年しか経っていないという状況下で制定されたため，経済改革の深化に伴って，相当大きく進展した経済や社会の状況には適合し

X

れたが，1950年代半ばまでに憲法，土地改革法，婚姻法など数少ない法律が制定されたものの，民事訴訟法の立法は1982年になるまでみることができなかった。1982年までの民事裁判の手続は，「中華人民共和国訴訟手続通則（草案）」（中央人民政府，1951年），「各級人民法院の民事事件の裁判手続に関する総括」（最高人民法院，1956年），「民事事件の裁判手続」（最高人民法院，1957年），「人民法院における民事事件の裁判手続制度の規定（試行）」（最高人民法院，1979年）によって進められていた。それらは，厳密に言えば，全人大が制定した法律ではないが，民事事件の裁判手続の準拠基準として位置づけられ，後の民事訴訟法起草のための土台になった。

　1978年12月に開催された中共11期3中全会において，対外開放・経済改革の政策への方向転換が決定されたことを受けて，民事訴訟法を含めた中国法の全体は整備の新時代を迎えた。中華人民共和国初の民事訴訟法（試行）（以下，82年民訴法という）は，その起草作業が1979年8月から開始され，1982年3月に全人大常務委において採択され，同年10月に施行された。82年民訴法の立法にあたって，立法者は，国民政府時期に中国共産党が支配した地域（時期にもよるが，「革命根拠地」または「解放区」と呼ばれる）での民事裁判の習慣や制度（2審終審制など）を受け継ぎ，旧ソ連の民事訴訟制度（裁判監督制度など）を参照し，1949年以降の民事裁判の経験を取り入れ，ならびに大陸法系の国や地域の民事訴訟制度をも部分的に導入した。

　1991年における82年民訴法の全面改正は，82年民訴法の運用経験を総括する意味合いを有することはもちろんのこと，伝統的な裁判方式の限界の克服，裁判の手続的正義と裁判結果の公正さとの直接関係性の重視，西側諸国の民事訴訟制度の積極的な導入が強く意識される中で推し進められていた。その意味において，中国では1991年4月に新たな民事訴訟法（以下，現行民訴法という）が成立したとされ，82年民訴法が廃止された（民訴法284条）。現行民訴法は，第1編・総則，第2編・裁判手続，第3編・執行手続，第4編・渉外民事訴訟手続の特別規定からなり，条文数は284カ条である。現行民訴法は，成立後2007年，2012年そして2017年に3回の改正を経た。

　現行民訴法の適用に関して，数多くの司法解釈がすでに公布，実施されている（ただ，そのうちすでに廃止されたものもある）。主要なものとして，「民事訴訟証拠に関する若干の規定」（最高人民法院，2002年公布，2019年改正。以下，「証拠規定」という）と「「中華人民共和国民事訴訟法」の適用に関する解釈」（最高人民法院，2015年公布，2020年改正。以下，「現行民訴法司法解釈」という）がそれである。現行民訴法司法解釈は，本体の民訴法の条文数をかなり超えて，552カ条を有する相当ボリュームのある司法解釈となっている。なお，民事訴訟に関する主要な法令として，現行民訴法のほかには，海事訴訟特別手続法（1999年公布），訴訟費用納付弁法（2006年公布）などがある。　　　　（周　剣龍）

なくなったという問題が生じた。そうした中，1991年に82年民訴法は，全面的に改正される運びとなったのである。

▷4　2007年改正は，再審請求と執行が困難である（中国では，「再審難」と「執行難」と呼ばれる）という不満を解消するために，再審制度と執行制度の改善を図ることを中心に行われた。2012年改正の内容は，2007年改正よりかなり増えて，信義則の明文化，管轄制度の改善，公益訴訟制度・少額訴訟制度・第三者の取消しの訴え制度の新設，保全制度の改善，民事訴訟に対する検察機関の監督権限の拡大，担保物権の実現手続の新設，民事訴訟に対する検察機関の監督権限の拡大，判決文・裁決〔裁定〕文の開示などに及んだ。2017年改正は，公益訴訟における検察機関の提訴権の明文化（55条2項）に限定して行われたが，その意義が大きいと評価されている。

参考文献

李貴連「中国法律近代化簡論」『比較法研究』1991年，第2期，1頁以下。
李貴連「近代中国法律的変革与日本影響」『比較法研究』1994年，第1期，24頁以下。
李貴連「晩清立法中的外国人」『中外法学』1994年，第4期，59頁以下。
謝振民編著・張知本校訂『中華民国立法史〔下冊〕』中国政法大学出版社，2000年，995頁以下。
張衛平『民事訴訟法〔第5版〕』法律出版社，2019年，25頁以下。

民事訴訟の基本原則

民事訴訟の基本原則について現行民訴法は，主として次のようなものを明文化している。

 訴訟当事者平等の原則

民事訴訟当事者は，平等に訴訟をする権利を有し，人民法院は，民事事件を審理する際に，当事者の訴訟権利の行使を保障し，かつその便宜を図り，ならびに法律適用について当事者を平等に取り扱わなければならないと規定される（8条）。訴訟当事者の平等は，訴訟における当事者の訴訟地位の実質的平等を意味するものであって，訴訟当事者としての地位に応じて法律が異なる訴訟権利を付与することは，この平等原則には反するものではない。この平等原則の根拠は，中国憲法上の法の下での平等という条項（33条2項）に求められる。訴訟当事者が平等に取り扱われるのは当然のことであるが，平等の原則を法定したのは，立法者が行政機関など権力を握る者が民事訴訟に参加した場合にあくまでも訴訟当事者であることを強調するためであろうと推測される。

 意思自由に基づいて適法に調停する原則

現行民訴法によれば，人民法院は，民事事件を審理するにあたって，意思自由と適法の原則に従い，調停〔調解〕を行うべきであって，調停が成立しない場合は，ただちに判決を言い渡さなければならないと規定される（9条）。82年民訴法では，人民法院が民事事件の審理について調停に重点を置かなければならないという調停重視の原則がとられていた。そのため，裁判実務上，裁判官〔法官〕は，この原則を堅持するあまり，訴訟当事者の意思自由を無視して，強引に調停によって民事紛争を終結させることが多々あった一方，訴訟当事者が通謀して第三者の権利や利益を害する調停協議書を調印することもあったといわれる。そこで，立法者は，調停重視の原則を意思自由と適法の原則に改めた。意思自由と適法の原則の下では，調停は，民事裁判において経なければならない手続ではないものとなったと解することができるが，現行民訴法では民事裁判手続の全過程において調停が推奨されている。なお，民法典では，離婚訴訟においては調停前置主義がとられている（1079条2項）。

▷1　学説上の争いがある。起因は，民訴法第1編第1章の規定内容をめぐる理解の違いにある。第1章の見出しは，任務，適用範囲と基本原則であると記されているため，一部の教科書等は，任務，適用範囲に関する規定以外の規定をすべて基本原則に関する規定と解し，本書で取り上げるもの以外に，外国人等の裁判に関する相互主義（5条），人民法院の独立性（6条），民事事件の審理において事実を根拠に，法律を基準にすること（7条），合議・忌避・公開裁判・2審制に関する規定（10条），人民検察院の裁判監督の規定（14条），機関・社会団体・企業等の起訴支援の規定（15条）などをも民事訴訟の基本原則とする。これに対して，代表的な教科書は，これらの規定を一般原則か基本制度として述べる。

3　弁論の原則

　民訴法では，人民法院が民事事件を審理する際に，当事者は弁論の権利を有すると規定される（12条）。この規定は，弁論の原則を認める根拠条文であるとされる。弁論の原則とは，訴訟当事者が争いのある事実問題や法律問題について人民法院の主宰する下で各自の主張や意見を陳述し，互いに反駁し，答弁することによって自身の合法的な権利を守る原則であると解される。弁論の原則は，民事訴訟において重要な意味を有する原則であるが，訴訟当事者の弁論権の保障を強調する原則であって，日本法にいう弁論主義とは異なる。[▷2]

4　処分の原則

　処分の原則（処分権主義ともいう）とは，訴訟当事者が法律の規定する範囲内において自身の民事的権利と訴訟の権利を処分する権利をいう（13条）。処分の原則の法定は，中国民訴法における私的自治の表れであることを意味する。処分の原則によれば，訴訟当事者は，裁判手続中と執行手続中のいかなる段階においてもその民事的権利と訴訟の権利を処分することができることになる。82年民訴法においては，現行民訴法と全く同様な文言で処分の原則に関する規定が置かれていたが，調停重視の原則が設けられていたため，処分の原則の実効性が相当制約され，私的自治が相当不完全な形になったといわざるを得ない。前述のように，現行民訴法は，調停について調停重視の原則を意思自由と適法の原則に改めたため，処分の原則は，私的自治に適うように前進したといえよう。ただ，訴訟当事者による権利の処分は法律許容の範囲内という制約を受けなければならない。例えば，代表人訴訟の場合には，訴えの放棄，和解などは，代表される関係者の承諾が必要であるとされる（54条3項）。また，裁判実務上，国家の介入を強調する伝統的な思考の影響もあって，処分の原則の貫徹は困難であると指摘されている。[▷3]

5　誠実信用の原則

　民事訴訟は，誠実信用の原則に従わなければならない（13条1項。以下「信義則」という）。82年民訴法，成立当初の現行民訴法は，いずれも信義則を明文化していなかったが，司法解釈である証拠規定は，民事訴訟の場面における信義則の遵守をはじめて明文化した。2012年改正によって，信義則は現行民訴法に導入された。立法者は，濫用的な訴訟行為，虚偽証拠など信義則に反するようなことが多発した社会的な背景に鑑みて，民訴法学界などから強い要請を受け，また日本などの民訴法の立法例を参考にして，信義則の立法に踏み切った。信義則の下では訴訟当事者は，具体的に真実陳述の義務，訴訟遂行促進の義務，不当訴訟の禁止などを課せられることになる。

（周　劍龍）

▷2　日本法にいう弁論主義とは，一般に，判決の起訴となる事実と証拠の収集・提出を専ら当事者の権限・責任とする主義と定義される。さらに弁論主義とは下記のような3つの原則（テーゼ）の集合体と捉えるのが適切であるとする見解もある。第一のテーゼは，裁判所は証拠調べの結果，ある事実が存在すると認定できる場合であっても，当事者がそれを口頭弁論において主張しない（弁論に顕出させない）限り，裁判所はそれを裁判の基礎に据えることができないことをいう（証拠資料を訴訟資料に代替させることができないこと）。第二のテーゼは，自白の拘束力で，第三のテーゼは職権証拠調べの禁止である。山本弘ほか『民事訴訟法〔第2版〕』有斐閣，2013年，175頁参照。

▷3　例えば，訴えの取り下げは人民法院の同意が要ること，訴訟当事者の申立てがないにもかかわらず，人民法院が再審手続を開始することなどがその表れであると考えられる。

参考文献

張衛平『民事訴訟法〔第5版〕』法律出版社，2019年，40頁以下。

江偉・肖建国主編『民事訴訟法〔第8版〕』中国人民大学出版社，2019年，64頁以下。

3 管轄，裁判組織，忌避と訴訟参加人

▷1　こうした土地管轄は，通常一般管轄と呼ばれ，また同じく土地管轄に分類されるものには，特殊管轄，専属管轄，協議管轄などもある（22条以下参照）。特殊管轄について，例えば，会社の設立・株主の地位・利益配当・会社解散などをめぐる訴訟を会社の住所地の人民法院が管轄を有するような場合はそれにあたるとされる（26条）。専属管轄について，例えば，不動産をめぐる訴訟を当該不動産の所在地の人民法院が管轄するような場合はそれにあたるとされる（33条1項1号）。協議管轄とは，契約などをめぐる訴訟当事者が書面協議にて管轄する人民法院を決めることができることをいう。ただし，こうした協議は民訴法の事物管轄や専属管轄に関する規定に反することができないとされる（34条）。
▷2　陪審員
中国にはいわゆる人民陪審員制度がある（人民陪審員法，2018年公布）。中国公民は，①中国憲法を支持すること，②満28歳であること，③規律・法律を守り，品性が良好で，正義感があること，通常の職務を履行できる健康な身体をもつといった要件を満たすほか，高卒以上の学歴を有することも要求される（同法5条）。なお，詳細について

① 管　轄

　現行民訴法は，管轄を事物〔級別〕管轄，土地〔地域〕管轄などに分けて規定する。事物管轄とは，クラス（級）が異なる人民法院の間でいずれのクラスの人民法院が第1審民事事件を管轄するかを指す。通常，基層人民法院は，第1審民事事件を管轄するとされる（17条）。もっとも，中級人民法院や高級人民法院は，その管轄区内において重大な渉外事件や重大な影響を有する事件等を第1審民事事件とし，管轄することもあり得る（18条，19条）。重大という基準は，各高級人民法院がその管轄区の具体的な状況（例えば，経済発展の状況など）を斟酌して決定することになる。最高人民法院は，全国で重大な影響を有する民事事件を第1審民事事件とし，管轄する場合もある（20条）。土地管轄とは，同クラスの人民法院の間でどこの地域の人民法院が第1審民事事件を管轄するかを指す。事物管轄の確定を前提にして土地管轄が確定されることになる。当該確定基準は，自然人〔公民〕の場合はその居住地，法人・その他の組織の場合はその住所地によるとされる（21条1項，2項）。[▷1]

② 裁判組織

　第1審事件審理の際に，裁判官・**陪審員**は，共同でまたは裁判官だけが合議廷を構成し，合議廷の構成員数が奇数であることを要する（39条1項）。ただ，簡易手続の場合は，裁判官は1人で審理することができるとされる（同条2項）。第2審事件審理の際に，裁判官だけは合議廷を構成し，合議廷の構成員数が奇数であることを要する（40条1項）。合議廷の審判長は，人民法院の院長または院長が指定する裁判官が担当し，院長または廷長（民事法廷など専門法廷の責任者）が自ら参加する裁判では，院長または廷長は裁判長を担当する（41条）。合議廷では，事件の評議について多数決の原則を実行し，作成された議事録に合議廷の構成員が署名することなどが要求される（42条）。

③ 忌　避

　民訴法は，裁判の公正さを担保するために忌避〔回避〕制度を設けている。裁判官，書記，通訳担当者，鑑定人ならびに検査人が一定の場合のうちそのいずれかに該当するのであれば，彼らは，自ら忌避することを要求されるほか，[▷3]

訴訟当事者にも忌避の申立権が付与される（44条1項，4項）。訴訟当事者による忌避の申立ては，理由を明らかにし，事件審理の開始前になされることを要するが，忌避事由を事件審理の開始後に知った場合には，訴訟当事者は，口頭弁論〔法廷弁論〕の終結前に忌避の申立てをすることをもできる（45条）。訴訟当事者の忌避の申立てに対して，人民法院は，3日以内に口頭または書面の方式で決定する（47条）。

4 訴訟参加者

(1)当事者：訴訟当事者とは，民事法律関係において紛争が生じた場合に，自身の民事的権利と利益を保護するために自己の名をもって起訴し，または応訴して，かつ判決の拘束を受ける者をいう。自然人〔公民〕，法人・その他の組織は，民事訴訟の当事者になることができ，法人の場合は，代表者が，その他の組織の場合は，その主要責任者がそれぞれ訴訟行為を行う（48条）。当事者は，第1審では原告と被告，第2審では上訴人と被上訴人，執行手続では，執行者と非執行者（または債権者と債務者）とそれぞれ呼ばれる。当事者自身は，訴訟行為を遂行するにあたって，民事的行為能力者でなければならない。

(2)共同訴訟：共同訴訟とは，当事者の一方または双方が2人以上で，かつ訴訟物が共同であるかまたは同じ種類である場合に，人民法院が併合審理を認め，ならびに当事者の同意を受けた民事訴訟を指す（52条1項）。共同訴訟の当事者（共同訴訟人）の一方の人数が大勢である場合に，当該当事者は代表者を決めて，訴訟行為を遂行することができる（代表者訴訟と呼ばれる。53条）。代表者の訴訟行為は，その代表する当事者に対し効力を生じるが，代表者の変更，請求の放棄，または訴訟相手の当事者の請求の認容，和解は，代表される当事者の同意を得なければならない（53条）。▷4

(3)第三者：訴訟に関わる第三者は，独立の請求権を有する第三者と独立の請求権を有しない第三者に分けられる。独立の請求権を有する第三者は，当事者双方の訴訟物に対して訴訟を提起することができる（56条1項）。独立請求を有しない第三者は，事件処理の結果がその法律上の利害と関係するのであれば，自ら申請しまたは人民法院の通知を受けてから訴訟参加できる（56条2項）。もっとも，判決によって民事責任を負担させられる第三者は，当事者として訴訟の権利と義務を有する（56条2項）。

(4)訴訟代理人：訴訟代理人とは，法定代理人▷5，指定代理人▷6と委託代理人を指す。訴訟当事者・法定代理人は，訴訟作為の代理を委託される委託代理人を1人または2人依頼することができ，委託代理人になれる者は，弁護士に限らず，基層の法律サービス提供者，当事者の近親者，法人など組織の職員（法人が訴訟当事者である場合），当事者の所在するコミュニティ〔社区〕，組織〔単位〕その他の関係する社会団体が推薦した自然人〔公民〕をも含む（58条）。　　（周　剣龍）

は，Ⅺ-3を参照。

▷3　ここにいう一定の場合とは，①訴訟当事者，または訴訟当事者や訴訟代理人の近親者であり，②裁判事件と利害関係を有し，③訴訟当事者，訴訟代理人とその他の関係を有し，かつその関係が事件の公正な審理に影響を及ぼす可能性がある場合をいう。

▷4　共同訴訟の一種として公益訴訟は法定されている（55条）。環境汚染，不特定多数の消費者の合法的な権利と利益の侵害など社会の公共利益を害する行為に対して，法律の規定する機関や関係組織は人民法院に提訴することができる。

▷5　訴訟行為無能力者（未成年者や民事的行為無能力者）の訴訟行為は，その法定代理人である後見人が遂行することとされる（57条）。

▷6　訴訟当事者が訴訟行為無能力者でありかつその法定代理人もいない，または法定代理人がいるが何かの原因で代理権を行使できない場合には，人民法院は，職権で訴訟代理人を指定することができる。また，複数の法定代理人が互いに代理責任をなすりつけ合う場合には，人民法院は，法定代理人の中から1人を訴訟代理人に指定する（57条）。

証拠，期間・送達・訴訟費用と調停

 証　拠

　民事訴訟における証拠は，当事者の陳述，書面証拠，物的証拠，視聴覚資料，電子データ，証人の証言，鑑定意見と調査記録を含むとされるが，証拠は，事実認定の根拠となるためには本物であると検証されたものでなければならない（63条）。証拠が滅失の恐れがありまたは将来入手困難である場合に，当事者は，訴訟手続中に人民法院に証拠保全を申し立てることができるほか，人民法院も自ら保全措置をとることができる（81条1項）。

　当事者は，自らの主張に対して証拠を提供する責任を負い（証明責任。64条1項），かつ適時に証拠を提供しなければならない（適時証拠提供の義務。65条1項）。もっとも，当事者およびその訴訟代理人が客観的な原因により自ら証拠を収集できず，または人民法院が自ら事件審理のために証拠が必要であると認めた場合に，人民法院は，自ら証拠を調査し，収集しなければならないとされる（職権探知主義。同条2項）。この職権探知主義の取入れは，中国の民事訴訟制度の特徴の一つである。また，人民法院が関係する組織や個人に対して証拠を調査し，収集する際に，関係する組織や個人は，それを拒絶してはならない（協力義務。67条1項）。証拠は法廷の場で開示され，かつ当事者がその信憑性について互いに質問し，確認することを要する（〔質証〕という。68条1項）。

2 期間・送達・訴訟費用

　期間とは，人民法院，当事者と訴訟参加者が各自または共同で訴訟行為を遂行するために遵守すべきとされる期限を指す。期間は，訴訟行為の遂行にとって重要な意味をもっており，法律が規定するもの（法定期間。上訴期限など）と人民法院が職権に基づいて指定するもの（指定期間。金銭給付の期限など）に分けられ，時・日・月・年により計算され，期間開始の時・日が期間の計算内に入らないとされる（82条1項，2項）。また，期間満了日が祝休日である場合に，祝休日の翌日は期間満了日になるとされる（同条3項）。なお，当事者が不可抗力またはその他の正当な事由により期限に間に合わなかった場合，障害が取り除かれた後の10日以内に，当該当事者は，期限の順延を申し立てることができるが，申立てが許されるかは人民法院が決定する（83条）。

　送達とは，人民法院が法定方式や手続に基づいて訴訟関係文書を当事者やそ

▷1　司法解釈である「証拠規定」（2001年公布）は，2019年12月に大幅に改正され，2020年5月1日に施行された。「証拠規定」の改正は，2000年以降3回改正された現行民訴法を根拠にして，「現行民訴訟法司法解釈」の関連規定についてさらなる改善や補足を行った。「証拠規定」は，①当事者による挙証，②証拠の調査・収集と保全，③挙証の期限と証拠の交換，④当事者による証拠の対面確認〔質証〕，⑤証拠の審査・認定および⑥その他という6つの部分からなり，100カ条を有する。

の他の訴訟参加者に交付する行為である。送達は，期間と同様に，訴訟行為の遂行にとって重要な意味を有する。現行民訴法は，直接送達，電子送達，公告送達などさまざまな送達方法を明文化している（84条以下）。

　訴訟費用について，当事者は，民事訴訟を行う際にして，裁判費用〔案件受理費〕を，財産的事件の場合には裁判費用のほか規定に従いその他の訴訟費用をも納付しなければならない（118条1項）。

3　調　停

　人民法院による調停〔調解〕（法院調停と呼ばれる）は，人民法院の主宰のもとで当事者が意思自由と適法の原則に従い，合意の達成によって民事紛争を解決し，事件を終結させる方法である。民訴法は，当事者間の争いを曖昧にする形で紛争の解決，事件の終結を図ることを認めず，事実関係が明確であることを前提にして，当事者間の是非を明確にして調停を行うことを要求する（93条）。人民法院は，受理された第1審，第2審そしてまた再審の民事事件について口頭弁論の終了後から判決が言い渡される前までに調停を行うことができるほか，当事者の同意を得たのであれば口頭弁論の終了前でも調停を開始することもできる（「人民法院による民事調停工作の若干問題に関する規定」1条）。

　人民法院は，調停するにあたって，裁判官1人でまたは合議廷の形で行うことができるとされる（94条1項）。また，調停に際して関係する組織や個人の協力を求めることもでき，協力が求められた組織や個人は，協力義務を負う（95条）。調停が合意に達した場合は，調停書が作成され，調停書には訴訟請求，事件の事実関係および調停の結果が明記されるほか，裁判官，書記が署名し，人民法院の印章を押した後，調停書は当事者双方に送達されなければならない（97条1項，2項）。当事者に送達され，かつ受け取られた調停書は法的効力を生じる（同条3項）。ただ，調停が合意に至らず，または調停書が送達される前に当事者が合意の意思を翻した場合は，人民法院はただちに判決を言い渡さなければならない（99条）。もっとも，①調停により関係が修復した離婚事件，②調停により養子縁組が維持される事件などについては，調停が合意に至った場合に，人民法院は調停書を作成しなくてもよいとされるが，調停書の作成が不要とされる合意は，書面記録の作成が必要とされ，それに当事者の双方，裁判官，書記が署名し，または押印した後，効力が生じる（98条）。

　法院調停は，中国の民事裁判の特徴の一つであるといわれる。そこには，効率的な紛争事件の解決，裁判により生じる当事者間のしこりの完全除去，法制の宣伝・紛争の防止といった機能があると称賛される。他方，実際に裁判官の主導の下で当事者双方に歩み寄りを要求し，曖昧さが残ったままでの事件の早期解決を図ろうとして行われた調停がなお存在する。このことは，明らかに法院調停に関する意思自由と適法の原則に反するものである。　　　　　（周　剣龍）

▷2　訴訟費用の納付について，「訴訟費用納付弁法」がある。訴訟費用は，裁判費用，申立費用など規定に基づいて納付すべきとされる費用である。裁判費用は，基本的に財産権的請求の訴えと非財産権的請求の訴えに分けて納付を要求され，財産権的請求の訴えに関する裁判費用の納付がいわゆるスライド制に基づいて行われるとされる。原告と被告のどちらが訴訟費用を納付するかについて，人民法院は，判決や決定において命じることになるが，通常敗訴側が支払うとされる。

第1審手続

▷1　簡易手続

第1審手続を簡略化して，簡単な民事事件に対して適用される訴訟手続のことである（157〜163条）。簡単な民事事件とは，訴額が各省，自治区，直轄市前年度の就業者年平均賃金の30％以下の場合の事件を指し，基層人民法院またはその派出法廷が審理を担当し，1審が終審であるとされる。

▷2　特別手続

現行民訴法では，選挙人資格事件，失踪宣告または死亡宣告事件，公民の民事行為無能力・制限的民事行為能力認定事件，無主財産認定事件，調停合意確認事件，担保権実行事件の審理については，特別手続を適用するとされる（177〜193条）。特別手続により審理する事件は，一審終審を実行される。選挙人資格事件または重大・判断が困難な事件は，裁判官が合議廷を構成して審理する。その他の事件は，裁判官1名が単独で審理する。人民法院は，特別手続により事件を審理する過程において，当該事件が民事上の権利と利益に係る係争に属することを発見した場合には，特別手続の終結を裁決し，かつ利害関係人に別に訴えを提起することができる旨を告知しなければならない。人民法院が特別手続を適用して審理する事件は，立件の日から30日以

第1審手続には，一般手続（普通手続）のほか，**簡易手続**，**特別手続**などが含まれる。本節では，主として一般手続を記述することとする。

① 起訴と受理

民事訴訟の手続は起訴と受理から始まる。起訴の要件は，①原告が事件と直接の利害関係を有する自然人〔公民〕，法人およびその他の組織であること，②被告がはっきりしていること，③具体的な訴訟請求，事実ならびに理由があること，④人民法院が受理する民事訴訟の範囲内にありかつ当該人民法院が管轄権を有することであるとされる（119条）。起訴するに際しては，訴状の原本と被告の人数と同数の副本の提出が要求される（120条1項）。当事者の起訴権を保障するために，人民法院は，起訴要件を満たした起訴を受理し，7日以内に立件し，かつそれを当事者に通知する（123条）。受理されない起訴について，人民法院は，7日以内に決定し，かつ決定書を作成することを要する（同条）。当該決定に対し不服の原告は，上訴権を有する（同条）。

② 審理前の準備

人民法院は，立件日より5日以内に訴状の正本と副本を被告に送付し，被告は，それを受け取った日より15日以内に答弁書を提出する（125条）。人民法院は，答弁書を受け取った日より5日以内に答弁書の副本を原告に送付することを要する（同条）。ただし，被告の答弁書不提出の場合でも，人民法院は，所定の手続に従い審理を行うことになる（同条2項）。人民法院は，合議廷の構成員を確定した後3日以内に当事者にそれを告知し（128条），裁判官は，訴訟関係書類をきちんと審査し，必要な証拠を調査し，収集する（129条）。なお，共同訴訟の当事者であるはずの者が訴訟に参加していない場合に，人民法院は，当該当事者に訴訟に参加することを通知することを要する（132条）。

③ 法廷審理

法廷審理とは，人民法院が訴訟当事者を定期的に呼び出し，法廷に出頭させて口頭弁論を行わせる審理のプロセスをいい，法定の場合（国家秘密や個人のプライバシーなどに関わる事件）を除いて公開の原則に基づいて行われることを要する。ただ，離婚事件や商業秘密に関わる事件であって，かつ当事者が非公開

審理を申し出た場合は，審理の非公開があり得る（134条1項，2項）。

法廷審理は，おおむね審理開始の段階，法廷調査，法廷弁論と判決・裁決の言い渡しという4つの段階に分けられる。まず，審理開始の段階においては，人民法院は，民事事件を審理するにあたり，開廷日より3日前に当事者およびその他の訴訟参加者に通知し，公開審理の場合に当事者の氏名，事実関係の概要ならびに開廷の時間と場所を公告する（136条）。

つぎに，法廷調査は，その目的が主に事案と関わる各種の証拠を調べて，客観的かつ正確に事案を認識するためであり，その流れが法定されている▷3（138条）。当事者は，法廷の場において新たな証拠を提出することができるほか，法廷の許可を得て，証人・鑑定人・検証人〔勘験人〕に対し質問することもできる（139条1項，2項）。ただ，再調査・再鑑定などに関する当事者要求の受け入れは，人民法院の決定による必要がある（同条3項）。原告の請求増加，被告の反訴請求などがあった場合は，審理の併合が認められる（140条）。

さらに，法廷弁論の流れは，①原告とその訴訟代理人が陳述すること，②被告とその訴訟代理人が答弁すること，③第三者およびその訴訟代理人が陳述，または答弁すること，④互いに弁論することであるとされる（141条1項）。

最後に，法廷弁論の終了後，裁判長は，原告，被告，ならびに第三者の順序で各当事者の最終陳述を聞き，法に依り，判決を言い渡す（141条2項，142条）。判決は，公開審理・非公開審理の事件を問わず一律公開に言い渡され，その際に当事者に上訴の権利・期限・法院が告げられなければならない（148条1項，3項）。

訴訟が迅速に遂行されるように，人民法院は，一般手続による事件の審理について立件日から6カ月以内に結審するとされる（149条）。ただし，特段の事情により審理の延長が必要な場合は，当該法院院長の許可を得て，6カ月の延長が可能であるが，さらなる延長が必要な場合は，上級の人民法院の許可を得ることを要する（同条）。

④ 訴訟の中断と中止

(1)中断：訴訟中断の事由が法定されており▷4，当該の事由のいずれかに該当すれば，訴訟が中断されなければならない（150条）。いうまでもなく，訴訟中断の事由がいったんなくなるのであれば，訴訟が継続される。

(2)中止：原告が死亡し，相続人がおらず，または相続人が訴訟の権利を放棄したなどの場合に，訴訟は中止される（151条）。　　　　　（周　剣龍）

▷3　その流れとは，①当事者が陳述すること，②証人の権利・義務を告知し，証人が証明し，法廷審理を欠席する証人の証言を読み上げること，③書面証書，物的証拠，視聴覚資料ならびに電子データを示すこと，④検証された書面記録を読み上げることであるとされる。

内に，または公告期間満了後30日以内に審理を終結しなければならない。特段の事由により延長する必要がある場合には，当該法院の院長が承認する。ただし，選挙人資格事件を審理する場合を除くとされる。

▷4　訴訟の中断事由とは，①一方の当事者が死亡し，相続人が訴訟継承するか否かを明示することを待つ場合，②一方の当事者が訴訟行為能力を喪失し，まだ法定代理人を確定していない場合，③一方の当事者である法人やその他の組織が消滅し，その権利義務の承継人がまだ未確定である場合，④一方の当事者が不可抗力のことにより訴訟に参加できない場合，⑤当該事案が他の事案の審理結果を事案終結の根拠とする場合，⑥訴訟中断をすべきとされるその他の場合，であるとされる。

6 第2審手続

1 上訴当事者

　第2審手続とは，まだ効力が生じていない下級人民法院の第1審判決や裁決〔裁定〕▹1に対し不服である当事者が直近の上級人民法院に上訴し▹2，直近の上級人民法院が上訴事件を審理する手続をいう。二審制を採用する中国では，第2審判決や裁決が効力を生じると，終審の判決・裁決となる。ただ，判決や裁決が効力を生じた場合でも，不服の当事者は，裁判監督手続に基づいて不服を申し立て〔申訴〕，再審請求することができる。当然のことであるが，上訴人は，第1審手続中の原告，被告または独立の請求権を有する第三者およびそれらの者の相続人・訴訟の権利義務の承継者であり，被上訴人は，第1審手続中における当該当事者の相手側となる。双方の当事者および独立の請求権を有する第三者がいずれも上訴する場合に，全員は上訴人となる。

2 上訴状・答弁書の提出と審理の中身

　下級人民法院の第1審判決に対し不服である当事者は，判決書の送達日より15日以内に，また地方人民法院の第1審裁決に対し不服である当事者は，裁定書の送達日より10日以内に直近の上級人民法院に上訴することができる（164条）。上訴は，上訴状の提出を要し，上訴状には，当事者の氏名（当事者が法人の場合は，法人の名称および代表者の氏名，当事者がその他の組織の場合は，その名称およびその主要な責任者の氏名），原審人民法院の名称，事件の番号と事案の概要，上訴の請求内容と理由を明記するとされる（165条）。

　上訴状は，原審人民法院に提出されることを要する（166条1項）。当事者が直接第2審人民法院に上訴状を提出した場合に，第2審人民法院は，それを受け取ってから5日以内に当該上訴状を原審人民法院に転送しなければならない（同条2項）。原審人民法院は，上訴状を受け取ってから5日以内に上訴状の副本を当事者の相手側に送付し，当事者の相手側は，それを受け取ってから15日以内に答弁書を提出しなければならない（167条1項）。人民法院は，答弁状を受け取った日より5日以内にその副本を上訴人に送付する（同条同項）。ただ，当事者の相手側が答弁書を提出しない場合でも，人民法院は，それに左右されることなく，審理を行う（同条同項）。なお，原審人民法院は，上訴状と答弁書を受け取ってから5日以内にそれらに合わせて，事案関連文書の全部と証拠を

▹1　判決書にはその内容として①事件名，訴訟上の請求ならびに係争に係る事実および理由，②判決で認定した事実およびその理由，適用した法律およびその理由，③判決結果および訴訟費用の負担，④上訴期間および上訴する法院という事項を含むことが規定される（152条1項）。

▹2　民事裁判の裁決は次のような場合に適用するとされる（154条1項）。すなわち，①受理しない場合，②管轄権に対して異議のある場合，③訴えの提起を却下する場合，④保全および仮執行〔先与執行〕の場合，⑤訴えの取下げを許可し，または許可しない場合，⑥訴訟を中止し，または終結する場合，⑦判決書の記載上の誤りを訂正する場合，⑧執行を中止し，または終結する場合，⑨仲裁判断を取り消し，または執行しない場合，⑩公証機関が強制執行の効力を賦与した債権文書を執行しない場合，⑪裁決により解決することを必要とするその他の事項，である。前記①〜③に係る裁定については，上訴することができ，当然のことであるが，裁決書には裁決結果とその裁決の理由を明記することが要求される（同条2項，3項）。なお，最

第2審人民法院に送付しなければならない（同条2項）。

　第2審人民法院は，第1審人民法院の言い渡した判決や裁決のすべてではなく，上訴請求関連の事実や適用法律を審査すれば足りるとされる（168条）。これで明らかなように，第2審は，終審であるとはいえ，事実審と法律審である。また，第2審人民法院が当事者の請求をめぐって審理するといっても，第1審判決が明らかに法令違反などのことに該当する場合は，第2審人民法院は，そうした判決や裁決を正さなければならないとされる（現行民訴法司法解釈323条）。なお，事件は，合議廷による審理と開廷審理が要求される（169条1項）。ただ，事件関連文書の閲覧，調査，当事者への尋問を経て，新たな事実，証拠または理由が示されていない事件については，合議廷は，開廷審理が必要ではないと判断したのであれば，開廷審理をせずに直接判決や裁決を言い渡すことができるとされる（同条同項）。

❸ 審理の結果

　第2審人民法院は，上訴事件に対し審理をした結果，次のような場合に応じて各々処理するとされる（170条1項）。すなわち，①原判決・原裁決が事実認定をきちんとしており，正確に法律を適用した場合に，上訴を棄却し，原判決・原裁決を維持する判決・裁決を言い渡す，②原判決・原裁決に事実認定や法律適用の間違いがあった場合に，自判し，原判決・原裁決を取り消し，または変更する判決・裁決を言い渡す，③原判決が事実認定をきちんとしていない場合に，原判決を取り消し，原審人民法院に差し戻し，または事実関係の認定をきちんとしてから自判する，④原判決には当事者漏れ，または違法欠席裁判など重大な法定手続違反があった場合に，原判決を取り消し，差し戻して，再審理をさせることである。原審人民法院が差し戻された事件に対し判決を言い渡した後，当事者が上訴した場合に，第2審人民法院は，再び原判決を原審人民法院に差し戻し，審理させることができない（同条2項）。なお，第1審人民法院の言い渡した裁決を不服とする当事者が上訴した事件に対して，第2審人民法院は，一律に裁決を言い渡すこととなるとされる（171条）。

　上訴事件の処理に対して，調停を進める姿勢をも現行民訴訟は示している。それによれば，第2審人民法院は，上訴事件の審理に際して，調停することができる[43]（172条）。第2審人民法院が判決を言い渡す前に，上訴人は，上訴の取り下げを申し立てることができるが，その認否は，当該人民法院の裁決によるとされる（173条）。これは明らかに処分の原則に対して設けられた制約である。

　第2審人民法院が上訴事件を審理するに際して基づくとされる手続は，基本的に現行民訴法の規定する第1審普通手続と同様であるとされ（174条），審理の結果，言い渡した判決・裁決は，終審判決・終審裁決となる[44]（175条）。

（周　剣龍）

高人民法院の判決および裁決ならびに法により上訴が許可されず，または上訴期間が経過しても上訴していない判決および裁決は，法的効力が生じた判決および裁決となる（155条）。

▷3　調停によって当事者が合意に達した場合に，調停書を作成し，裁判官・書記が署名し，かつ人民法院の印章を押すことが要求される（同条）。調停書が送達された後，原審人民法院の言い渡した判決は取り消されたと見なされる。

▷4　上訴事件は，立件日より3カ月以内に審理終了されなければならず，特段の事情により審理延長が必要な場合は，院長の許可によるものとされる（176条1項）。裁定を言い渡された事件に対し，第2審人民法院は，立件日より30日以内に終審裁定を言い渡さなければならない（同条2項）。

7 裁判監督手続

▷1　訴訟経済
効率的な訴訟運営がよいという司法制度の基本的要請の一つである。いうまでもなく，同じく司法制度の基本的要請である公正や適正との調和を図ることは必要不可欠である。

▷2　抗訴
人民検察院が人民法院の言い渡し，かつ効力を生じた判決や裁決，また人民法院の承認を得て効力を生じた調停書に対し異議を述べて，人民法院に再審を促す裁判監督の手続の一つである。「抗訴」するには，「抗訴書」の作成が要求される（212条）。

▷3　一定の場合とは，①人民法院が再審の申立てを却下した場合，②人民法院が期限を徒過しても再審の申立てを裁決していない場合，③再審の判決や裁決には明白な誤りがある場合を指す。

▷4　再審決定済事件については，原判決等の執行が中止されるが，尊属扶養費や配偶者扶養費などの支払請求事件については，原判決等の執行は中止されないとされる（206条）。

▷5　それは，①新たな証拠があり，原裁決・原裁決を覆すに足りる場合，②原判決・原裁決で認定された基本事実が証拠による証明

1 裁判監督手続とは

　裁判監督手続とは，人民法院等がすでに効力が生じた判決，裁決，調停書（本節では，判決等という）に対し明白な誤りを見つけ，または当事者の再審の申立てを受けて，再審する必要があると認めた場合に，裁判・調停により解決済みとされた事件を再審する手続である。そのため，裁判監督手続は，再審手続とも呼ばれており，その発動が裁判監督権を有する人民法院等の提起による場合と当事者の申立てによる場合に分けられる。裁判監督手続の発動は，すでに効力が生じた判決等に対し行うので，**訴訟経済**[41]に反し，法的安定性を害すると危惧される点もあるものの，「事実から事の真実を求め，過ちを必ず正す〔実事求是，有錯必糾〕」というのは，その理論的な根拠とされる。従来，中国の再審制度は，監督機能が強調され，二審制の弊害を解消することが期待されていたが，当事者による再審請求事由がほとんど規定されておらず，その救済機能が軽視されていたと指摘された。そこで，2007年民訴法改正で当事者の再審請求事由が大幅に増やされ，再審制度の救済機能が強められた経緯がある。

2 裁判監督権を有する人民法院等の提起による場合

　まず，人民法院院長が当該法院の言い渡し，かつ効力が生じた判決等について再審する必要があると認めた場合に，当該院長は，それを当該法院の審判委員会に諮問し，当該審判委員会は，再審するか否かを決定する（198条1項）。そして，最高人民法院は，地方各級人民法院が言い渡し，かつ効力が生じた判決等に対し，また上級人民法院は，下級人民法院が言い渡し，かつ効力が生じた判決等に対し，明白な誤りを見つけたのであれば，自ら審理を行う権限を有するほか，下級人民法院に再審を命ずることができる（198条2項）。さらに，最高人民検察院は，各級人民法院が言い渡し，かつ効力が生じた判決等に対し，また上級人民検察院は，下級人民法院が言い渡し，かつ効力が生じた判決・裁決に対し，当事者の再審申立事由に該当するもの（200条）を見つけ，または下級人民法院により作成された調停書が国家の利益・社会の公益を害すると認めた場合に，「**抗訴**」[42]をしなければならない（208条1項）。なお，それと同様な場合に，地方各級人民検察院は，同級人民法院に検察建議を行い，ならびに上級人民検察院に報告するほか，上級人民検察院に対し同級人民法院へ「抗訴」す

るよう申し出ることができる（208条2項）。そのほか，一定の場合に，当事者[43]による検察建議や「抗訴」の申立ても認められる（209条1項）。

③ 当事者の申立てによる場合

当事者は，効力が生じた判決・裁決について誤りがあると考えた場合に，原則として直近の上級人民法院に再審を申し立てることになるが，一方の当事者数が多い事件または当事者双方が自然人である事件の場合は，当事者の便宜のため，原審人民法院への再審請求も可能である（199条）。ただ，当事者が再審を申し立てた場合にも，判決・裁決の執行は停止されない（同条）。民訴法は，[44]当事者による再審の申立事由について13の項目を明文化し，そのいずれかに該[45]当すれば，人民法院が再審すると規定する（200条）。また，当事者は，効力を生じた調停書に対しても再審を申立てることができる（201条）。この場合は，調停が意思自由の原則に反し，または調停協議が法律に違反することを当事者が証明し，かつ人民法院が審査を経てそれが事実であると認めたのであれば，再審は行われることになる。裁判監督手続に基づいて再審が決定された事件に関する原判決・原裁決・原調解書の執行中止は，裁決によるとされる。

④ 再審の手続

再審の申立てについて，当事者は，再審申立書等を提出し，人民法院は，再審申立書を受領した日から5日以内に再審申立書の副本を相手方当事者に発送し，相手方当事者は，再審申立書の副本を受領した日から15日以内に書面による意見を提出するとされる（203条）。人民法院は，再審の申立書を受け取った日から3カ月以内に審査し，民訴法の規定に適合すると認めた場合に，再審の裁決を下す（204条1項）。当事者の申立てにより再審の裁決が下された事件については，中級人民法院以上の人民法院が審理し，最高人民法院または高級人民法院が再審の裁決を下した事件については，当該人民法院が自ら再審を行い，またはその他の人民法院に引き渡して再審を行わせることができるほか，また原審の人民法院に差し戻して再審を行わせることもできる（同条2項）。通常当事者による再審の申立ては，判決，裁決の効力が生じた後6カ月以内に行うことを要する。[46]

再審事件の審理は，合議廷で行われ，その手続は，法定されている（207条1項，2項）。まず，第1審人民法院が言い渡し，かつ効力を生じた原判決・原裁決の関連事件に対する再審手続は，第1審手続と同様であるとされ，再審事件に対し言い渡された判決・裁決についても，当事者はさらに上訴することができる。つぎに，第2審人民法院が言い渡し，かつ効力を生じた原判決・原裁決の関連事件に対する再審手続は，第2審手続と同様であるとされる。なお，上級人民法院自身による再審の手続は，第2審手続と同様である。（周 剣龍）

に欠けた場合，③原判決・原裁決の事実認定における主な証拠が偽造された場合，④原判決・原裁決で認定された主な証拠が対面質問〔質証〕を経ていない場合，⑤事件の審理に必要とされる主な証拠につき，当事者が客観的な理由により自ら収集することができず，書面により人民法院に調査，収集するよう申し立てたにもかかわらず，人民法院が調査・収集を行わなかった場合，⑥原判決・原裁決の法律適用に明白な誤りがある場合，⑦裁判組織の構成が法に適っておらず，または法により忌避すべき裁判官等が忌避をしなかった場合，⑧訴訟行為無能力者が法定代理人により訴訟行為を代理されておらず，または訴訟に参加すべき当事者が本人・その訴訟代理人の責めに帰すべきでない事由により訴訟に参加できなかった場合，⑨法律の規定に違反して，当事者の弁論権が剥奪された場合，⑩召喚状により召喚することをせず，欠席判決が行われた場合，⑪原判決・原裁決に訴訟請求の漏れがあり，または原判決・原裁決が訴訟請求を超えた場合，⑫原判決・原裁決の基礎となる法律文書が取り消され，または変更された場合，⑬裁判官等が当該事件を審理するにあたって汚職・収賄行為，私利を図る行為，違法裁判の行為があった場合，である。

▷6 ただし，前掲注5の①，③，⑫，⑬の状況に該当する場合は，それを知り，または知り得た日から6カ月以内に再審の申立てが求められる（205条）。

8 執行手続(1)：一般規定，執行の申立てと移送

1 執行手続としての強制執行

　執行手続とは，執行申立人（債権者ともいう）の申立てに基づいて，人民法院がすでに法的効力が生じた判決，裁決，調停書等により確定された義務を履行しない被執行人（債務者ともいう）に対し義務履行を強制させる手続をいう。強制執行は，法の権威性と厳粛性を表し，当事者の合法的な権利と利益を保障し，公民の遵法意識を高める視点において重要な意味を有すると強調される。しかしながら，執行をめぐる「執行難」の問題が近年ますます深刻化している。問題解消のために，民訴法の改正（2007年）などがなされたほか，最高人民法院は，「現行民訴法司法解釈」中の執行手続に関する規定（462～521条）をはじめ，数多くの個別的な司法解釈を作成した。しかしながら，「執行難」の問題は複雑であるため，問題解消はなお時間を要すると推測される。

2 一般規定

　(1)執行の根拠：執行の根拠とされる法律文書には，2種類ある。第1種類は，効力が生じた民事判決・裁決・調停書，刑事判決・裁決における財産部分などであり（224条1項，234条），第2種類は，法律の規定により人民法院が執行するその他の法律文書（仲裁機関の下した終局裁決，公証機関が法により強制執行の効力を付与した債権文書など）である（224条2項，237条，238条）。

　(2)執行人民法院：前述の第1種類は，第1審人民法院または第1審人民法院と同級で執行される財産の所在地の人民法院が執行し，第2種類は，被執行人の住所地または執行される財産の所在地の人民法院が執行する（224条）。人民法院は，必要に応じて執行機関を設けることができる（228条2項）。通常人民法院内部においては，裁判機関とは独立した形で執行機関（例えば，「執行廷」または「執行局」）が設けられている。

　(3)執行目的物と執行の異議申立て：執行目的物は，主として被執行人の財産であるとされる（224条）。当事者・利害関係人等は，執行行為が法律の規定に違反すると考えた場合には，執行につき責任を負う人民法院に書面にて異議を申し立てることができる（225条）。

　(4)執行と委託執行：執行業務は，執行官が実行する。強制執行の際に，執行官は，身分証明など関係書類を提示し，執行完了後は，執行状況の記録を作成

▷1　当事者・利害関係人が書面による異議を申し立てた場合には，人民法院は，当該異議を受領した日から15日以内に審査しなければならず，理由がある場合には取消・是正の裁決をし，理由がない場合には棄却の裁決をする。当事者・利害関係人は，裁決に対し不服である場合には，裁決の送達日から10日以内に直近の上級人民法院に対し再度異議を申し立てることができる。なお，事件外の者〔案外人〕にも執行の異議申立権が付与されている（227条）。

▷2　執行代行の手続は，次のようになっている。受託人民法院は，委託書を受領した後15日以内に，執行を開始することを要し，執行代行の拒絶は許されない。執行完了後は，遅滞なく執

し，立ち会った関係者を含めて署名，または押印する（228条1項）。また，被執行人または執行される財産が管轄外に所在する場合には，所在地の人民法院に執行代行を委託することができる。

(5)執行の和解と猶予：執行手続の実行中にも，当事者双方が執行につき和解することができる。和解の合意に達した場合は，執行官は，合意内容を記録し，当該記録には当事者双方が署名，または押印することを要する。ただ，執行申立人が詐欺，脅迫を受けて被執行人と和解合意をした場合，または当事者が和解合意を履行しない場合には，人民法院は当事者の申立てに基づき，効力が生じた法律文書の執行を回復し得る（230条）。執行手続の実行中に，被執行人が人民法院に対し担保を提供し，かつ執行申立人の同意を得た場合には，人民法院は，執行を暫定的に猶予し，ならびに執行の期限を暫定的に延長することができる。ただ，被執行人が期間を徒過しても，なお履行しない場合には，人民法院は，被執行人の担保財産または担保人の財産を執行し得る（231条）。

(6)執行瑕疵の救済：執行完了後，執行の根拠である判決，裁決その他の法律文書に明らかに誤りがあり，人民法院により取り消された場合には，すでに執行された財産について，人民法院は，裁決により財産を取得した者に返還するよう命じ，返還が拒絶された場合には，強制執行をする（233条）。

③ 執行の申立て

執行は，法的効力が生じた判決等により権利を得た当事者（執行申立人）が人民法院にそれを申し立てることができるほか，裁判官が執行官に移送して執行させることもできる（236条）。人民法院が執行申立書を受領した日から6カ月を過ぎても執行していない場合には，執行申立人は，直近の上級人民法院に執行を申し立てることができる。直近の上級人民法院は，審査して，原審人民法院に一定の期間内に執行するよう命ずることができるほか，当該法院が自ら執行する旨を決定し，またはその他の人民法院に執行を命ずることもできる（226条）。

④ 執行の移送

執行の申立期間は，2年である。執行申立時効の停止および中断に対しては，訴訟時効の停止および中断に関する法律の規定を適用するとされる（239条1項）。執行の申立期間は，法律文書が定める履行期間の終日から起算し，法律文書が履行期間の分割を定めた場合には，所定の各履行期間の終日から起算し，法律文書が履行期間を定めていない場合には，法律文書の効力発行日から起算する（239条2項）。執行官は，執行申立書・執行移送書を受け取った後，被執行者に執行通知を発しなければならず，かつただちに強制執行を行うことができる（240条）。 （周　剣龍）

行結果を委託人民法院に書面により回答する。30日以内に執行未了でも，執行状況を委託人民法院に書面により報告することを要する。受託人民法院が委託書を受領した日から15日以内に執行しない場合には，委託人民法院は，受託人民法院の上級人民法院に対し，受託人民法院による執行を命ずるよう請求し得る（229条）。

▷3 中国民法（2020年公布）では，訴訟時効の停止事由について，①権利者が義務者に対し履行の請求を行った場合，②義務者が履行義務を認めた場合，③権利者が訴訟を提起し，または仲裁を申し出た場合，④③の場合と同等な効力を有するその他の事由というものが規定されている（民法195条）。ちなみに，訴訟時効の期間は，原則上3年であるとされる（同法188条1項）。

▷4 中国民法では，訴訟時効の中断事由について，①不可抗力の場合，②民事行為無能力者・民事行為能力制限者には法定代理人がおらず，または法定代理人が死亡・民事行為能力の喪失のため，代理権を失った場合，③相続開始後にもかかわらず，相続人または遺産管理人が確定されていない場合，④権利者が義務者またはその他の者に身柄拘束〔控制〕された場合，⑤権利者による権利行使ができない状態を作り出したその他の障害が存在する場合というものが規定されている（民法194条1項）。ただ，訴訟時効の中断は，訴訟時効期間の最後の6カ月内に前記の事由が生じた場合に限るとされる。

9 執行手続(2)：執行措置，執行の中断と終結

 1 執行措置

　被執行人が執行通知書に従って判決や裁決などの法律文書により確定された義務を履行しないことに対して，法は，次のような強制執行の措置を用意している。まず，被執行人は，義務不履行の時点および執行通知書の受領日までの1年間の財産状況を報告しなければならない（241条）。被執行人が報告を拒否し，または虚偽報告をした場合には，人民法院は，情状の軽重に応じ，被執行人・その法定代理人または関係組織〔単位〕の主たる責任者・直接責任者に対し過料または身柄拘束〔司法拘留〕を科することができる（同条）。

　つぎに，人民法院は，関係機関に対して被執行人の預金，債券，株券，ファンドの持分等の財産に関する状況を調査・照会し，また異なる状況に応じて被執行人の財産に対して差押え，凍結，移転〔划拨〕，換価〔変価〕を行うことができる。ただし，調査・照会，差押え，凍結，移転，換価の目的物とされる財産は，被執行人が履行すべき義務の範囲内に限るとされるほか（242条1項），財産の差押え，凍結，移転，換価に対する決定は，裁決によらなければならず，この際に執行協力通知書の発行も要求され，関係機関は執行協力に応じて処理する義務を負うとされる（協力義務。同条2項）。

　さらに，人民法院は，被執行人が義務を履行すべき部分に相当する収入を差し押え，または引き出すことができる。ただし，被執行人およびその扶養家族の生活必需費用は，留保されなければならない。この際に，裁決により収入の差押え，引出しは決定され，かつ執行協力通知書が発せられることを要し，また被執行人が所属する組織や銀行，信用組合〔信用合作社〕その他の貯蓄業務をなし得る組織は，執行協力に応じて処理する義務を負うとされる（243条）。

　なお，人民法院は，裁決により被執行人が義務を履行すべき部分に相当する財産を封印し，差し押え，凍結し，競売し，ならびに換価することができる。ただし，被執行人およびその扶養家族の生活必需品は，留保されることを要する（244条）。そのほか，財産の封印や差押えの公正さと透明性を担保するための措置も規定されている（245条，246条，247条）。

　被執行人が法律文書に定める義務を履行せず，かつ財産を隠匿した場合には，人民法院は，院長名義で捜査令状を発出し，被執行人およびその住所または財産の隠匿地に対し捜査をすることができる（248条）。また，法律文書により引

渡しを命じられた財物または有価証券などは，執行官が当事者双方を召喚して直接引き渡させ，または執行官が転送して引き渡し，かつ引渡しを受けた者が署名の上，受領する。関係組織が当該財物または有価証券などを保有する場合には，当該関係組織は，人民法院の執行協力通知書に基づき転送して引き渡し，かつ直接引渡しを受けた者は署名の上，受領する（249条1項，2項）。

　家屋の強制明渡または土地の強制退去について，院長は，公告を発出し，被執行人が一定の期間内に履行するよう命じることができる。命じられた期間内に被執行人が期間を徒過しても履行しない場合には，執行官は強制執行する（250条1項。手続の詳細について同条2項，3項）。判決・裁決その他の法律文書が命じる行為を被執行人が執行通知書に従って履行しない場合には，人民法院は，強制執行をし，または関係組織その他の者に委託して完了させることができ，費用は被執行人が負担する（252条）。また，被執行人が判決・裁決などが命じる期間内に金銭給付の義務を履行しない場合に，履行遅延期間の債務利息の倍額を支払い，被執行人が判決・裁決などを命じる期間内にその他の義務を履行しない場合に，履行遅延金を支払う義務を負うとされる（253条）。

　なお，法律文書により確定された義務を履行しない被執行人に対して，人民法院は，出国を制限し，その義務不履行情報を信用情報調査システム上に記録し，またメディアを通じて公表し，ならびに法律に定めるその他の措置を自ら行うほか，関係組織に協力を求めて，これらの措置をなし得る（255条）。

② 執行の中止と終結

　執行中止は，下記のいずれかの事由に該当すれば，人民法院の裁決によりになされる（256条）。すなわち，①執行申立人が執行を延期してもいいとの旨を述べた場合，②事件外の者〔案外人〕が執行の目的物について明らかに理由のある異議を述べた場合，③当事者の一方である自然人が死亡し，相続人が権利を承継し，または義務を負うまで一定の待機時間が必要な場合，④当事者の一方である法人・その他の組織が消滅し，権利・義務の継承者がまだ確定されていない場合，⑤人民法院が執行を中止すべきであると認めたその他の場合，である。しかし，前述のような中止事由がなくなった後は，執行が再び開始される。

　執行終結の事由について，法は，次のように規定する（257条）。すなわち，①執行申立人が申立てを取り下げた場合，②執行の根拠となる法律文書が取り消された場合，③被執行人である自然人が死亡し，執行に供することができる資産がなく，かつ義務を負う者がいない場合，④尊属扶養費，配偶者扶養費または卑属扶養費の請求事件の権利者が死亡した場合，⑤被執行人である自然人が生活困難のため，借入金を弁済する能力がなく，または収入源がなく，かつ労働能力をも喪失した場合などである。執行の中止や終結に係る裁決は，当事者に送達された後に，ただちに効力が生じる（258条）。　　　　　（周　剣龍）

▷1　これに関連して，最高人民法院は，すでに「信用を喪失した被執行者のリスト情報の公表に関する若干の決定」を作成，公布した。この若干の決定に基づいて，信用を喪失した悪質な被執行者のリストが作成され，最高人民法院が自ら開設した執行情報専門のウェブサイトである「中国執行信息公開網」（http://zxgk.court.gov.cn/）に公表されている。

渉外民事訴訟手続

 渉外民事訴訟とは

　中国の領域内において渉外民事訴訟を行う場合には，まず民訴法上の特別な規定を適用し，当該特別な規定には関連規定がないときには，民訴法上のまたはその他の関係規定を適用するとされる（259条）。いわゆる渉外民事訴訟とは，渉外的要素を有する民事訴訟であると解される。渉外的要素とは，次にいうような場合を指し，そのいずれかに該当すれば，当該民事事件は，渉外民事事件として認定され得る（民訴法司法解釈522条）。すなわち，①当事者の一方または双方が外国人，無国籍者，外国の企業・組織であること，②当事者の一方または双方の常時居住地が中国外にあること，③目的物が中国外にあること，④民事関係の生成・変更・消滅を生ぜしめた法律事実が中国外に発生したこと，⑤渉外民事事件として認定され得るその他の場合，である。

2　一般原則

　渉外民事訴訟に関する一般原則について主として対等の原則と国際条約優先の原則があげられる。

　(1)対等の原則：外国人，無国籍者ならびに外国の企業・組織は，人民法院への提訴・応訴の際に，中国の公民，法人その他の組織と同等の訴訟上の権利・義務を有し，外国の裁判所が中国の公民，法人その他の組織の民事訴訟上の権利に対し制限を加える場合には，中国の人民法院は，当該国の公民，企業・組織の民事訴訟上の権利について対等の原則を実行する（5条）。

　(2)国際条約優先の原則：保留の旨を声明に表した場合を除いて，中国が締結し，または参加している国際条約に民訴法と異なる規定がある場合には，当該国際条約の規定を適用する（260条）。また，外交上の特権および免除権を有する外国人，外国組織または国際機関に対して提起された民事訴訟は，中国の関係法律および中国が締結し，または参加している国際条約の規定に基づいて処理されることを要する（261条）。

3　管　轄

　民訴法は，土地管轄と専属管轄について規定している。土地管轄とは，契約紛争その他の財産権益に係る紛争のため，中国国内に住所を有しない被告に対

▷1　そのほか，通用言語・文字使用の原則（262条）と中国の弁護士を訴訟代理人に委任する原則（263条）があげられる。中国国内に住所を有しない外国人，無国籍者または外国の企業・組織が中国の弁護士その他の者に訴訟代理を委任し，中国国外から送付し，または委託交付する授権委任状は，所在する国の公証機関の証明を得て，かつ当該国に駐在する中国の大使館・領事館の認証を得た場合，または中国と当該所在国とが締結した関係条約に定める証明手続を履行した場合に限り，効力を有するとされる（264条）。

▷2　ここにいう一定の場合とは，①契約が中国国内において締結，または履行され，②訴訟の目的物が中国国内にあり，被告が中国国内に差押えに供することができる財産を有し，③被告が中国国内に代表機構を設置している場合を指す。

し提起された訴訟に対して，一定の場合に応じて，契約締結地，契約履行地，訴訟の目的物の所在地，差押えに供することができる財産の所在地，権利侵害行為の実施地または代表機構の住所地にある人民法院が管轄し得ることをいう（265条）。専属管轄とは，中国において中外合弁企業契約，中外合作経営企業契約または中外合作自然資源探査・開発契約の履行に起因して発生した紛争をめぐって提起される訴訟に対し人民法院が管轄することをいう（266条）。

4 送達と期間

まず，送達方法について，送達を受けるべき者の所在国と中国とが締結し，または加盟する国際条約中に定める方式に従って送達するなどが詳細に規定されている（267条）。そして，期間について，訴状の副本を被告に送達し，かつ被告に対し訴状の副本を受領した後30日以内に答弁書を提出するよう通知しなければならないとされる（268条）。また，中国国内に住所を有しない当事者は，第1審人民法院の判決または裁決に対し不服である場合に，判決書または裁決書の送達の日から30日以内に上訴を提起する権利を有し，被上訴人は，上訴状の副本を受領した後30日以内に答弁書を提出するとされる（269条）。

5 司法共助

司法共助について，中国が締結し，参加している国際条約に基づき，または互恵の原則に従い，人民法院が外国の裁判所と，文書の送達，証拠の調査・取得その他の訴訟行為の実施を相互に請求し，ならびに代行することができること，外国の裁判所が共助を請求する事項が中国の主権，安全または社会の公共利益を損なう場合には，人民法院はこれを執行しないことといった原則的な規定が置かれるほか（276条），具体的な規定も設けられている（277〜282条）。

例えば，司法共助の請求および提供は，中国が締結し，または参加している国際条約が定めるルートに従い行わなければならず，条約関係がない場合には，外交ルートを通じて行うとされる（277条1項）。また，中国に駐在する外国の大使館または領事館は，当該国の公民に対し文書を送達し，ならびに調査して証拠を取得することができるが，中国の法律に違反してはならず，かつ強制措置を講じてはならないほか，中国の主管機関の許可を得ずに，いかなる外国の機関および個人も，中国国内において文書を送達し，または調査して証拠を取得してはならないとされる（同条2項，3項）。なお，外国の裁判所が下した法的効力を生じた判決・裁決について，人民法院の承認・執行を必要とする場合には，当事者が直接に中国の管轄権を有する中級人民法院に対し承認・執行を申し立て，また外国の裁判所が当該国と中国とが締結し，参加している国際条約の規定により，または互恵の原則に従い，人民法院の承認・執行を請求することもできるとされる（282条）。

（周 剣龍）

▷3 その他の送達方式は，①外交ルートを通じて送達すること，②送達を受ける者が中国の国籍を有する場合には，その所在国の中国大使館・領事館に委託して送達させること，③送達を受ける者の委託を受けた，送達を受ける権利を有する訴訟代理人に送達すること，④送達を受ける者が中国国内に設立した代表機構，または送達を受ける権利を有する支店，業務代行者に送達すること，⑤送達を受ける者の所在国の法律が郵便による送達を認めている場合には，郵便による送達をすることができること（ただ，郵送の日から3カ月を経過したのであれば，送達受領証が返送されなくても，各種の状況に鑑み，すでに送達されたものと認定するに足りる場合には，期間満了の日に送達されたものと見なされる），⑥ファクシミリ，電子メール等，送達を受ける者の受取が確認できる方法による送達，⑦以上の方式により送達することができない場合の公示送達（ただ，公示の日より満3カ月を経過した場合には，送達されたものと見なされる），である（267条）。

▷4 ちなみに，日中間には，判決の承認・執行を認める条約がない。裁判実務上，互いに判決の承認・執行も認められていない（中国の裁判例については，大連中級人民法院1994年11月5日裁決〔中華人民共和国最高人民法院公報1996年第1期29頁〕，日本の裁判例については，大阪高裁平成15年4月9日判決〔判時1841号111頁〕参照）。

第XI章 司法制度・司法改革

guidance

　中国の司法制度は，1949年10月の中国建国の初期に形成されてから今日までの約70年
間，社会の発展に応じて改革がなされてきた。現行の司法制度は，そのような過程を経
て形成されてきたものである。本章では，第1節司法制度において，中国の現代司法制
度の発展と特徴を紹介する。中国では，司法制度は，狭義の司法制度と広義の司法制度
に分けて考えられている。狭義の司法制度は，裁判制度と検察制度を指す。しかし，司
法権が有効に行使されるためには，裁判制度と検察制度のほか，一連の司法協力制度が
必要であることから，これらの司法協力制度も含んで，広義の司法制度という。広義の
司法制度には，捜査制度，仲裁制度，調停制度，執行制度，刑務所制度，司法鑑定制度，
弁護士制度，法律援助制度，公証制度などが含まれている。本章では，中国の裁判制度
（第2節人民法院），検察制度（第4節人民検察院）および弁護士制度（第6節）のみ紹
介し，他の制度は割愛する。

　近年，中国では「司法の民主化」が強調され，「司法への国民参加制度」を代表とす
る人民陪審員制度と人民監督員制度が実施され，発展してきた。これらについては，第
3節と第5節で紹介する。

　1978年12月の中共11期3中全会の後，中国では改革開放の推進とともに，司法制度に
おいてもさまざまな面で改革が漸次行われた。第7節では40年間の3段階の司法改革の
内容を紹介する。中国では，三権分立は否定されているが，司法機関（法院と検察院）
の相対的な独立は認められている。しかし，司法機関は多方面からの干渉を受けて，
「司法機関の独立を保護する」ということも長年の司法改革の主要な任務の一つとなっ
ている。第8節では，司法の独立に対してどのような干渉が行われているのかを紹介す
る。また，司法機関に対する各方面からの干渉が招いた問題は，司法の「地方化」と
「行政化」に集中的に現れている。第9節では，司法の「地方化」と「行政化」の問題，
および司法改革において，これらの問題に対応する改革の政策を紹介する。

　近年，中国では，インターネットの普及とAI技術の発展とともに，インターネット
司法の発展の推進が司法改革の計画に組み入れられ，次第にインターネットが司法業務
のあらゆるプロセスに用いられるようになってきた。第10節では，「智慧法院」の発展
と内容を紹介する。（孔暁キン）

司法制度

 ## 中国の司法制度の定義

　三権分立を採用する国家では，司法とは，立法，行政と並ぶ国家作用の一つである。例えば，日本では一般に，司法とは，具体的な争訟について，法を適用し，宣言することによって，これを裁定する国家の作用であると理解されており，司法権は裁判所に属している（日本国憲法第76条第1項）。また，検察権は，行政権であることから，検察機関は司法行政機関に属し，司法省や法務大臣のコントロールを受ける建前となっており，裁判所と同様の独立性までは認められていない。旧ソ連のような社会主義国家では，司法は，裁判作用のほか，検察作用も含んでおり，司法機関は，裁判機関と検察機関の両者から構成されている。

　1949年10月に中国が建国されると，中国はその政治体制について，当時のソ連の経験を参考にし，三権分立ではなく，人民代表大会（以下「人大」）制度を実施することになった。すなわち，人大は国家権力機関であり，各級行政機関，裁判機関と検察機関は，すべて同級の人大により組織され，人大に対して責任を負い，人大の監督を受けることとなっている。前述のように中国の司法制度は裁判制度と検察制度のことを指しており，司法機関は，法院と検察院で構成される。人民法院は，国家の裁判機関であり，裁判権を行使する。また，人民検察院は，国家法律監督機関であり，検察権を行使する。

中国の現代司法制度の発展

　中国の司法制度は，旧ソ連のモデルを模倣し，建国初期に形成され，今日までの約70年間，社会の発展に応じて改革がなされた結果，現行の制度に至っている。現代司法制度の発展は，おおよそ，以下の段階に分けることができる。

　(1)創立と初期の発展（1949〜57年）：中国の建国後，国民政府時代の法律と司法制度は廃止され，当時のソ連のモデルに従い，新しい司法体制が創設された。1954年9月に，「54年憲法」のほか，「人民法院組織法」と「人民検察院組織法」が公布された。四級の人民法院と各専門人民法院，および，対応する各級の人民検察院が創設され，四級二審終審制の裁判制度が確立された。省，自治区，直轄市において，司法庁（局）が設置され，各地方の司法行政業務を担当することになった。

(2)紆余曲折の中の発展と破壊の時期（1957〜76年）：建国後に創設されたばかりで，まだ不安定な司法体制は，1957年の後半から反右派闘争の拡大により，大きく破壊された。司法体制は，有名無実の状態に陥り，大量の司法機関は合併や廃止されることになった。1962年以降，極左路線はやや是正され，司法機関の機能はある程度回復された。しかし，1966年5月に文化大革命（以下「文革」）が始まって，各司法制度はほぼ全滅し，1969年，さらに各級検察機関が正式に廃止された。人民法院は名目上存在していたが，全国で軍事管制を行ったため，裁判は混乱に陥り，大量の冤罪がもたらされた。

▷1 IX-2 側注4参照。

(3)再建，回復，改革の時期（1976年〜）：1976年に，文革が終了し，1978年12月の中共11期3中全会で，改革開放が始まり，経済発展が中心とされた上，社会主義の現代化，社会主義法制を強化する政策も決定した。その後，大量の法律と法規が制定・公布され，司法機関が設置・整備されて，司法制度も迅速に回復・発展することになった。以後40年間，経済体制改革の推進と社会主義市場経済の目標が確定されたことに伴い，中国の社会構造，社会意識，国家の統治方式など一連の大きな変化が生じた。これにより，社会の司法に対する需要がますます多様化・高度化し，中国の司法制度においても様々な面で司法改革が行われ，基本的な司法体制と制度は確立されたとはいえる。

▷2 XI-7 参照。

③ 中国の司法制度の特徴

(1)共産党の指導：多くの国家，特に先進国においては，政党が司法権に関与することは禁止されている。中国はこれと異なって，現行の82年憲法の前文の中で，共産党の国家に対する指導的地位が明確に規定されている。司法機関も必ず共産党の指導を受けなければならない。

(2)国家権力機関の監督と制約：三権分立の国家においては，立法権，行政権，司法権は，それぞれ議会，大統領や内閣，裁判所に属し，互いに牽制することになっている。中国の司法機関は，国家権力機関である人大の監督と制約を受ける。

(3)司法機関の集団責任制：人民法院と人民検察院では，裁判権と検察権の行使については，裁判官と検察官の個人が独立して司法権を行使し責任を負うのではなく，法院と検察院が集団の責任制を採っている。これは，資本主義国家における制度と旧ソ連における裁判官個人の独立の制度との重要な違いである。

(4)司法制度の「一国二制度」：中国は，社会主義制度を採用しているが，香港（1997年）とマカオ（1999年）が中国に復帰した後は，「一国二制度」を採っており，香港とマカオの司法制度については，依然として以前の制度を運用している。本章では香港とマカオの司法制度の紹介は割愛する。　　（孔暁キン）

人民法院

① 人民法院の組織システム，職権

　人民法院は，中国の裁判機関であり，刑事事件，民事事件，行政事件とその他の事件を裁判し，判決を下す。「人民法院組織法」は，1979年から公布され，1983年，1986年，2006年にその一部が改正された。改革開放の発展と司法改革の推進とともに，2019年1月に，全面的に改正された「人民法院組織法」が施行された。

　人民法院の組織には4級あり，普通人民法院と専門人民法院に分かれる。普通人民法院は，行政区画の設置に従い，最高人民法院と地方の各級人民法院（高級人民法院，中級人民法院，基層人民法院）に分かれる。専門人民法院は，行政区画ではなく，特定の組織システムあるいは特定の事件の必要によって設置され，軍事法院，海事法院，知的財産権法院，金融法院などがある。そのほか，新疆ウイグル自治区では，新疆建設兵団の人民法院の組織システムがある。

○最高人民法院

　最高人民法院は，中国の最高裁判機関であり，首都の北京に設置されており，地方に6つの巡回法廷を設けている。巡回法廷は，管轄する周辺の省市において最高人民法院が裁判すべき事件を裁判する。巡回法廷は，最高人民法院の構成部分であり，巡回法廷の判決，裁定は，最高人民法院の判決と裁定と見なされる。

　最高人民法院の管轄する事件は，以下のとおりである。すなわち，①法律の規定または，最高人民法院の自らの判断により，管轄すべき第1審の事件（全国的な重大事件が多い），②高級人民法院の下した判決や裁定に対する上訴，抗訴事件，③全人大常務委の規定により提起された上訴，抗訴の事件，④裁判監督手続による再審事件，⑤高級人民法院が申請する死刑審査許可〔死刑復核〕の事件である。最高人民法院は，自ら下した死刑判決以外のすべての死刑判決に対して，死刑審査許可を行う。

　上述の事件を審理するほか，最高裁判機関として，最高人民法院は地方の各級人民法院と専門人民法院の裁判を監督し，裁判における具体的な法律の適用問題についての解釈と指導的な事件例集を公布することができる。

○地方の各級人民法院

　高級人民法院は，省，自治区，直轄市に設置されている。高級人民法院が管

▷1　Ⅰ-7 25頁参照。

▷2　2019年まで，中国では，軍事法院を除き，最高人民法院1カ所，高級人民法院31カ所，中級人民法院403カ所，基層人民法院3048カ所が設置されている。「中国特色社会主義審判制度適応性」『人民法院報』2020年7月9日を参照。

▷3　具体的な内容，構造は普通の地方人民法院とほぼ同じであるが，本節では割愛する。

▷4　6カ所の巡回法廷は，第一巡回法廷（広東省深圳市），第二巡回法廷（遼寧省瀋陽市），第三巡回法廷（江蘇省南京市），第四巡回法廷（河南省鄭州市），第五巡回法廷（重慶市），第六巡回法廷（陝西省西安市）である。

▷5　死刑判決（死刑即時執行判決と2年の猶予期間付き死刑判決）は，死刑審査許可という特別な裁判手続も必要である。①死刑即時執行判決は，すべて最高人民法院に報告し，許可を得なければならない。②2年の猶予期間付き死刑判決は，高級人民法院が判決を下すか，または許可することができる。

▷6　Ⅸ-5 参照。

轄する事件は以下のとおりである。すなわち，①法律の規定により管轄すべき第1審の事件（地域的な重大事件），②下級人民法院の請求による第1審の事件，③最高人民法院の指定により管轄すべき第1審の事件，④中級人民法院の判決，裁定に対する上訴，抗訴事件，⑤裁判監督手続による再審事件，⑥中級人民法院が下した死刑判決事件の再審査である。そのほか，中級人民法院が2年の猶予期間付き死刑判決を下した事件について，被告人が上訴しない場合は，高級人民法院がこれを「死刑審査許可」する。

中級人民法院は，省・自治区管轄市，直轄市，自治州および省・自治区における地区に設置されている。中級人民法院が管轄する事件は以下のとおりである。すなわち，①法律の規定により管轄すべき第1審の事件（地域的な重大事件），②基層人民法院の請求により移送された第1審の事件，③上級人民法院の指定により管轄すべき第1審の事件，④基層人民法院の判決，裁定に対する上訴，抗訴事件，⑤裁判監督手続による再審事件である。

基層人民法院は，県・自治県，区を設けない市，市管轄区に設置されている。基層人民法院は，地区，人口と事件の情況によって，若干の人民法廷[7]を設置することができる。人民法廷は，基層人民法院の構成部分であり，人民法廷の判決と裁定は，基層人民法院の判決と裁定と見なされる。基層人民法院の管轄する事件は，法律により上級人民法院と専門人民法院が管轄する事件以外のすべての第1審事件である。そして，基層人民法院は人民調停委員会の活動を指導する。基層人民法院は，自ら受理した事件について，重大な事件であり上級人民法院が審理すべきと判断した場合，上級人民法院への移送を請求できる。

○専門人民法院

軍事法院，海事法院，知的財産権法院，金融法院などがある。専門人民法院の設置，組織，職権，裁判官の任免については，全人代常務委が規定する。

軍事法院は，3級に分けられ，1カ所の高級軍事法院[8]，7カ所の中級軍事法院，26カ所の基層軍事法院[8]を含める。軍事法院の管轄事件は，軍人または軍隊に係る刑事事件と民事事件である。軍事法院は行政事件を審理しない[9]。

海事法院は，11カ所[10]設置されており，中級人民法院と同じクラスである。海事裁判所は第1審の海事事件，海商事件，海事行政事件などを管轄する。海事法院の判決，裁定に対する上訴事件は，当該法院の所在地における高級人民法院が審理する。

知的財産権法院は，4カ所[11]設置されており[12]，中級人民法院と同じクラスである。知的財産権法院は，特許，種苗品種，集積回路図設計，技術秘密等の専門技術性の高い知的財産権に係る第1審民事事件または行政事件を管轄する。知的財産権法院の第1審判決，裁定に対する上訴事件は，当該法院の所在地における高級人民法院が審理する。そして，知的財産権法院は，当該法院の所在する市の基層人民法院が下した著作権，商標等知的財産権に関する民事事件，行

▷7 2018年「最高人民法院工作報告」より，全国に人民法廷1万759カ所がある。

▷8 高級軍事法院は中国人民解放軍軍事法院（北京市）である。中級軍事法院は，東部戦区軍事法院（南京市），南部戦区軍事法院（広州市），西部戦区第一軍事法院（成都市），西部戦区第二軍事法院（蘭州市），北部戦区軍事法院（瀋陽市），中部戦区軍事法院（北京市），総直属軍事法院（北京市）を含めている。基層軍事法院は，上海軍事法院，南京軍事法院，杭州軍事法院などである。

▷9 行政事件については，長らく軍事法院における審理の対象とされてこなかったが，2017年7月から，軍事行政訴訟の試行が始まり，将来，軍事行政訴訟が法制化されると思われる。

▷10 それぞれは，上海（1984）・天津（1984）・青島（1984）・大連（1984）・広州（1984）・武漢（1984）・海口（1990）・厦門（1990）・寧波（1992）・北海（1999）・南京（2019）海事法院である。

▷11 Ⅷ-1 参照。

▷12 それぞれは，北京（2014）・上海（2014）・広州（2014）・海南自由貿易港（2021）知的財産権法院である。

政事件の第1審判決，裁定に対する上訴事件を審理する。

○上下級人民法院の関係

最高人民法院は，地方の各級人民法院と専門人民法院の裁判などの業務を監督し，上級人民法院は下級人民法院を監督する。上下級の人民法院の監督と被監督の関係であり，指導と被指導の関係ではない。

② 人民法院の裁判組織

○合議廷・独任廷

▷13 ⅨX-8 参照。

人民法院における事件の審理の形態には，合議廷と1人の裁判官が裁判する独任廷がある。この2つの形態のうち，合議廷が基本的な裁判組織の形態である。合議廷は3人以上の奇数の裁判官あるいは裁判官と人民陪審員から構成される法廷であり，多数決の原則で，事件を審理し，裁判を行う裁判組織である。合議廷の裁判では，1人の裁判官が裁判長を担当し，法院の院長あるいは廷長[14]がいる場合には，裁判長となる。独任廷は1人の裁判官から構成される法廷で裁判を行う裁判組織である。第1審事件の中で，簡易手続で審理される事件と法律に規定される事件には，独任廷が適用される。これ以外の事件と第2審の事件は，すべて合議廷が適用される。

○審判委員会

▷14 合議廷の長ではなく，法院の刑事裁判廷，民事裁判廷（日本の裁判所の刑事部，民事部）などの長である。

▷15 ⅨX-8 側注2参照。

審判委員会[15]は，各級人民法院に設けられ，院長，副院長と若干のキャリアの長い裁判官から構成され，構成員の数は奇数である。審判委員会の会議には，全体会議と専門委員会会議がある。専門委員会会議は，中級以上の人民法院にあり，裁判の必要に応じて，審判委員会の委員の専門と分野により，刑事裁判，民事行政裁判などの専門委員会会議に分けられている。

審判委員会の職権は，以下のとおりである。すなわち，①裁判の経験を総括する，②重大・困難・複雑な事件の法律の適用を討論し，決定する。③すでに法的効力の生じている当該法院の判決，裁定と調停書を再審するかどうかを判断する。④その他の裁判に係る重大な問題を討論し，決定する，などである。

審判委員会は，全体会議と専門委員会会議を開く際に，その構成員の半数以上が出席しなければならない。会議は，人民法院の院長あるいは院長の委託による副院長が主宰する。審判委員会は民主集中制を採用し，多数決判断に従う。人民検察院の検察長あるいは副検察長が審判委員会に列席することができる。

合議廷は，事件を審判委員会に回し，討論・決定してもらうべきだと判断する場合，合議廷の裁判長が申請し，法院の院長が許可することが必要である。審判委員会が事件の法律の適用を討論する場合，合議廷が事件の事実を報告し，責任を負い，審判委員会の委員が本人の発表した意見と表決に対して責任を負う。審判委員会の決定は，合議廷が執行しなければならない。審判委員会は，事件を討論した上での決定と理由を，法律の規定により公開できない場合を除

き，裁判の文書をもって公開しなければならない。

3　基本的裁判制度

○二審終審制

日本の三審制と異なり，中国の人民法院の裁判は，二審終審制を採用する。二審手続は，上訴と抗訴に分けられる。①上訴。第1審訴訟の当事者は，各級の地方人民法院の第1審の判決，裁定に不服の場合，法律に基づいて，当法院の1つ上の上級法院に上訴できる。②抗訴。地方各級人民検察院は，同級の人民法院の第1審の判決，裁定に対して，確実に誤りであると認めたときは，直近上級の人民法院に抗訴できる。刑事訴訟の被害者は，一審判決に対して不服である場合，上訴できず，検察院に抗訴を提起するよう請求することができる。

最高人民法院の裁判は，一審終審制である。死刑判決は，最高人民法院の許可が必要であるため，形式的には三審制に近いといえる。

○裁判監督制度

裁判監督制度は，再審制度ともいわれる。すなわち，すでに法的効力の生じている人民法院の判決，裁定に対して，事実認定または法律適用に関する確かに誤りがある旨を判断する場合，人民法院あるいは人民検察院が事件をもう一回審理を提起する訴訟制度である。具体的には，①各級人民法院院長は，当該法院のすでに法的効力を生じている判決，裁定について，確かに誤りが判明した場合には，審判委員会に提出して処理させなければならない。②最高人民法院は，各級の人民法院のすでに法的効力を生じている判決，裁定について，上級人民法院は，下級人民法院のすでに法的効力を生じている判決，裁定について，確かに誤りが判明した場合には，自ら裁判するか，または下級の人民法院に再審を命ずることができる。③最高人民検察院は，各級人民法院のすでに法的効力を生じている判決，裁定について，上級の人民検察院は，下級の人民法院のすでに法的効力を生じている判決，裁定について，確かに誤りが判明した場合には，裁判監督手続に基づいて同級の人民法院に抗訴を提出することができる。

（孔暁キン）

▷16　 IX-8 211頁参照。

▷17　抗訴とは，人民検察院は，人民法院の判決，裁定について，確かに誤りがあると判明した場合，法律手続に基づいて人民法院の再度審理を求める訴訟活動である。抗訴は，二審手続による抗訴と裁判監督手続による抗訴がある。 X-7 側注2も参照。

3　人民陪審員制度

1　人民陪審員制度の発展

　中国の国民（以下「公民」）の司法への参加制度を，人民陪審員制度という。人民陪審員制度は，54年憲法に定められ，正式に確立されたが，当該制度の発展は順調なものとはいえず，①50年代の一時的な繁栄と50年代末からの衰退，②「文革」期の停滞，③「文革」後の短い復興期，④82年憲法から1997年までの衰退，および⑤1998年から今日に至る復興という発展過程を経てきた。2005年，人民陪審員制度が再び実施され，改革も進められ，2018年4月27日，初めての人民陪審員制度専門の法律「人民陪審員法」（以下略称「陪審員法」）が可決された。

▷1　人民陪審員制度の発展については，孔暁キン『中国人民陪審員制度研究』日本評論社，2016年，53-103頁を参照。

2　人民陪審員制度の内容

○対象事件の範囲

　日本の裁判員制度の対象事件の範囲が重大な刑事事件に限られているのに対し，中国の人民陪審員制度の対象事件の範囲は比較的広範である。人民陪審員制度を適用する事件は，まず，①第1審の刑事・行政・民事事件の中で，法律により裁判官のみの合議廷あるいは1人の裁判官の独任廷が要求される事件でなければ，ⓐ集団〔群体〕の利益・社会の公共利益に関連する事件，ⓑ広く人民大衆〔人民群衆〕の注目を集め，あるいはその他の社会に大きな影響を及ぼす事件，ⓒ複雑で人民陪審員が裁判に参加することが必要となる事件である。

そして，②第1審の刑事事件の被告人，民事事件の原告・被告，行政事件の原告が人民陪審員制度の適用を申請し，かつ，人民法院が人民陪審員制度の適用を決定する事件である。

○合議廷の構成

　合議廷の構成は2つの形態があって，①3人合議廷（裁判官＋人民陪審員），と②

表1　陪審制度と参審制度の各国比較

		適用範囲	認定事実の判定	法律の適用	任期	主な採用国
陪審制度		刑事・民事裁判	陪審員のみ判断する	判断しない	事件ごと	アメリカ・イギリス
参審制度		刑事・民事裁判	裁判官と共同判断する	裁判官と共同判断する	任期制	フランス・ドイツ
裁判員制度		刑事裁判	裁判官と共同判断する	裁判官と共同判断する	事件ごと	日本
人民陪審員制度	3人合議廷	刑事・民事・行政裁判	裁判官と共同判断する	裁判官と共同判断する	任期制	中国
	7人合議廷		裁判官と共同判断する	判断しない		

出典：筆者作成。

7人合議廷（裁判官3人＋人民陪審員4人）である。7人の合議廷の適用事件は，10年以上の有期懲役あるいは無期懲役，死刑を対象とする刑事事件，または社会に大きな影響を及ぼす事件および**公益訴訟**事件などである。

○人民陪審員の権限

人民陪審員は，裁判に参加し，独立して意見を発表する権利を有し，裁判に参加する際に，裁判官と対等な権利を有する。ところが，評議と評決については，人民陪審員の権限は裁判する合議廷の構成形態によって異なっている。3人の合議廷で裁判を行う場合，人民陪審員は，事実認定，法律の適用につき，独立して意見を表明し，評議権を行使できる。7人の合議廷で裁判を行う場合，人民陪審員は，事実認定につき，独立して意見を表明し，裁判官と共同して評議できる。法律の適用につき，意見を表明できるが，評議には参加できない。

また，合議廷で事件を評議する場合は，多数決で決定する。人民陪審員と当該合議廷の他の構成員との意見が分かれた場合，その意見は記録されなければならない。合議廷の他の構成員の意見と重大な相違がある場合には，人民陪審員または裁判官が，合議廷に対し，当該事件を審判委員会に回し，討論・決定してもらうべきかについて院長の決定を仰ぐことを要求することができる。

○人民陪審員の資格

人民陪審員の資格要件は，憲法を擁護し，満28歳以上で，規律・法令を遵守し，品行良好，正義・真剣〔公道正派〕であり，正常に職責を履行する身体条件を持つ公民で，原則として高校卒業以上の学歴を有しなければならない。そして，人大常務委の構成員，司法，警察に関係ある職員などの職務上の原因と重大な法律・規律違反行為や司法の公的信用に影響を与える可能性がある者は人民陪審員になれない。

○人民陪審員の選任

まず，人民陪審員の候補者の選任方式は，2つある。①管轄地域の常住住民の名簿から，任命する予定である人民陪審員の定員の5倍以上となる人員の無作為抽選と，②個人の申請，または公民の勤務先もしくは戸籍所在地の基層大衆自治組織，人民団体の人民法院に対する推薦がある。つぎに，1つの法院の人民陪審員の定員は，当法院の裁判官の定員の3倍を下回らない範囲とする。前述の2つの方法で選出された候補者について資格の審査などを行った上で合格とされた候補者の名簿から，もう一度無作為抽選を行うことにより，当法院の裁判官定員の3倍の人民陪審員が確定される。個人の申請と組織の推薦の方式により選出された人民陪審員は，人民陪審員定員全体の5分の1を超えることができない。また，合議廷で事件を審理する際に，人民陪審員制度を適用する場合は，法院は人民陪審員の名簿から無作為抽選により，確定しなければならない。そして，人民陪審員の任期は5年とされ，原則として再任はできない。

（孔暁キン）

▷2 **公益訴訟**
環境の汚染や，多くの消費者の適法な権利利益の侵害等の社会公共の利益を損なう行為に対して，法律で定める機関（主に検察院を指す）と関連組織（主に消費者協会と環境保護組織を指す）が人民法院に提起する訴訟。

人民検察院

人民検察院の組織システム

　人民検察院は，中国の法律監督機関であり，検察権を行使する。「人民法院組織法」と同じく，「人民検察院組織法」も1979年に公布されてから40年間，1983年と1986年に一部の条文が改正されたが，改革開放と司法改革の深化とともに，全面的な改正が必要となった。2019年1月に，新しく改正された「人民検察院組織法」が施行され，前の「人民検察院組織法」の内容に対して，大幅な調整が行われた。

　各級の人民法院と対応して，人民検察院の組織も，最高人民検察院，地方の各級人民検察院および軍事検察院などの専門人民検察院に分かれる。

　①最高人民検察院は，国家の最高検察機関で，地方の各級人民検察院と専門人民検察院の活動を指導する。②地方の各級人民検察院は，高級人民検察院，区を設ける市の市級人民検察院▷1および基層人民検察院がある。③専門人民検察院には，特定の組織のシステム内において設置される検察機関であり，主に軍事検察院などがある。

2 人民検察院の職権

　各級人民検察院は下記の職権を行使する。①法律に従い，一部の刑事事件の捜査権を行使する▷2。②刑事事件に対して審査した上，犯罪容疑者の逮捕を決定・許可する。③刑事事件に対して審査した上，公訴の提起を決定し，決定された公訴を維持する。④法律に基づき公益訴訟を提起する。⑤訴訟に対して，法律監督を行う。⑥判決，裁定などの法的効力の生じている法律文書の執行に対して，法律監督を行う。⑦刑務所，拘置所における法律の執行に対して，法律監督を行う。⑧法律の定めるその他の職権を行使する。

　人民検察院は上述の法律監督権を行使する際に，事実の確認や調査を行うことができ，そして法律に基づいて，是正の意見や検察建議を提出することもできる。関係機関は，協力し，直ちに人民検察院の意見を受け入れて，検察建議に関する情況について，人民検察院へ書面で回答しなければならない。

　人民検察院の検察長あるいは検察長の委託による副検察長▷3は，同級の人民法院の審判委員会会議に列席することができる。

　その他，最高人民検察院には以下の職権がある。①最高人民法院の死刑の審

▷1　中級人民法院と対応する検察院は，「中級」人民検察院ではなく，「市級」人民検察院という。

▷2　2018年に「刑事訴訟法」が改正される前に，公務員による職権に関する汚職事件などの職務犯罪事件の捜査は，検察院が自ら行ったが，2018年に中国では監察委員会が設立され，収賄罪などの大部分の職務犯罪の嫌疑のある場合の調査は，監察委員会が行うことになった。現在，人民検察院は司法機関の職員のみの職務犯罪の捜査を行い，その他の職務犯罪の刑事上の捜査は，監察委員会に協力して警察機関等が行う。

▷3　人民法院の合議廷の長である裁判長と異なって，人民検察院の検察長は検察院の院長の意味である。

査許可に対して，監督する。②最高人民検察院に報告され，訴追の許可を求められている事件に対して，訴追するかどうかを決定する。③検察の具体的な法律の適用問題についての解釈と指導的な事件例集を公布することができる。

上級人民検察院には以下の職権がある。①下級人民検察院の決定が誤ったと判断する場合，下級人民検察院に是正の命令を出すか，または法律に基づいて取消し変更する。②下級人民検察院の管轄事件について，管轄を指定できる。③下級人民検察院の管轄すべき事件を自らの管轄とすることができる。④統一的に管轄区の検察官を抜擢し，事件の検査を行うことができる。上級人民検察院の決定は，書面の形式で出さなければならない。下級人民検察院は上級人民検察院の決定を執行しなければならない。意見が一致しない場合，下級人民検察院は執行すると同時に，上級人民検察院へ報告することができる。

このように，中国の上下級の人民検察院の関係は，上下級の人民法院の監督と被監督の関係と違って，指導と被指導の関係である。

❸ 人民検察院の検察組織

○独任検察官と検察官チーム

人民検察院は事件を審理する際に，事件の情況によって，1名の独任検察官で審理するものと，2名以上の検察官から構成されるチームが審理するという2つの形態がある。検察官チームが審理する場合，1名の検察官は，主管検察官となり，事件の審理についてチームを組織，指揮する。検察官は検察長の指導の下で，審理を行い，重大な事項について検察長に決定を仰ぐ。検察長は一部の職権を検察官に委任することができ，法律文書の発行も検察官に授権することができる。人民検察院は検察官責任制に基づき職務を実行する。検察官はその職権の範囲内の事件に対する決定について責任を負う。

○検察委員会

各級人民検察院は検察委員会を設置する。検察委員会は，検察長，副検察長と若干のベテラン検察官から構成され，構成員の数は奇数で，民主集中制を採用する。地方の各級人民検察院の検察長は，本院の検察委員会の多数意見と異なる場合，上級検察院あるいは同級人大常務委の決定を仰ぐ。検察委員会の責任は，①検察の経験を総括すること，②重大・困難・複雑な事件とその他の検察に係る重大な問題を討論し，決定すること，および③その他の検察に係る重大な問題を検討し決定すること，などである。

検察官は，重大な事件およびその他の重大な問題について，検察長に決定を仰ぐ。検察長は，事件の情況により，検察委員会へ提出し，検察委員会の討論・決定を請求する。検察委員会の決定は，検察官が執行しなければならない。検察長，検察委員会は，事件に対する決定について相応の責任を負う。

（孔暁キン）

5 人民監督員制度

 人民監督員制度の発展

　人民監督員制度は，公民が特定の手続により人民監督員として選任され，公民の代表として，人民検察院の検察活動に対して監督する司法制度である。2003年から，人民監督員制度の実施が始まり，2018年以降，重大な改革が行われた。

　普通の犯罪事件は，警察が捜査を担当し，検察院が審査した上で，逮捕の許可と公訴の提起を担当する。2つの機関は起訴する前の段階で，お互いに分業・監督・牽制することができる。しかし，職務犯罪事件については，2018年以前は，人民検察院は捜査，逮捕の許可と公訴の提起についてすべてを担当することになっており，外部監督が不足し，権力を濫用する現象が発生しやすかった。これに対して，2003年10月から，中国の一部の地区で，人民監督員制度が試行され始め，人民監督員が人民検察院の職務犯罪事件の捜査・逮捕の許可・公訴の提起などの業務に対して，監督を行うこととなった。その後，人民監督員制度は，次第に試行の拡大，全国的な実施，改革の深化などのステップを経て発展しつつ，2018年までに人民監督員制度が確立・整備された。

　2018年3月に，中国では監察委員会を設置し，「監察法」も公布された。大部分の職務犯罪の嫌疑がある場合の捜査は，監察委員会が行うことになった。これに伴い，「人民検察院の職務犯罪の捜査を監督する」ことを創設の初志とする人民監督員制度の存廃の問題は，司法界と法学界での多くの論議を呼んだ。

▷1 [IX-2]199頁参照。

　2018年10月に，改正された「刑事訴訟法」が公布され，司法機関の職員のみの職務犯罪の捜査権を検察院に保留し，これ以外の職務犯罪の嫌疑のある場合の捜査権は監察委員会に移転することを確定した。ところで，同時に改正された「人民検察院組織法」（第27条）も，「人民監督員は，規定に基づき，人民検察院の審理活動に対して監督する」と規定した。これにより，人民監督員制度は廃止されるのではなく，正式に1つの法律制度として確立された。2019年8月に，最高人民検察院により「人民検察院辦案活動接受人民監督員監督的規定」が公布され，明確に人民監督員の監督の範囲を検察院が扱う職務犯罪に限らず，すべての検察業務に拡大することになった。こうして，人民監督員制度は全面的に調整・完備された。本節では，「規定」に基づいて，人民監督員制度の基本的内容を紹介する。

② 人民監督員制度の内容

○人民監督員の資格

人民監督員の資格要件は，憲法を擁護し，満23歳以上，品行良好，正義・真剣〔公道正派〕であり，健康で，高校卒業以上の学歴を持つ中国の公民である。刑事処罰を受けたことや公職を解かれたことがある者，人大常務委の構成員，司法・警察に関係のある職員と人民陪審員は人民監督員になることができない。

○人民監督員の選任

まず，選任方式は，公民の自薦および関係する部門と組織の推薦という2つの形で出願し，同級司法行政機関が審査した上で，人民監督員を確定する。司法行政機関は人民監督員のデータベースを作り，人民検察院とデータを共有する。人民監督員は省級人民検察院の監督員と市級人民検察院の監督員に分かれる。人民監督員の定員の中，公務員あるいは国家機関の職員は，50％を超えることができない。また，高級人民検察院と市級人民検察院は，人民監督員の監督・評議が必要とされる場合，同級司法行政機関と協力し，無作為抽選で人民監督員を選ぶ。基層人民検察院は，人民監督員の監督を受ける必要がある場合，上級人民検察院が無作為抽選で人民監督員を選んで確定する。そして，人民監督員の任期は5年とされ，再任は2期を超えることはできない。

○監督の範囲と方式

人民監督員の監督する事件の範囲は，すべての検察業務に拡大することになった。すなわち，人民監督員は，刑事・民事・行政・公益訴訟などの各類の事件に関するすべての検察業務を全面的に監督する。そして，人民監督員は以下のように検察業務を監督することができる。①事件の公開の審査と公聴に参加する。②検察官が出廷し，公訴を支持することを監督する。③巡回検察に参加する。④検察建議の討論・提出に参加し，関連する業務の実行を促す。⑤法律文書の言い渡し・送達に参加する。⑥事件処理の質に関する評論・調査に参加する。⑦司法活動の規範化の検査に参加する。⑧検察業務に関する情況の報告を聴取する。⑨その他の司法業務を監督する。⑩人民監督員がその他の方式で検察業務に対して意見を提出する。

○人民監督員の権利

人民監督員は検察業務を監督する際に，独立して監督意見を発表する。人民検察院は人民監督員の意見をありのままに記録し，事件記録に保存しなければならない。人民検察院は真剣に人民監督員の監督意見を検討し，法律に基づいて応対しなければならず，監督意見を受け入れる場合，直ちに人民監督員に告知すべきであり，受け入れない場合，人民監督員に解釈・説明しなければならない。人民監督員は解釈・説明に対して，異議がある場合，関連部門または検察官チームや独任検察官は検察長に報告し，検察長の決定を仰ぐ。(孔暁キン)

6　弁護士制度

1　弁護士制度の発展，弁護士の性質と位置

▷1　[IX-9] 212頁参照。

　中国では，清朝末期の変法の時期に，西洋の法令制度にならって，弁護士制度[1]度が創設され，その後の国民政府期に発展し，完備された。1949年10月の中国の建国後，共産党はソ連にならって中国の新しい弁護士制度を創設したが，1957年からの反右派闘争の中で打ち切られ，文革の後に再建された。1979年，中国の「刑事訴訟法」が公布され，弁護士制度が法制度上，再び確立された。1982年1月に，現代中国の初の弁護士制度に関する基本法である「弁護士暫定条例」が施行された。その後，改革開放の事業が全面的に発展し深化されるとともに，弁護士制度も次第に改革され，国際化に向かっている。1996年に「弁護士法」が公布されたが，これは中国の初めての専門的な弁護士法典であり，その後2001年，2007年，2012年，2017年の四度の改正により整備され，現在の弁護士制度が確立した。

　「弁護士法」（第2条）により，弁護士は，法律に基づいて弁護士の業務執行証書を得て，社会に法律サービスを提供する者であり，「弁護士法」（1996年）施行前の「国家の法律工作者[2]」という弁護士の地位を改めた。

2　弁護士の業務，権利，義務と資格を取る方法

▷2　中国語の「工作」というのは，仕事・業務・職業などの意味であり，日本語の裏工作という意味はない。

　弁護士は以下の業務に従事することができる。つまり，①法律顧問，②民事事件，行政事件の当事者の代理人，③刑事事件の弁護人，自訴事件の自訴人，事件の被害者あるいはその親族の代理人，④各類の訴訟事件の上告，調停，仲裁の代理人，⑤訴訟以外の法律サービスの提供，⑥関連法律の問合わせへの回答，訴訟文書など法律文書作成の代行である。

　弁護士である弁護人または代理人は権利以下の権利がある。①刑事訴訟に基づき，拘禁・居住監視されている被疑者，被告人に接見することができ，接見する際に，監視されない。②人民検察院が事件を起訴審査に移送した日から，事件の記録の閲覧，抄録，複写をすることができる。③必要に応じて，人民検察院，人民法院の証拠の収集・取調べ，あるいは人民法院に証人への出頭証言の通知を申請することができる。④弁護士が自ら証拠収集する場合，関係部門あるいは個人に，当該事件に関する法律事務の情況を調査することができる。

　弁護士は，憲法，法律と弁護士規約を守り，誠実かつ信頼できるものでなけ

ればならない。そのほか，次の規則にも従わなければならない。例えば，①守秘義務を守らなければならない。②規定に違反し，司法機関の職員と会見してはならない。③かつて裁判官，検察官であった弁護士は，司法機関から離任してから２年間以内に，訴訟の代理人・弁護人を担当してはならない。④所属する法律事務所ではなく個人の名義で委託を受けて，費用と利益を受け取ることはできない。⑤同一の事件の双方当事者の代理人を担当してはならない，弁護士本人あるいは親族の利害と衝突する法律事務の代理をしてはならない。

　弁護士になる方法は２つある。①国の統一法律職業資格試験に合格し，法律職業資格を得た上で，弁護士事務所で満１年間の実習が必要である。②大学学部卒以上の学歴があって，法律従業員が欠乏している領域で専門業務に15年以上従事し，高級の職称あるいは同等の専門レベルに相応する専門の法律知識を持つ者が，専職弁護士としての業務執行許可を申請する場合，国務院の司法行政部門の審査に合格すれば，業務執行の許可が与えられる。

③ 弁護士事務所

　弁護士の業務執行機関は弁護士事務所であり，多様な市場のニーズに適応するため，弁護士事務所には，①国家の出資により設立される弁護士事務所，②共同弁護士事務所と③個人弁護士事務所の３種類がある。そして，中国では，外国弁護士事務所は，駐在代表事務所〔駐華代表機構〕を設立し，法律サービスの仕事に従事することもできる。

④ 管理システム

　中国の弁護士の管理システムは，司法行政機関の行政管理と弁護士協会の業界管理を結び合わせたシステムである。

　司法行政機関の行政管理の具体的な内容は以下のとおりである。つまり，①弁護士業務執行証書の授与と取消し，②弁護士事務所の設立の許可と業務執行証書の授与，③弁護士料金制度の審査，④弁護士事務所の規程の記録，⑤弁護士と弁護士事務所の違法行為に対する処罰，⑥法律援助に関する事務の具体的な方法の制定と国務院への許可申請である。

　中国の弁護士業界の管理機構は弁護士協会である。全国レベルのものとして中華全国弁護士協会を設立し，省，自治区，直轄市においても地方弁護士協会を設立し，区を設ける市も必要に応じて地方弁護士協会を設立することができる。弁護士協会の職責は以下のとおりである。すなわち，弁護士の合法的な権利利益を守ること，業務経験の総括と交流，業界の各種規則の制定，業務の育成訓練，職業道徳・業務執行の紀律の教育，業務の考課，実習の組織・管理，実習者の考課，弁護士・弁護士事務所への奨励・懲戒，弁護士への訴状と弁護士不服申立ての受理，業務執行中の紛争の調停などである。　　　　（孔暁キン）

▷3　法律職業資格試験を受ける資格要件は，①中国の公民であり，②憲法を擁護し，選挙権と被選挙権を有し，③完全な行為能力を有し，④法学部卒以上の学歴であること。学部が法学以外の専攻である場合，法律修士・法学修士以上の学位を取得して，法律関係の仕事に従事してから満３年間の実習を経なければならない。

▷4　中国語の「職称」は，職種の職階級名，肩書で，国家資格のような性質をもつ。

司法改革

司法改革の原因と特色

　中国では，1978年12月の11期３中全会の後，憲法改正とともに，新しい法律が制定され，司法機関，司法制度も回復・再建，持続的に発展することになった。しかし，改革開放の推進，計画経済の市場経済への転換，WTOへの加盟，グローバル化の進展などとともに，中国の社会関係と社会構造も変わり，公民の法律に対する意識は次第に高まる一方，従来の司法の理念・制度・手続・施設・効率などが，実際の司法の需要にこたえられないことがよくあった。そのため，中国の司法制度の改革が漸次行われることとなった。

　中国のこれまでの司法改革は，日本とその他西側諸国の司法改革と異なって，司法改革の初期段階にあるといえる。それは改革開放から40年間，社会の経済，法治，文化と法に対する意識などの面において，現代化へ向かう初期段階にあり，司法制度も軌道に乗ったばかりで，司法改革というより，現代化法治の確立期にあると感じられる。司法改革の主題は，現代司法手続の創設と完備，司法の独立，裁判官と検察官の職業化，司法の専門化，司法腐敗の克服などである。また，中国の司法改革では，基本的に西側諸国の司法制度をモデルにして，大陸法と英米法を混合することもよくあり，中国本土の法文化と移植法，社会主義経済体制と市場経済体制間の対立にも直面している。

2　司法改革の段階

　改革開放以来，中国の政治・経済体制改革の目標が段階的に確立されてきたため，司法改革の目標の確立も，次第に形成・発展・深化してきた。この40年間，中国の司法制度は技術面から体制内部までの改革を行い，大筋で以下の段階に分けられる。

　(1)回復，再建の中の司法改革期（1978～97年）：この段階の主要な司法改革の内容は，司法機関の回復と再建，基本的な法律の制定と実施などがある。この段階の司法改革では，現代訴訟手続の創設，現代の司法理念の確立および司法実践の経験の模索も行われた。しかし，この時期の司法改革は，中共中央の最高層による制度設計がなく，多くは地方の法院と検察院が自ら探求したため，改革には限界があり，相応の制度の整備も不十分であり，司法の独立・司法の公正も実現できず，冤罪誤審，司法の腐敗，司法の地方化と行政化などの問題

▷１　XI-9 参照。

が深刻化した。

(2)全面的司法技術側面の改革期（1997〜2013年）：この時期の司法改革の主要な内容としては，裁判官と検察官の職業化の推進，法院の裁判制度と内部権力行使のモデルの改革，検察体制構造の改革，司法の公開化・司法行為の規範化の推進，司法に対する監督ルートの拡大などがある。この時期の改革は，中国の司法制度を以前より整備し，効率的にすることにより，公民の訴訟上の権利を保障することができるよう，司法の公正を促進し，より完全な監督制度と制約システムを創設した。しかし，この段階の司法改革においては，依然として中共中央の最高層の制度設計はなく，主導的な改革は技術面の改革に留まっていた。具体的な改革において，司法機関と他の各部門との間の権力抗争を解決できず，根本的な体制問題に触れることができなかった。司法機関の人事と財政の地方化の問題を克服する構想もなく，司法の独立も実現できなかった。

(3)体制的な司法改革期（2013年〜）：中共の18回党大会（2012年）以後，中国社会が「改革開放」以来の新しい社会変革の時期に入った。この時期に，党の司法体制の改革に対する直接の指導システムが創設され，司法改革について，中共中央の最高層による制度設計と行政機関や人大などの関係機関による改革が強化され，司法改革は技術面の改革から体制的な改革に深化する時期となった。この段階の司法改革は，系統的になされ，司法責任制を改革の中心にすえ，司法の地方化と行政化という問題の解決を改革の基本とし，司法の職業化と専門化の実現を改革の目的としている。この時期の司法改革には，主に以下の内容が含まれている。すなわち，司法責任制改革を核心とする4つの体制的な改革（司法責任制，▷2 **員額制**▷3，司法官の職業保障と省級以下の地方司法機関の人事・財物の統一管理）▷4，司法権を独立・公正に行使できる制度の改善と確保，司法上の職権の配置の最適化，人民陪審員制度と人民監督員制度の改善，人権の司法保障の強化，裁判を中心とする刑事訴訟制度の改革，智慧法院と智慧検察業務の建設，司法公開の推進，執行難▷5という問題の解決等々である。今回の司法改革は，多くの分野で成果をあげ，体制的な改革に相応する改革も次第に進め，体制的な改革の基本的な型が確立されたといえる。

しかし，この時期の司法改革には，依然として多くの問題が残されており，体制的な改革はさらに深化されなければならない。2019年に，法院，検察院，司法行政機関は各自の新しい改革要綱を公表し，司法の体制的な改革に相応する各分野の改革を続けている。特に2020年初め以来の新型コロナウイルス感染症の蔓延期間とその後の経済回復に関する紛争を解決するための司法の保障については，今後の司法業務と司法改革の課題にもなるだろうと思われる。

（孔暁キン）

▷2 XI-9 参照。
▷3 **員額制**
裁判官に対して定員管理を行う制度である。すなわち，法院の管轄区域の事件数，経済社会発展の状況，人口数および人民法院の審級等の要素に基づき，裁判官の定員を確定するという制度である。
▷4 XI-9 参照。
▷5 訴訟に勝っても，執行がなかなかできないということである。

司法の独立

1 司法機関の相対的な独立と問題

中国では，三権分立は否定されているが，実際には立法・行政・司法という三機関の分業体制が採用されており，司法機関の相対的な独立が認められている。中国の現行憲法は，「人民法院は，法律の定めるところにより，独立して裁判権を行使し，行政機関，社会団体および個人による干渉を受けない」（第131条）と定めているが，司法機関の独立を保障する具体的な明文上の規定はなく，司法機関は各方面からの干渉を受けている。「司法機関の独立を保護する」ことは長年の司法改革の主要な任務の一つとなっている。しかし，司法の独立の改革は，体制的な改革に関係しており，以前の2つの段階の司法改革では，期待された効果に達しなかった。第3段階の司法改革（2013年～）で司法機関の独立を保障する体制的な改革が始まった。しかし，改革の政策は，成熟したとはまだいえず，細部についてさらに精確な設計が必要である。そして，改革の政策には司法実践との衝突もあることから，司法の独立を支える関連制度の改革がさらに必要であるが，さまざまな障害を簡単には乗り越えることができない。司法の独立の実現には，依然として長い過程が必要であるといえる。中国の司法の独立に対する干渉は大筋で司法機関の外部と内部からの干渉に分けられる。

2 司法機関の外部からの干渉

まずは中国共産党の指導である。中国では，共産党の司法に対する指導が公然と認められ，しかも，党が裁判過程へ干渉することが慣行上容認されてきた。党は，地方に各級党委員会と同級の法院に**党組**を設置し，党委員会と法院党組は同級法院の裁判官の管理権を持つ。地方党委員会は実際に同級法院の院長の推薦権，および裁判官の任命と昇進の最初の決定権を持っている。そして，県級以上の各級党委員会には**政法委員会**が設けられて，重要な事件について，司法機関が当地の政法委員会の審査承認・処理意見を仰ぐのは，判決作成の慣習的手続となっている。

つぎに同級人大の監督である。中国では，司法機関は，国家の権力機関である人大（その常務委員会）の監督と制約を受ける。しかし，人大の代表が人大の監督という看板を掲げて，法院の裁判に干渉することがあり，監督権は実際に

▷1 中国の司法機関は，法院と検察院が含まれているが，本節では，検察院については原則的に割愛し，主に法院の独立の情況を紹介する。

▷2 XI-9 参照。

▷3 IX-8 側注2参照。

▷4 **党　組**
中国では，各組織内において，党組（党の指導グループ）が設置され，同級党委員会と上級組織の党組の指導を受け，党の路線・方針・政策を各組織に伝達し実行する役割を果たしている。

▷5 **政法委員会**
共産党が，政法工作（法院，検察院，警察等の業務）の特殊性に基づき各級党委内部に設置した調整機構であり，その主な役割は，警察，検察，法院の三者間の調整および党の政法業務に関する政策方針の調整と指導である。

は指導権に転化されている。そして，法院の人事任免権も人大に付与されている。

　そして行政権力への依存である。中国では，長期間にわたって，法院の予算が当該法院の同級の地方政府の予算の一部に組み入れられている。さらに，法院の人事も，実際には，政府の人事部門の関与の下で行われている。

　これらの干渉のほか，世論やメディアによる国家機関の外部からの事実上の「監督」もあり，これらの多くの「監督」は無秩序の状態で存在しており，時には司法に対する不当な干渉となっている。

③　司法機関内部の干渉

　まずは法院内部の行政化された管理体制である。裁判官の給料，昇進，規律，懲戒などは，行政機関の公務員の管理制度に完全にならい，「行政化」されている。裁判官も行政上の肩書があり，高位の肩書を持つ裁判官と低位の肩書の裁判官との関係は，実際に指導・被指導の関係となっている。「行政化」された司法政策と管理制度（特に業績の評定指標）は，裁判官の裁判に大いに影響を与えている。

　つぎに院長・廷長の「審批制度」である。合議廷は基本的な裁判組織の形とされているが，事件の処理結果について，当該事件の裁判を行っていない院長または廷長の承認を受けた上で下されるという「審批制度」が2015年までの長期間，存在しており，問題となっている。この制度を手がかりとして，法院の院長・廷長は，裁判中の事件に対し，常に「把関」を名目に，直接干渉してくるのである。

　さらに審判委員会による干渉である。各級法院は，審判委員会を設けている。「人民法院組織法」が2018年に改正されるまでの長期間，審判委員会の職権は広範で，適用手続も緩やかであった。実践では，合議廷の裁判長が重大または困難な事件だと判断した場合，合議廷が判決を決定する前に，審判委員会の意見を仰ぐ。これで，事件を審理しない審判委員会は，実際に判決を出すことになった。

　そして上級法院による下級法院の裁判業務に対する監督である。法律によって，上級法院は下級法院の裁判に干渉できず，二審と裁判監督の手続で下級法院の裁判業務を監督することとなっている。しかし，具体的な事件の裁判について，上級法院の下級法院に対する監督は，行政官僚的な性格が伴っており，しばしば直接または間接的な干渉となる。そして，下級法院が上訴事件の差戻しと再審の比率を下げるため，事件の処理につき事前に上級法院の指示を仰ぐこともある。この結果，第2審が第1審判決を維持する率が非常に高くなり，二審制は一審制と異なるところがなくなってしまうのである。　　（孔暁キン）

▷6　「最高人民法院関於完善人民法院司法責任制的若干意見」（2015.09.21）により，裁判の判決について，当該事件を審理する裁判官は独自に発行でき，審理を行っていない院長または廷長はもう判決の承認をしないという試行は，全国範囲では推進されてきた。

▷7　間違いが生じないように，確認すること。

9 司法の地方化・行政化

1 司法の地方化と行政化

　前節で紹介したように，中国では，司法機関は多方面からの干渉を受け，司法の独立が妨げられてきたが，これらの干渉が招いた弊害は主に司法の「地方化」と「行政化」という問題に収斂されている。2013年からの第3段階の司法改革は，体制的な改革に触れ，司法の地方化と行政化を解決し，司法機関の独立を保障する体制的な改革の試みも始まった。本節では，まず司法の地方化と行政化の問題について紹介し，続いて，第3段階の司法改革において，対応する改革の政策を紹介したい。本節でも，主に法院の改革を紹介する。

　前述のように，地方の司法機関の人事・財政は実際には地方の党委員会，政府に握られている。中国における政治的業績の重要な指標は経済の発展であるので，各級の地方党委員会，政府は，常に地方機関会議あるいは地方の政策において司法機関が地方の経済発展の護衛役になるように求める。訴訟においては，当地で納税額の多い企業に関わり，あるいは当地の経済発展に影響を及ぼす際に，地方法院はさまざまな圧力を受けて，常に当地の経済発展に有利な判決を下す。これはいわゆる司法の地方化である。その本質は司法版の地方保護主義であり，地方の利益を本位とする社会現象の司法領域における具体的な体現である。司法の地方化の解決は本段階の司法改革における基本点の一つである。

　そして，司法機関の内部においても，不当な干渉が存在している。法院，裁判官，裁判のプロセスなどは行政体制の命令と服従の関係に組み入れられ，司法の法則に違反し，司法を行政のフォーマットに転化する現象は，司法の行政化といわれる。司法の行政化は，直接に「審理する者が判決を下さず，判決を下す者は審理を行わない」〔審者不判，判者不審〕という状況を導き，司法の独立・公正を妨害するもう一つの重要な原因となる。司法の行政化の改革も本段階の司法体制改革におけるもう一つの基本点となる。

2 司法の地方化に関する改革措置

　(1)省級以下の司法機関の人事・財政の統一管理を推進する。省級以下の司法機関の人事管理と経費は省級機関が管理し，支給することになり，その根本的な原因から地方の司法機関は同級の党・政府機関への依存を解決しようとする。

▷1 I‑8 参照。

▷2 中国の法院の設置は普段行政区画に従うため，地方の各級法院が同級地方政府に深く依存し，これは

(2)人為的な司法への干渉を防止するため，リーダー・幹部が司法活動に干渉し，具体的事件の処理に介入する際の記録，通報と責任追及の規定が公布され，各級の幹部が司法機関の職権行使に対して干渉することを禁じ，違反した場合，法的，政治的な責任を追及されると規定された。

(3)最高人民法院は巡回法廷を設置し，「跨行政区画法院」の試行を探求し始めた。巡回法廷と「跨行政区画法院」の裁判官の人事は固定していないため，地方の党・行政機関などからの影響が小さく，ある程度は司法の地方化の問題解決に役立つと思われる。そして，行政訴訟管轄制度の改革[43]も法院が行政裁判を行う際に中立性を保障するための外部環境の改善として期待できる。

3 司法の行政化に関する改革措置

(1)裁判官という職業の特性にふさわしい特有の職務序列を創設し，他の公務員と区別し，裁判官の職業の特徴を体現できる人事の管理制度を実行し始めた。

(2)司法責任制を実行する。すなわち，独任廷，合議廷が審理し，判決を下す権利を確定し，裁判官も各自の職責の範囲内において，事件処理の質に対して終身の責任を負う。故意・重大な過失により，誤審し，かつ重大な結果となった場合，違法裁判責任が追及されなければならない。また，院長・廷長の「審批制度[44]」が廃止された。そして，司法機関内部からの不適当な関与がなされる際にも，記録，通報と責任の追及システムが創設された。

(3)審判委員会の職権と運用システムは，制限され，規範化された。審判委員会が討論・決定する事件を重大・複雑な事件の法律の適用に限り，事件の事実認定に関与しないとされている。また，審判委員会の審理の適用条件もさらに厳格に制限された。そして，審判委員会の委員も本人の発表した意見に対し司法責任制に従う。法律の規定により公開できない状況を除き，審判委員会が討論した事件の決定とその理由を判決書に明記して公開しなければならない。

(4)審級制度を改善する。一審，二審と再審の機能を十分に発揮して，一審の独立を確保し，上下級法院の審級関係が行政的な指導の関係に陥る状況を防止しようとしている。

以上のような司法改革は，司法の地方化と行政化の体制的な原因に触れ，中国の司法の基本的な問題に直接対応している点で，評価されるべきである。しかし，改革の政策はさらに整備される必要があり，司法実践に完全に適用されるにもまだ時間がかかるといわざるを得ない。司法の地方化と行政化の改革により，今までの各方面からの干渉がすぐに消えるわけではないし，別の形で干渉される可能性もある。これらの諸点は，今後の司法改革の深化により，改善される必要があり，司法の独立の実現までの道のりはまだ遠く長いだろう。

(孔暁キン)

司法の地方化の1つの重要な原因である。本段階の司法改革では，行政区画を跨ぐ「跨行政区画法院」の試行を始めた。2014年12月，北京，上海でそれぞれに「跨行政区画法院」の試行として北京市第四中級人民法院と上海市第三中級人民法院が設置され，専門的に地区を跨ぐ重大な民商事件，重大な行政事件，重大な環境・資源保護事件，重大な食品・薬品の安全に関する事件と一部の重大な刑事事件の裁判を担当する。「跨行政区画法院」は，地方の利益に関わる事件が公正・中立に裁判できるように確保することが期待できると思われる。

▷ 3 行政訴訟は，一般の訴訟規則により被告である行政機関の所在地の法院の管轄になる。これにより，法院は行政機関の圧力に耐えて，公正・中立に裁判するのが難しいのである。この問題に対し，中央の統一的政策により，各級の地方法院は，行政区画とある程度分離した行政事件の管轄制度の創設を探求し，例えば，「提級」管轄（上級法院が管轄する），異地交叉管轄（被告である行政機関の所在地以外の地方の法院が管轄），相対集中管轄（ある地域における各基層法院が管轄すべきいくつかの一審行政訴訟事件を統一して上級法院に指定された基層法院が管轄することになる）などの管轄制度がある。これらの改革は，従来の行政訴訟の事件の登録・審理・執行が難しいという問題をある程度解決できると期待できる。

▷ 4 XI-8 側注6参照。

10　智慧法院

① インターネットの時代

　現在，インターネットは社会経済の発展を駆動している。中国においてもインターネット産業は著しく発展してきた。2020年3月に，中国のインターネット利用者数は9.04億人になり，そのうち，携帯電話によるインターネット利用者数は8.97億人となった。インターネットは人々の生活スタイルを大きく変えてきた。2020年初め以来，新型コロナウイルス感染症の流行により，インターネットが人々の生活，仕事，健康管理，教育，さらには家族と連絡を取り合うための手段として，ますます必要不可欠となった。

② 智慧法院の発展

　インターネット技術・産業の高速度の発展と広範な利用は，国家の管理と司法業務について，新しい挑戦とチャンスをもたらした。2013年からインターネット司法の推進は体制的な司法改革の全体計画に組み入れられた。次第に「裁判情報公開網」，「裁判文書網」，「法廷公開網」および「執行情報網」などのウェブサイトが創設され，司法の公開・透明化を促進しようとした。そして，インターネット司法も多元的な紛争解決方法・訴訟サービス・裁判・執行などの領域で推進された。オンラインとオフラインが両方できる訴訟サービスシステムが創設され，オンラインでの調停・事件の登録・費用の納入・開廷・電子配達など多くのオンライン紛争解決の方式が実施され，次第にインターネットが司法業務のすべてのプロセスで用いられることが実現されている。

　最高人民法院は，2015年に初めて「智慧法院」（Intelligent Court）という概念を提示した。2016年に「智慧法院」の建設は国家全体の発展戦略に組み入れられ，司法業務の情報化のレベルが全面的に向上し始めた。最高人民法院の解釈により，「智慧法院」は，現代的な人工知能の技術を媒介とした，人民法院の組織，建設，運用と管理のモデルである。「智慧法院」の目標は，ネット化・公開化・知能化された法院の情報化システムを築くことである。

　司法実践において，各級の法院は，インターネット技術を裁判方式，訴訟制度とつなげる新しいパス・領域・モデルを探求している。例えば，インターネット法院や「移動微法院」などである。

▷1　智慧検察業務については，原則的に割愛し，主に智慧法院の情況を紹介する。
▷2　網は，中国語で「ウェブサイト」の意味である。

▷3　2017年8月〜2018年9月の間に，次第に杭州市，

③ 「智慧法院」の内容

　各級の法院は実践の中で「智慧法院」の審理の方法を探求し，次第に規則を発展させ整備してきた。「中国法院情報化発展報告」（2020年6月3日）により，中国では，「智慧による裁判」，「智慧による執行」，「智慧によるサービス」と「智慧による管理」をめぐる「智慧法院」システムが基本的に作り上げられてきた。以下で「智慧法院」の内容を簡単に紹介する。

　(1)智慧による裁判：智慧による裁判は，オンライン訴訟に代表され，インターネット技術のサポートにより，時間や場所に拘束されずにオンラインで訴訟手続を行い，多様な場所で多くの人々がオンラインとオフラインの両方で交流できる新しいモデルである。各地の法院は，各訴訟プロセスをオンラインで完結させることを推進し，法廷裁判における音声認識，電子証拠の展示，文書の自動的デバッグ，電子ファイルの即時作成，人工知能による審理補助・審理プロセス管理などのモジュール化活用により，ビッグデータ，クラウドコンピューティング，ブロックチェーン，人工知能などの新技術を利用し，個々に分散されていた司法の実践と経験を集めて，人工知能による総合的かつ開放的で共有された運用モデルに統合する。

　(2)智慧による執行：最高人民法院は，執行の情報化システム（智慧による執行）も作り上げた。この執行の情報化システムは，執行指揮センターの総合管理プラットフォームを核心として，4級の法院の統一された執行業務システムと執行公開システムを2つの要として，ネット調査，ネット評価・オークション，契約の信用に対する懲戒，執行委託など多数の補助システムで補完する情報化システムである。

　(3)智慧によるサービス：法院は，オンラインでの訴訟サービス・プラットフォームの建設を促進し，90％以上の法院はオンラインでの事件登録またはその予約機能を備えている。訴訟がオンラインとオフラインの両方のサービス機能をお互いに補い，結びつけることを発展させ，訴訟サービスウェブサイトを推進，1つのウェブサイトでの訴訟の完成を実現しようとしている。

　(4)智慧による管理：法院は，人工知能化・情報化を裁判の管理，職員の管理，司法政務の管理に用い，これらを密接に関連づけ，司法業務の効能を高めた。司法業務に関するビッグデータの管理とサービス・プラットフォームが作り上げられ，全国4級の法院の事件データが自動的に形成され，即時に更新されるとともに，動態分析ができるようになった。

　智慧法院は，短期間に著しく発展してきた。特に，2020年の新型コロナウイルス感染症の防止・抑制の期間中には，大いにその役割を発揮した。しかし，まだ初級段階にあり，インターネット・情報技術の発展と司法改革の深化とともに，日ごとに改善・完備される必要がある。　　　　　　（孔暁キン）

広州市，北京市において，インターネット法院が設置され，専門的に管轄区のネット上の金融契約，売買，サービス，権利侵害（不法行為）責任，ネット上における著作権などのインターネットに関わる紛争を解決し，訴訟のプラットホームにアクセスするだけで，提訴，事件の登録，送達，調停，法廷審理，判決の言い渡し，執行などのすべての訴訟プロセスをオンラインで行えるようになった。

▶4　インターネット時代の携帯電話と中国版LINEである微信（WeChat）の広範な普及に応じて，法院は，アプリ「移動微法院」を媒介とする電子訴訟のプラットフォームを普及させようとした。顔認証，ビデオ通話，電子署名などを利用し，携帯電話で「移動微法院」のプラットフォームにアクセスすれば，オンラインで事件の登録，送達，法廷審理，証拠の交換，調停などの訴訟手続が完成する。

図1　アプリ「移動微法院」

第XII章　法の近代化と国際法

guidance

　中国法は中国そのものの歴史とともに長い伝統を持っている。秦・漢代以降は，「律」と呼ばれる包括的法典を中心として王朝と社会の基本的法秩序が形成されていた。この法秩序は，また「天下」の観念や華夷思想と結びつき，中国のみならず周辺地域をも包摂する国際秩序としての側面も備えていた。19世紀中葉以降に欧米列強の進出によりもたらされた中国を囲む国際環境の大きな変化に伴い，清王朝は西洋に起源を持つ近代的国際法を受け入れ，列強との接触を通じて受動的に近代国際社会へと組み込まれていった。その後，1895年の日清戦争での惨敗と1901年の北京議定書締結をもって鮮明となった伝統的華夷秩序の崩壊は，中国の為政者と知識人にこの上ない衝撃を与え，国内の政治と法体制の改革を決定づけた。中国法は，このように，常に中国の国際社会における位置とそれに対する中国人の認識とに連動して発展を遂げてきた。本章では，今日もなお続く中国法の近代化の動きを概観し，それを推進した中国人の法観念と国際観念を考察する。

　第1節では，清末まで続いた中国固有の法伝統を紹介し，近代西洋法体系との差異を示す。第2〜3節においては，『万国公法』の翻訳出版を皮切りに西洋近代国際法が中国で受容され，19世紀後半の中国知識人の国際観念に大きな衝撃と変革をもたらした経緯が観察される。第4〜5節は，日清戦争後中国において日本法導入のブームがおこり，その強い影響の下で清の末期に政府によって法典編纂事業が推進され，中国法が体系的な近代化の軌道に乗せられていく道のりについて追跡する。第6〜7節は，中華民国期における法体系の整備と法学の発展を扱う。南京国民政府による制定法は日中戦争の勃発につき中国社会の深層には浸透できなかったが，留学経験者を中心に中国における近代法学がはじめて確立されるに至った。第8節は，中華人民共和国が建国初期に同盟国たるソ連の法を全般的に継受し，社会主義法体系を整えていく流れを明らかにする。第9〜10節は，中華人民共和国の国際社会における活動の軌跡を追い，それを通じて現代中国の国際秩序に対する意識の変遷を読み取る。（周　圓）

清末までの中国法

1 中華法系の伝統

太古の「三代」に誕生し清末まで続いた中国法の伝統は，比較法学の視座から，一般に「中華法系」と呼ばれる。その特徴を捉える際に，それぞれ祭祀と戦争に由来する「礼」と「刑」という2要素の相互作用を軸にしてよかろう。状況や身分にふさわしい言動・身嗜みである「礼」は，精神的修養がもたらす卓越した品性「徳」と結びつき，性善説を唱える儒家により，民衆への教化を通じ理想的世界を作り出す規範とされた。一方，暴力による強制を意味する「刑」は，徐々に「法」や「律」など公正・均等のニュアンスを含む概念により緩和され，性悪説を唱える法家による支持の下，民衆に公開され社会秩序を維持するもっとも有力な規則となってきた。

漢代（前206～208年，25～220年）以降の歴代王朝は，基本的に，儒家と法家双方の考えを結合し，統治を行う際の基本思想とした。その結果，伝統的中国法は，父子，君臣，夫婦間の不平等な人倫的秩序の上で成り立つものとなり，同じ行為でも当事者の身分により法的評価が異なるのが通例であった。国家統治と家族関係の秩序原理は峻別されず，皇帝やその代理人である行政官が民を治める包括的権限を持ち，個人的資質と道徳的自律に基づく「人の支配」が広範に敷かれた。官員の選抜・監督・賞罰ないし易姓革命を通じ，支配する「人」の修正は一定程度は可能だったが，近代の三権分立のような権力の誤用・悪用を防止するための有効な制度的制約を欠いていた。また，社会生活の隅々までを人倫的秩序が規律していたため，歴代王朝は，各法分野の原理を峻別せず，「礼」への違反行為に対する「刑」をまとめて一つの法典に収めていた。

2 唐の法体系

王朝の基本秩序を定める法典は，「律」と呼ばれた。その多くが王朝の初期に制定され，その推移とともに改訂され，没落の運命も共にしたが，儒家と法家の学説を融合する統治理念が受け継がれたことから，各王朝の律は顕著な連続性を示した。漢の『九章律』や晋の『泰始律』など中華法系を形成する上で重要なものは数あるが，その中でも最高峰とされたのが『唐律疏議』である。これは，唐の「律」と，その後に付される公式の注釈「疏」を合わせた集録で，12編30巻502条からなった。第1編「名例」は総則に相当し，「五刑（用いられ

る5種の正刑）」「**十悪**（重く罰せられる10種の大罪）」「**八議**（刑罰を減免する8種の条件）」など基本原則を定め，第2〜10編は各則に相当し，「衛禁（軍隊配置）」「職制（国家機構・官吏）」「戸婚（家庭・土地・賦役）」「厩庫（家畜・倉庫）」「擅興（兵士・工匠）」「賊盗（内乱・殺人・強盗・誘拐・不法占有）」「闘訟（私闘・傷害・争訟）」「詐偽（虚言・偽造）」「雑律（その他）」という，国家と社会生活の9つの領域における秩序と違反に対する罰則を定めた。第11〜12編には，「捕亡（捜査・逮捕）」と「断獄（審判・刑罰の執行・監獄管理）」といった今日の刑事訴訟法に相当する内容が規定されていた。

唐代にはほかにも「令」「格」「式」という3種の補助的な法が制定された。「令」は重要な国家制度についての行政令，「格」は律令を補訂する単行法令の集成，「式」は具体的事項に関する施行細則という役割を担った。罰則は省かれたが重大な違反行為は「律」に基づき断罪された。律令格式からなる唐の成文法は，体系性や明晰な規定，公式注釈による補足説明をすべて備え，漢代以来の課題であった「**春秋決獄**」を抑止した。これは，中国歴代王朝のみならず，日本などの周辺国にも立法における模範として影響を及ぼした。

3 清の法体系

清代の法律は『大清律例』を中心に形成された。その前身『大清律例集解附例』（1646年）の基になったのは，『大明律集解附例』であった。「集解附例」はもともと明律ではなく，官員が実務上の参考に作成した注釈と朝廷が発した単行法令である『問刑条例』からなる集録であった。清の立法者はそれをばらして，施行細則を補い関連判例を紹介する「条例」として「律」の各条の後に付したのである。この法典は康熙，雍正，乾隆3代にわたる改訂を経て，1740年に『欽定大清律例』（律436条，条例1049条）として確立され，以降「律」の改正は許されなくなった。他方で，「条例」の改正・増補は5年に1回行うことが定められ，1870年には律例の数は計1892条まで膨れ上がっていた。

『大清律例』は，総則相当の「名例律」から始まり，中央六部の管轄事項別に「吏律」「戸律」「礼律」「兵律」「刑律」「工律」の6編の各則が続き，最後に「総類」が置かれていた。「総類」とは律例の目録であり，その最終巻「比引律条」には，明文で規定されていない犯罪に対し他の律を類推適用した判例が掲載されていた。また，「則例（行政上の定例）」「事例（皇帝の認可を得た先例）」「部例（所管の中央部門の決定）」「省例（地方の規則）」「章程」「成案（刑部の審査を経た判例）」「禁約」「告示」なども，行政実務の中で法として柔軟に運用されていた。さらに，『蒙古律例』（1789年，12巻209条），『回疆則例』（1811年，8巻134条）など特定民族居住地域向けの法も制定された。清の立法は，多様な形式と膨大な量，詳細な規定に特徴づけられ，国家と社会の隅々までを規制し，爛熟した帝政の強大な統治力を誇示するものだった。 （周 圓）

議」と呼ばれたかをめぐる議論があるが，前者とする見方が有力である。

▷6 **五刑**
笞（鞭で打つこと），杖（杖で打つこと），徒（懲役），流（遠方へ追放すること），死（死刑）からなる。

▷7 **十悪**
謀反，謀大逆（宗廟・皇帝陵・宮殿の破壊），謀叛（本国から離脱し敵国へ寝返ること），悪逆（尊属に対する殴打・謀殺），不道（同じ家の死罪に当たる行為のなかった3人の殺人，人体の解体，毒物・魔術等による殺人），大不敬（皇帝の財産・健康・名誉・尊厳の侵害），不孝，不睦（親族を謀殺・売却すること，夫の尊属を殴打しまたはそれを相手に争訟すること），不義（上司と教師を殺すこと，夫の葬礼での無礼），内乱（近親相姦）を指す。

▷8 **八議**
議親（皇帝の親戚），議故（皇帝の旧知），議賢（徳行ある人），議能（学芸に長じる人），議功（勲功のある人），議貴（身分の高貴な人），議勤（国事に力を尽くした人），議賓（前王朝の子孫など国賓とされる人）を意味する。

▷9 **春秋決獄**
制定法に関連規定が存在しない場合に儒家の古典に基づき判決を出すこと。漢の董仲舒の主編した，『春秋』に依拠する判決の集録『春秋決事比』（232例）にその名が由来する。秦律の過酷さを緩和する利点があった一方，司法における自由裁量の幅が大きくなり過ぎる問題もあった。

2 『万国公法』と西洋近代国際法の受容

▷1　ヘンリー・ホイートン（Henry Wheaton, 1785〜1848年）

漢訳名「恵頓」。米国建国期の最初にしてもっとも代表的な国際法学者。国内の法曹界で活動する一方で，駐コペンハーゲン代理公使，駐プロイセン代理公使（後に特命全権公使）を歴任し，国際法実務の経験も豊富であった。『国際法原理』のほか，欧米の国際法発展史を扱う著書も残している。

図1　ホイートン

▷2　自然法論者は全人類に共通の理性に由来する普遍的道徳規範，すなわち自然法を国際法の根拠と究極な法源とみるが，法実証主義者は万人共通の理性と普遍的自然法の存在を否定し，むしろ国際的行為能力のある主権国家間の合意，すなわち条約と慣行のみを国際法の法源とする。

▷3　ウィリアム・マーティン（William Alexander Parsons Martin, 1827〜1916年）

1 『万国公法』の原書『国際法原理』

　アヘン戦争（1840〜42年）に敗け正式に開国するに至った中国にとって，西洋の政治と法に関わる知識を体系的に紹介される端緒になったのは，そのおよそ20年後に刊行される『万国公法』（1865年）である。『万国公法』は，ヘンリー・ホイートンによる『国際法原理（Elements of International Law）』の漢訳である。原書は，「国際法の法源と主体」「国家の基本権」「平時における国家の権利」「戦時における国家の権利」の4部に分かれ，近世西欧で形成された国際法を体系的に説明し，英語で書かれた同種の書物の最初のものに当たる。

　『国際法原理』が世に出された19世紀は，西洋文明およびその主要メンバーを中核とする国際秩序が全世界へと広がる時代でもあった。18世紀まで国際法論の主流であった自然法思想が下火になり，代わりに法実証主義の論調が国際法学界を支配し列強の行動を指導した。ホイートンは『国際法原理』の中で，双方の観点をバランスよく取り入れ，第1部でグロティウス，ヴォルフなど自然法論者の学説をきわめて明快に紹介し，さらに各国の実務——中でもとりわけ19世紀最大の植民地帝国である英国と，急速に台頭しつつある米国の事例——を大量に援用し国際法上の諸規則についての解説を加えた。『国際法原理』は，その親しみやすい体裁と最新の国際動向を反映した豊富な事例分析により，初版後たちまち法学界と一般読者の両方に大きな人気を博し，英語圏で再版を重ねたのみならず，仏独伊西など大陸諸国，そして後述のように東アジア諸国の言語にも翻訳され，グロティウスの『戦争と平和の法』に次いで世界でもっとも広く読まれた国際法著書と評されるに至った。

2 『万国公法』の翻訳と出版

　この『国際法原理』を漢訳したのは，米国長老派宣教師ウィリアム・マーティンである。もともと寧波を拠点として宣教活動をしていたマーティンは，アロー戦争中後期に米国公使ウォードの通訳を務め，清との間の天津条約（1858年）の交渉に当たった際に，国際法文献の漢訳を思いつき，公使の助言によりホイートンの『国際法原理』を選定した。最新版（1855年第6版）を底本とする彼の私的な作業は，1862年に開始され，やがて次期米国公使バーリンゲームの推薦で，西洋の国際法知識を求めていた総理衙門に知られることとなった。

1863年冬，北京でマーティンと面会し粗訳を確認した総理衙門大臣たちは訳書の内容に満足し，即座に校正と刊行のための人員と資金援助を提供した。その後約半年間の校正作業を経て，『万国公法』は1864年4月中旬に定稿され，年末に総理衙門大臣の董恂（とうじゅん）による序文を付されて公式に刊行されることとなった。

③ 『万国公法』の影響

『万国公法』初版の冒頭には，2篇の序文を除き，筆で簡略に描かれた東西半球の地図がそれぞれ1枚と，世界地理を概説する短文1節が付されている。主な読者である当時中国の官僚と知識人の大部分は，アジア以外の世界について，まず地理的常識から確認せざるを得ない状態であったためであろう。『万国公法』は，19世紀後半の中国人にとって，国際法のみならず，西欧諸国の政治制度と世界秩序を啓蒙する書物でもあった。同書は，西洋文明で生まれた法と政治の諸概念，およびその根底に流れる思想と精神を，全く異種の東方言語で体系的に伝えようとする最初の試みであった。それは，以降の漢字圏で政治・法律用語の翻訳と新造が行われる際の宝庫となり，「主権」「権利」「特権」「民主」「国会」「戦時」「慣行」などの数多くの訳語を漢字圏で定着させた。「万国公法」と「性法」の語は，後日それぞれ「国際法」と「自然法」に取って替わられることにはなったが，西洋由来の概念と漢字本来の意味の双方を的確に捉え，一時的とはいえ情報伝達の役割を十分に果たした訳語であったと評価されるべきだろう。同書は中国での刊行後たちまち日本，朝鮮，ベトナム，モンゴルなど周辺諸国にも持ち込まれた。

④ 清末における近代国際法の受容

マーティンの個人的意思から始まった『国際法原理』の漢訳事業が本人の予想を超える速さと規模で実現できたのは，清政府の強力な推進と援助があったためである。政府は，アロー戦争で英仏の圧倒的軍事力を見せつけられたことにより，伝統的華夷思想を留保し**洋務運動**（▷5）を展開せざるを得なかった。列強と交渉するために国際法の知識を必要としたため，『万国公法』に続き，マルテンス，ウルジー，ブルンチュリーなどの高名な欧米国際法学者の著書や同時代に成立した国際法規が次々と漢訳された。それらの事業を担当したのは，総理衙門が翻訳養成の目的で創設した外国語学校，京師同文館（けいしどうぶんかん）である。マーティンは，『万国公法』漢訳の手柄を評価され1865年より同校の教習に着任した。1869年総教習の座を任されてからは学制とカリキュラムを整え，西洋の法律，政治経済や自然科学の知識を扱う著作を組織的に翻訳するとともに，同文館を総合的な「西学」学校へと変貌させた。このように，外部からの威圧と改革を求める内部の機運，そして布教と西洋文明の普及に使命感を抱く宣教師の持続的な活動が機縁となり，中国の近代国際法受容が軌道に乗ったのである。　（周　圓）

中国名「丁韙良」。インディアナ州リボニア市の宣教師一家に生まれ，1850年渡中。その後60年近く中国に滞在，京師同文館と京師大学堂（後の北京大学）の総教習を歴任し，「西学」の伝来に尽力した。北京西直門外の外国人墓地に眠っている。

（図2　マーティン）

▷4　総理衙門

1861年設立，正式名は総理各国事務衙門。総理衙門大臣は，満蒙の高位貴族と漢族の有力官僚から構成され，諸外国との交渉および洋務を管轄していた。海関総税務司署と京師同文館を附属機関とする。1901年に外務部へ改称された。

（図3　総理衙門）

▷5　洋務運動

1861～94年，清が近代化と国力増強を目指して推進した運動。「中体西用」の理念を掲げ，本節で述べた西洋の言語・文化・制度を学習するといった「西学」の普及に加え兵器工場と造船所の設立，近代海軍の建設，鉱山・鉄道の整備などの活動も盛んに行われた。

3 清朝後期知識人の国際法観念

▷ 1 　XII-2 側注 5 参照。
▷ 2 　郭嵩燾（1818〜91年）
中国最初の駐外公使。1876
〜78年，駐英公使兼駐仏公
使在任中の見聞を『使西紀
程』手稿にまとめ，英国の
諸制度を賞賛し，中国への
導入を求めた。

図 1 　郭嵩燾

▷ 3 　鄭観応（1842〜1922
年）
啓蒙思想家，実業家。代表
作『盛世危言』（初版1893
年）は20回を超えて版を重
ね，近代中国思想史におけ
る名著とされている。その
中では，立憲君主制と国会
の設立，官僚制度の改革，
西洋の法律の学制の導入，
商業を促進する諸政策など
の建言がある。

▷ 4 　薛福成（1838〜94年）
1889年駐英・仏・伊・ベル
ギー 4 カ国兼任公使を命じ
られ，1890〜94年在任。代
表作『籌洋芻議』（1879年）
で洋務運動の推進を唱えた。
ほかに『出使英法義比四國
日記』，『出使日記続刻』な
どがある。著述は『庸庵全

1 「西学」を代表する分野としての国際法

　19世紀後半，特に洋務運動が展開された後，中国の官僚知識人階層と西洋との接触が増え，彼らの中に「西学」が徐々に浸透していくこととなった。洋務運動は「中体西用」の理念を掲げ，あくまでも中国の伝統思想と制度を基に，西洋の技術と知識を富国強兵の手段として利用する方針を採ったため，この時期中国で成立した漢訳本は，『万国公法』をはじめ，列強との交渉に役立つ国際法著作を大量に含んでいた。外交と西洋文化の受容に携わる官僚たちの多くがこうした漢訳本の読者であった。国際法に対する彼らの認識は，中国と世界の関係，および東洋的世界観と欧米主導の世界秩序という19世紀における理念と現実についての中国社会エリート層の思想を物語っている。

2 国際法における理念と現実

　洋務運動期の知識人は，西洋由来の国際法と接する際に，胸中に複雑な葛藤を抱えていた。一方で彼らは，「万国公法」すなわち国際法の根底に普遍的原理と信義とがあると考え，その規律に従う国際社会への参入を強く望んでいた。郭嵩燾は，国際法が存在したからこそ欧州諸国が大小強弱を問わず共存でき，世界へ拡張するほどの実力を備えることができたと唱え，信義を重んずるその基本原則が中国古来の外交伝統にも通ずるとして国際法の普遍性を肯定した。続く世代の実業家鄭観応は，「性法」すなわち自然法を国際法の重要な構成部分であるとし，伝統の華夷思想を捨て諸外国とともに新しい国際社会を構築していくべきだと力説した。彼らの認識は，近代国際法を生み出した自然法的源流への同調だとみられる。

　しかし他方で，中国の知識人は実務の中で国際関係の現実を支配していた実力主義を体感していた。薛福成は，国際法の権利を行使し得る資格は商業と軍事力に裏づけられる国力と連動するものだと看破し，中国の受けている不平等な待遇に対し怒りを込めて糾弾している。彼はまた，中国を含む東洋諸国の風習や政体，言語が西洋とことさら異なることと，当初は西洋由来の国際法について無知だったことが国際法の保護から除外されている原因だと考え，19世紀国際法共同体の閉鎖的性格を指摘した。このような観点は，実定法を国際法の中心に据える，同時代の国際法学と国際法実務を支配した法実証主義に対する

反発とみるべきだろう。このような，相対立する2種類の国際法認識は，論争の形で展開されたのではなく，しばしば同じ人物の同じ著述の中で共存していた。保守派官僚や大衆より一歩先に西洋と接触できた改革派のエリートたちは，国際法の理念と現実の間で揺れ動いていた。彼らの思索は，洋務運動の終息後も長く続くことになる，国際法の意義と効力をめぐる中国知識人の議論の基調をなしていた。

③ 国際法と『春秋』

中国の知識人たちによる近代国際法と国際社会についての議論には，いま一つ顕著な特徴が見出される。彼らは，国際法という共通の規範と実力がともに制御する近代国際社会と，列国が林立した春秋時代中国との間にある類似性に，ほぼ直感的に気づいていたのである。マーティンの友人であった**張斯桂**[45]は，『万国公法』初版に寄せた序文で，西洋列強の特徴を春秋時代の諸侯と対応させながら国際情勢について分析した。さらに洋務運動期には，国際社会の共通規範である国際法と，春秋時代の歴史を記し列国の行動に対する評価を通じて儒学の倫理基準を表したとされる古典『春秋』との類比が発展した。日清戦争後，この傾向は一段と強まり，変法運動で知られる**梁啓超**[46]は，孔子が編集した『春秋』とグロティウスの国際法理論とを同列に論じた。これは，いうまでもなく，グロティウスと国際法に対する最高級の賛辞と理解されるべきだろう。国際法が『春秋』に含まれる大義に通じているという考え方は，19世紀末知識人の国際法に対する熱意を大いに刺激し，やがて「万国公法」すなわち国際法が**経学**[47]の対象に含められるという奇妙な結果をもたらした。

④ 清朝後期における国際法受容の限界

19世紀後半，清政府が列強との交渉のために国際法受容を開始したと同時に，中国の知識人もほぼ同様の動機で西洋由来の国際法に対する考察をはじめた。そのため，彼らの関心は常に，国際法の原理，体系，内容等の学問的な究明ではなく，それが国際社会における中国の地位向上に役立つかどうかという命題に向いていた。こうしたきわめて実用主義的な態度の帰結として，この時期の国際法受容は，独自の国際法学を確立させることも，「西学」の他の分野と連動し思想的・社会的変革をもたらすこともなかった。19世紀末の知識人界を席巻した国際法ブームは，本質的に，国際法それ自体の解明ではなく，国際法が儒教の教義に合致するという大前提の下で，儒教的世界観を再解釈し「変法自強」の必要性を説くことを目的としていた。その試みは，戊戌の政変と変法派知識人の弾圧であえなく頓挫した。さらに，国際社会における中国の地位向上を目指した清朝後期国際法受容のすべての蓄積は，義和団の乱（1900～01年）と北京議定書（1901年）の調印をもって水泡に帰すこととなった。　（周　圓）

集』（1890年）に収められている。

▷5　張斯桂（1816～88年）
洋務運動推進派の外交官。寧波時代のマーティンと互いに英語と中国語を教え合う仲であった。1876～82年副使として日本に駐在し，琉球群島の帰属をめぐり日本との交渉に当たった。

▷6　梁啓超（1873～1929年）
1895～98年の変法運動の担い手で，運動失敗後日本に亡命し，言論・文筆活動で急進的な革命を呼びかけるようになる。1912年辛亥革命後帰国，北洋政府での政治活動を経て，晩年清華大学教授，北京図書館館長を務めた。

図2　梁啓超

▷7　経学
儒家の作った経典（経書）を研究・解釈する学問。

（参考文献）
田濤『国際法輸入与晩清中国』済南出版社，2001年。

清末における日本法の翻訳と紹介

1　外国法と法学著作の翻訳

　洋務運動期になされた外国法規と法学著作の翻訳や紹介をめぐっては，国際法以外の法分野における成果はさほど多くはなかったが，その中で特筆に値するのは，同文館化学兼天文学教習**ビレクァン**が訳した『法国律例』（1880年）である。これはナポレオン期に成立した5法典および復古王政期の森林法（1827年）を漢訳したもので合計46巻に及ぶ巨著であった。この膨大な漢訳フランス法令集は刊行後中央より各地の官員へと送付されたが，大きな反響を呼び起こすには至らなかった。中国の官僚と知識人が国際法以外の法分野にも関心を寄せ，大規模な翻訳・紹介活動を展開するようになるのは，日清戦争（1894〜95年）の終結を待たねばならなかった。この時期の外国法翻訳は，洋務運動期とは異なり国内での制度的変革を目指すものであり，清政府が1902年から推進した近代西洋型法典編纂事業と相まって，時代を変える大波へと化した。そこでもっとも大量に導入されたのは，日本の諸法規と法学著作であった。

2　日本法が対象とされた原因

　日本の諸法規と法学著作が選ばれたのは，いくつかの理由がある。まず，日清戦争で身をもって日本の近代化がもたらした成果を体感させられたことがある。留学生の圧倒的多数が日本に向かい，そのうち法学を志す者の比率もきわめて高かった。その結果，中国は翻訳事業に適した人材を大量に得ることができた。また，この時期の日本において，すでに西洋型の法典編纂が進み，近代的法体系がほぼ完成されていたことも理由として挙げられる。さらに，西洋の法律と法学著作の和訳も大量に蓄積されていた。地理的にも精神世界においても遠く離れた西洋法の難解な概念や制度について，漢字を用いて叙述されたこれらの文献は，当時の中国人にとって貴重な助けとなった。最後に，日中両国の政体が類似していたことも理由として挙げられる。20世紀初頭の清王朝は，内外の圧力を前に制度的変革を受け入れざるを得なかったが，その際に「遠法徳国，近採日本（遠いドイツと近い日本が見習うべき模範である）」との方針を打ち出し，明治維新後日本で確立した立憲君主制を改革の着地点と見なしていたのである。ちなみに，19世紀末の日本でも同じような考え方から紆余曲折を経て最終的にドイツ法の導入が決められた。

▷1　アナトール・アドリアン・ビレクァン（Anatole Adrien Billequin, 1837〜94年）
中国名「畢利幹」。『法国律例』の漢訳作業は，ビレクァンが原典の意訳を口述し，中国人時雨化が筆録・整理する形で進められた。
▷2　民法典（1804年），民事訴訟法典（1806年），商法典（1807年），治罪法典（1808年），刑法典（1810年）の5つの法典を指す。フランス革命の理念を実生活の中で具体化し，18世紀末から19世紀初頭にかけて西欧諸国を席巻した自然法的法典編纂運動の最大成果である。

3　日本法翻訳・紹介の成果

　清朝末期の精力的な日本法の導入は，在日留学生と国内の知識人と幅広い階層に支えられていた。政府は，1905年から官紳（官僚役人とその予備軍）の日本への派遣研修を推進した。近代西洋型法典編纂を担当するために設置された修訂法律館は，1905年までに計11部の法典・法令を訳出したが，その中の8部が日本の法規であった。研修から帰国した官紳たちは，報告書や見聞録の形で日本の政体と法制度に対する観察を発表するのみならず，翻訳事業も推し進めた。例えば，清末に3度日本に派遣された董康[43]は，日本の刑法，訴訟法，監獄法に関する訳書・報告書を少なくとも6点も上梓している。

　こうした公式の事業よりもさらに活発に行われたのが，留学生による法学著作の翻訳であった。東京の清国留学生会館は，在日留学生の訳書出版を支援し，清水澄『行政法』（1907年），美濃部達吉『国法学』（1907年），有賀長雄『戦時国際公法』（1908年）など，高名な法学者による概説書の漢訳の数々を世に送り出した。また，留学生たちは自ら「訳書彙編社」を結成し，雑誌を発行しながら，高田早苗『国家学原理』（1902年），井上毅『各国国民公私権力考』（1904年），中村孝『国法学』（1904年）など日本人法学者著書の訳出や，『路索民約論』[44]（1902年）など和訳を底本とした西洋法学著作の漢訳にも携わった。彼らはさらに，中国語による学術書の改訂やダイジェスト化，講義録の整理などを大々的に進め，日本法および日本に受容された西洋法の紹介を精力的に行った。

　中国研究者の統計[45]によると，清末中国に流布していた外国法関連書物400部あまりのうち日本法を扱うものが半分以上を占めており，それ以外のものにも和訳本からの転訳が大量に含まれていたとされる。その中でも特筆すべきは，上海商務印書館により刊行された『新訳日本法規大全』（1907年）である。80巻にも及ぶこの巨著は，内川義章編『現行類聚法規大全』（1899～1904年）を元に25分野にわたる日本の法規を全訳したものであり，政府の法典編纂事業を支えたのみならず，清末の中国人に近代的法体系の全貌を概観する機会を与えた。

4　清末日本法翻訳・紹介の影響

　清末における日本法翻訳・紹介の試みには，学術的規範に必ずしも合致しない粗悪なものも少なくなかった。しかし，中国の知識人と民衆に瞬く間に伝播した西洋と日本の法に関する知識が，伝統的秩序観念に対する批判と社会変革を推進する原動力となった。また，政府の法務関連部署や法学教育機構，および思想・言論界を日本留学経験者たちがほぼ独占的に支配することで，日本法は，清末から民国初期にかけての制度改革に対し最大の影響力を持った。この時期になされた翻訳・紹介は，法学・政治学分野での大量の和製専門用語の導入をもたらし，その一部は今日の中国法の中にも生き続けている。（周　圓）

▷3　董康（1867～1947年）
中国の政治家，法学者。辛亥革命後日本へ留学し，以降も度々来日した。清末期に董康が携わった訳書や報告書としては，小河滋次郎『監獄訪問録』，同『獄事録』（以上2点修訂法律館，1907年），『調査日本裁判監獄報告書』，岡田朝太郎『死刑宜止一種論』，松岡義正『日本裁判所沿革大要』（以上3点農工商部印刷科，1907年），齋藤十一郎『裁判訪問録』（農工商部印刷科，1907年）などがある。XII-7側注5も参照。

図1　董　康

▷4　楊廷棟訳，文明書局，1902年。原典は仏国ルソー著，原田潜訳『民約論覆義』春陽堂，1883年。仏文原書は，今日では『社会契約論』と訳されている。

▷5　田濤・李祝環「清末翻訳外国法学書籍評述」『中外法学』2000年第3期，355-371頁。

5 清末の法整備：中華法系からの脱却

▷ 1　予備立憲
20世紀初頭清政府が立憲君主制への移行を念頭に採った一連の措置で，1906年に発せられた『宣示予備立憲諭』にちなみ名づけられた。官僚機構，司法，教育など各方面にわたる行政改革，議会の設立，地方自治の推進などが主な中身である。1911年，内外の圧力を受け，当初9年と設定されていた期間を5年に短縮した。

▷ 2　憲政編査館
1907年に設置された政府の臨時研究機構。各国憲法の翻訳やそれらの政体・国情の調査，憲政関連事務の処理，関連法規の起草を主要な職務とした。前身は1905年に設置された考察政治館であり，1911年法制院へと改名され，新設された内閣に隷属した。

▷ 3　沈家本（1840～1913年）
修訂法律館を創設当初から取り仕切った法学者，政治家。当館は，1902年に旧法修訂と新法整備を担当する部署として設立され，1904年から正式に活動を始めた。長官の沈家本は，諸外国法律の翻訳を組織するとともに，保守派との論戦や他部署との連携を経て，近代西洋型法典の起草編纂事業を精力的に展開した。清末中国法の近代化を推進した最大の功労者であるといえる。

1 『欽定憲法大綱』と『憲法重大信条十九条』

　20世紀に入ると，清王朝と中国の帝政はいよいよ行き詰った。この時期に成立した法令としては『欽定憲法大綱』（2編23条）が特に著名である。1906年に開始した**予備立憲**◁1の日程を明確化するため，清政府は1908年，9年後の国会開設の約束とともにこれを公布した。**憲政編査館**◁2によるこの大綱は，ほぼ『大日本帝国憲法』（1889年）1～2章の焼き直しで，「万世一系」の皇帝による神聖，絶対かつ包括的な統治を規定する一方，臣民の自由に対する言及は不十分で，多くに法律の留保が付されていた。このような内容は，朝野の不満を拭うどころか逆に火に油を注ぐ結果となり，施行されることなく終わった。清政府は辛亥革命勃発後の1911年11月に最後の頼みとして統治機構に関する規定を補った『憲法重大信条十九条』を3日間で作成し公布したが，時すでに遅かった。

2 『大清現行刑律』と『大清新刑律』

　清政府が列強と平等な主権国家たる地位を求めるに当たって，立憲とともに近代西洋型法体系の整備にも着手した。そのため1902年より**沈家本**◁3を責任者に，1646年制定の法典『大清律例』の改訂が開始された。沈家本は過渡的措置として，吏，戸，礼，兵，刑，工といった旧来の編別を改め，苛酷な刑罰を廃止・軽減し，婚姻，相続，不動産，債権債務など民事関連規定の罰則を削除した。このようにして1910年に公布され，後清の滅亡まで効力を有した『大清現行刑律』は，しかしやはり中華法系の枠組み内にとどまるものであった。

　一方，近代西洋型刑法の起草はずいぶんと難航した。沈家本と修訂法律館は日本人刑法学者の岡田朝太郎を招聘し，1906年から作業を開始したが，草案の内容が古来の「礼」に基づく人倫的秩序に反するとの批判に遭い，度重なる修正を余儀なくされた。約束した予備立憲の日程が迫っていたことから，草案は1911年初頭に『欽定大清刑律』の名で公布された。『大清新刑律』と通称されるこの刑法典は，総則17章と各種犯罪類型を規定した分則36章に分かれ，本文411条と5条の暫定章程に及ぶものであり，罪刑法定主義の導入や犯罪構成要件の明確化，自由刑を中心とする近代的刑罰体系の確立を実現した。また，累犯，自首，情状酌量，執行猶予，仮釈放，時効などの制度を設立し，身体障害や精神疾患を患う者ないし老齢者，未成年者による犯罪に関する特別規定も設

けた。『大清新刑律』は，形式・内容ともに日本の刑法典（1907年）から強い影響を受けていたが，ついに施行されることなく清の壊滅を迎えた。

③ 私法領域の法典編纂

『大清新刑律』を起草する傍ら，修訂法律館はまた日本法学者松岡義正と志田鉀太郎を招聘し，民法典と商法典の起草を託した。実はそれ以前に清政府が商業促進のため1904年に『商人通例』（9条）と『公司律』（11節131条）の2部からなる『欽定大清商律』，そして1906年に『破産律』（9節69条）を制定していたが，いずれも規定に欠陥があり頻発する商業紛争の処理に無力であった。1908年から開始された民法典と商法典の起草は，それらを遥かに超える分量と水準を有する草案に結実した。1911年に完成された『大清民律草案』は，パンデクテン体系に則り，総則，債権，物権，親族，相続の5編1569条から構成される。前3編は志田と松岡によるもので，日独等大陸法系の民法典を模範に，近代市民社会に通用する一般原理に基づいていたが，残りの2編は中国社会の風習と民情に合致する規定を目指し，修訂法律館と礼学館[4]の共同起草によるものであった。一方，『大清商律草案』は，志田が中心になって起草したもので，「志田案」との別名もある。総則，商行為，公司律，票拠法，海船律の5編1008条からなり，緻密な体系と詳細な規定を評価される一方，日本の制度を過度に取り入れ，中国の実情に合わないと反対の意見も強かった。また，この草案が実施される前の暫定的措置として，清政府はまた，総則（86条）と公司（281条）の2編からなる『改訂大清商律草案』を起草していた[5]。これらの草案はいずれも清の滅亡につき公布されることはなく終わった。

④ 訴訟法と裁判所法の制定

1906年，沈家本の主導の下『大清刑事民事訴訟法草案』（5章260条）と『大清大理院審判編制法』（5章45条）が起草された。前者は刑事訴訟と民事訴訟を区分し弁護士制度や陪審制を採用し，後者は最高裁判所と下級裁判所について規定し司法の独立性を向上させていたが，いずれも公布には至らなかった。沈家本はその後，1911年に日独の訴訟法を模範に『大清刑事訴訟律草案』（6編15章514条）と『大清民事訴訟律草案』（4編22章800条）を作成した。日本の裁判所構成法（1890年）を基に主に岡田が起草し1910年に公布された『法院編成法』（16章164条）は，初級・地方・高等審判庁と大理院からなる四級三審制を確立させ，各審級に対応する検察機関をも整備するものであった[6]。

総じて言えば，清末に制定された法典や草案は，いくつかの暫定法規を除き，いずれも実定法として成立しなかった。しかし，それらは中華民国期の法整備事業への遺産と化し，中国法が旧来の中華法系から脱却し，近代化の第一歩を踏み出す礎となった。

(周　圓)

図1　沈家本

▷4　礼学館
1907年立憲君主制に相応しい各種儀礼制度を改正・整備するために設立された部署。長官陳宝琛（1848～1935年）をはじめ儒学の伝統を重んじる官員が多く所属していたため，儀礼や法律などを修正する共同作業に当たる際に，修訂法律館との間で意見対立が多発した。

▷5　他に松岡による『破産律草案』（337条），農工商部主導の『保険規則草案』もあった。

▷6　これらの法案が起草・審議されている間，あるいは公布後施行前の期間に，清政府は『各級審判庁試弁章程』（5章120条）を暫定措置として実施し，他にもいくつか単行法規を制定していた。

参考文献

熊達雲『現代中国の法制と法治』明石書店，2004年。
何勤華『中国法学史第3巻』法律出版社，2006年。

6 中華民国期の立法

▷1 中華民国は，中国大陸において，1912年1月1日孫文を臨時大総統に南京で中華民国臨時政府が成立してから国共内戦に敗れ，1949年12月7日中華国国民党政府が総統蔣介石に率いられ，臨時首都を台北に移転するまで存続した。本節では，全体を，南京臨時政府期，北洋政期，南京国民政府期という3つの時期に分けて説明する。
▷2 『大総統令内務，司法両部通飭所属禁止刑訊文』（1912年3月2日），『大総統令内務，司法部通飭所属禁止体罰文』（1912年3月11日）。
▷3 『中華民国臨時約法』第43条によると，国務総理と各部の長は皆「国務員」と称される。

▷4 清の皇室に迫り宣統帝を退位させた実績により中華民国臨時大統領の座を得た袁世凱は，就任後たちまち臨時参議院と対立し，1913年宋教仁暗殺事件後中国国民党と激突した。その後南方の反乱軍と戦いながら，大統領権限の強化と任期の延長に努め，挙句に1916年帝政を再開し，自ら中華帝国の皇帝に即位した。

1 南京臨時政府（1912年1〜4月）

辛亥革命後に成立した中華民国臨時政府は一般的に南京臨時政府と称される。臨時政府はまず，『中華民国臨時政府組織大綱』（4章12条）を発し，帝政の滅亡と共和政の誕生を宣言した。『大綱』は，米国の大統領制に倣い，国家元首と政府首脳を兼ねる臨時大総統の地位を定め，立法機関として参議院，司法機関として臨時中央審判所を設立した。臨時大総統に就任した孫文の下で，政府はまた，『中華民国臨時政府中央行政各部及其権限』等の法令を制定し行政権の明確化と官僚選任の透明化を図るとともに，取調べにおける拷問と身体刑の賦課を厳禁する大総統令を発した。臨時政府が発した法令の中でもっとも意義が大きいとされるものは，『中華民国臨時約法』（7章56条）である。『臨時約法』は臨時大総統の専制を防ぎ共和政体を守るために制定された基本法であり，中華民国初の憲法と考えられる。それは，責任内閣制を導入し国家を参議院，臨時大総統，国務員，法院により共同で統治されるものとし，三権分立を強化するとともに，臨時大総統の権能を制限し，他の国家機関による同意のない権力行使をほぼ不可能にした。それはまた，民族や階級，宗教を問わず国民が平等であることと，国民の身体・財産・精神・住居等の自由，ならびに国民の政治的権利と義務を規定する章を設け，近代市民社会の理念を明文化した。

2 北洋政府（1912年4月〜1928年6月）

南京臨時政府はわずか3カ月しか続かなかった。孫文に代わり臨時大総統となった袁世凱が首都を北京に移すことで開始された北洋政府時代においては，政情の不穏と国制をめぐる各派の対立が続き，当然ながら憲法制定に大なる波乱をもたらした。初代国会が起草し『臨時約法』を補完した『中華民国憲法草案』（1913年10月），袁世凱が国会を廃し独裁を正当化した『中華民国約法』（1914年5月），彼の忠実な部下だった曹錕が国会を武装包囲した上，威嚇と賄賂を用いて議員に議決を強要した『中華民国憲法』（1923年10月）などは，こうした状況下ではいずれも憲法としての役割を果たせなかった。

他の法分野では，清代の法律が続けて用いられるケースが目立っていた。袁世凱は1912年3月，社会の混乱防止を念頭に置き，清の各種法律は民国の国体に反しない限り続けて適用されるとの暫定方針を発布し，同時に中国立法界の

長老沈家本が主宰する北京政府の法部に清律の点検を命じた。適用が維持された清律としては，『暫行新刑律』，『現行律民事有効部分』等がとりわけ重要である。前者は，未実施の『大清新刑律』から「侵犯皇室罪」の章（12条）や暫定章程などを削除したもので，同年4月，北京で再開された臨時参議院で可決され，翌日公布施行された。後者は，『大清現行刑律』の民事関連部分で，臨時参議院の同意の下で存続が決められた。その後，北洋政府は清代の草案に基づき『刑事訴訟条例』（8編514条）と『民事訴訟条例』（6編755条）を制定し，これらはともに1922年7月1日に公布施行された。

3 南京国民政府（1927年4月～1949年12月）

北洋政府の張作霖を排して蔣介石が南京に確立させた国民政府下での立法活動は，1920年代末から日本と全面戦争に突入する1937年までの約10年間に頂点に達した。憲法，民商法，刑法，民事訴訟法，刑事訴訟法，行政法といった6つの法分野を根幹とした制定法の体系が確立されたことから，「六法全書」が制定法の代名詞となった。このうち憲法について中国国民党は，北伐[16]勝利後に中央常務会議を開き，孫文が『国民政府建国大綱』で示した軍政，訓政，憲政といった国制移行の構想に従い，1928年10月から訓政期が始まるとした。『訓政綱領』（1928年10月）と『中華民国訓政期約法』（1931年6月）は，中国国民党の指導と監督の下に国民政府が行政，立法，司法，考試，監察の「五権」を行使するという一党独裁の体制を定めた。しかし，憲政期への移行のために準備した『中華民国憲法草案』（1936年5月）は日中戦争の勃発で挫折し，戦後の『中華民国憲法』（1946年11月）も共産党との交渉が決裂した後に強行採決しただけで，広範な支持は得られなかった。

一方，この時期に中国史上初の民法典『中華民国民法』（1929年5月～1930年12月，5編29章1225条）が誕生した。独，日，スイス等各国の民法典の影響が顕著に現れるこの法典は，民商合一の編纂理念の下で私法領域の一般法として位置づけられ，それを補足する単行立法も多数制定された[47]。刑法の分野では，南京国民政府は『暫行新刑律』等を基に『中華民国刑法』（1928年3月，2篇34章387条）を制定したが，1931年に新刑法の起草に着手している。1935年1月に公布・実施された新刑法は，一方では欧州の新しい刑法理論を取り入れ軽罪への処罰を緩和したが，他方では重罪，とりわけ「内乱罪」「外患罪」など政治犯罪につき主観的動機の重視と厳罰とを規定していた。また，訴訟法に関して南京国民政府は，『中華民国刑事訴訟法』と『中華民国民事訴訟法』を2回ずつ制定し，新法はそれぞれ1935年1月と2月に公布施行された。前者には，政治的弾圧を主眼とする『特殊刑事案件訴訟条例』（1944年1月）などの特別法が存在した。さらに，『法院組織法』（1932年10月）も制定され，地方法院，高等法院，最高法院を整備し，三審制を定め，司法の独立を擁護した。（周　圓）

図1 袁世凱

▷5 『暫准援用前清法律及新刑律令』（1912年3月11日）。

▷6 北伐
1920年代に広東政府や国民革命軍が，北洋政府と北洋軍閥を打倒するために行った戦争。蔣介石の反共クーデターで中断されたが，1928年北京を占領し，中国を統一した。

図2 北伐出発前の閲兵式にて，国民革命軍総司令兼黄埔軍官学校長・蔣介石

▷7 『取引所法』『手形法』（ともに1929年10月），『会社法』『海商法』『保険法』（以上1929年12月），『銀行法』（1931年3月），『破産法』（1935年7月）などがあった。

▷8 ほかに『暫行反革命治罪法』（1928年3月），『共産党人自首法』（1928年10月），『危害民国緊急治罪法』（1931年2月），『戡乱時期危害国家緊急治罪条令』（1947年12月）などがあった。

7　中華民国期法学の発展

▷ 1　王寵恵（1881～1958
年）
政治家，外交官，法学者。
民国政府の高位官職を歴任
し，1923年常設国際司法裁
判所判事にも選出された。
『中華民国刑法』（1928年），
『中華民国訓政時期約法』
（1931年），『中華民国憲法』
（1946年）などの編纂責任
者。国連創設のためのサン
フランシスコ会議に中国代
表として参加した。

図1　王寵恵墓（台北
市東呉大学構内）

▷ 2　1924年，晩年の孫文
が「三民主義」と「五権憲
法」を軸とする建国理念を
打ち出したのを受け，南京
国民政府案の憲法案では五
権分立制が採られていたが，
これは行政・立法・司法の
三権に，伝統的な考試・監
察の二権を加えたもので，
三権分立制の変形だと考え
られる。
▷ 3　楊幼炯『近代中国立
法史』商務印書館（上海），
1936年。謝振民編著，張知
本校訂『中華民国立法史』

1　法律家と法学界

　中華民国期における中国の法学界は，日本と欧米から帰国した留学経験者を中心に形成された。彼らは法律家として，学術機関での教育・研究や法実務への参与，官僚としての勤務などを通じて多彩に活躍していた。さらに彼らは，外国法文献の翻訳・紹介のみならず，中国法の各分野について，最新の課題をめぐって議論し思弁的な著述も残した。

2　憲政と立法

　中華民国期法学の主たる関心事は，憲政に関わる諸問題であった。著名な法律家のほぼ全員が，帝政復古の防止と共和政体の建設，法の支配の確立には憲政が必須であるという認識を共有していた。中華民国初代司法総長の王寵恵は1913年に『中華民国憲法芻議』を著し，憲法の性質や内容，国家機構の権限などを論じるとともに総綱，国民，立法，行政，司法，会計，省制，附則の8章100条からなる自撰の憲法草案を発表した。草案に付される立法目的についての詳細な説明は，国家機構や国民の権利保障の制度設計とともに，近代的法治国家と基本的人権に対する深い理解を示した。王は，日米欧での長年の留学と実務経験で培った諸外国の法制に関する知識を活かし，立憲君主制や連邦制，軟性憲法などは中国の国情に適さないと主張する一方，行政と司法を区分しない中国的伝統も批判し，三権分立の貫徹を擁護した。

　また，清末から続いた一連の近代的立法活動を受け，民国期の法律家は立法論を思弁的に構築してみせた。彼らは，所定の立法手続を採る近代の立法活動が古代の律令発布とは異質であると考えた。そして，立法行為の主体と形式により諸法源を区分し，狭義の法律は行政命令と地方自治体の条例・規則に勝るとして諸法源間の関係を明確化した。さらに，あるべき法の姿は各国の風土や習慣により異なるが，そのことが清朝末期から民国初期の近代西洋型立法が成功しなかった原因だとして，立法政策と立法技術を改善する必要性を唱えた。

3　刑法と民法

　刑法は古代中国法の中核をなし，単行立法を除く刑法典だけでも清末から民国にかけて合計7度も編纂・改正され，中国法の近代化過程においてもっとも

激しい議論が常に戦わされてきた。民国期の法律家は，伝統的刑律と受容した西洋近代刑法の狭間で，あるべき刑法像を模索していた。董康は，清末の刑法典論争の際には沈家本とともに伝統の維持を説く保守派に対抗していたが，民国期に入ると，清代の遺物である『大清新刑律』の継続を支持した。彼は自らが制定に携わった『暫行新刑律補充条例』（1914年）で，尊属による暴力行為を正当防衛の適用対象から外し，卑属に対する軽微な傷害の刑を免除するなどの規定を付け加えている。他方で董は，過酷な刑罰について，その廃止が近代西洋の刑罰観のみならず中国古来の「仁政」理念にも合致すると考えていた。彼はこうした伝統的価値観への回帰により，新しい世代が台頭してきた民国の法学界における保守派へと転じた。

　私法領域の法典整備に当たっては，民商法をそれぞれ独立した法典とすべきか否かという問題が論議の的となった。民法起草委員会に加わった**胡 長 清**（こちょうせい）[6]は，西欧近代立法史を回顧し，「民商分立」型法典と「民商合一」型法典それぞれの成立背景と原因を分析して，中国における商行為と商人の状況には後者がより適合すると唱えた。また，家族法の部分において近代的個人主義と伝統的家族主義のどちらを採るかという問題も，委員たちの意見が分かれるところであった。最終的には伝統的な婚姻家庭観念を支持する条文となったが，それはむしろ国民党上層部による政治的な考慮に基づくものだった。

④ 国際法

　中華民国期の国際法学は，清末からの関心事だった不平等条約の撤廃という国家の領土と主権に係る問題に加え，国際法上の諸法源や国内法との関係，国際機構，戦争，外交使節，国籍など広範囲にわたって研究を発展させた。**周鯁生**（しゅうこうせい）[7]は，北京大学での講義録を基に『不平等条約十講』（初版1928年）を上梓し，不平等条約の性質や内容，締結経緯などを体系的に分析し，国際法的観点から考えられ得る撤廃方法を提案した。彼はまた，国際連盟に関し，平時国際法の発展を大いに促進したその意義を肯定しながら，創設当初からの制度的欠陥ゆえに強国の既得権益を保全するための組織へと化してしまい，国際的な平和維持と安全保障の機能を果たすことができなくなったと指摘した。民国期の代表作『国際法大綱』（初版1929年）において彼は，まず序論で国際法の意義や性質，歴史などを概説し，本論を実体法と手続法の2部に分け，前者で国際法の主体と客体や国際交渉，国際機構，後者で国際法上の紛争解決ならびに戦争法を詳説し，民国期国際法研究教育の基盤を築いた。

　総じて言うと，中華民国期の法律家は，清末の，日本一辺倒ともいえる受容のあり方から脱し，欧米の法と法学に直面するようになった。彼らは，近代西洋法学の基本観念と方法論を共有しつつ，中国の視座から独自の課題に取り組み，中国における近代法学の確立を成し遂げたのである。

（周　　圓）

正中書局（南京），1937年。

▷4　『大清現行刑律』『大清新刑律』『暫行新刑律』『第一次刑法修正案』（1915年），『第二次刑法修正案』（1918年），『中華民国刑法』（1928年），『中華民国刑法』（1935年）。

▷5　北洋政府で司法総長，大理院長などを歴任。1937年北平（現北京）で成立した傀儡政権華北臨時政府で司法委員会委員長を務め，同政府が1940年に汪兆銘の南京国民政府に吸収されたことにより，華北政務委員会委員となった。戦後，裁判に付される前に病没。XII-4　側注3も参照。

▷6　胡長清（1900〜88年）朝陽入学（中国政法大学の前身）と明治大学で法学を学び，帰国後，南京国民政府法制局，中央研究院社会科学研究所，立法院民法起草委員会等に在籍した。

▷7　周鯁生（1889〜1971年）
国際法学者，教育家。早稲田大学，エジンバラ大学を経てパリ大学法学博士。1929年以降武漢大学教授，1949年以降同学長。1945年サンフランシスコ会議に中国代表団顧問として参加。

図2　周鯁生像（武漢大学法学院棟前）

ソビエト法の影響

▷1　革命根拠地
1927年8月の武装蜂起から
49年国民党との内戦に勝利
するまでの間，中国共産党
が実効支配する地域で設置
した行政区画。初期にはソ
ビエト区と称され，1931年
江西省瑞金で『中華ソビエ
ト共和国憲法大綱』が公布
され臨時中央政府を樹立し
たこともある。
▷2　『中共中央関於于廃
除国民党六法全書与確定解
放区司法原則的指示』。
▷3　スターリン憲法とも
呼ばれ，1944年の改正を経
て，1977年まで効力を有し
た。政体と共産党の役割を
明記するとともに，普通直
接選挙を導入し，公民の権
利を拡充するなど，ソ連に
おける社会主義制度の実現
を象徴した。中国以外の社
会主義国の憲法も多くがこ
れを模範とした。
▷4　1950年から57年にか
け，中国人民大学の招聘し
たソ連の専門家は総計98名
いた。彼らは，学生教育の
他に，教員の教育研修，カ
リキュラムと学制の設定，
教科書の編纂などにも尽力
した（中共中央党校理論研
究室編『中華人民共和国国
史全鑑・教育編』中央文献
出版社，2005年，93頁）。
▷5　ピョートル（ペーテ
リス）・イヴァノヴィチ・
ストゥチカ（Pyotr Iva-
novich Stuchka, 1865　～

1　ソビエト法の全般継受

　中国共産党によるソビエト法の継受は，**革命根拠地**[▷1]時代にすでに始まり，中華人民共和国成立後は理論，制度，研究，教育等全般的に行われた。1960年代に入り中ソ間の政治的対立の激化で中止したが，中国の法と法学はソ連の影響下で社会主義化が進み，今日もその影響から完全に脱却したとはいえない。

　1949年2月，新政権成立に備え，中国共産党中央委員会が「六法全書」をはじめとする民国の法制を廃止し，革命成功後の新秩序を建設する旨の指示を発[▷2]し，清末から続いてきた日米西欧など資本主義先進国の法と法学からの受容にブレーキを掛けた。そして，毛沢東が同12月から翌年2月にかけてソ連を訪問し，中ソ友好同盟相互援助条約の締結をもって両国の同盟関係を確定させると，ソビエト法からの全面的継受が始まった。1950年に成立した3大立法である『婚姻法』『土地改革法』『工会法（労働組合法）』はいずれも，ソビエト法の影響と中国社会の状況を融合した革命根拠地時代の法制度を引き継いだものであるが，社会主義的国制の設計に当たって，中国はソ連等社会主義国家の立法経験を一段と強く参考とするようになった。1953年の『選挙法』にはソビエト連邦最高会議と地方各級ソビエトの選挙規定から借用された条文が多数含まれ，1954年憲法はソ連の1936年憲法[▷3]を基に，公民の基本的権利義務を規定し，国家最高権力機構たる全人代と他の国家機構を設置した。1950～60年代に準備された民法典と刑法典の草案にもソビエト法の制度と理論の影響が強く現れていた。さらに，司法機関についても民国期の法曹関係者は追放され，ソ連をモデルとした法院と検察機構が再建され新しい民事・刑事訴訟手続が導入された。

2　ソ連式法学教育の展開

　ソビエト法の全面的継受という方向性が定まると，すぐに中国の立法・司法実務の指導と助言に当たるためソ連から法学者が招聘された。同時に，法学を学ぶ中国人留学生がソ連へ派遣され，大量のソ連の法学文献が翻訳・紹介された。国内ではソビエト法の理論を対象とする法学教育が展開され，大学の学科分類やカリキュラム設定等運営形式まですべてがソ連のものを踏襲した。1953年，教育部が統一した大学法学部のカリキュラムでは，「ソ連国家と法権史」「ソ連国家法（憲法）」「ソ連刑法」「土地法と集団農場法」「人民民主国家法」

「中国とソ連法院組織法」「中国とソ連民事訴訟法」「中国とソ連労働法」「中国とソ連行政法」「中国とソ連財政法」の10科目の開講が定められていた。中国人民大学（1950年創設）は，社会主義建設に適した人材の育成を目標に掲げ，ソ連の社会科学領域の制度と学説を体系的に受け入れる牙城となった。法学部では，ソ連の法学者がまず通訳を介し中国人教員に講義をした後，後者がその内容をノートに基づき学部生向けに伝える授業方式が1952年まで続いた。大学院生については，1956年に至るまですべてソ連人法学者が直接講義を担当した。そして中国人民大学で翻訳・整理されたソ連製教材とソ連人法学者の講義録が，統一の教科書として各大学法学部で使用されていた。

③　法をめぐる認識の変化

ソビエト法の継受は，また，中国社会における社会主義的法観念を形成し，法学理論研究の方法論を根底から覆した。**ストゥチカ**による民法（経済私法）と経済行政法（経済法）を分ける法分野の区分法や，**パシュカーニス**による，法を商品交換社会の産物であるとし，資本主義の崩壊とともに法のカテゴリーも死滅するが，社会主義法は技術的細則にすぎないとする学説も伝来した。中でもとりわけ影響力を有したのは，**ヴィシンスキー**の論説であった。1938年6月，彼は「ソヴェト社会主義法学の基本的任務」と題する報告の中で次のように述べた。

「法は，支配階級の意思を表現し，立法手続によって制定された行為の規則，ならびに，国家権力によって裁可された慣習および共同生活の規則の総体であって，その適用が，支配階級に有利にしてかつ有用な社会諸関係および諸秩序を防衛し，認証し，発展せしめるために，国家権力によって保障せられるものである」（柳春生訳）。

ソ連で発表後たちまち社会主義法理論の基礎として確立されたこの説を受け，中国においても，法に階級性があり，資産階級支配下に成立した法はすべて無産階級の労働者を搾取する目的を有していたとの見解が形成された。ヴィシンスキーの法観念は，ソ連では1950年代後半，スターリン批判の展開とともに見直しがなされたが，中国では1980年代まで支配的地位を保っていた。

ソビエト法の全面的継受は，一方において，戦乱が続き疲弊しきっていた中国が数年で国家体制と社会生活における法秩序を再建するという困難な目標を実現させた。他方において，法は政治のための道具にすぎないという認識を拡散させ，法の権威や安定性，強制力を損ない，法ニヒリズムをもたらし，中国で法の支配を確立する契機を失わせた。さらに，法の階級性を強調するあまり，司法機関に革命軍人出身者が配属される傍ら，民国期に立法・司法に携わり，あるいは法学の教育研究に従事した大量の人材を排除する結果となり，彼らの学識と経験を生かす機会は大幅に制限されてしまった。　　　（周　　圓）

1932年）

ラトビア出身の法学者，政治家。法と経済の密接な関連を考察し，建国期のソビエト司法を指導した。

▷6　エフゲニー・ブロニスラヴォヴィチ・パシュカーニス（Evgeny Bronislavovich Pashukanis, 1891～1937年）

『法の一般理論とマルクス主義』（1924年発表，同書は稲子恒夫による和訳もある）等の主著で西側でも高い評価を得ていた法哲学者。ストゥチカとともにマルクス主義法学の指導的地位に立っていた。

▷7　アンドレイ・ヤヌアリエヴィチ・ヴィシンスキー（Andrey Januaryevich Vyshinsky, 1883～1954年）

モスクワ大学長，ソ連検事総長，ソ連アカデミー国家法研究所長，ソ連副首相，外務大臣，国際連合ソ連首席代表を歴任した。

図1　ヴィシンスキー

（参考文献）

蔡定剣「関於前蘇聯法対中国法制建設的影響」『法学』1999年第3期，1-6頁。

何勤華「鴉片戦争後外国法対中国的影響」『河南省政法管理幹部学院学報』2002年第4期，1-9頁。

9 国際機構への参与(1)：1989年まで

1　1949～71年：西側諸国との隔絶

　第二次世界大戦後，国連をはじめ各種の国際機構が急速に発展し，グローバル・ガバナンスにおいてますます重要な役割を果たすこととなった。しかし，中華人民共和国が誕生した当初は，下記に述べる原因によりこれらの国際機構に参加することができなかった。共産党政権は，民国の政体と法制を廃止するとともに，民国期に成立した外交関係と条約についても，帝国主義の列強が不平等な立場に基づき中国人民に強要したものとして，これらをすべて破棄した。中国における欧米諸国の勢力と資本とは徹底的に駆逐された。さらに，建国に先立って，毛沢東は，ソ連をはじめとする社会主義諸国と連合し国際的統一戦線を結成するという新しい外交政策を鮮明に打ち出した。

　ヤルタ体制[1]が確立された中で，西側諸国が大きな影響力を持つ普遍的国際機構への参加[2]は，新生の社会主義政権にとってきわめて困難であった。1949年11月と1950年1月の2度にわたり，周恩来が国連に対し，中華人民共和国政府の中国代表権承認と中華民国政府の追放を求めたが，ことが決まる前に朝鮮戦争が勃発した。1950年代初頭，中国はさらに世界保健機関，世界気象機関，国際民間航空機関，国際労働機関，国際通貨基金，国際復興開発銀行，万国郵便連合等の国際機構への新規加盟または代表権承認を申請したが，いずれも挫折した。それゆえ中国は，建国後の二十余年間もっぱら社会主義陣営や戦後独立を果たした第三世界の諸国との外交関係樹立に努め，加入する国際組織も社会主義陣営内のごく一部にとどまった。例えば，1955年8月にワルシャワ条約機構設立にオブザーバー参加し，1956年6月には東側諸国とともに鉄道国際協力機構を設立している。しかしそれもソ連との対立が生じるまでのことだった。

2　1971～78年：普遍的国際社会への復帰

　1971年10月，ついに国連総会において中華人民共和国への中国代表権の認定と，中華民国の追放が決議された。これにより中国は1971年より国連教育科学文化機関，1972年より国連開発計画，国連環境計画，国連工業開発機関，国連貿易開発会議，1973年より国連食糧農業機関等に参加し，執行委員会委員国や理事国にも多々選出されるようになった。また，重要な関係にある地域的国際機構との関係も進展し，1975年5月には欧州共同体と正式な外交関係を結んだ。

▷1　**ヤルタ体制**
ヤルタ会談以降成立した第二次世界大戦後の世界秩序。米国を中心とする資本主義国陣営とソ連を中心とする社会主義国陣営が東西冷戦を通じて対立する構図が1989～91年東欧革命とソ連の崩壊まで続いた。

図1　ヤルタ会談に臨むチャーチル，ルーズベルト，スターリン

▷2　国際機構の内，すべての国に加盟を開放するものが普遍的国際機構であり，例としては，国連とその専門機関がある。それに対して，一定地域の連帯を進めるため，加盟国の範囲を限定した地域的組織もあり，例としては欧州連合（EU），米州機構（OAS）が挙げられる。

さらに，国際オリンピック委員会，国際大ダム会議，国際標準化機構，国際測地学・地球物理学連合等非政府組織とも協力関係が築かれた。この時期に中国は，加盟した国際機構の数を1966年の1から1977年の21へと，参与した非政府組織も58から71へと大幅に増やし，国際社会の表舞台に返り咲いた。

③ 1979〜89年：改革開放政策の一環

改革開放政策が打ち立てられた後の1979年より，中国社会にとっての最重要課題は階級闘争から経済発展へと変わった。目標実現のため，中国は国際社会とより深い関係性を保ち，自身を国際共通の基準に合わせるとともに国際機構の枠組みを利用する必要性を認識した。例えば人権領域において，中国は，1979年より**国際人権委員会**にオブザーバー参加し，1981年からは理事国に継続的に選出され，特別報告者たる専門家の派遣にも加わっていた。そして1980年に女性差別撤廃条約，1981年に人種差別撤廃条約，1988年に拷問等禁止条約など主要な人権条約に加入し，国際間で共有される価値観へ賛同を示した。また，核軍縮に関して，中国は1983年に南極条約と宇宙条約，1987年に南太平洋非核地帯条約など特定の地域または空間の軍事利用を禁止する条約を次々と受け入れるとともに，1984年に国際原子力機関に加盟し，核の平和利用に前向きな姿勢を示した。さらに，国連の常任理事国として平和維持活動にも参与し，1981年より予算分担を始め，1988年第43回国連総会で平和維持活動特別委員会へ入り，翌年には国連休戦監視機構に5名の軍事監視要員を派遣した。

しかし，中国が最大の熱意をもって参加し，かつ中国社会に重要な改変をもたらしたのは，経済領域の国際機構であった。1978年末からすでに国連開発計画が中国で，多彩な経済支援プロジェクトを展開していた。1980年鄧小平が世界銀行総裁マクナマラと面会し，改革開放政策につき説明した上で協力を懇願した結果，中国が世界銀行における代表権を認められた。同年，中国は国際通貨基金，国際農業開発基金，アジア開発銀行にも加盟し，1989年にアジア太平洋経済協力会議の参加国にもなった。さらに，1982年から中国は関税及び貿易に関する一般協定にオブザーバー参加し，1986年より加盟交渉を開始した。

このように中国は，新政権成立当初の向ソ一辺倒の外交政策から数十年をかけて徐々に国際社会への復帰を果たし，国際機構と条約への加盟を通じて国際法体系における自国の地位を明確化した。しかし，たとえ1980年代にあっても，国際機構における中国の活発な活動はもっぱら経済領域に集中し，他領域の国際的重大事項についてイニシアティブをとり国際秩序を積極的に構築することはなかった。それは，一方において当時の中国の国際的影響力が十分でなかったこともあるが，他方では中国の，国際機構を，平和的国際環境を作り出し，国際法上の制度を利用し自国内の経済発展を促進するためのものとするきわめて実用主義的な認識も一因となったといえよう。　　　　（周　圓）

▷3　国際人権委員会
国際連合の経済社会理事会（ECOSOC）に属していた，人権と基本的自由の促進と擁護に責任を持つ機能委員会。特定の国または地域における人権状況やテーマ別の人権状況について調査・監視・報告・勧告を行うために「特別報告者」を任命する制度があった。2006年に解消し，活動は新設の国際連合人権理事会へと引き継がれた。

〔参考文献〕
王逸舟・譚秀英『中国外交六十年』中国社会科学出版社，2009年。
中華人民共和国外交部ウェブサイト「国際和地区組織」（https://www.fmprc.gov.cn/web/gjhdq_676201/gjhdqzz_681964/）。

10 国際機構への参与(2)：1990年以降

1 人 権

1989年の天安門事件以降，中国は西側諸国からの強い批判にさらされ，さらに冷戦の終結，ソ連の崩壊など国際環境の激変が立て続けに起きたこともあり，1990年代前半には国際社会における存在感を潜めざるを得なかった。その間に改革開放の路線を再確認し国内の不穏を乗り越えた中国は，1990年代後半にはいっそう積極的に国際条約を締結し国際機構へ参与するようになった。

広く非難を受けた人権領域において，中国は，1990年に子どもの権利条約に署名し翌年末に批准した。1991年には中国人権状況白書を発表し，世界人権宣言の意義と主旨を評価しつつ，人権をめぐる理解は各国の歴史，社会，経済，文化等諸要因に左右されかつ変化し得るものとした上で，生存権を最優先とし経済，文化，社会，政治等他の権利を順次に推進する方針と，個人と団体，権利と義務の均衡を重視する態度とを内外に明示した。その後中国は1997年と1998年にそれぞれ社会権規約と自由権規約に署名したが，前者については2001年に批准されたものの，後者についてはその規定内容を現行の政治および法制度の中で実現するのが困難であるがゆえに，いまだに批准されていない。

締約した各人権条約を統括する機関において，中国は積極的に会合に出席し発言を続け，期限内に政府報告を提出し，機関からの勧告にも前向きな姿勢で対応するなど手続上の義務は適切に履行している。しかし他方では，批准した人権条約の国内法化が十分になされておらず，条約および憲法に規定された基本的人権が侵害された場合の救済制度が不明確であるなど実質上の問題点をなお多く抱えている。また，国連人権委員会において，中国は1990年以降も理事国としての地位を維持しているが，米国等から中国国内における反政府勢力や少数民族などの処遇の問題が度々批判の的とされてきた。こうした状況はその後身である国連人権理事会においても引き継がれ，2020年にも英国による中国の人権状況を非難する声明とキューバによる中国を擁護する声明が同時に発表され，それぞれ27カ国と53カ国の支持を得るという事態が起きている。

2 環境と国際安全保障

環境分野において中国は，1992年に気候変動枠組条約，1998年にその京都議定書に署名し，そして2016年にパリ協定に署名した。パリ協定の成立を共に主

▷ 1 国連で採択された主要な人権条約は，条約内容の実効化のため，締約国の履行状況を監視する機関が設立されている。これらの機関に対し，各締約国は，定期的に政府報告を提出し，条約規定を遵守しているかどうかの審査を受ける義務がある。各機関は，審査の結果，総括所見を採択し，その中で締約国に対し勧告という形で人権条約の履行について改善すべき点を指摘する。

▷ 2 2020年10月1日ウォール・ストリート・ジャーナル報道。その後も，国連総会第3委員会（人権）10月6日の会合でも，ドイツのホイスゲン国連大使が日米英仏を含む39カ国を代表し「中国新疆ウイグル自治区の人権状況と最近の香港情勢を深く憂慮する」と表明したのに対し，パキスタンは55カ国，キューバは45カ国を代表し中国擁護の論陣を展開した（10月7日共同通信社報道）。

導し，同時に批准していた米国が離脱の意思を表明した間にも，明確な温室効果ガス排出量削減目標を掲げて同協定を牽引した。また，国際安全保障に関しても中国は，1990年代までは平和維持活動のための兵力・部隊派遣に慎重な姿勢を保っていたが，2000年代以降紛争解決の必要に応じ派遣規模を拡大するのみならず，2017年に8000人規模の待機部隊も組織し国連で登録した。伝統的な平和維持活動に加え，中国は国連の平和維持活動に関わる各種要員の養成・訓練に取り組み，アフリカ等紛争地での秩序維持のための常備軍建設を支援し，インフラ施設の整備等現地の民生を改善するプロジェクトも推進している。[43]

③ 経済と多国間協力

中国は，経済分野での国際機構における積極的な活動を1990年以降も持続し，それを突破口として多くの国々とより広範な協力関係の構築を模索した。まず，15年間に及ぶ困難な交渉の末，中国は2001年に世界貿易機関への加盟を果たし，国際貿易体制に組み込まれた。また，未だ西側諸国から距離を置かれていた1991年に東南アジア諸国連合（ASEAN）との関係を改善し，1997年のアジア通貨危機後に活発化した地域金融協力の動きの中で，さらに接近を加速させた。両者は，2002年に自由貿易協定を中核とする包括的経済協力枠組協定の締結，2003年には戦略的パートナーシップ共同宣言への調印を経て，[44]政治・安全保障，経済，文化・社会の3分野で多角的協力を行う方針を定めた。2010年にはASEAN―中国自由貿易圏が成立し，2020年上半期には対中総貿易額でASEANはEUを抜き，中国にとって最大の貿易相手となった。[45]

時を同じくして，中国は自らイニシアティブをとり地域協力機構の編成を試みるようになった。1996年の国境画定を機に，中国はロシアや中央アジア諸国と5カ国首脳会談を開催し，協定の調印に成功した。これを基盤として2001年に発足した上海協力機構は，2017年インドとパキスタンの正式加盟を経て面積と人口では世界最大規模の地域協力機構へと発展した。さらに中国は，2013年より「一帯一路」[46]と概括される広域経済圏構想を提唱し，翌年に発展途上国への経済援助とインフラ融資を行うシルクロード基金とアジアインフラ投資銀行を設立した。2020年1月時点で，中国と「一帯一路」に関わる合意を成立させた国家と国際機構はそれぞれ138カ国と30機構に及んでいる。

21世紀に入ってから，中国は平和的国際環境の受益者として国連を中心とする普遍的国際機構の枠組みを尊重，利用し，推進する一方で，周辺諸国や発展途上国からなる地域的国際機構との協力関係を重点的に発展させ，欧米先進国主導の国際秩序に一石を投じようとしている。中国の国力増強と国際的影響力の拡大は，諸外国の警戒心と国内のナショナリズムをも刺激するものとなったが，いかにしてそれらを克服し，国際協調主義を堅持するかは今後しばらくの間，中国が解決しなければならない課題であり続けるだろう。　　　（周　　圓）

▷3　中華人民共和国国務院新聞弁公室白書『中国軍隊参加連合国維和行動30年』（2020年9月発表）。それによると中国は30年間にわたり，平和維持活動（PKO）のために25回，延べ4万人以上を派兵し，活動中の死者16名を出している。2020年8月時点では，国連本部と8つのPKO派遣団において合計2521人が各種の活動に従事しているという。

▷4　『中華人民共和国与東南亜国家連盟全面経済合作框架協議（2002年11月4日）。『中華人民共和国与東盟国家領導人聯合宣言』（2003年10月8日）。

▷5　2020年7月14日『日本経済新聞』報道。

▷6　一帯一路
正式名称は「シルクロード経済ベルトと21世紀海洋シルクロード」で，それぞれ中国西部から中央アジアを経由してヨーロッパにつながる陸路の「シルクロード経済ベルト」（一帯）と，中国沿岸部から東南アジア，南アジア，アラビア半島の沿岸部，アフリカ東岸を結ぶ海路の「21世紀海上シルクロード」（一路）を指す。「一帯一路」構想は，上記の周辺地域で，インフラ整備を皮切りに，金融，製造，貿易等を促進し，産業活性化および高度化を図る計画である。

索　引

（＊は人名）

執筆者紹介 (氏名／よみがな／生年／最終学歴／現職／主著)

*は編者，執筆順

＊王　雲海（おう　うんかい／1960年生まれ）

1991年　一橋大学大学院法学研究科法学専攻博士課程修了。
1998年　博士（法学）（一橋大学）。
現　在　一橋大学大学院法学研究科教授。
『日本の刑罰は重いか軽いか』集英社新書，2008年。
『監獄行刑的法理』中国人民大学出版社，2010年。
『賄賂はなぜ中国で死罪なのか』国際書院，2013年。

＊周　剣龍（しゅう　けんりゅう／1961年生まれ）

1991年　一橋大学大学院法学研究科博士課程単位修得退学。
1993年　博士（法学）（一橋大学）。
現　在　獨協大学経済学部教授。
『株主代表訴訟制度論』信山社，1996年。
『中国における会社・証券取引法制の形成』中央経済社，2005年。
『要説　中国法』（共著）東京大学出版会，2017年。

＊周　作彩（しゅう　さくさい／1962年生まれ）

1992年　一橋大学大学院法学研究科博士課程単位取得退学。
現　在　流通経済大学法学部教授。
『原田尚彦先生古稀記念・法治国家と行政訴訟』（共著）有斐閣，2004年。
「処分性の拡大と行政行為概念の今日的存在意義」『法学教室』401号，2014年。
「後見監督と裁判所」『都市問題』111巻10号，2019年。

周　蒨（しゅう　せい／1983年生まれ）

2012年　一橋大学大学院法学研究科博士後期課程修了，博士（法学）（一橋大学）。
現　在　久留米大学法学部法律学科准教授。
『食品安全法制と市民の安全・安心』（共著）第一法規，2019年。
「公共事業の民営化と「公益（public interest）」の概念」『一橋法学』18巻2号，2019年。
『行政法 Visual Materials（第2版）』（共著）有斐閣，2020年。

朴　銀珠（藤原　凛）

（ぼく　ぎんしゅ／ふじわら　りん／1983年生まれ）

2014年　一橋大学大学院法学研究科法律学専攻博士課程修了，博士（法学）（一橋大学）。
現　在　函館大学商学部准教授。
『食品安全法制と市民の安全・安心』（共著）第一法規，2019年。
「食中毒事案の法的処理に関する日韓比較」『食品衛生学雑誌』61巻5号，2020年。
『戦争と占領の法文化』（共著）国際書院，2021年。

朱　曄（しゅ　よう／1973年生まれ）

2003年　立命館大学大学院法学研究科法学専攻博士後期課程修了，博士（法学）（立命館大学）。
現　在　静岡大学サステナビリティセンター法実務部門教授。
『親権法の比較研究』（共著）日本評論社，2014年。
『21世紀民事法学の挑戦』（共著）信山社，2018年。
『比較民法学の将来像』（共著）勁草書房，2020年。

盧　暁斐（ろ　ぎょうひ／1984年生まれ）

2012年　一橋大学大学院法学研究科企業法専攻博士課程修了，博士（法学）（一橋大学）。
現　在　SBI大学院大学経営管理研究科准教授。
「会社法の観点から見たアリババの「パートナーシップ」制度とその問題点」『国際取引法学会学会誌』4号，2019年。
「中国における親会社の責任に関する法規制と問題点」『SBI大学院大学紀要』7号，2020年。

楊　林凱（よう　りんがい／1972年生まれ）

2006年　青山学院大学大学院法学研究科博士後期課程満期退学。
現　在　青山学院大学法学部法学科准教授。
『信託法実務判例研究』（共著）有斐閣，2014年。
『中国信託法の研究』（共著）日本加除出版，2016年。

張　青華（ちょう　せいか／1957年生まれ）

1996年　一橋大学大学院法学研究科博士課程修了。
現　在　中国弁護士・一橋大学大学院法学研究科非常勤講師。
『中国渉外関係法』日本商事法務，1996年。
『中国知的財産権法令集』ズームバック出版社，2010年。

孔暁キン（こう　ぎょうきん／1979年生まれ）

2014年　博士（法学）（早稲田大学）。
現　在　早稲田大学比較法研究所招聘研究員。
『中国人民陪審員制度研究』日本評論社，2016年。
「中国における「法治」をどう見るか」『法律時報』3月号，2015年。
「河南省人民陪審団制度」『比較法学』47巻3号，2014年。

周　圓（しゅう　えん／1981年生まれ）

2012年　一橋大学大学院法学研究科法学・国際関係専攻博士後期課程修了，博士（法学）（一橋大学）。
現　在　東洋大学法学部法律学科准教授。
『法思想の水脈』（共著）法律文化社，2016年。
「アルベリコ・ジェンティーリの正戦論」『一橋大学』11巻1号，12巻3号，15巻1号，2012～16年。
「近世ヨーロッパにおける「内戦」観念の復活」『東洋法学』63巻3号，2020年。

やわらかアカデミズム・〈わかる〉シリーズ

よくわかる中国法

2021年9月10日　初　版第1刷発行　　　　　　　　　〈検印省略〉

定価はカバーに
表示しています

　　　　　　　　　　　　王　　　雲　　　海
　　編著者　　　周　　　剣　　　龍
　　　　　　　　　　　　周　　　作　　　彩
　　発行者　　　杉　田　　啓　　三
　　印刷者　　　江　　戸　　孝　　典

発行所　　株式会社　ミネルヴァ書房

607-8494 京都市山科区日ノ岡堤谷町1
電話代表　（075）581 - 5191
振替口座　01020 - 0 - 8076

© 王　雲海ほか，2021　　　　　　　　共同印刷工業・新生製本

ISBN978-4-623-09216-1

Printed in Japan

やわらかアカデミズム・〈わかる〉シリーズ

ミネルヴァ書房
https://www.minervashobo.co.jp/